嶺南學報
Lingnan Journal of Chinese Studies

嶺南大學中文系　　　主編　蔡宗齊　復刊　第十七輯

經學文獻研究

本輯主編　　葉國良　王　鍔　許子濱

（本輯全部論文均經過匿名評審）

上海古籍出版社

圖書在版編目(CIP)數據

嶺南學報. 復刊第十七輯,經學文獻研究 / 蔡宗齊主編;葉國良,王鍔,許子濱本輯主編. —上海：上海古籍出版社,2023.4
 ISBN 978－7－5732－0682－4

Ⅰ.①嶺…　Ⅱ.①蔡…②葉…③王…④許…　Ⅲ.①社會科學—期刊—彙編—中國　Ⅳ.①C55

中國國家版本館 CIP 數據核字(2023)第 062067 號

嶺南學報　復刊第十七輯
經學文獻研究
蔡宗齊　主編
葉國良　王　鍔　許子濱　本輯主編
上海古籍出版社出版發行
（上海市閔行區號景路 159 弄 1－5 號 A 座 5F　郵政編碼 201101）
（1）網址：www.guji.com.cn
（2）E-mail：guji1@guji.com.cn
（3）易文網網址：www.ewen.co
啓東市人民印刷有限公司印刷
開本 710×1000　1/16　印張 20.5　插頁 2　字數 325,000
2023 年 4 月第 1 版　2023 年 4 月第 1 次印刷
ISBN 978－7－5732－0682－4
B・1317　定價：98.00 元
如有質量問題，請與承印公司聯繫

《嶺南學報》編輯委員會

（以漢語拼音排序）

主　編：蔡宗齊　　嶺南大學中文系
副主編：汪春泓　　嶺南大學中文系
編　委：陳平原　　北京大學中文系
　　　　陳尚君　　復旦大學中文系
　　　　陳引馳　　復旦大學中文系
　　　　郭英德　　北京師範大學文學院
　　　　胡曉明　　華東師範大學中文系
　　　　胡曉真　　臺灣"中研院"中國文哲研究所
　　　　蔣秋華　　臺灣"中研院"中國文哲研究所
　　　　蔣　寅　　華南師範大學文學院
　　　　李惠儀　　美國哈佛大學東亞語言及文明系
　　　　李雄溪　　嶺南大學中文系
　　　　劉玉才　　北京大學中文系
　　　　王德威　　美國哈佛大學東亞語言及文明系
　　　　王　鍔　　南京師範大學文學院文獻與信息學系
　　　　徐　剛　　嶺南大學中文系
　　　　徐興無　　南京大學文學院
　　　　許子濱　　嶺南大學中文系
　　　　虞萬里　　上海交通大學人文學院
　　　　張　健　　香港中文大學中文系
　　　　鄭吉雄　　香港教育學院人文學院

目　　録

《儀禮》所見暫時性任務
　　——兼評胡匡衷《儀禮釋官》……………………………葉國良（ 1 ）
論《周禮》"以爲民極"開展的民本思想 ……………………林素英（ 23 ）
論《禮記·鄉飲酒義》坐位之義及其成篇之年代 ……………許子濱（ 47 ）
由"子"入經：從清華簡《繫年》重探《左傳》的源流與定位
　　………………………………………………………………張錦少（ 77 ）
從文化學視角探討《爾雅·釋天》…………………………莊雅州（109）
唐人稱引《周易》王、韓注側證
　　——以《文選》李善注爲中心 …………………………顧永新（145）
蜀石經所見《周禮·考工記》文本管窺 ……………………虞萬里（165）
精微之教
　　——陳淳學術與《四書大全》徵引內容考察 …………陳逢源（197）
元十行本注疏今存印本略說 …………………………………張麗娟（219）
《十三經注疏》的匯集、校刻與整理…………………………王　鍔（251）
惠周惕《詩說》的成書歷程 …………………………………張素卿（287）

《嶺南學報》徵稿啓事 ……………………………………………（317）
撰稿格式 ……………………………………………………………（319）

Table of Contents

"Temporary tasks" in *Yi Li*—Also commenting
　　on Hu Kuangzhong's *Yi Li Shi Guan* ················· Ye Guoliang(1)

People-Oriented Thought in *Zhouli*（周禮，*The Rites of Zhou*）：
　　A Survey Based on the Concept of *Yiweiminji*（以爲民極）
　　··· Suying Lin(23)

On the Philosophical Implications of the Seating Plan Contained
　　in *The Meaning of Community Wine-drinking Ceremony* and
　　its Composition Date ··· Hsu Tzu-pin(47)

From "Private Learning" to "Official Classics"：Reexamining
　　the Historical Development and Nature of *Zuozhuan* from the
　　Perspective of Tsinghua *Xinian* Manuscript ········· Cheung Kam Siu(77)

A Study of Erya · Shutian from the Perspective of Cultural
　　Studies ·· Chuang Yachou(109)

An Incidental Verification of *Wang Bi & Han Kangbo*'s
　　Exegesis of *The Book of Changes* Quoted by People of the
　　Tang Dynasty ··· Gu Yongxin(145)

An investigation of *Zhou Li Kao Gong Ji* inscribed in Shu Stone
　　Classics ·· Yu Wanli(165)

The Teaching of Subtlety: Chen Chun's Academic Study and
  the Quotation Content of *Encyclopedia of the Four Books*
    .... Chen Feng-Yuan(197)

Research on the Existing Printed Copies of Yuan-Era Ten-Line
  Edition of Confucian Classics   .... Zhang Lijuan(219)

Collection, Emendation and Reduction of *Shi San Jing Zhushu*
    .... Wang E(251)

The writing process of Hui Zhouti's *Shi Shuo*   .... Chang Suching(287)

《儀禮》所見暫時性任務
——兼評胡匡衷《儀禮釋官》

葉國良

【摘　要】《儀禮》所見人物活動，或有其固定性、經常性職務，亦有僅具暫時性任務者。所謂暫時性任務，其身分非屬職官，其任務時間不長，當任務結束，身分隨即消失，故謂之暫時性任務。此類任務《儀禮》所見非少，本文選取十要項述之，以見其餘。藉此可知胡匡衷《儀禮釋官》一書，對職官之認定、稱謂與分類，處理未甚妥切，有待商討。蓋《儀禮》禮典常見公私交錯，且兼有固定性職守與暫時性任務，倘讀者有此認知，允爲得體。

【關鍵詞】《儀禮》　暫時性任務　胡匡衷　《儀禮釋官》

一、前　言

傳統人事體系中，官員都有明確職守，從事固定的、經常性的職務。但其職務有時與相關職官同僚產生交集，彼此需要相互支援，即形成《周禮》所謂"官聯"①。後世因官制發展，一人往往同時兼有多種職務，將其職務一

---

① 《周禮·天官·大宰》："以八灋治官府：……三曰官聯，以會官治。"鄭注引鄭司農云："官聯，謂國有大事，一官不能獨共，則六官共舉之。……聯，謂連事通職，相佐助也。"漢·鄭玄注，唐·賈公彥疏：《周禮注疏》，影清嘉慶二十年江西南昌府學刊本，臺北：藝文印書館《十三經注疏》1960年版，卷二，第三頁，總第27頁。

一標明,即形成"官銜"①。一般而言,官銜越到後世越爲繁複,足以證明官僚體系之發展及其複雜性。回顧《儀禮》一書所見,並非均爲具有固定性、經常性職務之職官,亦有僅具暫時性任務之人員。所謂暫時性,其任務長者或爲三年喪,或達數月,如使節出聘;短則或僅一日,如鄉射之禮、燕禮等。當任務結束,其身分即消失,故謂之暫時性任務。

《儀禮》一書,沈文倬先生認爲內容傳自儒者,成書固在春秋之後,猶能反映宗周禮典②。筆者認可沈先生此說,但不認同其主張"經與附經之《記》不是前後撰作的兩種書,而是同時撰作的一書的兩個部分"③。筆者之意,經、《記》均非一時一人之作④。不過,沈先生在專文中仍大量引據甲、金文及先秦古籍,如《詩經》、《左傳》、《國語》、《論語》等所見之古禮,以證實《儀禮》所載即是宗周確曾實行之禮典,宜可信據,故而《儀禮》之職官亦屬具體存在⑤,非如《周禮》職官真實與虛擬參半。

儘管如此,本文所欲討論者,僅限《儀禮》中之暫時性任務而已。《儀禮》所見暫時性任務不在少數,而常爲讀者忽略,不重視其任務之特色,每誤以正式職官視之。如清胡匡衷《儀禮釋官》一書,對職官之分類與稱謂,處理未甚妥切。或混入暫時性任務,而誤以職官目之;或某人爲行禮之重要角色,而未能指明其任務特色。吾人實應理解,《儀禮》所載之禮典往往有公私成分交錯其間,應從該書兼有固定性職守與暫時性任務之角度觀察,更爲得體。故筆者兼予評論胡氏之書,以資提醒。下文依鄭玄注本(劉向本)篇次先後,鋪敘《儀禮》所見之暫時性任務,並參酌清張爾岐《儀禮鄭注句讀》以臚陳相關儀節綱目。最後附帶評議胡書,予以總結。

---

① 唐封演:《封氏聞見記》:"官銜之名,蓋興近代。當是選曹補受,須存資歷,聞奏之時,先具舊官名品于前,次書擬官于後,使新舊相銜不斷,故曰官銜,亦曰頭銜。所以名爲銜者,如人口銜物,取其連續之意;又如馬之有銜,以制其首,前馬已進,後馬續來,相次不絕者,古人謂之銜尾相屬,即其義也。"唐·封演:《封氏聞見記》,北京:中華書局《叢書集成初編》1985年版,卷五,第53—54頁。
② 見沈文倬:《論禮典的實行和〈儀禮〉書本的撰作》,《菿闇文存:宗周禮樂文明與中國文化考論》,北京:商務印書館2006年版,上册,第8頁。
③ 同前,第37頁。
④ 參葉國良:《論〈儀禮〉經文與記文的關係》,載於《禮學研究的諸面向》,新竹:清華大學出版社2010年版,第44—64頁。
⑤ 前人討論《儀禮》職官者,有清胡匡衷《儀禮釋官》;《談〈儀禮〉中的宰夫》,《洛陽師範學院學報》第15卷第4期(1996年8月);今人楊天宇亦撰有《談〈儀禮〉中的宰》,《鄭州大學學報》(哲學社會科學版),1996年10月第5期。

二、《儀禮》所見暫時性任務舉隅

（一）士冠禮之賓與贊冠者

士行冠禮，主人與有司、筮人先筮于廟門。事畢，主人戒賓，賓禮辭，許。前期三日，筮賓。乃宿賓，賓許。宿贊冠者一人，亦如之。厥明夕，爲期，擯者告期于賓之家①。夙興，主人家設洗，直于東榮，陳服于房中西墉下，準備行冠禮。參與者除主人及兄弟等外，以將冠者、賓爲儀式要角，而由贊冠者從旁輔佐。

此處且釐清賓與贊冠者之身分。按，鄭注指出賓係主人之僚友，張爾岐解釋："前者戒賓，汎及僚友。此（筮賓）又於僚友中專筮一人，使爲加冠之賓也。"②鄭注又云："贊冠者，佐賓爲冠事者。謂賓若他官之屬，中士若下士也。"賈疏曰："假令上士爲官首，其下有中士、下士爲之屬。若中士爲官首，其下即有下士爲之屬也。云中士若下士也者，此據主人是上士而言之，贊冠者皆降一等。假令主人是上士，賓亦是上士，則取中士爲之贊；假令主人是下士，賓亦是下士，則亦取下士爲之贊。禮窮則同故也。"③據前引鄭注，贊或商請自他官之屬，張爾岐逕謂贊者取自賓之屬，降於賓一等④，亦即降於主人一等，賈疏則細加推演主人、賓、贊三方之身分上下，因而補敘"禮窮則同"之原則。

論及士冠禮儀節之核心，端在執行三加冠服及賓醴冠者、賓字冠者之禮，以下依序述之。初加：緇布冠，玄端、玄裳、黃裳、雜裳可也，緇帶，爵韠；再加：皮弁服，素積，緇帶，素韠；三加：爵弁服，纁裳，純衣，緇帶，韎韐。初加之時，經云："賓右手執項，左手執前，進容，乃祝。坐如初，乃冠，興，復位。"其間所謂"進容"，鄭注云："行翔而前鶬焉。"⑤宋朱熹解釋："翔謂行而

---

① 張爾岐曰："前所戒賓，皆告也。"清張爾岐：《儀禮鄭注句讀》，高雄：學海出版社 2011 年版，卷一，第四頁，總第 40 頁。則賓與贊冠者之外，與禮者不止一人，詳下醴賓一節。
② 清張爾岐：《儀禮鄭注句讀》，卷一，第四頁，總第 39 頁。
③ 以上注疏見漢鄭玄注，唐賈公彦疏：《儀禮注疏》，影清嘉慶二十年江西南昌府學刊本，臺北：藝文印書館 1960 年版，卷一，第十二頁，總第 7 頁。
④ 清張爾岐：《儀禮鄭注句讀》，卷一，第三、四頁，總第 38、40 頁。
⑤ 《儀禮注疏》，卷二，第十一頁，總第 20 頁。

張拱也。鴿與踏同,容貌舒揚也。"①賓當有爲冠者示範容禮之意,故爾後冠者三次受加出房之際,亦有爲"容"之舉。賓始爲冠者一加,經云:"贊者卒。"鄭注云:"卒,謂設缺項、結纓也。"亦即賓冠後,由贊者完成其餘添整工作。再加時,冠者"容,出房,南面",鄭注云:"容者,再加彌成,其儀益繁。"張爾岐補充道:"容者,整其威儀容觀也。方加緇布冠時,其出亦有容,至此益盛,乃言之耳。"②三加時,經繼言:"其他如加皮弁之儀。"鄭注云:"他,謂卒紘,容,出。"③足見三加均有容矣,此乃冠禮之要事也。至於賓冠畢,贊者繼卒事,則可一一想見矣。

在此之後依序行事:賓醴冠者,冠者見于母,賓字冠者。當取字時,經云:"冠者立于西階東,南面,賓字之,冠者對。"鄭注云:"對,應也。其辭未聞。"④兩人應對之辭雖未聞,但有正式的字辭範本,見於《士冠禮》篇末。

此下冠禮漸近尾聲,冠者逐次見母,見兄弟、贊者、姑姊,遂外出摯見於君與鄉大夫、鄉先生。至於主人,則在家以一獻之禮醴賓,並酬以束帛儷皮。經云:"贊者皆與,贊冠者爲介。"鄭注云:"贊者,眾賓也。皆與,亦飲酒爲眾賓。介,賓之輔,以贊爲之,尊之。飲酒之禮,賢者爲賓,其次爲介。"⑤簡言之,主人與賓特與賓行一輪獻酢酬之禮,又與眾賓一同飲酒,此時即推贊者爲介,居賓之次以尊之,以感謝其人贊冠之勞。

總而言之,士乃階級之名,賓及贊冠者,則爲任務之稱,階級與任務,二者固不相牴觸,卻不宜混淆。何況賓與贊冠者之任務僅一日而已,實甚短暫,並不影響其經常性職務之執行。

(二) 士昏禮往來説媒之使者

《士昏禮》開卷即云:"昏禮,下達。納采,用鴈。"此言昏禮之進程,必由男方家長先行啓動,故云"下達"。經繼言:"主人筵于户西,西上,右几。"此謂女方家長在廟接見男方使者,右几,指神位所用几在其右。此時使者服玄端至。鄭注云:"使者,夫家之屬若群吏使往來者。玄端,士莫夕之服。

---

① 宋朱熹:《儀禮經傳通解》,《景印文淵閣四庫全書》本,臺北:臺灣商務印書館1983年版,第131册,卷一,第十六頁,總第20頁。
② 清張爾岐:《儀禮鄭注句讀》,卷一,第九頁,總第49頁。
③ 以上鄭注分見《儀禮注疏》,卷二,第十一、十二頁,總第20頁。
④ 《儀禮注疏》,卷二,第十四頁,總第21頁。
⑤ 《儀禮注疏》,卷二,第十六頁,總第22頁。

又服以事於廟。有司緇裳。"①然則使者乃男家之屬或群吏奉主人命而往來説媒者②。群吏猶如《士冠》之贊冠者，如前所述，階級下於主人。其任務依序執行納采、問名、納吉、納徵、請期五禮。只要女方主人樂意接納，納采、問名於首度造訪時進行。男方既問得女子之名，若歸卜得吉，則使者再赴女家納吉。之後，擇日攜束帛、儷皮赴女家納徵。依禮，納徵之後昏事即告確定，復由使者請親迎之期。最後由男方主人命其子親迎，完成六禮。要之，以上五禮使者所行，並非其固定性職務，均係暫時性任務。昏禮既謂"婦至'成禮'"，則後續節目如婦見舅姑、贊者醴婦、婦饋舅姑、舅姑饗婦等，必不在新嫁當日舉行可知。凡此已非使者所須費心者，以經未見使者之相關任務也。

　　附帶言之，傳統儒家昏禮固以親迎爲重，但因某些情況，亦有不親迎者，故《士昏禮‧記》云："若不親迎，則婦入三月，然後壻見。"當時何以有不親迎之禮儀？蓋有經學之考量。如元敖繼公以爲："不親迎，謂使人迎之，此指無父者也。……若無父，則子無所承命，故其禮不可行。"③何以婦入三月然後壻見？蓋有民俗之因素——不親迎，壻三月乃見外舅姑者，蓋防子嗣血統不純淨也。禮經不便明言。

（三）士昏禮送嫁之男女

　　昏禮既有男方親迎之禮，亦必有女方送嫁之事。雙方住家距離遠近不一，近者一二日内可往返，送嫁者宜乎暫居別館；遠嫁異邦者則難免遷延時日，送者短期内或須另居以館舍。依禮，主人須擇日答謝其道途任事之勞。經云："舅饗送者以一獻之禮，酬以束錦。姑饗婦人送者，酬以束錦。"鄭注云："送者，女家有司也。爵至酬賓，又從之以束錦，所以相厚。""婦人送者，隸子弟之妻妾。凡饗，速之。"賈疏曰："凡速者，皆就館召之。"知送嫁者包括婦人在内均有館。經又云："若異邦，則贈丈夫送者以束錦。"鄭注云："贈，送也。就賓館。"④則丈夫送者因在異邦，道遠，亦必有館。此不言婦

---

① 《儀禮注疏》，卷四，第二頁，總第39頁。
② 男家群吏之階級，一如《儀禮‧士冠禮》鄭注在"宿贊冠者一人，亦如之"句下所言，官職下於主人。《儀禮注疏》，卷二，第十一、十二頁，總第20頁。
③ 元敖繼公：《儀禮集説》，《景印文淵閣四庫全書》本，臺北：臺灣商務印書館1983年版，第105册，卷二，第六十一頁，總第94頁。其後萬斯大、沈彤説法雷同。見清萬斯大：《儀禮商》，版本同前，第108册，卷一，第七頁，總第259頁；清沈彤：《儀禮小疏》，版本同前，第109册，卷三，頁二十五至二十六，總第930—931頁。
④ 以上注疏見《儀禮注疏》，卷五，第十四頁，總第55頁。

人，蓋因"婦人既嫁不踰竟"，《穀梁傳》莊公、僖公之年多處傳文可爲明證，茲不贅引。

總之《士昏禮》中，送嫁乃極單純之暫時性任務，異於姆與媵之不返女家者①。

（四）鄉飲酒禮之賓、介與眾賓

《鄉飲酒禮》鄭《目錄》云："諸侯之鄉大夫，三年大比，獻賢者、能者於其君。以禮賓之，與之飲酒。於五禮屬嘉禮。"經云："鄉飲酒之禮，主人就先生而謀賓、介。"鄭注云："主人，謂諸侯之鄉大夫也。先生，鄉中致仕者。賓、介，處士賢者。"②鄉大夫既向先生諮詢鄉中處士何人賢能，遂於賓、介二人之外，又謀得眾賓若干人。鄭注復云："賢者爲賓，其次爲介，又其次爲眾賓，而與之飲酒，是亦將獻之，以禮禮賓之也。"賈疏並補充："若據鄉貢一人，其介與眾賓不貢之矣，但立介與眾賓輔賓行鄉飲酒之禮，待後年還以貢之耳。"③據此可知，鄉大夫係以主人之身分，藉鄉飲酒禮與賓、介、眾賓飲酒，一一觀察其是否賢能，若果真賢能，則將循序獻於其君，然則鄉飲酒禮實蘊涵鄉大夫先行考核賓、介等人之意。鄭注既言賓、介乃是處士，眾賓亦然，則皆尚無經常性職務可知。

主人戒賓、介之後，經云："乃席賓、主人、介。眾賓之席，皆不屬焉。"鄭注云："席，敷席也。夙興往戒，歸而敷席。賓席牖前，南面。主人席，阼階上，西面。介席，西階上，東面。""席眾賓於賓席之西。不屬者，不相續也。皆獨坐，明其德各特。"④此言眾賓皆獨坐乃"明其德各特"，應是鄉先生告曉而初步得知，亦對眾賓表示禮遇尊重。鄭注所述相關位次之安排，蓋部分參考《禮記·鄉飲酒義》⑤。

---

① 鄭注云："姆，婦人年五十無子，出而不復嫁，能以婦道教人者，若今時乳母矣。"又云："女從者，謂姪、娣也。"即新婦之姪女或妹妹，所謂"媵"，陪嫁者也。《儀禮注疏》，卷五，第一、二頁，總第49頁。
② 《儀禮注疏》，卷八，第一頁，總第80頁。
③ 以上注疏見《儀禮注疏》，卷八，第一、二頁，總第80頁。
④ 《儀禮注疏》，卷八，第四頁，總第81頁。
⑤ 《鄉飲酒義》云："鄉飲酒之義，立賓以象天，立主以象地，設介、僎以象日月，立三賓以象三光，古之制禮也。"現場賓坐於堂上西北，主人坐於東南，坐介於西南，坐僎（或稱遵者）於東北，似與《鄉飲酒禮》不甚相應。參漢·鄭玄注，唐·孔穎達疏：《禮記注疏》，影清嘉慶二十年江西南昌府學刊本，臺北：藝文印書館1960年版，卷六十一，第十五、二十一頁，總第1005、1008頁。

賓、介等雖爲地方上之處士，今經推薦而共同參與鄉飲酒禮，接受鄉大夫之考核，則必爲知禮之人，否則無法順利踐行其儀節。吾人審視行禮過程之繁瑣細碎，即知此事非易。蓋主人速賓、迎賓之後，與賓三揖、三讓，主人升阼階，當楣北面再拜，賓升西階，當楣北面答拜。之後，主人獻賓，賓酢主人，主人酬賓，主人獻介，介酢主人，主人獻衆賓，此爲飲酒禮第一階段。繼而一人舉觶，將爲旅酬發端。旋而樂工升歌三終，遂獻工。笙奏三終，遂獻笙。間歌三終。合樂，告樂備，工告于樂正，樂正告于賓，乃降。此爲飲酒禮第二階段。之後，設司正安賓，司正表位，賓酬主人，主人酬介，介酬衆賓，此爲飲酒禮第三階段。再之後，二人舉觶以示無算爵之始，洎後徹俎，坐燕，此爲飲酒禮第四階段。最後，賓出，奏《陔》，主人送于門外，再拜，至此結束鄉飲酒禮。綜上所述，此禮之施行時間甚長，禮儀繁複瑣碎，真足以考核賓、介爲首之在場衆人是否知禮矣。下文舉主人獻賓儀節爲例，僅摘録賓受折俎一小段，以見其禮之繁：

  賓**坐**，左執爵，祭脯醢。奠爵于薦西，**興**。右手取肺，卻左手執本。**坐**，弗繚，右絕末以祭。尚左手，嚌之。**興**，加于俎。**坐**，挩手，遂祭酒。**興**，席末**坐**，啐酒。降席**坐**，奠爵，拜，告旨。執爵**興**，主人阼階上答拜。賓西階上北面**坐**，卒爵，**興**。**坐**，奠爵，遂拜。執爵**興**，主人阼階上答拜。

僅此一小段，賓"坐"（跪）與"興"（起立）各六次，拜與答拜，賓與主人各兩次，足見其辛勞矣。若非知禮，舉止實難以皆中規矩。

（五）鄉射禮教練箭術之司射

《鄉射禮》鄭《目録》云："州長春秋以禮會民，而射於州序之禮。謂之鄉者，州，鄉之屬，鄉大夫或在焉，不改其禮。射禮於五禮屬嘉禮。"

鄉射之禮，主人戒賓，如鄉飲酒禮，但無介，而有衆賓。鄭注云："雖先飲酒，主於射也，其序賓之禮略。"[①]既陳設，自羹定起，主人速賓，賓及衆賓遂從之，於是行禮如儀，大抵如鄉飲酒禮，惟於立司正之後，暫時不行旅酬，而是將行射禮。

---

① 以上見《儀禮注疏》，卷十一，第一、二頁，總第109頁。

射禮開始，鄭注云："司正既立，司射選弟子之中德行道藝之高者，以爲三耦，使俟事於此。"①此謂司射預先選拔一隊優秀弟子，擔任示範的三耦。經云："司射適堂西，袒，決，遂，取弓于階西，兼挾乘矢，升自西階。"蓋凡射禮，射者裝扮配備均應如此。若在卒射、飲不勝者及司射獻釋獲者之時，則司射改袒爲襲。經繼云："（司射）階上北面，告于賓曰：'弓矢既具，有司請射。'賓對曰：'某不能，爲二三子許諾。'司射適阼階上，東北面，告于主人曰：'請射于賓，賓許。'"此謂司射全副裝備出現於賓客與主人面前，徵得兩人同意開始射禮。司射爲誰？鄭注云："司射，主人之吏也。"②鄉射既屬大夫士之禮，賈疏以爲主人之吏身分下於士。主人應係以司射善射而暫時任命此任務，與司正之善禮故令爲司馬相同。之後，司射命弟子納射器，鄭注云："射器，弓、矢、決、拾、旌、中、籌、楅、豐也。"③經又云："司射不釋弓矢，遂以比三耦於堂西。三耦之南，北面，命上射曰：'某御於子。'命下射曰：'子與某子射。'"同時，樂正命弟子贊工遷樂于下以避射。三耦遂取弓矢俟射。

之後，以司正爲司馬，司馬命張侯、倚旌。司射誘射，即爲三耦教練箭術，衆人眼光所聚，亦即群衆見習之時。經云："將乘矢。"鄭注云："將，行也。行四矢，象有事於四方。"司射一次發四支箭，此乃射禮定制，且司射誘射爲射禮重要之高潮。誘射甫畢，經云："遂適階西，取扑搢之，以反位。"鄭注云："扑，所以撻犯教者。"④知射禮間倘有違規或不盡心者，將受懲戒，藉此亦知司射之任務。逮三耦卒射，司射降，搢扑，反位，完成第一番射之任務。

第二番射，司射升堂，請射于賓，賓許。主人與賓爲耦，衆大夫與士爲耦。鄭注云："士謂衆賓之在下者，及群士來觀禮者也。"⑤又，司射西階上北面，作衆賓射。司射降，搢扑，由司馬之南適堂西，比衆耦。此時衆賓將與射者皆降，由司馬之南適堂西，繼三耦而立，東上。以上謂堂下之耦。至於堂上，賓、主人與大夫皆未降，鄭注云："言未降者，見其志在射。"⑥經繼云：

---

① 《儀禮注疏》，卷十一，第十七頁，總第 117 頁。
② 同前注。
③ 同前注。
④ 以上兩注見《儀禮注疏》，卷十二，第三頁，總第 125 頁。
⑤ 《儀禮注疏》，卷十二，第八頁，總第 127 頁。
⑥ 《儀禮注疏》，卷十二，第九頁，總第 128 頁。

"司射乃比衆耦,辯。"之後,衆耦依序進行第二番射。三耦拾取矢,衆賓受弓矢序立,司射作射,請釋獲,於是三耦、賓主人、衆大夫與耦、衆賓輪流射箭。卒射數獲,分上射(上耦隊,居左之主黨)、下射(下耦隊,居右之賓黨)兩組計其得分,於是飲不勝者,司射又獻釋獲者以表慰勞,至此第二番射結束。

第三番射,司射同樣請射于賓,射事流程一如第二番射,惟射時以樂節射,即所謂樂射。經言其詳云:

> 司射與司馬交于階前,去扑,襲,升,請以樂樂于賓,賓許。……司射遂適階間,堂下北面命曰:"不鼓不釋。"……樂正東面,命大師曰:"奏《騶虞》,間若一。"……乃奏《騶虞》以射。

所謂"不鼓不釋"者,鄭注云:"不與鼓節相應,不釋筭也。鄉射之鼓五節、歌五終,所以將八矢。一節之間,當拾發,四節四拾,其一節,先以聽也。"賈疏又申注曰:"云'間若一者,重節'者,謂五節之間長短希數皆如一,則是重樂節也。"[①]可知第三番射要求發矢與鼓節相應,否則不計算成績,則此禮射更兼爲樂射,意境尤高矣。卒射飲不勝者如初,亦可謂有始有終矣。三番射事畢,而先前飲酒之禮尚未完成,於是繼續前禮而行旅酬。既而使主人之贊者二人舉觶於賓與大夫,衆人升堂坐燕,無筭爵,無筭樂,禮竟,賓出,送賓。明日賓拜賜,主人則息司正以勞之,至此鄉射禮圓滿結束。

《鄉射禮》之司射,乃主人州長之吏,經未明言其人在州中居何官職,蓋司射非職官之稱,乃暫時性之任務也。考其任務有六:一爲組織射箭團隊,二爲誘射以爲示範,三爲搢扑以戒犯教者,四爲推動樂射以樂悅賓,五爲飲不勝者以示獎懲,六爲獻釋獲者以表謝忱,而誘射堪爲禮射之高潮。蓋州長以其人善射而又知禮,故命其權充司射以教練衆士也。

(六) 鄉射禮管理射場之司馬

《禮記·射義》載:

> 孔子射於瞿相之圃,蓋觀者如堵牆。射至於司馬,使子路執弓矢出延射。

---

① 以上注疏見《儀禮注疏》,卷十二,第二十三、二十四頁,總第135頁。

鄭注曰:"矍相,地名也。樹菜蔬曰圃。"射至於司馬者,"先行飲酒禮,將射,乃以司正爲司馬。子路執弓矢出延射,則爲司射也。出,進觀者,欲射者也。"①據此,孔子曾利用空曠菜圃舉行射禮,異於州長於州序舉行。時子路執弓矢出延射,其稱謂及任務略同《儀禮》司射,然亦非州長之吏也。

按《儀禮·鄉射禮》人員,司射之外又有司馬。當鄉射禮初始賓主酬酢、用樂樂賓告一段落,原監察飲酒儀法之司正,改立爲司馬,司馬接受任務後,隨即命弟子張侯,命獲者倚旌于侯中。待司射誘射畢,司馬又命獲者執旌以負侯而俟云云。

至於諸侯之大射儀,司射誘射後,有司馬師命負侯者執旌負侯而俟;司馬正升自西階,立于物間,命負侯者皆去侯云云。蓋大射乃諸侯之禮,對應於鄉射之司馬、司射,分化出"司馬正"、"司馬師"之稱,"大射正"、"小射正"之號,或監督射事,或管理射場,以大射規模較大,禮重事繁,宜有人分攤業務耳。胡匡衷因而闡明:"此司馬正、司馬師,射時所使監射事者。'正'與'師',皆臨事設立之名,非其官設立之本號。"②然則其以"司馬"爲號,分明與《周禮·夏官》之"司馬"無涉,亦暫時性之任務耳。賈公彦疏《鄉射》另指出:"大射,諸侯禮,有大射正爲長,射人次之,司射又次之;小射正次之。皆是士爲也。"③其疏《燕禮》又曰:"但射人有大小,大者爲大射正,其次爲(或本有小字)射正,又其次爲司正,悉監射事,見於大射禮。"④兩處説詞不甚一貫,誌此供參。

三耦既射畢,司馬命取矢,此時獲者執旌許諾,聲不絶,以旌負侯而俟。司馬降自西階,命弟子設福。司馬由司射之南退,釋弓于堂西,襲,反位。蓋凡司馬袒,決,執弓,則正當任務執行時,如司馬命取矢、乘矢時;若釋弓,襲,則其任務暫告一段落。

總計司馬之任務,蓋僅三項:一爲人員、旌旗之佈局,二爲矢箭之回收,三爲對獲者之慰勞。此較司射之任務貢獻相對稍小云。據清淩廷堪歸納,凡射者、釋獲者之事,統於司射;凡獲者之事,統於司馬。又謂:"射禮繁縟,《鄉射》、《大射》二篇,司射與司馬迭爲進退,學者幾於心目俱眩,昌黎所以

---

① 《禮記注疏》,卷六十二,第六頁,總第 1016 頁。
② 清胡匡衷:《儀禮釋官》,《續修四庫全書》本,上海:上海古籍出版社 1995 年版,第 89 册,卷三,第十一頁,總第 348 頁。
③ 《儀禮注疏》,卷十一,第十七頁,總第 117 頁。
④ 《儀禮注疏》,卷十四,第六頁,總第 160 頁。

苦《儀禮》難讀也。"①誠哉斯言。如《鄉射》第一番三耦射之階段，"司馬適堂西，不决，遂，袒，執弓"，鄭注云："不决、遂，因不射，不備。"②又司射與司馬有時"交于階前，相左"③，可知兩人之任務交錯出現，故於固定儀節中交相左而過也。

及三番射事已訖，經云："司馬反爲司正。退，復觶南而立。"當是時，則司馬復爲司正，再度承擔飲酒禮儀秩序之維護。

（七）飲酒禮維持秩序之司正

《儀禮》一書，有"司正"者四篇，即《鄉飲酒禮》、《鄉射禮》、《燕禮》、《大射儀》是也。胡匡衷指出其所任司正，分別爲鄉飲酒及鄉射主人之相、燕禮之射人、大射之大射正，"以其主於正禮，故皆使相禮者爲之"④。論及主人之身分，鄉飲酒禮主人爲鄉大夫，鄉射禮爲州長，燕禮、大射俱爲諸侯。鄉大夫，其屬吏當爲士；州長，未聞是大夫，其屬吏當亦爲士；燕禮，在堂上者除國君外，皆卿與大夫或諸公、四方之客，均大夫以上，則司正乃士也；大射，國君、諸公、卿、大夫外，或有孤卿及四方之客，亦均大夫以上，則司正亦必士也。然則《儀禮》所見司正，均以士爲之。

此事既明，則應詳述其任務，司正所司乃飲酒之禮。凡飲酒禮，在樂備之後請立司正。故《鄉飲酒禮》云："主人作相爲司正。"以其不射也。《鄉射禮》前後有云："司正爲司馬。""司馬反爲司正。"《燕禮》云："射人自阼階下請立司正，公許，射人遂爲司正。"鄭注云："君許其請，因命用爲司正。君三舉爵，樂備作矣，將留賓飲酒，更立司正以監之，察儀法也。"⑤按燕禮初始，射人告戒設具時已與其事，故云"射人告具"。之後，君臣各就位次，其下經云"射人請賓"、"射人反命"，知射人已爲卿、大夫所識，故其君命射人爲司正，以監察儀法也。《大射儀》，經云："前射三日，宰夫戒宰及司馬、射

---

① 清·淩廷堪著，彭林點校：《禮經釋例》，臺北："中研院"中國文哲研究所2002年版，卷七，第378頁。
② 《儀禮注疏》，卷十二，第四頁，總第125頁。清褚寅亮進而分析："蓋此經之不挾矢而并不决、遂，與《大射》之雖决、遂而仍不挾矢者，俱以不射故也。其不挾矢與《大射》同；而不决、遂與《大射》異者，變於君禮也。"見《儀禮管見》，《續修四庫全書》本，上海：上海古籍出版社1995年版，第88册，卷上之五，第五頁，總第399頁。
③ 《儀禮注疏》，卷十二，第五、六頁，總第126頁。
④ 《儀禮釋官》，卷一，第十五、十六頁，總第323頁。
⑤ 《儀禮注疏》，卷十五，第九頁，總第174頁。

人,宿視滌。"射日陳燕具、席位,射人告具于公。大射正擯,擯者請賓,公曰:"命某爲賓。"於是行飲酒禮如儀。之後作樂娛賓,射前燕禮備。經云:"擯者自阼階下請立司正。"鄭注説解類似前引:"三爵既備,上下樂作,君將留群臣而射,宜更立司正以監之,察儀法也。"經又云:"公許,擯者遂爲司正。"鄭注云:"君許其請,因命用之。不易之者,俱相禮,其事同也。"①據此,大射正本監理射事,於大射儀既相禮,有"擯者"之稱,飲酒時又任司正,一人兼有三職,而爲卿、大夫等所熟稔,但司正其實乃暫時性任務耳。

司正既爲儀法而設,相關儀節爲何?《鄉飲酒禮》言之最備,兹據述之。司正既許諾主人,經云:"主人曰:'請安于賓。'司正告于賓,賓禮辭,許。司正告于主人,主人阼階上再拜,賓西階上答拜。司正立于楹間以相拜,皆揖,復席。"鄭注云:"再拜,拜賓許也。司正既以賓許告主人,遂立楹間以相拜,賓、主人既拜,揖就席。"②相,應讀若向。以上乃司正安賓。

既而司正表位,經云:"司正實觶,降自西階。階間北面坐,奠觶,退,共,少立。坐,取觶,不祭,遂飲,卒觶。興,坐,奠觶,遂拜。執觶興,洗。北面坐,奠觶于其所。退,立于觶南。"此概言司正於堂下庭前飲酒,卒觶,洗,奠於其所,之後立於觶南。司正表現之所以如此者,鄭注云:"階間北面,東西節也。其南北,當中庭。共,拱手也。少立,自正,慎其位也。己帥而正,孰敢不正?《燕禮》曰:'右還,北面。'"③此謂司正在堂下庭前,其位向、舉止均有寓意,足以示範飲酒禮於所有賓客。然則司正應以知禮者爲之。何以知之?蓋司正表位之後,賓酬主人,主人酬介,經云:"司正升相旅,曰:'某子受酬。'受酬者降席,司正退,立于序端,東面。"之後,經又云:"司正升自西階,受命于主人,主人曰:'請坐于賓。'賓辭以俎。主人請徹俎,賓許。司正降,階前命弟子俟徹俎。"之後,衆人坐燕,飲禮始畢。

然則司正自質明起即有任務,或曰相,或曰司馬,或曰射人,或曰擯者,總之均司正一人也。查其任務,自洗觶始,歸納之蓋有四項:一、表位以吸引賓客注意之目光,二、卒觶以示範飲用酬酒之法,三、洗觶以示注重整潔,四、相旅、徹俎以助主人行禮。鄭玄於"主人曰請坐于賓,賓辭以俎"下注

---

① 以上兩注見《儀禮注疏》,卷十七,第十頁,總第200頁。
② 《儀禮注疏》,卷九,第十五頁,總第95頁。
③ 《儀禮注疏》,卷九,第十六頁,總第95頁。

云:"至此盛禮俱成,酒清肴乾,賓主百拜,强有力者猶倦焉。張而不弛,弛而不張,非文、武之道。請坐者,將以賓燕也。"①按:其人在鄉飲酒禮中前已爲相,至此復爲司正,足見其竟日之辛勞矣。

(八) 燕禮之賓與主人

《燕禮》鄭《目録》云:"諸侯無事,若卿、大夫有勤勞之功,與群臣燕飲以樂之。燕禮於五禮屬嘉〔禮〕。"據此,燕禮乃國君犒勞臣子之禮,但因國君獨尊,不便爲主人,故命大夫一人爲賓,而別命宰夫爲主人,以鄭注宰夫之責,本爲"掌賓客之獻飲食者"②。蓋燕禮亦以飲酒爲主,其他儀節實與鄉飲酒禮無大區别。

燕禮之進行,射人告具,於是君臣各就位次,命賓,納賓,既。賓升自西階,主人亦升自西階,賓右北面至,再拜,賓答再拜。於是主人獻賓,賓酢主人,主人獻公,主人自酢于公,主人酬賓,二人媵爵于公,公舉媵爵酬賓,遂旅酬。其後主人獻卿或孤,再請二大夫媵觶,公又行爵爲卿舉旅,主人獻大夫,或胥薦主人。於是工升歌,獻工,公三舉旅,以成獻大夫之禮,奏笙,獻笙,歌笙間作,遂合鄉樂,而告樂備。至此,遂立司正,以成飲酒之禮。主人辯獻士及旅食,賓媵觶于公,公爲士舉旅酬,主人獻庶子以下于阼階。最後,無筭爵,無筭樂,燕畢,賓出,公與客燕。綜上可知,除賓與主人之外,國君與在場衆臣皆盡情飲酒,蓋此本國君犒勞臣子之禮也。觀其大體,任務乃君臣共同完成者,而君、賓及宰夫所代理之主人爲重要角色。

(九) 聘禮奉命出使之賓、介

古代各國之間有所往來,則有聘使。聘使若爲卿,則主國待以賓禮,若爲下大夫,則待以公食大夫禮,均爲國之大事,其禮甚夥。兹扼要陳述其過程,以避瑣碎。

《聘禮》曰:"君與卿圖事,遂命使者,使者再拜稽首,辭。君不許,乃退。既圖事,戒上介,亦如之。宰命司馬戒衆介,衆介皆逆命,不辭。"此謂卿奉君命組織使節團。於是衆人與宰、宰夫、管人、史等準備出聘之官幣,謂之授幣。厥明,賓朝服釋幣于禰,告其先祖將有遠行,又釋幣于大門外行神之

---

① 《儀禮注疏》,卷十,第三頁,總第 100 頁。
② 《儀禮注疏》,卷十四,第八頁,總第 161 頁。

處。上介釋幣亦如之。之後,經云:

> 上介及衆介俟于使者之門外,使者載旜,帥以受命于朝。君朝服,南鄉,卿、大夫西面北上,君使卿進使者。使者入,及衆介隨入,北面東上。君揖使者進之,上介立于其左,接聞命。賈人西面坐,啓櫝,取圭,垂繅,不起而授宰。宰執圭,屈繅,自公左授使者,使者受圭,同面,垂繅以受命。既述命,同面授上介。上介受圭,屈繅,出授賈人,衆介不從。受享束帛加璧,受夫人之聘璋,享玄纁束帛加琮,皆如初。遂行,舍于郊。斂旜。

以上使者等受命遂行。若過他邦,使次介假道。未入境,豫習威儀。經云:"及竟,張旜。誓。乃謁關人,關人問從者幾人,以介對。君使士請事,遂以入竟。"經繼云:"入竟,斂旜。乃展,布幕。"展者,展幣也。張爾岐概括曰:"自此至'賈人之館',言入竟三度展幣之事。"① 於是主國對使者一行,有郊勞及致館設飧之待遇。

厥明,下大夫以君命訝賓(即使者)于館。賓皮弁聘,至于朝,賓入于次,主國之卿爲上擯,大夫爲承擯,士爲紹擯。擯者出請事。公皮弁迎賓于大門内。大夫納賓,賓入門左,鄭注云:"衆介隨入,北面西上。"② 經云:"及廟門,公揖入。立于中庭,賓立,接西塾。几筵既設,擯者出請命。……賓襲,執圭,擯者入告,出,辭玉。納賓,賓入門左,介皆入門左,北面西上。"於是行三揖三讓之禮。既,賓致命。鄭注云:"致其君之命也。"③ 此要事也。於是主國之君受玉于中堂與東楹之間。此亦要事也。賓降,介逆出,賓出。主國之君側受宰玉,襢,降立。擯者出請,賓襢,奉束帛加璧,享,庭實用皮。又聘于夫人,用璋,享用琮。若有言,則以束帛。以上爲主國在廟設神之几筵及使者聘享之禮。

之後,宰夫徹几改筵,主君禮賓,以賓本欲私覿而君不許也。庭實設乘馬,公用束帛。賓執左馬以出,上介受賓幣,從者訝受馬。於是賓私覿,又有上介及士介四人請覿。私覿乃爲敘私誼以彰交情,此亦要事也。賓禮

---

① 清張爾岐:《儀禮鄭注句讀》,卷八,第六頁,總第349頁。
② 《儀禮注疏》,卷二十,第八頁,總第241頁。
③ 《儀禮注疏》,卷二十,第十三頁,總第244頁。

畢,出,公送賓。以上公接待使者既畢,此後卿以下行禮,先是卿勞賓,歸饗飱于賓、介,賓朝服問卿、面卿,介面卿。問下大夫,大夫若不見,君使大夫各以其爵爲之受。夫人歸禮賓、介,大夫餼賓、介。君使卿皮弁還玉于館,大夫還璋,此亦要事也。賓將行,君館賓,親存送之。賓行,主國贈送。逮使者反命,先見君還玉,再奠告于禰,上介亦如之。

由上述觀之,使者一行出聘,乃團體任務,而賓與上介、士介實負重大責任。

(十) 祭祀象神之尸

喪禮既葬,當日須於日中返廟,舉行虞禮以安其魂。其禮有尸,以孫輩扮演祖靈。男用男尸,女用女尸。自始虞之後,凡祭祀(含吉禮)皆有尸。但其禮至北魏、北周前後,因社會風俗變改,消失不傳①。茲舉《士虞禮》爲例,簡述其禮之進行。

士之虞禮,特豕饋食。經載其陳設:當户兩甒:醴、酒,饌兩豆:菹、醢,一鉶,從獻豆兩,四籩。饌黍、稷二敦于階間云云。尚有素几、葦席在西序下。鄭注云:"有几,始鬼神也。"②謂自此之後,凡祭祀皆有尸。

士虞禮初始,主人與賓自門外入,即位。主人與祝、佐食在室内設饌饗神,是爲陰厭,此乃虞禮之第一階段。既而祝迎尸,一人衰絰奉篚哭從尸,祝妥尸,尸拜,遂坐。於是饗尸,尸九飯,卒食。主人洗廢爵,酌酒酳尸,尸卒爵。尸酢主人,主人卒爵。主人獻祝,祝卒爵。主人獻佐食,佐食卒爵。主人獻者,答謝也。主人答拜,受爵,出,實于篚。升堂,復位。之後,主婦洗足爵于房中,酌,亞獻尸,如主人儀。之後,賓長三獻。於是婦人復位。祝出户,西面告利成,主人哭,皆哭。祝入,尸謖,從者奉篚哭。於是祝引尸出户、出門。以上尸九飯,又與主人、主婦、賓長獻酬,是爲虞禮之第二階段。之後,祝入徹饌,改設于西北隅,祝薦席徹入于房,祝自執其俎出,贊闔牖户。以上陽厭,乃虞禮第三階段。逮禮畢,送賓。

---

① 北魏高允上書勸諫高宗應端正婚嫁喪葬禮俗,云當時"異俗"有五,其四曰:"古者祭必立尸,序其昭穆,使亡者有憑,致食饗之禮。今已葬之魂,人直求貌類者,事之如父母,燕好如夫妻。損敗風化,瀆亂情禮,莫此之甚。上未禁之,下不改絶。"據此,當時民間喪、祭之俗仍有尸,惟已與古禮大異,且陷於鄙陋矣。見北齊・魏收:《魏書》,北京:中華書局點校本 2003 年版,卷四十八,第 1075 頁,《高允傳》。
② 《儀禮注疏》,卷四十二,第三頁,總第 494 頁。

士之虞禮分别舉行三次，《士虞禮·記》云："始虞用柔日……再虞，皆如初。……三虞、卒哭、他，用剛日，亦如初。"鄭注云："丁日葬，則己日再虞。"又云："後虞改用剛日。剛日，陽也，陽取其動也。士則庚日三虞，壬日卒哭。……他，謂不及時而葬者。"①鄭説後人有不從者，如元敖繼公、清張爾岐、吳廷華，及朝鮮丁若鏞等是也②。卒哭祭獻畢，未徹，衆人即餞尸於廟門（實仍爲寢門）外。餞尸之禮甚爲隆重。尊兩甒于廟門外之右，水尊在酒西，洗在尊東南，水在洗東。饌籩豆，脯四脡，有乾肉、折俎。尸出，即席坐。主人洗廢爵，酌獻尸，尸卒爵，主人及兄弟踊，婦人亦如之。主婦洗足爵，亞獻，踊如初。賓長洗繶爵，三獻，踊如初。尸謖，從者奉篚哭從之。哭者皆從，及大門内，踊如初。尸出門，哭者止。其禮之隆重如此。

　　查士虞禮任務焦點實集中於尸，因尸事先已齋戒沐浴，且盡心模擬先人之神情舉止，以求與先人身心相通，蓋爲教育子孫盡孝而設計者，故《禮記·祭統》云："夫祭之道，孫爲王父尸，所使爲尸者，於祭者子行也。父北面而事之，所以明子事父之道也。此父子之倫也。"③

　　以上所述凡十項，皆爲《儀禮》中之暫時性任務。任務爲時有長有短，長如三年喪之主人、主婦，或如聘使出行數月，一般則僅一日之内。任務結束，其身分亦同時消失，故稱之爲任務，而不稱之爲職務。

三、兼評胡匡衷《儀禮釋官》

　　禮之行使，有公有私。公家有官僚體系，構成有組織之網絡；私人則倚恃親誼或友誼凝聚向心力，以推動社會各種活動。簡中許多禮典往往公私交錯，不少任務暫行一時耳。

　　曹元弼曾稱許道："（《儀禮》）職官之例，則莫詳於胡氏匡衷《釋官》。"④於今顧名思義，胡氏之書應當僅列出其中職官並探討相關問題，但其書闌

---

① 《儀禮注疏》，卷四十三，第五頁，總第509頁。
② 參葉國良：《〈儀禮·士虞禮〉儀節中的幾個問題》，載於《中國經學》第二十八輯（2021年6月），桂林：廣西師範大學出版社，第117—128頁。
③ 《禮記注疏》，卷四十九，第十二頁，總第835頁。
④ 曹元弼《禮經學》，北京：北京大學出版社2012年版，《明例第一》，第五頁，總第505頁。曹氏並補列《職官例》百條之多，云："凡胡氏當職下無説及説未安者，采注疏原文或推約其義以補易之。"詳第二十五至三十三頁，總第525—533頁。

入若干暫時性任務實不宜以職官視之者,以致體例不純①。茲就上文所揭十例,附注列表與胡書稍事比對,以略窺梗概③。據表所見,值得討論的有數項,如胡書於《鄉射》列有司射、司馬、司正,其案語云:"大夫、士無射人之官,臨事立一人以掌射事,亦謂之司射也。""司正主飲酒之禮,司馬主射禮,以其同主禮事,故職相兼。此大夫、士之禮。"③所謂臨事立之、其職相兼等,均可確認其"暫時性任務"之屬性。但若擯除此類任務之討論,只保留職官之描述,則胡氏之書亦恐失其精華。蓋現實中禮典往往公私交錯,而且間雜暫時性任務在內。

以下筆者復舉例言之,針對胡書之問題,提出三點意見:

(一)《儀禮》乃禮書,執行暫時性任務者,不應視爲職官

上文所舉,如司射、司馬、司正,均非職官之稱。何以見得?按《鄉射禮》:"作相爲司正。"鄭注:"爵備樂畢,將留賓以事,爲有解倦失禮,立司正以監之,察儀法也。"④又:"司正爲司馬。"鄭注:"兼官,由便也。立司正爲泣酒爾,今射,司正無事。"⑤又:"司馬反爲司正。"鄭注:"當監旅酬。"⑥據上,相、司馬、司正爲同一人。鄭注雖用兼官一詞,其實三者均非職官之稱。"相"之稱未入胡書,可知之矣。

---

① 回顧唐杜佑《通典·職官》,歷代以"司馬"爲官名者甚夥,"司射"、"司正"則罕見,且三者之記述非關《儀禮》,與《儀禮》相關者另見《通典·禮》。由此可見,杜佑對"職官"之概念較胡匡衷清楚。

③

篇目	士冠	士昏	同左	鄉飲	鄉射	同左	鄉飲、鄉射、燕禮、大射	燕禮	聘禮	士虞
人員	賓、贊冠者	使者	送(嫁)者	賓、介、衆賓	司射	司馬	司正	賓、主人	賓、介	尸
胡書	(未列)	(未列)	(未列)	(未列)	有	有	皆有	(以膳宰爲主人)	(未列)	(未列)

③ 以上分見《儀禮釋官》,卷一,第二十一、二十頁,總第326、325頁。
④《儀禮注疏》,卷十一,第十六頁,總第116頁。
⑤《儀禮注疏》,卷十一,第十九頁,總第118頁。
⑥《儀禮注疏》,卷十二,第二十六頁,總第136頁。

《鄉射禮》："司射適堂西。"鄭注："司射，主人之吏也。"①按：前引《禮記·射義》載，孔子使子路執弓矢出延射，鄭注謂子路於時爲"司射"，此"司射"尤非職官之稱，乃任務之稱也。

司正之稱尤爲明顯，或爲相，或爲司馬，或爲射人，或爲擯者，而有時擔任司正，總之，同一人而任務與時而異，異稱夥矣。

（二）《儀禮》人物，有重要性過於他人，但與職官無涉者

《儀禮》人物中，有重要性過於他人，但非職官者，如《鄉飲酒禮》之賓、介與《士虞禮》之尸等是也。

《鄉飲酒禮》，乃鄉大夫獻賢者、能者於其君，以禮賓之，與之飲酒之禮。鄭注謂賓、介係處士賢者，既是處士，定非職官。然而其禮之進行，主人、賓、介、衆賓各須注重儀容舉止，而焦點在賓、介身上，因主人將特加考核二人是否果賢能也。

喪禮既葬，當日日中返家舉行虞祭以安魂。起初尸未入場，主人與祝先陰厭，設饌饗神。之後尸與從者一人入，尸九飯，又與主人、主婦、賓長次第獻酢，尸嘏，送尸。尸又不在場，乃行陽厭。中間過程，與祭者概以尸爲焦點，是知尸乃虞禮中最重要之角色，以其扮演祖靈也。

然而《鄉飲酒禮》之賓、介，與《士虞禮》之尸，並非職官，故不見述於胡書，雖體例使然，但自闡揚古代禮典之角度觀之，未免失其精華矣。

（三）自禮儀之角度觀察，更能了解《儀禮》

前已述及，禮之行使有公有私，禮典或公私交錯，許多任務屬於暫時性，然而依胡書體例，則不便容納私家禮儀。如《士昏禮》，胡書所列職官僅老、祝、宰三者②，而三者在士昏禮中均非重要人物，姑不論"老"是否適宜列入③。

此外，主人、主婦之詞，多見於私家禮儀，如《士喪禮》、《士虞禮》及祭祀先人相關各篇。如士之三年喪，所有儀節，以主人、主婦爲中心而展開，參與者則有兄弟、姑姊、宗人、僚友、祝、賓等，可以顯示其家族關係與社會網絡。及其家族行吉禮，亦然。如據《喪服》經、傳，更能了解封建時代公私人

---

① 《儀禮注疏》，卷十一，第十七頁，總第117頁。
② 《儀禮釋官》，卷一，第七、八頁，總第319頁。
③ 胡氏據《士昏》及《特牲》鄭《注》云："老與宰當即一人。以其主家之政教謂之宰，以其爲家之貴臣謂之老；宰著其職也，老優其名也。"見《儀禮釋官》，卷一，第七頁，總第319頁。

際關係之網絡。

至於其事僅涉私人、私家者,《儀禮·特牲饋食禮·記》有所謂"私臣"。經云:"若有公有司、私臣,皆殽脀。"鄭注云:"公有司,亦士之屬,命於君者也。私臣,自己所辟除者。"賈疏申釋私臣云:"府、史之等,不命於君者。"① 按:鄭注謂私臣己所辟除,其言允當;而賈疏謂私臣是府、史之等,則仍是庶民之在公家者,非是。又《有司徹》在主人酬賓與旅酬段落之間,經云:"主人降,洗,升,獻私人于阼階上。"鄭注云:"私人,家臣,己所自謁除也。"賈疏申釋云:"此對公士得君所命者,此乃大夫自謁請於君,除其課役,以補任爲之。"② 賈說迂曲,不可信。按:《士相見禮》鄭注:"家臣稱私。"③ 可爲私人乃己所自謁除者之證明。以上二者,胡氏皆列入職官項目中,斯不當矣。

《晏子春秋》中,晉叔向回答晏嬰,其宗族後人多"降在皁隸",云:"人事畢矣,待天而已矣。晉之公族盡矣。肸聞之,公室將卑,其宗族枝葉先落,則公從之。肸之宗十一族,維羊舌氏在而已。肸又無子,公室無度,幸而得死,豈其獲祀焉!"④ 同樣的"降在皁隸"一語亦見於《左傳·隱公五年》,足見當時貴族階層地位變遷之大。然則《儀禮》中有私家所辟除之人,不足爲奇。

要之,吾人解讀《儀禮》人事,當留意其間公私交錯,兼有固定性及暫時性任務,斯乃得之矣。

四、結　論

《儀禮》十七篇作於春秋之末,多載宗周禮典。其内容有公務、有私事,既有固定性職守,亦有暫時性任務。固定性職守,職官是也,如《燕禮》之膳宰⑤;暫時性任務,任務結束即予解除,如《鄉飲酒禮》之司正。讀者自當就此善加甄別,則釐然如在指掌矣。

（作者單位：山東大學文學院）

---

① 以上注疏見《儀禮注疏》,卷四十六,第十六頁,總第550頁。
② 以上注疏見《儀禮注疏》,卷五十,第五頁,總第598頁。
③ 《儀禮注疏》,卷七,第六頁,總第72頁。
④ 吳則虞:《晏子春秋集釋》,臺北:鼎文書局1977年版,《内篇問下》第4,第269頁。
⑤ 鄭注云:"膳宰,天子曰膳夫,掌君飲食膳羞者也。"《儀禮注疏》,卷十四,第二頁,總第158頁。

"Temporary tasks" in *Yi Li*
—Also commenting on Hu Kuangzhong's *Yi Li Shi Guan*

Ye Guoliang

Formal officials seen in the *Yi Li* had their fixed and regular duties. By contrast, there are also employees who had "temporary tasks", which are not official positions. The duration of the temporary tasks is brief, and at the end of the tasks, the title which went with it also ended, so it was called temporary tasks. *Yi Li* makes regular mentions of the temporary tasks. This article selects ten points for discussion. Judging from the above, Hu Kuangzhong's *Interpretation of Officials in Yi Li* may not be entirely accurate. The title and classification of officials, and the details are analysed. In *Yi Li*, it is common to see both public officials and private stewards working together in the ceremonies. The ceremonies also have both regular officials and temporary public employees working together. This paper hopes to provide some clarification on this topic.

Keywords: *Yi Li*, temporary tasks, Hu Kuangzhong, *Yi Li Shi Guan*

徵引書目

1. 朱熹:《儀禮經傳通解》,臺北:臺灣商務印書館《景印文淵閣四庫全書》第 131 冊, 1983 年版。Zhu Xi. *Yili jingzhuan tongjie* (*Complete Explanation of the Book of Etiquette and Ceremonies*). In *Wenyuange Siku Quanshu*, *131*. Taipei: Taiwan shangwu yinshuguan. (Original work published in the Song dynasty), 1983.
2. 吳則虞:《晏子春秋集釋》,臺北:鼎文書局 1977 年版。Wu Zeyu. *Yanzi chunqiu jishi* (*Collected Explanations of the Annals of Master Yan*). Taipei: Ting-Wen shuju, 1977.
3. 沈文倬:《菿闇文存:宗周禮樂文明與中國文化考論》,北京:商務印書館,2006 年版。Shen Wenzhuo. *Daoan wencun: Zongzhou liyue wenming yu zhongguo wenhua kaolun* (*Shen Wen Zhuo's Anthology: Study on Ritual-Music Civilization and Chinese Culture of the Zhou Dynasty*). Beijing: Shangwu yinshuguan, 2006.
4. 沈彤:《儀禮小疏》,臺北:臺灣商務印書館,《景印文淵閣四庫全書》第 109 冊,1983 年版。Shen Tong. *Yili xiaoshu* (*Little explanation of the Book of Etiquette and Ceremonies*). In *Wenyuange Siku Quanshu*, *109*. Taipei: Taiwan shangwu yinshuguan. (Original work published in the Qing dynasty), 1983.
5. 封演:《封氏聞見記》,北京:中華書局,《叢書集成初編》,1985 年版。Feng Yan. *Feng shi wen jian ji* (*Notebooks from Feng Yan*). In Wang Yunwu., *Congshu jicheng chubian* (*First Series of Complete Collection of Books from Various Collectanea*). Beijing: Zhonghua shuju. (Original work published in the Tang dynasty), 1985.
6. 胡匡衷:《儀禮釋官》,上海:上海古籍出版社《續修四庫全書》第 88 冊,1995 年版。Hu Kuangzhong. *Yili shiguan* (*Explanation of Bureaucracy of the Book of Etiquette and Ceremonies*). In *Xuxiu Siku Quanshu*, *88*. Shanghai: Shanghai guji Chubanshe. (Original work published in the Qing dynasty), 1995.
7. 張爾岐:《儀禮鄭注句讀》,高雄:學海出版社,影印本,2011 年版。Zhang Erqi. *Yili Zhengzhu judou* (*The Book of Etiquette and Ceremonies with Zheng Xuan's Annotation and Phrasing*). Kaohsiung: Xuehai Chubanshe. (Original work published in the Qing dynasty), 2011.
8. 敖繼公:《儀禮集說》,臺北:臺灣商務印書館,《景印文淵閣四庫全書》第 105 冊, 1983 年版。Ao Jigong. *Yili Jishuo* (*Collected Explanations of the Book of Etiquette and Ceremonies*). In *Wenyuange Siku Quanshu*, *105*. Taipei: Taiwan shangwu yinshuguan. (Original work published in the Yuan dynasty), 1983.
9. 曹元弼:《禮經學》,北京:北京大學出版社,2012 年版。Cao Yuanbi. *Lijing Xue* (*Research on the Classic of Rites*). Beijing: Beijing daxue chubanshe,2012.
10. 淩廷堪著,彭林點校:《禮經釋例》,臺北:"中研院"中國文哲研究所 2002 年版。Ling Tingkan. *Yili shili* (*The Explanation of Rules of the Book of Etiquette and Ceremonies*). Taipei: Institute of Chinese Literature and Philosophy, Academia Sinica. (Original work published in the Qing dynasty), 2002.
11. 楊天宇:《談〈儀禮〉中的宰夫》,《洛陽師範學報》第 15 卷第 4 期(1996 年 8 月)。

Yang Tianyu. Tan *Yili* zhong de "zai fu" (The interpretation of "zai fu" in *the Book of Etiquette and Ceremonies*). *Journal of Luoyang Normal University*, 15(4), 1996.8.

12. 楊天宇：《談〈儀禮〉中的宰》，《鄭州大學學報》（哲學社會科學版），1996 年 10 月第 5 期。Yang Tianyu. Tan *Yili* zhong de "zai" (The interpretation of "zai" in *the Book of Etiquette and Ceremonies*). *Journal of Zhengzhou University (Philosophy and Social Sciences Edition)* 5, 1996.10.

13. 萬斯大：《儀禮商》，臺北：臺灣商務印書館，《景印文淵閣四庫全書》第 108 冊，1983 年版。Wan Sida. *Yili shang* (Deliberation of the Book of Etiquette and Ceremonies). In *Wenyuange Siku Quanshu*, 108. Taipei: Taiwan shangwu yinshuguan. (Original work published in the Qing dynasty), 1983.

14. 葉國良：《禮學研究的諸面向》，新竹：清華大學出版社，2010 年版。Ye Guoliang. *Li xue yanjiu de zhu mianxiang* (The Facets of Ritual Studies). Hsinchu: Tsing-Hua daxue chubanshe, 2010.

15. 葉國良：《〈儀禮·士虞禮〉儀節中的幾個問題》，《中國經學》（桂林：廣西師範大學出版社）第二十八輯（2021 年 6 月）。Ye Guoliang. *Yili Shiyuli yijie zhong de jige wenti (Several Issues of the Etiquette in the Yili Shiyuli)*. In *Zhongguo Jingxue*, 28. Guilin: Guangxi shifan daxue chubanshe, 2021.6.

16. 褚寅亮：《儀禮管見》，上海：上海古籍出版社《續修四庫全書》第 88 冊，1995 年版。Chu Yinliang. *Yili guanjian* (The Limited Understanding of *the Book of Etiquette and Ceremonies*). In *Xuxiu Siku Quanshu*, 88. Shanghai: Shanghai guji Chubanshe. (Original work published in the Qing dynasty), 1995.

17. 鄭玄注，孔穎達疏：《禮記注疏》，影清嘉慶二十年江西南昌府學刊本，臺北：藝文印書館《十三經注疏》，1960 年版。Zheng Xuan and Kong Yingda. *Liji zhu shu (The Book of Rites with annotation)*. In Ruan Yuan. (Ed.), *Shisanjing zhu shu (Commentaries and Sub-commentaries on the Thirteen Classics)*. Taipei: Yeewen yinshuguan. (Original work published in the Qing Dynasty), 1960.

18. 鄭玄注，賈公彥疏：《周禮注疏》，影清嘉慶二十年江西南昌府學刊本，臺北：藝文印書館《十三經注疏》，1960 年版。Zheng Xuan and Jia Gongyan. *Zhouli zhu shu (Rites of Zhou with Annotation)*. In Ruan Yuan (Ed.), *Shisanjing zhu shu (Commentaries and Sub-commentaries on the Thirteen Classics)*. Taipei: Yeewen yinshuguan. (Original work published in the Qing Dynasty), 1960.

19. 鄭玄注，賈公彥疏：《儀禮注疏》，影清嘉慶二十年江西南昌府學刊本，臺北：藝文印書館《十三經注疏》，1960 年版。Zheng Xuan and Jia Gongyan. *Yili zhu shu (The Book of Etiquette and Ceremonies with annotation)*. In Ruan Yuan (Ed.), *Shisanjing zhu shu (Commentaries and sub-commentaries on the Thirteen Classics)*. Taipei: Yeewen yinshuguan. (Original work published in the Qing Dynasty), 1960.

20. 魏收：《魏書》，北京：中華書局，點校本，2003 年版。Wei Shou. *Wei Shu (History of the Wei Dynasty)*. Beijing: Zhonghua shuju. (Original work published in the Northern Qi dynasty), 2003.

論《周禮》"以爲民極"開展的民本思想

林素英

【摘　要】從《尚書》已可見禹繼承堯、舜以來傳賢的概念，提出"民惟邦本，本固邦寧"的政治概念，正式開啓民本思想之先聲，也成爲後代施政規劃所取法的核心。《周禮》即借用《尚書·洪範》"建用皇極"的概念，在"惟王建國，辨方正位，體國經野，設官分職，以爲民極"的全書宗旨中，將"以爲民極"的民本概念視爲施政者努力開創全民福祉的核心。由於以民爲本的思想，主要藉由養民、教民、治民三大方面體現之，因而本文再分別從此三大方面體現其所開展的民本思想。最後，總結《周禮》以發展民生經濟奠定王朝的根基，再以德禮之教締造講求道德的社會團體，並以"五刑"輔助治理邦國，共同促成理想社會的達成。

【關鍵詞】周禮　以爲民極　民本思想　尚書　養民　教民　治民

一、前言：禹已重視民本思想

《尚書·夏書·五子之歌》所載："皇祖有訓：民可近，不可下，民惟邦本，本固邦寧。"[1]算是傳世文獻中最早出現的民本思想，而文中的皇祖即是

---

[1] 孔安國傳（舊題），孔穎達疏：《尚書正義·夏書·五子之歌》，臺北：藝文印書館1985年版，第100頁。

大禹。大禹在陰錯陽差下,改變部落社會傳賢制度,成爲君主世襲制的開創者。① 雖然該篇被列入《僞古文尚書》之範圍,然而其思想內容,卻可與伏生所傳29篇《今文尚書》的《洪範》相呼應,都凸顯禹在中國政治思想史上具有極重要的地位。《洪範》記錄武王伐紂成功後,特別造訪箕子,得知天帝賜禹"洪範九疇"的治國之道,卒使當時天下"彝倫攸敘",大禹因而甚得民心。由此可見古代的天命觀可以溯自禹秉承天命所賜,實踐以民爲本的政策,而達到本固邦寧、天下歸心的結果。至於禹對人民的具體功勞,《皋陶謨》、《益稷謨》、《禹貢》等篇都有相關記載,也有人從古代氣候變遷的角度,説明公元前24至22世紀間,北半球溫度驟降,於是形成多處冰川,然而公元前22世紀後,氣溫回暖導致冰川融化,於是大規模的洪水爲患,時間大致與堯、舜、鯀、禹的時代相當,②因此大禹治水的事大致可信。這也間接説明《五子之歌》所傳的大禹祖訓,即使爲後代追記的資料,其思想仍可反映禹當時大公無私的施政概況,故而"民惟邦本,本固邦寧"的民本思想,也同樣可溯自大禹的時期,其思想也成爲後代帝王施政的最重要原則。透過禹的政績與其受到萬民擁戴的情形,可知爲政者是否視民如親,能否優先解決民生大事,已成爲爲政者能否獲得民心擁戴、邦國能否安寧的根本關鍵。

《論語·堯曰》所載堯、舜、禹傳位時的一段説詞,雖也屬後代歸納、追記的資料,然而其事例不僅符合堯、舜、禹傳賢之實,也可與《尚書》的《虞書·大禹謨》、《商書·湯誥》以及《周書·武成》、《周書·泰誓》的內容相對應,具有重要參考價值:

> 堯曰:"咨! 爾舜! 天之曆數在爾躬。允執其中。四海困窮,天禄永終。"舜亦以命禹。曰:"予小子履,敢用玄牡,敢昭告于皇皇后帝:有罪不敢赦。帝臣不蔽,簡在帝心。朕躬有罪,無以萬方;萬方有罪,罪在朕躬。"周有大賚,善人是富。"雖有周親,不如仁人。百姓有過,在予一人。"謹權量,審法度,修廢官,四方之政行焉。興滅國,繼絶世,舉逸民,天下之民歸心焉。所重:民、食、喪、祭。寬則得衆,信則民任

---

① 禹雖然欲傳位益,但是因爲人民對益的功勞還不熟悉,而禹的兒子啓也很賢能,人民感念禹的偉大功德,紛紛歸附禹之子啓,於是啓即位,也下開"家天下"之始。
② 詳參謝世俊:《中國古代氣象史稿》,重慶:重慶出版社1992年版,第140—156頁。

焉,敏則有功,公則説。①

透過以上的重要歸納,可以説明無論是部落社會的傳賢,抑或是夏代以後的"家天下"時代,不變的,乃是天命曆數的長短掌握在爲政者自己手中。倘若爲政者能明辨善惡、公正無私、爲民興利,且又藏富於民,即可贏得民心而得天下。否則,四海之内的人民一旦普遍困窮,則爲政者的天命亦將隨之告終。至於爲政者"允執其中"不忘初衷的具體做法,則在"謹權量"以下的行政措施,且以"所重:民、食、喪、祭"爲施政重點;苟能如此,則爲衆望所歸。此前後相傳的施政理念,也與《虞書·大禹謨》出現"人心惟危,道心惟微,惟精惟一,允執厥中"的内容相呼應。② 此"十六字心法"深爲後世所重,被稱爲是堯、舜、禹三聖道統相傳的一貫原則,不僅時刻警惕爲政者施政應以民爲本,也成爲中華文化最可貴的核心内容。

只是,開創王朝者雖能善始,後繼者卻未必能恪遵其皇祖訓示,未能時刻銘記先祖開朝之初衷,以致王朝更迭、天命轉移的狀況接踵而至。姑且不論夏啓是否如有些學者所懷疑,僅傳一代至其子太康即失國,而太康、仲康、少康的世代關係也不清楚,然而少康在"田一成、衆一旅"的基礎上,"布其德,而兆其謀,以收夏衆",終於復興夏朝的史事,並非虚構。因爲春秋時期的人對少康中興的故事相當熟悉,因而《左傳》已明載伍員舉該事以諫諍吳王,警告夫差萬萬不可接受越王勾踐請降。③ 有關夏的興衰以及有窮滅亡的歷史原因,也成魏絳爲晉文公分析對諸戎策略的考量對象。有窮的后羿雖曾抓住太康荒於政務的機會,"因夏民以代夏政",短暫取得夏朝政權,但是不久也因不修民事、不德於民,而喪失民心,遂爲布德收衆的少康所收,形成中國歷史上首次"中興"王朝的事例。④ 由於夏是中國歷史上的第一個君主世襲王朝,且其政權曾經歷失國、復國的轉變,故而其興衰存亡的原因即特别值得後代戒鑑。可見"民惟邦本,本固邦寧"的思想,固然可再遠溯自堯、舜、禹一脈相承的傳賢心法,然而在"家天下"時代後,大禹以此

---

① 何晏集解,邢昺疏:《論語注疏·堯曰》,臺北:藝文印書館 1985 年版,第 178 頁。
② 《尚書正義·虞書·大禹謨》,第 55—56 頁。雖然此篇也列入《僞古文尚書》的範圍,然而其思想内容不但可與古代歷史相互驗證,而且影響後代政治思想極爲深遠。
③ 詳見左丘明撰,杜預注,孔穎達等正義:《春秋左傳正義·哀公元年》,臺北:藝文印書館 1985 年版,第 991 頁。
④ 詳參《春秋左傳正義·襄公四年》,第 506—508 頁。

傳賢、傳子的施政明訓,更具有重要的歷史意義。

　　基於上述的重要歷史因緣,本文認爲第一部完整記錄王朝體制、封國規劃的《周禮》,其"體國經野"的根本原則,當也秉承聖王大禹"民惟邦本,本固邦寧"的施政理念而來,且主要藉由養民、教民、治民三大方面體現之。既有此思,遂取《尚書》以及相關的先秦典籍互證,以明《周禮》"以爲民極"所蘊藏民本思想的微言大義。首先,於"前言"提出"民惟邦本,本固邦寧"的民本思想先聲後;其次,論述"以爲民極"立基於《尚書》"建用皇極"的概念;其三,論述《周禮》"養民"措施所體現的民本思想;其四,論述《周禮》"教民"措施所體現的民本思想;其五,論述《周禮》"治民"措施所體現的民本思想;最後,總結古代聖王乃以落實民本思想的實踐爲最高的政治理想。

二、"以爲民極"立基於《尚書》"建用皇極"的概念

　　大禹治天下的原理原則固然上承堯、舜而來,不過,堯、舜時期尚屬古史幽遠難明的部落社會,而有別於"家天下"王朝,以致後代帝王治理天下的大法,仍應以夏爲參照基準,因此《洪範》所載天帝賜禹治理天下的《九疇》,即成爲後代聖王平治天下的最重要根據。治理天下的《九疇》依次爲:

　　　　初一曰五行,次二曰敬用五事,次三曰農用八政,次四曰協用五紀,次五曰建用皇極,次六曰乂用三德,次七曰明用稽疑,次八曰念用庶徵,次九曰嚮用五福、威用六極。①

在此"九疇"當中,值得注意的,則是位居九大要法中間地位的"建用皇極",明顯借用古代建築居屋棟宇的概念。"極",乃是房屋最高、最中間的脊梁位置,在架構屋頂檁(梁)木的數根樑木中,以此最高、正中的大樑最重要,必須不偏不倚地居於正中位置,方可使左右兩翼平衡,使房屋無傾斜倒塌的危險,也才可使屋內的人安心過活。引申之,主政者最重要的做法,即是在"皇極大中"的最高宗旨下,秉持公而無私、大中至正態度,以執行各項惠民政策,才可造福天下子民。此說法可以參照文字結構原理,清楚理解

---

① 《尚書正義·周書·洪範》,第168頁。

"極"在"建用皇極"的重要施政意義。根據《說文》所載,"棟"與"極"乃互爲轉注的兩字,段《注》還引《周易·繫辭下》"上棟下宇"的説法,而言"五架之屋,正中曰棟"。並指稱:"極,本謂屋至高之處。"又以李奇注《五行志》、薛綜注《西京賦》,皆曰:"《三輔》名'梁'爲'棟'。"於是又稱:"按此,正名'棟'爲'極'耳。今俗語皆呼'棟'爲'梁'也。"再引申之,則"凡至高、至遠,皆謂之極"。[1] 説明治天下要能設立至高至遠的大中至正目標,以便各級爲政者共同達成。此即《洪範》"皇建其有極,斂時五福,用敷錫厥庶民"所指示的道理,説明天子建立此最高且至中至正的目標,乃是爲全民謀取壽、富、康寧、攸好德、考終命的五種幸福,而達成爲民父母,以爲天下王的重要使命。[2]

此外,更應注意的,則是建立起以"皇極"居中的重心概念後,更要妥善安排此"皇極"兩側的對應關係:一側是由一至四的重視五行、敬用五事、農用八政、協用五紀;一側是由六至九的乂用三德、明用稽疑、念用庶徵、嚮用五福與威用六極。如此以"建用皇極"居中,而前後兩側正好形成對應平衡的狀態,前半具體説明惠民之政,有賴民生經濟社會建設安排妥當,後半則説明各階層執政官員應善用施政要領,使前後相得益彰。民生建設,首重水、火、木、金、土五種材質物類間的彼此調和,使其各遂其生、各成其長;其次,必須抱持敬肅謹慎的態度,以促進各種物類平衡發展;其三,執行食、貨、祀、司空、司徒、司寇、賓、師,八種有關民生大事的政策,必須以民食爲先,且應竭盡心力完成;其四,實施各項政策時,必須與日月星辰四時運行有序的自然天象變化相配合。執政者更須講求施政要領,首先,執政者必須靈活運用剛、柔、正直三種德性,以處理各種政務;其次,必要時,還要懂得妥善借助卜筮解決疑難問題;其三,隨時提高警覺,考察各項變化發生的徵兆,掌握最佳轉環契機;其四,明白揭示足以獲得五福、或導致六大嚴厲懲戒的行爲,以引導人民奉行衆善、杜絶惡行。

當然,《洪範》"九疇"所呈現的只是施政要點,是否有效,仍要透過大禹的躬行實踐,始可具體彰顯該九大施政要點的價值。檢視先秦諸子對大禹公而忘私、不畏艱苦,爲天下勞苦至極的情形,紛紛表達肯定,如:在孔子極

---

[1] 許慎撰,段玉裁注:《説文解字注·六篇上》,臺北:蘭臺書局1972年版,第256頁:"棟,極也,從木,東聲。""極,棟也,從木,亟聲。"
[2] 詳參《尚書正義·周書·洪範》,第172—173、178頁。

度稱許之外，①墨子更是讚譽有加，在《法儀》、《尚賢》、《兼愛》、《非攻》、《節葬》、《天志》、《明鬼》、《非命》、《大取》、《貴義》、《公孟》、《魯問》等篇，都標榜禹爲墨者的典範。《莊子·天下》，雖批評墨子能獨自承擔天下所不堪的超強之苦，卻不忘保留禹的大聖形象而無異議，都可説明無論學派立場之差異，對大禹公而忘私奉行"洪範九疇"的精神，都讓人肅然起敬：

> 昔者禹之湮洪水，決江河而通四夷九州也，名山三百，支川三千，小者無數。禹親自操稿耜而九雜天下之川，腓無胈，脛無毛，沐甚雨，櫛疾風，置萬國。禹，大聖也，而形勞天下也如此。②

大禹勞苦從公以爲民解決洪水大患，《尚書》都有重要的相關記載，因而司馬遷綜合整理的資料也足堪取信。《史記》記載要點如下：禹殫思竭慮，"開九州，通九道，陂九澤，度九山"，治水13年，三過家門而不入，終於平治水土。然後，使益、稷教導衆庶播種穀物，懂得從川澤捕獲魚鱉等鮮食，並且相土地之宜以制定合理税賦，以成養民之實。繼而率先敬天法祖以惇敘九族，又令皋陶爲士以理民，以安社會秩序。其後，再以夔典樂，且以聲爲律，以教民敬事山川。在安定內部以後，進而平定三苗、建都陽城，且在塗山大會諸侯後，成就當時萬國爲治、薄海歡騰的天下平治狀態。③由此可見大禹平治水土的下一步驟，教導民衆從事農耕，即是遵行《洪範》所列，積極從事五行、五事、八政、五紀等民生建設。至於其恭儉修德、卑己盡孝、敦行樂禮、崇敬鬼神以爲天下表率，乃積極教化人民奉行諸善，業已具體促成民本思想的落實。

然而要落實這種"民惟邦本，本固邦寧"的思想，需要有組織結構完整、彼此合作密合無間的官員系統，通過分工有序、無縫接軌的官聯組織層層

---

① 《論語注疏·泰伯》，第72頁：子曰："巍巍乎！舜禹之有天下也，而不與焉。"第73—74頁：子曰："禹，吾無間然矣。菲飲食，而致孝乎鬼神；惡衣服，而致美乎黻冕；卑宫室，而盡力乎溝洫。禹，吾無間然矣。"《憲問》，第123頁：南宫适問於孔子曰："羿善射，奡盪舟，俱不得其死然；禹稷躬稼，而有天下。"夫子不答，南宫适出。子曰："君子哉若人！尚德哉若人！"
② 郭慶藩集釋：《莊子集釋》，臺北：貫雅文化事業有限公司1991年版，第1077頁。
③ 詳參司馬遷著，瀧川龜太郎考證：《史記會注考證·夏本紀》，臺北：洪氏出版社1977年版，第41—51頁。

規劃、綴合，始可貫徹聖王治國理想的達成。《周禮》正是一部實現聖王統治天下的法典，全書記錄王朝各部門職官的任務内容，企圖透過各級官員職務的周密規劃、組織之間的聯動情形，共同促成聖王治國的理想。

《周禮》成書的問題極複雜，自鄭玄以下，學者多承其說，認為屬於冬官的《司空》在西漢業已佚失。① 後來雖也有"冬官未亡"之說，畢竟尚未成定論，此處不多論述。不過，《冬官考工記》的體例確實與其他五官不同，因此天、地、春、夏、秋官的開篇，都以"惟王建國，辨方正位，體國經野，設官分職，以爲民極"二十字開場，具有特殊旨意，清楚可見其爲全書之宗旨。② 其中，"辨方正位，體國經野"，說明建立邦國，必先由大司徒等相關人員選擇王城與國都所在地，仔細觀察地形以劃定國、野的範圍，選擇天地所合、四時所交、風雨所會、陰陽所和的地中位置以建立都邑，始可期望物阜民豐、百姓安居樂業。③ "設官分職"，正是實現邦國安治最重要、最具體的途徑，必須有周密的分工安排，且又要有彼此偕同聯繫、相互檢核查驗的各項機制，以構成完整的配套措施，共同推動政策的執行，而達成預定的效果。"以爲民極"，則是所有政治規劃與政策實踐的最終依歸，旨在爲人民打造最安全、最穩固、衣食最無虞匱乏，受到王朝庇護的大棟宇。在天王秉持以民爲本的信念下，以"大中至正"的態度架設王朝大棟宇的正脊，而各部會的組織結構則是從屋脊到屋簷（檐）的兩大屋面，形成覆蓋面極廣大的屋

---

① 鄭玄注，賈公彦疏：《周禮注疏·冬官考工記》，臺北：藝文印書館1985年版，第593頁，《冬官考工記》篇題下，引鄭玄《三禮目錄》云："《司空》之篇亡，漢興，購求千金不得，此前世識其事者，記録以備大數，古《周禮》六篇畢矣。"
② 張亞初、劉雨《西周金文官制研究》，北京：中華書局1986年版，第111—143頁，總論西周金文官制與《周禮》比較研究的結果，指出：從横向而言，《周禮》總計356職官中，其中有96種職官可在西周金文中找到相同或相近的記載，證實《周禮》成書時一定參照西周時的職官實況。從縱向而言，體制上，除司寇以外的其餘五官，大體與西周中晚期金文中的官制相當；《周禮》冢宰之職也反映西周中晚期的實況；《周禮》的司士放在夏官，職責之一爲掌管更治，與西周金文中的司士職司相合，可謂保存珍貴的資料。或許有鑒於此，稍後的郭偉川即專門從官制的角度切入，以研究《周禮》制度的淵源，並進一步推論其成書年代，都是客觀研究《周禮》實質問題的著作。郭偉川：《〈周禮〉制度淵源與成書年代新考》，北京：國家圖書館出版社，2016年，該書亦以此二十字爲《周禮》的核心，且認爲"設官分職"是核心問題中的核心，因此從溯源堯、舜時代及夏商二朝即有"六卿"官制的萌芽與發展，展開其一連串論述，最後提出戰國魏文侯促成《周官》成書之結論。
③ 詳參《周禮注疏·地官·大司徒》，第153—155頁："以土圭之法測土深、正日景，以求地中。……地中：天地之所合也，四時之所交也，風雨之所會也，陰陽之所和也。然則百物阜安，乃建王國焉，制其畿，方千里而封樹之。……凡建邦國，以土圭土其地而制其域。……凡造都鄙，制其地域而封溝之。"

頂,提供屋宇内的所有人民遮蔽風雨、抵禦濕寒、抗拒飛禽走獸侵襲的安全處所,使人民從上古時代的穴居野處,過渡到安身於宫室的生活狀態。① 此外,各部會的行政組織,還提供人民從事各種生産消費、養生送死、社交往來等所需的基本條件,是聚集養民、教民、治民三大功能於一爐的核心結構,促使人民可以安身立命、自在生活。雖然單一人民的力量可能微小如土芥般,然而搏和、凝結衆多微小的土芥,則可成爲堅韌無比的草筋泥,鞏固成最堅實的樁脚,促使屋宇牢牢矗立於大地之上,是厚實堅固四壁的重要有機材質,同時也成爲"民惟邦本,本固邦寧"的最忠實寫照。爲保證達到"本固邦寧"的效果,"民惟邦本"的講求與實踐,乃是不變的康莊大道。

　　杜正勝通過對古代居室的考察,認爲新石器時代早期的居室,與韓非子所説的"茅茨不翦,采椽不斲"相去不遠,②主要凸顯堯帝聖王的自奉儉薄。因爲距今7000多年前的農莊,已具備房基、窖藏坑、陶窑和墓地四大主要成分,在隸屬黄河流域仰韶文化的西安半坡遺址(5000B.C.—3000B.C.)的地面房屋柱網,説明木構框架體系的居室已經出現,也有厚層茅草覆蓋的屋頂與堅固的牆壁以遮風擋雨,還有烘烤過的平硬地面而不怕潮濕。同一時期長江流域的浙江河姆渡遺址,也以高低干闌的木構樹樁方式,克服潮濕多雨、瘴癘流行、蛇蟲出没的惡劣環境,且從居住面至屋頂的高度已超過2.5公尺,説明一般人居住其間可以擡頭挺胸,而不必卑躬屈膝,都算是相當差强人意的居住環境。③ 由於新石器早期的黄河以及長江流域,都已發展出木構形式的居室環境,因此對於大約處在新石器中期到晚期的堯、舜、禹時代而言,"極"的意象是再熟悉不過的生活經驗,因此擺在《洪範》"九疇"正中最重要位置的,即是借用"極"的意象,而有"建用皇極"之説,並引申而有最高、最遠之意,所以"以爲民極"也被規劃政治宏模者借用爲施政的終極指標,且結合"民惟邦本,本固邦寧"的民本思想先聲,成爲《周禮》全書的宗旨。

---

① 王弼、韓康伯注,孔穎達等正義:《周易正義·繫辭下》,臺北:藝文印書館1985年版,第168頁。
② 王先慎撰,鍾哲點校:《韓非子集解·五蠹》,北京:中華書局1998年版,第168頁:"堯之王天下也,茅茨不翦,采椽不斲,糲粢之食,藜藿之羹,冬日麑裘,夏日葛衣。"可知當時無論居室或吃穿等生活日用都極簡單。
③ 詳參杜正勝:《古代社會與國家》,臺北:允晨文化出版公司1992年版,第103—114頁。

三、《周禮》"養民"措施所體現的民本思想

以民爲本的政治思想,首先要展現在發展民生經濟,以提升人民生存條件的規劃上。養民的主體規劃,在《天官‧大宰》執掌"事典,以富邦國,以任百官,以生萬民"的最高指導思想下,①運用九類職務任用萬民的措施而體現之:

> 一曰三農,生九穀;二曰園圃,毓草木;三曰虞衡,作山澤之材;四曰藪牧,養蕃鳥獸;五曰百工,飭化八材;六曰商賈,阜通貨賄;七曰嬪婦,化治絲枲;八曰臣妾,聚斂疏材;九曰閒民,無常職,轉移執事。②

無論古今中外,正常狀況下,每個人都應在不同的職位上擔負任內的工作,以各盡其功。大宰的職責,即是規劃全天下各大部門的主要職掌,而此處所呈現的,即類似現代的勞動生產部門的部分,再行割分八大類固定職業生產部門,具體擔負民生日用品類的生產工作,提供養民的重要資源。再外加一類工作性質不固定的閒民,以彈性配合社會需要。

首先,在民以食爲天的生存條件下,古代農耕即是農業社會最重要的生產事業,主要從事九種穀類的生產工作,以保障人民最基本的主食需求。有關"三農"所指,雖有不同説法,如:鄭司農的"平地、山、澤",鄭玄的"平地、原、隰",惠士奇的"上農、中農、下農"等説,③然而都無礙於説明開拓不同土質農耕地的重要。配合地官相關人員考察各地土壤肥沃程度的差異,選擇最適合各類穀物生長條件的耕地從事種植,使其能達到較高的產值,即是地官的重要工作。至於"九穀"的內容,也有不同的説法,蓋穀物品名的區分,或因地區方言不同,或因品類對文與通稱的關係,都會造成差異現象,因此鄭司農以"黍、稷、秫、稻、麻、大豆、小豆、大麥、小麥"合稱"九穀",鄭玄則以爲無秫、大麥,而有粱、苽。重點不在於"九穀"的內容到底是哪九

---

① 《周禮注疏‧天官‧大宰》,第26頁。
② 《周禮注疏‧天官‧大宰》,第29頁。
③ 詳參孫詒讓:《周禮正義》,北京:中華書局1987年版,第79—89頁。以下對於有關此九職內容的不同説法,都可參照孫氏所蒐集的更詳細資料,不再另行注釋。

種,而是要求能否善盡地利以造福百姓的生活。

其次,園圃工作者,仍屬農業範圍,從事果菜花草樹木的生殖繁育工作。與"三農"相搭配,共同解決民眾賴以維生的蔬果飲食主要來源問題。

其三,虞、衡類工作者,從事川澤、山林資源的開發工作,提供人民水產、山產的來源,也提供木材、礦產等材料,使民眾的生活更便利、豐足。

其四,藪牧類工作者,在水稀或無水,卻可供麋鹿等禽獸居處的叢藪之地,或是遠郊可供畜牧牛馬等的牧田,從事飼養蕃殖鳥獸。藉此以提供人民獸力資源,也可提供動物性食物以及毛皮等禦寒物的來源。

其五,百工類工作者,以不同的方法,對從川澤或山林取得的素材,加以精雕細琢,如:珠(切)、象(瑳)、玉(琢)、石(磨)、木(刻)、金(鏤)、革(剝)、羽(析)八類,使成爲更具有實用或觀賞價値的器物或寶貝,提供祭祀或其他不同生活層面的需求。江永以爲上述先鄭根據《爾雅》而稱的"八材"說,明顯遺漏搏埴之工,而且珠類之物的使用機率較少,當不至於專門特設一工,故而主張宜以《禮記·曲禮》的"土、金、石、木、獸、草"六材,再加上玉、羽兩類而共同組成八材。雖然孫詒讓以爲先鄭與江氏二說皆通,不過,從實用狀況推想,江永所說或許更接近當時社會狀況。畢竟對於珠寶、象牙等物的加工品需求較少,且其加工處理法較容易與玉的加工進行技術轉換,所以可合併於對玉類的加工製造業者加以處理。

其六,商賈類工作者,從事各種材料或成品的搬有運無,促進各種財貨的流通。此類工作者,可使特定財貨出產過盛地區的居民,不至於物價低賤而傷民;反之,缺乏該特定財貨地區的居民,也不至於因爲物以稀爲貴而必須付出極高的代價,造成生活的不便與困難。政府若能妥爲掌握各地生產,以及此類工作者的經營狀況,對於平衡市場物價、提升人民生活水準,都有相當正面的意義。

其七,嬪婦類工作者,從事化治絲枲。此處的嬪,乃婦人的美稱,即"典絲"一職所指的外工、外嬪婦,並非九嬪世婦一類的内嬪婦。雖然嬪妃世婦也必須從事蠶桑絲枲的工作,然而其治絲所得,乃供應宮中縫製祭服等重要用途,非供一般民間買賣流通之用。根據《史記·貨殖列傳》所載,姜太公封齊以後,利用當地極豐富的桑麻資源,勸女工以"極技巧",遂開創齊國冠帶衣履豐厚的局面,還能恩澤披於天下,促成絲織業繁榮的勝景。[1] 參照

---

[1] 詳參《史記會注考證·貨殖列傳》,第 1354 頁。

《國語·齊語》記載齊襄公豪奢與淫於女色的情形,使"九妃、六嬪,陳妾數百,食必粱肉,衣必文繡",①可見齊國的絲織業,從姜太公的努力推動,至襄公之時,絲織業已蓬勃發展,不僅品類繁多,如:羅、帛、綾、絹、綺、紈、錦等,而且不乏精品。② 再對照考古發現,陝西涇陽高家堡、岐山賀家村、寶雞茹家莊等地墓葬中,都發現西周早、中期的麻布、絲織、刺繡等工藝品。③ 凡此都可見西周早、中期的布帛、絲織品技術,已有一定程度的發展。

其八,臣妾類工作者,此處的"臣妾",乃通稱男女貧賤者,是專門協助主人從事聚斂疏材等各項工作的廝役。江永以為當時貧苦人民自鬻其身於雇主之家的,即稱為臣妾,後代則稱為奴婢,庶人、商賈之家多有之,具體協助九職各項職務的執行。

除上述八類的固定行業工作者外,另有一類並無固定職務的"閒民",屬於"與人傭賃"性質,可以隨不同需要而機動轉移執事的內容。此類人,類似現今的臨時約聘雇員,並非指遊手好閒的"街友、遊民"。

透過此九大類職業的從業者,分別各就其工作崗位從事生產活動,即可穩定人民的衣食來源。此即《史記·貨殖列傳》所載:

《周書》云:"農不出則乏其食,工不出則乏其事,商不出則三寶絕,虞不出則財匱少。"財匱少,而山澤不辟矣。此四者,民所衣食之原也。原大則饒,原小則鮮。上則富國,下則富家。貧富之道,莫之奪予,而巧者有餘,拙者不足。④

使從事農、工、商以及虞、衡之民,皆能努力於所屬的職務工作,則基本的民生資源即可以無虞匱乏。然而,人生難免會遭遇一些特殊狀況而使生活產生困難,政府也有安保民眾生息的社會福利措施以安養萬民:

一曰慈幼,二曰養老,三曰振窮,四曰恤貧,五曰寬疾,六曰安富。⑤

---

① 左丘明撰,上海師範大學古籍整理組校點:《國語·齊語》,臺北:里仁書局1981年版,第223頁。
② 詳參宣兆琦:《齊文化發展史》,蘭州:蘭州大學出版社2002年版,第105—107頁。
③ 詳參楊寬:《西周史》,上海:上海人民出版社1999年版,第306—308頁。
④ 詳參《史記會注考證·貨殖列傳》,第1354頁。
⑤ 《周禮注疏·地官·大司徒》,第158頁。

使少有所育、老有所安、鰥寡孤獨以及廢疾者皆有所養,幫忙解決生存問題。至於貧苦無財貨者,政府還提供借貸創業管道。同時,以均平繇役而不專取的方式減省民力,使民眾可以安心從事生產。

此外,爲政者平時還應有足夠的危機意識,當遭遇如飢荒或旱澇等較大範圍天災所引發的緊急狀況時,則應適時啓動荒政法的應變措施以聚合萬民:

> 一曰散利,二曰薄征,三曰緩刑,四曰弛力,五曰舍禁,六曰去幾,七曰眚禮,八曰殺哀,九曰蕃樂,十曰多昏,十有一曰索鬼神,十有二曰除盜賊。①

綜合上述遭遇災荒時,由地官配合採行應變措施,以各官之間重要的"官聯"組織,發揮即時救災的最高作用。首先,須散發豐年徵收的穀物或種子以救災,並寬待民眾於秋熟時歸還。其次,減輕歲賦、繇役,廢除關卡徵稅,並開放公設的山澤園圃供民眾採食維生。再次,則一方面嚴辦趁火打劫的盜賊,另一方面又寬緩因飢寒所引發的罪刑,以雙軌並行的方式,維護社會治安與秩序。然後,也要降殺吉、凶禮的禮數,且不作樂取樂。同時,應節約婚禮花費,然而卻應以增殖人口爲重點,鼓勵結婚生子。在穩定民心方面,則是尋找可能致災之鬼神而加以祭祀,攘除凶險、以安民心。最後,必要時,還要啓動移民與節制飲食等非常方法,以協助民眾度過難關,真正達到養民之目的。

四、《周禮》"教民"措施所體現的民本思想

在《天官·大宰》執掌"教典,以安邦國,以教官府,以擾萬民"的最高指導思想下,②負責執掌邦教的乃是地官大司徒,而非專掌貴族教育的春官大司樂。蓋因庶民佔所有人口結構中的絕大多數,所以一個王朝教育的重心與對象,當然要放在庶民。孔子所云:"小人學道則易使。"③正是最好的説

---

① 《周禮注疏·地官·大司徒》,第157頁。
② 《周禮注疏·天官·大宰》,第26頁。
③ 《論語注疏·陽貨》,第154頁:"子之武城,聞弦歌之聲。夫子莞爾而笑,曰:'割雞焉用牛刀?'子游對曰:'昔者偃也聞諸夫子曰:"君子學道則愛人,小人學道則易使也。"'子曰:'二三子!偃之言是也。前言戲之耳!'"

明。庶民教育的内容與方式，自然有別於注重典籍書冊學習與禮樂實踐的貴族教育。① 司徒之教，乃通過地官相關人員深入民間進行土地丈量、登録人口分布狀況的機會，定期以懸象示意與口傳宣教的方式，對百姓進行有計劃的社會教育。因爲地政人員必須實地勘查山林、川澤、丘陵、墳衍、原隰等不同地區，測量各地土質肥瘠程度與調查相應生物的差異情形等，因而非僅能周知九州地形地物之別，②也能熟悉不同生活環境下的差異性民情風俗，最容易把握時機對庶民百姓進行社會教育。

大司徒對廣大庶民所施行的"十二教"如下：

> 一曰以祀禮教敬，則民不苟；二曰以陽禮教讓，則民不争；三曰以陰禮教親，則民不怨；四曰以樂禮教和，則民不乖；五曰以儀辨等，則民不越；六曰以俗教安，則民不偷；七曰以刑教中，則民不虣；八曰以誓教恤，則民不怠；九曰以度教節，則民知足；十曰以世事教能，則民不失職；十有一曰以賢制爵，則民慎德；十有二曰以庸制禄，則民興功。③

將此"十二教"又可再行細分成三大類，共同組構出以禮爲綱領的整體教育架構：前面四教，以祭祀與講求陰陽和諧的禮樂之教，奠定禮教的整體規模；中間四教，透過民間禮俗與刑罰戒律，建立儀刑（型）之教以穩定社會秩序；最後四教，以促使士、農、工、商各行各業各盡其功的道藝之教，磨練其基本生活技能，進而達到利用、厚生以造福他人的功德。④ 尤其重要的，乃是最前面四教，都直接以四種不同的"禮"爲標目，説明《周禮》的規劃，即使是對庶民百姓的社會教育，仍然以推動合理的"禮"之行爲爲起點，且以促成全民行爲有禮爲教育宗旨。如此推動合於"禮"的社會教育核心，與《禮

---

① 貴族教育之目的在於培養不同階層的統治人才，因而由地官的師氏、保氏擔任小學教育之基礎學習，然後由掌邦禮的春官，自大司樂以下的大批人員進行整套的禮儀樂舞實作練習，以便其進入不同層級的官場，參與不同的典禮時，可以得體地與天神、地祇產生交感作用，以收事神祈福的祭祀初衷。
② 《周禮注疏·地官·大司徒》，第149頁："掌建邦之土地之圖，與其人民之數，以佐王安擾邦國。以天下土地之圖，周知九州之地域廣輪之數，辨其山林、川澤、丘陵、墳衍、原隰之名物；而辨其邦國都鄙之數，制其畿疆而溝封之，設其社稷之壝而樹之田主。"
③ 《周禮注疏·地官·大司徒》，第151頁。
④ 有關大司徒的"十二教"內容，詳參林素英：《〈周禮〉的禮教思想——以大司徒爲討論主軸》，載於臺灣師範大學《國文學報》第三十六期（2004年12月），第1—42頁，爲避免過多重複，此處僅擇要論述。

記》的"禮不下庶人"並不衝突。① 因爲"禮不下庶人"所指的"禮",乃指按照士以上各級貴族所遵行的專屬全套禮儀行禮,然而庶人平日要處理的事情繁多,既無暇、也無足夠的經濟能力可以"越級備禮",在上者自然不能强人所難,故而改採降殺士禮的方式進行人際互動,因此會説"禮不下庶人"。换言之,在實際生活中,佔絕大多數的庶民百姓,也須一本虔誠之心以恭敬祭祀神祇,在人與人的彼此對待上,仍應講求謙讓不争、待人親和有禮,秉持處事不偏激躁進的"中和"態度,使行爲能遵守一定的"禮"之規範,始可締造祥和而無暴戾之氣的社會。此也正是孔子所説"小人學道則易使"的真諦所在。②

倘若爲政者只講求貴族應遵行禮儀規範,而不注重庶民的教化工作,使龐大的庶民皆行動粗魯、蠻横無理(禮),則社會絕對無法秩序井然,民生也無法安和樂利,因而凡是有遠見的爲政者,必然要投注極大的心力在庶民教育上。是故,要落實"十二教"的社會教育目的,大司徒又有"鄉三物"的更具體規劃:

> 以鄉三物教萬民而賓興之:一曰六德,知、仁、聖、義、忠、和;二曰六行,孝、友、睦、婣、任、恤;三曰六藝,禮、樂、射、御、書、數。……以五禮防萬民之僞而教之中,以六樂防萬民之情而教之和。③

此處的六德、六行、六藝之教,各有極具體的實踐項目,透過這些學習内容,即可以養成心存高尚德性、行動合於人倫義理,且又具備自我生活技藝與服務社群的能力。"鄉三物"的教育内容,其實還可涵括師氏以"三德"、"三行"教導貴族子弟的内容,④也有取於保氏的部分執掌,⑤且不忘將貴族最注重的禮樂教育目標,視爲教導庶民百姓養成"中正平和"態度與習性之

---

① 鄭玄注,孔穎達等正義:《禮記正義·曲禮上》,臺北:藝文印書館1985年版,第55頁。
② 《論語注疏·陽貨》,第154頁:"君子學道則愛人,小人學道則易使也。"
③ 《周禮注疏·地官·大司徒》,第161頁。
④ 《周禮注疏·地官·師氏》,第210頁:"以三德教國子:一曰至德,以爲道本;二曰敏德,以爲行本;三曰孝德,以知逆惡。教三行:一曰孝行,以親父母;二曰友行,以尊賢良;三曰順行,以事師長。居虎門之左,司王朝,掌國中失之事,以教國子弟。"
⑤ 《周禮注疏·地官·保氏》,第212頁:"教以六藝:一曰五禮,二曰六樂,三曰五射,四曰五馭,五曰六書,六曰九數。乃教以六儀:一曰祭祀之容,二曰賓客之容,三曰朝廷之容,四曰喪紀之容,五曰軍旅之容,六曰車馬之容。"

最高目標。儘管士庶存在政治地位與社會分工的差別,然而基本教育理念並無二致,可見人之所以爲人的要點,在於成人(仁)與成德,已是當時重要的共識,正好可呼應《尚書·舜典》舜任命契爲司徒,以"敬敷五教"以矯正"百姓不親,五品不遜"的做法。① 此"五品"即是五種人倫之常,旨在教導百姓能夠實踐父義、母慈、兄友、弟恭、子孝的五種基本人倫,本無士庶貴賤之別。尤其從"以鄉三物教萬民而賓興之",說明鄉大夫在州長的協助下,不僅以鄉飲酒禮款待實踐"鄉三物"表現優良的庶民百姓,還會向朝廷舉薦賢者,而由內史適時分配政務助理的工作。然後,也透過舉行鄉射禮的機會選拔人才,分別從觀察射者的儀態,在和、容、主皮、和容、興舞等五方面配合程度的高低,分辨射者的德行與能力,②並徵詢衆庶的意見,共同選拔技藝精湛、德行崇高者以爲鄉里的統治者。③ 由於古代鄰里生活的範圍不大,因此彼此都十分熟稔,每當鄉里發生婚喪政事等大事之時,大家多會前往幫忙,因而藉由衆庶參與協助的情形,基層官人員很容易從中考核參與者的德行與技藝,④並適時呈報鄉大夫,以便舉薦賢能之才。

對於大司徒所推動的"鄉三物"務實教育,注重經世之學的李塨即明白指稱:

> 夫古人之立教,未有不該體用、合內外者,有六德、六行以立其體,六藝以致其用,則內之可以治己,外之可以治人,明德以此,親民以此,斯之謂大人之學。⑤

---

① 《尚書正義·虞書·舜典》,第44頁:帝曰:"契,百姓不親,五品不遜。汝作司徒,敬敷五教,在寬。"回應位在篇首,第34頁的"慎徽五典,五典克從。"
② 《禮記正義·射義》,第1014—1015頁:"射者,進退周還必中禮,內志正,外體直,然後持弓矢審固;持弓矢審固,然後可以言中,此可以觀德行矣。……故曰:射者,所以觀盛德也。……是故古者天子以射選諸侯、卿、大夫、士。射者,男子之事也,因而飾之以禮樂也。故事之盡禮樂,而可數爲,以立德行者,莫若射,故聖王務焉。"
③ 《周禮注疏·地官·鄉大夫》,第180頁:"(鄉大夫)正月之吉,受教法于司徒,退而頒之于其鄉吏,使各以教其所治,以考其德行,察其道藝。以歲時入其書。三年則大比,考其德行、道藝,而興賢者,能者。鄉老及鄉大夫帥其吏與其衆寡,以禮禮賓之。厥明,鄉老及鄉大夫、群吏獻賢能之書于王,王再拜受之,登于天府,內史貳之。退而以鄉射之禮五物詢衆庶,一曰和,二曰容,三曰主皮,四曰和容,五曰興舞。此謂使民興賢,出使長之;使民興能,入使治之。"
④ 《史記會注考證·項羽本紀》,第141頁:"項梁殺人,與籍避仇於吳中。吳中賢士大夫皆出項梁下。每吳中有大繇役及喪,項梁常爲主辦,陰以兵法部勒賓客及子弟,以是知其能"。
⑤ 分別見於戴望:《顔氏學記》,臺北:廣文書局1975年版,卷四《恕谷一》,第224頁;卷七《恕谷四》,第362頁。

如此體用合一、內外兼治的教育，實可與代表貴族子弟進入大學，從明明德、親民，以至於"止於至善"的一貫大道相通。① 從周代教育以"止於至善"爲統治者施政的最高指標，也是爲政應"以爲民極"的重要宣示，說明即使是爲庶民設計的社會教育，其最終目的仍與大學之教殊途同歸。畢竟要建立一"至善"的社會環境，無論士庶都需要接受教育以提升自己的素質，只是内容有别而已。

周初已確知教育越早紮根、越普遍實施越好。此從《大戴禮記·保傅》以及《禮記》的《文王世子》、《内則》、《少儀》等篇，都可見周初即相當注重家庭教育與境教對個人身心發展的感染力，此即孔子所云："少成若性，習貫之爲常。"② 上述資料雖爲貴族子弟教育内容，然而生命的成長有其共相性，非僅貴族子弟年少時的習慣可以成爲其第二天性，庶民百姓亦然。在習以爲常的慣性下，越早養成良好的習慣，正是培養成人具備良好品德與生活習性的不二法門，也是穩定社會秩序的重要基礎，因此有遠見的立教者在規劃整體教育體系時，除卻培養明禮、好禮，且能實踐愛民、親民之道的各級統治者外，③ 更應把教育的重點放在最大多數的庶民教育上。透過深入民間底層的地官人員從事社會教育，即可普遍提高庶民明理知道的程度，使其易於配合政府推動對全民有益的各項政策。當全體從上到下都能以成人（仁）與成德爲教育的共同目標，則所有"教民"措施所開展的，正是以仁德爲本、爲尊的思想，藉以發揮人性善良、光明的一面，也正好可呼應王國維對於周代所賴以綱紀天下的關鍵，在於禮樂制度的論斷：

> 周之所以綱紀天下，其旨則在納上下於道德，而合天子、諸侯、卿、大夫、士、庶民以成一道德之團體。周公制作之本意，實在於此。④

秉承周公制禮作樂之目的，在成就一包含所有士庶在内的群體，使共同講求道德的社會團體。其中，最重要的管道，即是透過自太子至全體庶民的教育措施，使其從小在生活中養成實踐六德、六行、六藝之教的習慣與能力。

---

① 詳參《禮記正義·大學》，第 983 頁。
② 王聘珍《大戴禮記解詁·保傅》，北京：中華書局 1983 年版，第 51 頁。
③ 《論語注疏·憲問》，第 72 頁：子曰："上好禮，則民易使也"。
④ 王國維：《觀堂集林·史林二·殷周制度論》卷十，北京：中華書局 1959 年版，第 454 頁。

五、《周禮》"治民"措施所體現的民本思想

　　大宰職務中攸關"治民"的項目者，乃以"治典，以經邦國，以治官府，以紀萬民"爲最高指導思想，其下，則從執行"教典，以安邦國，以教官府，以擾萬民"，積極建設一從上到下的道德社會團體。然而任何崇高理想的制度，一旦涉及錯綜複雜的落實問題，也必須預先規劃一些消極輔弼的措施，因此又須以"刑典，以詰邦國，以刑百官，以糾萬民"，①俾便從積極施教與消極防弊雙管齊下的措施，達到爲全民謀最大福祉之目的。實際執掌刑典者，乃是秋官大司寇，針對邦國的特性，分別以：刑新國用輕典，刑平國用中典，刑亂國用重典，三種類型的刑典以輔佐王刑邦國，並以野刑、軍刑、鄉刑、官刑、國刑的五刑以糾正萬民。② 由於體系龐大，以下僅選取與治理一般庶民百姓最有關的，以"上德糾孝"爲核心概念的"鄉刑"進行討論。

　　秋官的"鄉刑"，具體而言，即是地官的鄉大夫在州長的協助下，秉承司徒十二教以實施"鄉三物"的積極教育，另由黨正、族師、閭胥執行"讀法"的教育，當此雙重教育失敗後，於是採行"鄉八刑"以爲矯正措施，使庶民百姓可以重歸於崇德盡孝，也能實踐合乎社會規範的正向行爲：

　　　　以鄉八刑糾萬民：一曰不孝之刑，二曰不睦之刑，三曰不婣之刑，四曰不弟之刑，五曰不任之刑，六曰不恤之刑，七曰造言之刑，八曰亂民之刑。③

在此八刑中，以"不孝之刑"爲首，與秋官"五刑"中，以"上德糾孝"爲主旨的"鄉刑"兩相呼應，也是《孝經》"五刑之屬三千，而罪莫大於不孝"説法的起源。追溯其因，乃在於人自出生開始，即受到父母無微不至的照顧，若不能行孝、盡孝，即欠缺最基本的人倫親情。一個人自親其親尚且不能，則遑

---

① 詳參《周禮注疏·天官·大宰》，第 26 頁。
② 詳參《周禮注疏·秋官·大司寇》，第 516 頁。
③ 詳參《周禮注疏·地官·大司徒》，第 161 頁。

論要對其他人講求人倫義理。① 因此，八刑中的前六刑，即對應"鄉三物"中，積極要求庶民百姓實踐孝、友、睦、婣、任、恤的"六行"以恪盡人倫之常。至於最後兩種訛言惑衆的造言之刑，以及變異官物之名、更造法度左道以亂政的亂民之刑，雖不在前述"六行"的基本倫常範圍之內，然而屬於爲穩定社會秩序所採取的對治措施，對於締造祥和良善的社會具有重大意義。

《周禮》的造言、亂民二刑，因爲缺乏詳細説明，以致難明其義。然而若與《禮記》的"四殺"之刑相互對照，則容易理解其內容：

> 析言破律，亂名改作，執左道以亂政，殺。作淫聲、異服、奇技、奇器以疑衆，殺。行僞而堅，言僞而辯，學非而博，順非而澤以疑衆，殺。假於鬼神、時日、卜筮以疑衆，殺。②

古代立法，會對此四種人殺而無赦，蓋因其行爲影響所及，已足以敗德惑民、撼動國政，而有亡國之虞，故而干犯者的罪刑即在不赦之列。然而揆諸古代社會狀況，一般庶民百姓實在既欠缺訛言惑衆的能力，也缺乏足以謠言惑衆的機會，更難有變異官物之名、造法度左道以亂政的渠道；是故，侯家駒即認爲此比較像是初登仕籍的貴族子弟，因爲剛剛接觸機密、寶物與權力，加上血氣方剛，所以容易受誘惑，進而鋌而走險，以致可能觸犯此類罪行。爲避免初入仕途者誤觸法網，故而士師必須對此類官場新秀諄諄告誡。③ 此類觸犯四殺的罪行，可再配合秋官士師的執掌而知其義：

> 掌士之八成：一曰邦汋，二曰邦賊，三曰邦諜，四曰犯邦令，五曰撟邦令，六曰爲邦盜，七曰爲邦朋，八曰爲邦誣。④

根據鄭玄解釋，此八種罪行分別是：盜取國家機密的邦汋、叛國作亂而違逆

---

① 詳參李隆基（唐玄宗）御注，邢昺疏：《孝經注疏·五刑章》，臺北：藝文印書館1985年版，第42頁：子曰："五刑之屬三千，而罪莫大於不孝。要君者無上，非聖人者無法，非孝者無親。此大亂之道也。"其中的"五刑之屬三千"，出自《尚書正義·周書·呂刑》（第301頁），《孝經·五刑章》據而再衍伸擴展之。
② 《禮記正義·王制》，第260頁。
③ 侯家駒：《周禮研究》，臺北：聯經出版事業公司1987年版，第257頁。
④ 《周禮注疏·秋官·士師》，第527頁。

君上的邦賊、爲異國進行反間的邦諜、干冒王者教令的犯邦令者、詐稱王命而擅自行事的撟邦令者、竊取邦國寶藏的邦盜、結合朋黨亂政而誣罔君臣失實的邦誣者。由於上述行爲都會嚴重危害邦國的存亡,因而以罪在不赦的殺戮之刑嚴重恫嚇,以免初登仕籍者誤觸法網。由於一般衆庶也能因表現優異而進入官場任職,因此在"鄉八刑"的最後列上這兩種罪刑,也算是預先防範犯罪的重要宣告。倘若果真干犯此"四殺"之罪,則由司寇判定死罪後,交由掌戮之官負責行刑。不過,即使同屬死罪,仍可按照所犯情節的輕重而有不同的處決方式:罪大者,以鈇鉞腰斬之;罪小者,以刀刃殺之棄市。倘若犯罪者爲王的同族或有爵位者,在判定死罪後,由掌囚加上刑具,送往甸師氏以待刑殺。①

至於衆庶以暴力侵凌他人者,則由禁暴氏掌理、糾舉之:

    掌禁庶民之亂暴力正者、撟誣犯禁者、作言語而不信者,以告而誅之。凡國聚衆庶,則戮其犯禁者以徇。②

凡是橫行霸道、以暴力侵凌他人而自以爲是者,或是顛倒是非、造謠生事、詐僞欺騙者,都會按照罪行輕重,由司刑者分別以墨、劓、宮、刖、殺的"五刑"進行誅罰。儘管"五刑"之用由來已久,然而《尚書·呂刑》已強調唯有德者可以典刑,③清楚呼應《康誥》與《多方》中的"明德慎罰"概念。④

與"治民"最直接相關者雖然是秋官,然而《周禮》當中運用"官聯以會官治"的策略,乃是官府行政運作的重要模式,因此在負有"安邦國"使命的夏官中,有些職官也與"治民"的工作密切相關。從輔佐王以安定天下的大處而言,大司馬的"進賢興功,以作邦國",以舉薦賢能,具有達到建立社會

---

① 詳參《周禮注疏·秋官·掌戮》,第545頁。《天官·甸師》,第64頁。《秋官·掌囚》,第544頁。
② 《周禮注疏·秋官·禁暴氏》,第547頁。
③ "五刑"之説,最早見於《尚書正義·周書·呂刑》,相傳該篇爲呂侯受穆王之命爲司寇,訓暢夏禹贖刑之法以布告天下。第300—302頁,即明載"五刑"的大致内容。第303頁,更載有王曰:"朕敬于刑,有德惟刑!"
④ 《尚書正義·周書·康誥》,第547頁:王若曰:"孟侯,朕其弟,小子封。惟乃丕顯考文王,克明德慎罰;不敢侮鰥寡,庸庸,祗祗,威威,顯民,用肇造我區夏,越我一、二邦以修我西土。"《多方》,第256頁:"乃惟成湯克以爾多方簡,代夏作民主。慎厥麗,乃勸。厥民刑,用勸。以至于帝乙,罔不明德慎罰,亦克用勸。"

秩序、提振人心的作用，且由司士實際掌握群臣的名籍，執行黜陟徵召的政令；"簡稽鄉民，以用邦國"，則又須會同地官大司徒、土均，正確合計各國鄉民的人數，以便必要時可以順利動員可用的人力；"均守平則，以安邦國"，更是安定各大小諸侯國，使其彼此親和、敦睦相處以歸於大治的重要工作，而掌管天下圖籍及地形的職方氏，則承擔實際業務。①

至於與"治民"直接相關，也是頒布各邦國必須同遵政灋，成爲秋官執灋最重要依據者，則是大司馬每年周正建子之月例行的公事：

> 正月之吉，始和布政于邦國都鄙，乃縣政象之灋于象魏，使萬民觀政象，挾日而斂之。②

在建子之月朔日，正式向各邦國都鄙宣布掌建邦國的九大政灋，以輔佐王平治邦國，並公布九大征伐之灋以正邦國。將此重要大灋公開展示，使爲同遵的依據，十日後收藏，也成爲地官人員到各地進行社會教育時"讀灋"的來源。經過此懸象示灋，尤其是用來正邦國的九大征伐之灋，乃是大司馬發動甲兵以平治天下的重要準則，更是協助秋官以穩定社會秩序的重要後盾。如此一來，若有大欺小、強凌弱、賊害賢良、殘殺人民、不符節制、殺害親族、藐視國灋、悖亂人倫等等罪刑者，則與秋官聯合職灋以維護正義，穩定社會治安。

總而言之，治民之道，旨在積極以道德禮義教民、化民，此乃《周禮》與法家截然不同之處。然而在強調德禮教化之外，也要藉由定期"讀灋"的社會教育活動，使衆庶不至於誤觸法網，成爲"德主刑輔"的治民之道。因此，亦不免要設置各種刑罰以糾正衆庶錯誤的行爲，使犯罪者的行爲可以回歸常軌，同時，藉由"五刑"的威嚇，期望達到消極防止民衆誤陷法網的功效，庶幾可達"刑期無刑"的理想狀態。尤其重要的，則是強調執行刑罰者，都必須是有德之人，且須以極審慎的態度聽訟斷獄，然後考量其犯罪動機，並針對其罪行給予適當的刑罰。藉由刑罰的規劃與執行，保障所有奉公守法的良民，得以安心自在生活，免除外來詐僞、造謠等無謂的干擾，杜絕搶劫掠奪、暴力脅迫的危險降臨每個人身上，真正成就一"以爲民極"的"止於至

---

① 《周禮注疏·夏官·大司馬》，第439頁。
② 《周禮注疏·夏官·大司馬》，第441頁。

善"之祥和社會。

六、結　　論

　　綜上所述,大禹繼鯀之後擔任治水總指揮,形勞天下長達十多年,卒能平治九州,使山川澤陂各歸其道,四海之內的人民得以安居,身體力行以民爲本的思想,一心謀求全民最高、最遠的福祉。公而忘私的大禹,一生深受萬民愛戴景仰,所遺留"民惟邦本,本固邦寧"的祖訓,也成爲古代施政的核心概念。《周禮》即借用《尚書·洪範》"建用皇極"的"極",具有"至高、至遠"的意義,遂在施政宗旨中,設定爲全民開創最大福祉的"以爲民極"爲全書的核心理念。

　　爲落實謀求全民"至高、至遠"的福祉,於是先從發展民生經濟、改善人民生活,奠定王朝的根基,再從輔助人民從事各項經濟發展的機會,藉由深入民間的機會,施行重孝道、尊德義、懂禮讓的社會教育,促成上下共同講求道德的團體,締造安和樂利的社會。孔子所主張的治國三步驟:庶之、富之、教之,[①]即依循此線索發展而來。然而天下蒼生的生活際遇各有因緣,雖施教者同以德禮教之,而受教者亦可能發生違逆的情況,而有缺德、無禮、違法、犯禁的行爲,於是爲保障絕大多數的人不受干擾、侵害,是以必須要輔以"五刑"的規劃,合併訂定適當的治民之道,適時糾舉萬民,勤於實踐以孝爲首的一系列美好德行,共同實現合乎人民理想的美善社會。

(作者單位:臺灣師範大學國文系)

[①]《論語·子路》,第116頁:"子適衛,冉有僕。子曰:'庶矣哉!'冉有曰:'既庶矣。又何加焉?'曰:'富之。'曰:'既富矣,又何加焉?'曰:'教之。'"

People-Oriented Thought in *Zhouli* (周禮, *The Rites of Zhou*): A Survey Based on the Concept of *Yiweiminji* (以爲民極)

Suying Lin

Chinese people-oriented thought originated with the abdication stories of Yao(堯), Shun(舜) and Yu(禹). The political concept that "people are the basis of the state and the state will be tranquil if the basis is firm" in *Shangshu* (尚書, *The Book of Ancient Documents*), evolved into the central policy of s government of ancient China.

Taking the concept of *Jianyonghuangji* (建用皇極) from *Hongfan* (洪範) in *The Book of Ancient Documents*, *Zhouli* developed the idea of *Yiweiminji* which meant that the rulers should devote themselves to the welfare of all people.

This paper will shed light on people-oriented thought through the three main aspects of *Yiweiminji* in *Zhouli*: nurturing the people, educating the people and governing the people. According to these ideas, rulers should make the livelihood and benefit of all people as the foundation of the state, should improve moral standards by the teachings of virtue and rituals, and promote social order through *Wuxing* (五刑, five punishments) to create an ideal society.

Keywords: *Zhouli* (*The Book of Zhou*), *Yiweiminji*, the people-oriented thought; *Shangshu* (*The Book of Ancient Documents*), nurture, educate and govern the people

徵引書目

1. 孔安國傳(舊題)，孔穎達疏：《尚書正義》，臺北：藝文印書館，1985 年版。*Shangshu zhengyi* (*Commentaries and Sub-commentaries on Shangshu*). Annotated by Wei Kong Anguo, Sub-commented by Kong Yingda. Taipei：Yiwen yinshuguan, 1985.
2. 王先慎撰，鍾哲點校：《韓非子集解》，北京：中華書局，1998 年版。Wang Xianshen. *Hanfeizi ji jie* (*Collected Commentaries on the Hanfeizi*). Collated by Zhong Zhe. Beijing：Zhonghua shuju, 1998.
3. 王國維：《觀堂集林·史林二》，北京：中華書局，1959 年版。Wang Guowei. *Guantang Jilin Shi Lin II* (*Collected works of Wang Guowei: History vol. 2*). Beijing：Zhonghua shuju, 1959.
4. 王弼、韓康伯注，孔穎達等正義：《周易正義》，臺北：藝文印書館，1985 年版。Wang Bi and Han Kangbo. *Zhouyi Zhengyi* (*Commentaries and Sub-commentaries on I Ching*). Sub-commented by Kong Yingda, et al. Taipei：Yiwen yinshuguan, 1985.
5. 王聘珍：《大戴禮記解詁》，北京：中華書局，1983 年版。Wang Pingzhen. Da Dai liji jie gu (*Interpretation of the Da Dai Liji*). Beijing：Zhonghua shuju, 1983.
6. 司馬遷著，瀧川龜太郎考證：《史記會注考證》，臺北：洪氏出版社，1977 年版。Sima Qian. *Shiji huizhu kaozheng* (*Examination of the collected commentaries to The Records of the Historian*). Commented by Takikawa Kamedaro. Taipei：Hongshe chuban she, 1977.
7. 左丘明撰，上海師範大學古籍整理組校點：《國語》，臺北：里仁書局，1981 年版。Zuo Qiuming, *Guoyan* (*Discourses of the States*). Collated by Shanghai Normal University The Ancient Book Collation Group of Shanghai Normal University. Taipei：Liren shuju, 1981.
8. 何晏集解，邢昺疏：《論語注疏》，臺北：藝文印書館，1985 年版。He Yan. *Lunyu zhushu* (*Commentaries and Sub-commentaries on Lunyu*). Sub-commented by Xing Bing. Taipei：Yiwen yinshuguan, 1985.
9. 李隆基(唐玄宗)御注，邢昺疏：《孝經注疏》，臺北：藝文印書館，1985 年版。Li Longji (Emperor Xuanzong of Tang). *Xiaojing zhushu zhushu* (*Commentaries and Sub-commentaries on Xiaojing*). Sub-commented by Xing Bing. Taipei：Yiwen yinshuguan, 1985.
10. 杜正勝：《古代社會與國家》，臺北：允晨文化出版公司，1992 年版。Du Zhengsheng. *Gudai shehui yu guojia* (*Ancient Society and the State*). Taipei：Yunchen wenhua chuban gongsi, 1992.
11. 杜預注，孔穎達等正義：《春秋左傳正義》，臺北：藝文印書館，1985 年版。Du Yu, *Chunqiu Zuo Zhuan zhengyi* (*Commentaries and Sub-commentaries on Chunqiu Zuo Zhuan*). Sub-commented by Kong Yingda et al. Taipei：Yiwen yinshuguan, 1985.
12. 林素英：《〈周禮〉的禮教思想——以大司徒爲討論主軸》，臺灣師範大學《國文學報》第 36 期，2004 年 12 月，頁 1—42。Lin Suying. " *The Concept about Teachings of Rites in Zhouli: The Roles of Da Situ* ". Bulletin of Chinese 36, (December 2004)：

pp.1 – 42.
13. 侯家駒：《周禮研究》，臺北：聯經出版事業公司，1987 年版。Hou Jiaju. *Zhouli yanjiu* (*Zhouli Studies*). Taipei：Lianjing Chuban shiye gongsi, 1987.
14. 宣兆琦：《齊文化發展史》，蘭州：蘭州大學出版社，2002 年版。Xuan Zhaoqi. *Qi wenhua fazhanshi* (*History of the Development of Qi Culture*). Lanzhou：Lanzhou daxue chuban she, 2002.
15. 段玉裁注：《説文解字注》，臺北：蘭臺書局，1972 年版。Duan Yucai. *Shuowen Jiezi Zhu* (*Annotated Shuowen Jiezi*). Taipei：Lantai shuju, 1972.
16. 孫詒讓：《周禮正義》，北京：中華書局，1987 年版。Sun Yirang. *Zhouli Zhengyi* (*Correct Interpretations of the Rites of Zhou*). Beijing：Zhonghua shuju, 1987.
17. 張亞初、劉雨《西周金文官制研究》，北京：中華書局，1986 年版。Zhang Yachu and Liu Yu. *Xizhou jinwen guanzhi yanjiu* (*Research on the Official system in Bronze writings of the Western Zhou*). Beijing：Zhonghua shuju, 1986.
18. 郭偉川：《〈周禮〉制度淵源與成書年代新考》，北京：國家圖書館出版社，2016 年版。Guo Weichuan. *Zhouli zhidu yuanyuan yu chengshu niandai xinkao* (*The Origin of the Zhouli System and the New Examination of the Year of Writing*). Beijing：Guojia tushuguan chubanshe, 2016.
19. 郭慶藩集釋：《莊子集釋》，臺北：貫雅文化事業有限公司，1991 年版。Guo Qingfan. *Zhuangzi jishi* (*Collected Annotations on the Zhuangzi*). Taipei：Guanya wenhua shiye youxian gongsi, 1991.
20. 楊寬：《西周史》，上海：上海人民出版社，1999 年版。Yang Kuan. *Xizhou shi* (*History of the Western Zhou Dynasty*). Shanghai：Shanghai renmin chubanshe, 1999.
21. 鄭玄注，孔穎達等正義：《禮記正義》，臺北：藝文印書館，1985 年版。Zheng Xuan. *Liyi Zhengyi* (*Commentaries and Sub-commentaries on the Book of Rites*). Sub-commented by Kong Yingda et al. Taipei：Yiwen yinshuguan, 1985.
22. 鄭玄注，賈公彥疏：《周禮注疏》，臺北：藝文印書館，1985 年版。Zheng Xuan *Zhouli zhushu* (*Commentaries and Sub-commentaries on Zhouli*). Sub-commented by Jia Gongyan. Taipei：Yiwen yinshuguan, 1985.
23. 戴望：《顏氏學記》，臺北：廣文書局，1975 年版。Dai Wang. *Yan shi xue ji* (*Scholarly Record of Master Yan*). Taipei：Guangwen shuju, 1975.
24. 謝世俊：《中國古代氣象史稿》，重慶：重慶出版社，1992 年版。Xie Shijun. *Zhongguo gudai qixiang shigao* (*The Meteorology History of Ancient China*). Chongqing：Chongqing chubanshe, 1992.

論《禮記·鄉飲酒義》坐位之義及其成篇之年代

許子濱

【摘　要】《儀禮·鄉飲酒禮》記述諸侯鄉大夫每三年在鄉學（庠序）舉行選舉賢能之禮，而《禮記·鄉飲酒義》則解説經文包含的"尊賢養老"之意及坐位背後的意藴，二篇又構成事義相應的關係。《鄉飲酒義》以"象"説解賓、主、介、僎、三賓坐位的象徵意義。本文將記文放在《易傳》及《荀子》、《中庸》的思想脈絡中作考察，闡明與禮諸人的坐位之義，及其與天文、四時、仁義的對應關係，以及當中體現的將人道與天道融爲一體的觀念。《鄉飲酒義》談及仁義、聖、禮、德等德目，以及仁氣、義氣説，實有自來，可與《孟子》及郭店楚簡《五行篇》等文獻聯繫起來。然則，《鄉飲酒義》既以儒爲主，又摻雜了不少如陰陽五行思想，融各家於一體而翻出新貌。凡此，無不反映篇中展現的晚周以後儒者的特點，其成書年代自可據以推知。

【關鍵詞】《鄉飲酒義》　坐位之義　仁氣　義氣　《易傳》

一、緒　言

《禮記》自《冠義》、《昏義》、《鄉飲酒義》、《射義》、《燕義》至《聘義》六篇，皆以專篇形式抉發《儀禮》相關篇章之經義。《儀禮》有《鄉飲酒禮》，《禮記》有《鄉飲酒義》，二者的關係猶如經文與傳記，可以對讀。古天子諸侯爲尊長養老、敬賢舉能，定期舉行鄉飲酒禮。此禮蓋起於虞、夏，而盛行於兩周。①《鄉飲酒禮》記述諸侯鄉大夫每三年在鄉學（庠序）舉行選舉賢能之禮，《鄉飲酒義》解說經文包含的"尊賢養老"（鄭玄《目錄》語②）之意及坐位背後的意藴，二篇又構成事義相應的關係。鄉大夫爲主人。學生最賢者爲賓一人，次者爲介一人，又次者爲衆賓多人，其長者爲三賓。觀禮之僎，《鄉飲酒禮》作"遵"。依鄭玄注，"僎"爲今文經，而"遵"則爲古文經。③僎雖有無、來否皆所不定，但禮經既虚位以待，必當兼數此席。④《鄉飲酒義》以"象"説解賓、主、介、僎、三賓坐位的象徵意義。記義闡明與禮諸人的坐位之義，及其與天文、四時、仁義的對應關係，體現了將人道與天道融爲一體的觀念，當可放在《荀子》、《中庸》，尤其是《易傳》的思想脈絡中作考察。篇中談及仁義、聖、禮、德等德目，以及仁氣、義氣説，實有自來，可與《孟子》及郭店楚簡《五行篇》等文獻聯繫起來。因此，要想確切理解記義的中心内容，就必須把它放在相關的傳世與出土文獻裏作通盤研究。

朱熹修纂《儀禮經傳通解》，謂記義中天人之道部分牽合附會，對之深致疑焉。後人大抵沿用朱説，認爲記義决非古人制禮之原意，實出於戰國秦漢以後喜援陰陽家説經的儒者之手。朱子晚年致友人袁機仲（樞）的書信，就記義中陰陽、剛柔、仁義之位，與之反覆辯難，尤其值得關注、重探與詮解。

陳昭瑛校讀《荀子·樂論》與《禮記·鄉飲酒義》文字，得出以下一些結果："《禮記·鄉飲酒義》爲獨立篇章，較《樂論》最末一段詳細，然因篇幅擴大，音樂在其中扮演的分量相對減少，另一方面，《鄉飲酒義》較《樂論》鄉飲酒禮段保留較多宇宙内容，其中有濃厚的神秘主義色彩。""與《禮記·鄉飲酒義》相較，我們才能真正理解荀子在《樂論》中如何消解禮樂的原始宗教的色彩。""對應義氣與仁氣，與《禮記·月令》中的原始分類近似。這種原始世界觀已經完全消失於《樂論》中論鄉飲酒禮的段落，荀子將鄉飲酒禮放在《樂論》，正是試圖彰顯笙歌之樂如何培養鄉里中居民的公共感性。"⑤陳昭瑛顯然把《荀子·樂論》與《鄉飲酒義》放在縱向的時間順序來處理，認爲

---

① 參段玉裁《鄉飲酒禮與養老之禮名實異同考》，段玉裁撰，鍾敬華校點《經韻樓集》，上海：上海古籍出版社 2007 年，第 290—293 頁。
② 鄭玄注，孔穎達正義，吕友仁整理《禮記正義》，上海：上海古籍出版社 2008 年，第 2284 頁。
③ 鄭玄注，孔穎達正義，吕友仁整理《禮記正義》，第 2289 頁。
④ 侯康《鄉飲酒賓主坐位解》，《學海堂二集》，道光十八年（1838）啓秀山房藏板，卷六，第五頁上。
⑤ 陳昭瑛《第六章·情：從自然感性到公共感性》，《荀子的美學》，臺北：臺灣大學出版中心 2016 年，第 299—303 頁。

後者顯得"原始"、"神秘",相較之下,《荀子》則褪去了這種"原始宗教的色彩",隱然完成由原始到人文的進化過程。在作者看來,荀子對鄉里培養的公共感性深具信心,認爲鄉里是落實王道的場域。作者於是試圖通過《荀子·樂論》與《鄉飲酒義》的比較來佐證己說。此種論析,固然爲解讀《鄉飲酒義》提供一個嶄新的視角,但綜覽今人對戰國秦漢時期思想史的研究,其概念與範疇,德目如仁義聖德、仁氣義氣等,均出現在《鄉飲酒義》,未見有所謂"原始宗教"或"神秘主義"的論調。恰恰相反,不少學者的論説均可作陳説的反證。如郭静雲談論"天人之德"與"神明"概念,指出"古代思想家論及'神明'時,並不是描述隱秘不可知的'天地的神妙功能',而是具體指出'神明'係'天地之德'概念。"① 天地合德正是《鄉飲酒義》所闡釋的鄉飲酒禮的意藴。若然郭説不誤,試問《鄉飲酒義》包含的這種"天地之德"的概念又何"神秘"之有？又如林素娟以"德"爲考察中心,説明戰國儒者如何使天地之大德透過禮的生成與變化來展現。她的考察結果表明,由帝命向天命有德的轉化,是由原始宗教逐漸向人文化成的過程。② 若然林説不誤,《鄉飲酒義》包含的這種"德"的概念又何"原始"之有？陳昭瑛是否誤説《鄉飲酒義》,實有權論的必要。

　　對於《鄉飲酒義》的成篇年代,王鍔根據清代及近代禮學大家如孫希旦、沈文倬、王夢鷗等人之説作綜合考量,爲之斷案説:"我們認爲,《鄉飲酒義》是由兩篇内容近似的文章組合而成。自篇首至'貴賤明'一段是第一篇,該篇約成篇於戰國中晚期,與《冠義》、《昏義》等篇年代接近。自'鄉飲酒之義立賓以象天'至篇末是第二篇,該篇主要用陰陽五行思想解釋鄉飲酒禮中人物的方位,大概是秦漢間人的作品。二篇編爲一篇,蓋西漢人所爲。"③ 早於孫希旦之前,方苞就提出,"鄉飲酒之義"領起一段,"乃別一人所記,其中有前記未備者,故後儒並存之"。④ 由此可見,《鄉飲酒義》的成

---

① 郭静雲《先秦易學的"神明"概念與荀子的"神明"觀》,載於《周易研究》第三期(2008年),第52頁。
② 林素娟:《天秩有禮、觀象制文——戰國儒家的德之體驗及禮文化成》,載於《清華學報》新四十七卷第三期(2017年),第433—471頁。林素娟據《鄉飲酒義》談再現宇宙生化圖式的飲食之禮,只是未有明言其成篇時代。詳見氏著《秦漢飲食禮儀及其象徵運用中的自然、身體與倫理觀》,載於《漢學研究》第二十九卷第四期(2011年),第51—53頁。
③ 王鍔《〈禮記〉成書考》,北京:中華書局2007年,第220頁。
④ 杭世駿《續禮記集説》,光緒三十年(1904)浙江書局重刊,卷九十九,第二十五頁上—二十五頁下。

篇年代的確需要重新審視。

二、《鄉飲酒義》之德目考釋

《鄉飲酒義》闡明賓、主、介、僎、三賓坐位之義云：

> 仁義接，賓主有事，俎豆有數，曰聖；聖立而將之以敬，曰禮；禮以體長幼，曰德。德也者，得於身也。故曰：古之學術道者，將以得身也。是故聖人務焉。

"仁義接"照應上文由"接"字領起的兩個句子——"接人以義者也"與"接人以仁以德厚者也"，前者指賓，後者指主人，最後以"仁義接"總結賓主交接之禮義。鄭玄注云：

> 聖，通也，所以通賓主之意也。將，猶奉也。
> 術，猶藝也。得身者，謂成己令名，免於刑罰也。言學術道，則此說實賢能之禮。①

此節闡明禮義，周延多元，連氣貫通"仁"、"義"、"聖"、"禮"、"德"德目，層層遞進，曉暢利落。賓爲主之所尊敬，故以賓像天。主供物以養賓，故以主像地。"仁義接"照應上文的坐席之位，象徵賓主二人以仁義交接。"有事"指獻酬酢之事。"俎豆"有數。通曉此等象數的效法天道之意，稱爲"聖"。通曉其道，恭敬奉行，稱爲"禮"。② 依禮體現長幼之序，稱爲"德"。釋"德"爲"得於身"，意蘊深邃。記者對"德"字的直接解讀，還見於《樂記》的"德者，得也"。人要想有德於身，就必須從禮樂入手，《樂記》也說："禮樂皆得，謂之有德。"《大戴禮記·盛德》篇變言"能得德法者爲有德"，"德法"自是禮法，與小戴記詞異而義同。孔穎達疏解《關雎》后妃之德說："德，

---

① 鄭玄注，孔穎達正義，呂友仁整理《禮記正義》，第 2289 頁。
② 王夫之《禮記章句》，《船山全書》編輯委員會編校《船山全書》，長沙：岳麓書社 1991 年，第 4 册，第 1521 頁。

得也,自得於身,人行之總名。"①"德"統稱人的一切善行。孔氏援引記文疏通序意,襃揚后妃有德於身。記文總結説:"古之學術道者,將以得身也,是故聖人務焉。""術"、"道"同義,學術道者,是爲了自身獲得"德",這是聖人制禮力行的宗旨所在,猶如《射義》所言"事之盡禮樂而可數爲以立德行者,莫若射,故聖王務焉"。"術道"之義尤可得而説焉。《周禮·鄉大夫》列明,鄉大夫通過鄉飲酒禮選士,"攷其德行,察其道藝"(下文復言"攷其德行道藝,而興賢者能者"),賢者有六德六行(知、仁、聖、義、中、和;孝、友、睦、姻、任、恤),能者有道藝(禮、樂、射、御、書、數),以冀達致舉賢授能的目的。②《周禮》文例,"道"、"藝"同義,或連言,或對舉,單言亦可互訓。"儒以道得民",即以六藝教民,位列《大宰》九兩之四。《説文》説儒云:"柔也,術士之稱。"③儒爲術士,有一技之人,即今語所稱技術人員。而"道"、"術"同義,"以道得民"就是以道術得民。④ 張舜徽注意到《鄉飲酒義》"古之學術道者"一語,並結合《周禮》之"儒"(《大宰》)、"師儒"(《大司徒》)的職能作解,以爲"學術道者"就是"古之儒士"。這種儒士是術士,有別於後世以傳授儒經爲職志的經生。⑤ 朱熹從心性着眼,將"德"内化爲心之所得,其注《論語·爲政》記子曰"爲政以德"云:"德之爲言得也,得於心而不失也",指行道而有得於心。⑥ 清楚表明此意。朱子對"德"的啓悟,應是得益於孟子説的"聖人先得我心之所同然"。進一層説,記文之意,可置於《荀子》積學成聖的脈絡中來理解。對此,《勸學》云:

> 積土成山,風雨興焉;積水成淵,蛟龍生焉;積善成德,而神明自得,聖心備焉。

以積土致風雨、積水致蛟龍類比積善成德的可能。《性惡》説得更具體,指

---

① 孔穎達《詩經注疏》,臺北:藝文印書館 1989 年,第 12 頁。
② 參鄭玄注及孫詒讓正義。孫詒讓撰,王文錦、陳玉霞點校《周禮正義》,北京:中華書局 1987 年,第 847 頁。
③ 許慎撰,段玉裁注,許惟賢整理《説文解字注》,南京:鳳凰出版社 2007 年,第 642 頁。
④ 參俞樾及孫詒讓説。孫詒讓撰,王文錦、陳玉霞點校《周禮正義》,北京:中華書局 1987 年,第 112 頁。
⑤ 張舜徽《兩戴禮記札疏》,《舊學輯存》,濟南:齊魯書社 1988 年,第 137 頁。
⑥ 朱熹撰《四書章句集注》,北京:中華書局 1983 年,第 53 頁。又參簡朝亮《論語集注補正述疏》,北京:北京圖書館出版社 2007 年,第 56 頁。

點途徑及其關鍵處，説：

> 今使塗之人伏術爲學，專心一志，思索孰察，加日縣久，積善而不息，則通於神明，參於天地矣。故聖人者，人之所積致也。

"伏術爲學"①，意同上引記文的"學術道"。只要補上一字，繁化爲"學術伏道"，兩意無間，更爲顯明。"積善"之理，見於《周易·文言傳》。傳文闡釋《坤》初六爻辭"履霜，堅冰至"云："積善之家，必有餘慶；積不善之家，必有餘殃。"記文"德也者，得於身也"，可與《荀子》"神明自得"對應起來。"神明"見於《易傳》。《繫辭傳下》將"神明之德"推源於伏羲氏始作八卦、立象盡意的用心：

> 古者包犧氏之王天下也，仰則觀象於天，俯則觀法於地，觀鳥獸之文與地之宜，近取諸身，遠取諸物，於是始作八卦，以通神明之德，以類萬物之情。

> 乾，陽物也；坤，陰物也。陰陽合德，而剛柔有體，以體天地之撰，以通神明之德。

《繫辭傳下》數數言之的"通神明之德"，成爲戰國儒家的核心概念。《樂記》云："禮樂偵天地之情，達神明之德。"在郭店楚簡《太一生水》中，"神明"成爲宇宙生成論中的不可或缺的一個環節："天地復相輔也，是以成神明。"天地合德，生機盎然，萬物得以生成。《荀子》所言更形集中、透徹，除上引《性惡》外，還見於各篇，如《儒效》云："並一而不二，則通於神明，參於天地矣。"《王制》云："聖王之用也，上察於天，下錯於地，塞備天地之間，加施萬物之上，微而明，短而長，狹而廣，神明博大以至約。故曰：一與一是爲人者，謂之聖人。"《議兵》云："謹行此六術、五權之至……則通於神明矣。"《解蔽》云："人何以知道？曰：心……心者形之君也，而神明之主也。"就"神明"而言，《荀子》與《易傳》一脈相通。《鄉飲酒義》"德也者，得於身也"與之相關聯，三者形成一條共通的思想脈絡。《中庸》云："唯天下至誠

---

① "伏"字，古今説法縱有不同，但視之爲動詞卻甚一致。荀況著，王天海校釋《荀子校釋》，上海：上海古籍出版社 2005 年，第 953—954 頁。

爲能盡其性,能盡其性則能盡人之性,能盡人之性則能盡物之性,能盡物之性則可以贊天地之化育,可以贊天地之化育則可以與天地參矣。"在襄助天地、化育萬物這點上,《荀子》與《易傳》及《中庸》目標一致。

三、《鄉飲酒義》坐位之義闡微

對於鄉飲酒禮賓、主、介、僎、三賓的坐位安排及禮儀,《鄉飲酒義》以"象"説解箇中之意,既云:

> 立賓以象天,立主以象地,設介、僎以象日月,立三賓以象三光。古之制禮也,經之以天地,紀之以日月,參之以三光,政教之本也。

又云:

> 賓、主,象天地也。介、僎,象陰陽也。三賓,象三光也。讓之三也,象月之三日而成魄也。四面之坐,象四時也。

上文以"象"指明鄉飲酒禮設賓、主、介、僎、三賓坐位與天文的對應關係,下文更推而廣之,將介、僎之"象"日月,延伸至陰陽,將賓、主、介、僎四面之坐,延伸至春夏秋冬四季,甚而將三讓之禮與月之運行對應起來。若連結下文的"東方陽氣",天地、日月、三光、四時、陰陽、剛柔便與鄉飲酒禮周遍而緊密地聯繫起來。這個禮義體現了將人道與天道融爲一體的觀念。《周易·繫辭傳》云:"象也者,像也。"用象爲相像、擬像之義。① 《周易》之精義全在一個"象"字。《説卦傳》這樣撮舉天、地、人三道的要義:"立天之道,曰陰與陽。立地之道,曰柔與剛。立人之道,曰仁與義。"人道之仁義,與天道之陰陽、地道之剛柔一義貫通。純粹從天人合一的觀念來看,記文與《易傳》如出一轍。章學誠於《易》之象與《詩》之興熟玩而深省,謂二者相爲表裏。②

---

① 李道平撰,潘雨廷點校《周易集解纂疏》,北京:中華書局1994年,第634頁。段玉裁以爲"象也者,象也",以象爲想像之義。見許慎撰,段玉裁注,許惟賢整理《説文解字注》,第658頁。
② 章學誠著,葉瑛校注《文史通義校注》,北京:中華書局1989年,第18—19頁。

而龐樸爲《易》、《詩》思維所作圖式"道—象—器"或"意—象—物",説《禮》之義,應可自成一環。①

《鄉飲酒義》闡釋賓、主、介、僎坐位之意,及其與天文、四時、仁義的對應關係,即自"賓主象天地也"以下至"禮以體長幼曰德"及後章"立賓以象天"以下至篇終"禮之大參也"。朱子修纂《儀禮經傳通解》,深致疑於其間,詆訶此兩章"皆牽合傅會,迂滯之説,不足深究",蓋對當中包含的以溫厚、嚴凝二氣始盛方位分配仁義之文也一併否定,更對"其曰月三日而成魄"深表不滿,謂其"尤爲紕漏"。② 指斥記者臆説穿鑿,不可信據。言下之意,朱子認爲此兩章脱離了《鄉飲酒禮》經文原意,不足附於本經。朱子晚年有十一封致友人袁機仲(樞)的書信,就陰陽、剛柔、仁義之位,與之反覆辯難。朱子舉《鄉飲酒義》爲代表的禮家及曆家二説與《説卦傳》之説作比較,以爲禮家、曆家卦位可以相通,而《説卦傳》之卦位與彼二説不合,別爲一説。袁樞無視三家説中存在的參差牴牾,强相附會、牽合爲一,朱子對此大表不然。但對袁樞的引據,即兩引《鄉飲酒義》"春作夏長爲仁,秋斂冬藏爲義"解説《繫辭傳》、《説卦傳》,以及獨引《鄉飲酒義》"溫厚之氣始於東北,盛於東南;嚴凝之氣始於西南,盛於西北",朱子卻表示贊同,更謂此舉於"經既有據,又合於理之自然"。③ 由此可見,朱子不但不把《鄉飲酒義》排除於經之外,認可袁樞據之爲説,甚至還説經文所言合乎自然的天理。《儀禮經傳通解》鄉禮部分爲朱子晚年親定"絶筆之書"④,按情理來説,此書應代表其定見,但同是寫於晚年的書信,持論卻與説禮之時截然不同,不知道朱子對《鄉飲酒義》看法的轉變是否反映兩説有先後之異。

袁樞站在乾位陰柔仁、有陽剛不柔而無仁、坤陰立場,認定傳統陰陽、剛柔、仁義之位,出現"乾陰柔義、艮陽剛義、巽陽剛仁、坤陰柔仁"配置上的矛盾。袁氏試圖利用文王八卦化解這個矛盾,卻又來個乾坤大挪移,使原在西北位的乾取代艮,居東北而爲冬春之陽剛,坤居西南而爲夏秋之陰柔;又謂東南巽卦以一陰已生而爲陰柔之位,爲的是要證明南方溫厚爲仁主生

---

① 龐樸《當代學者自選文庫:龐樸卷》,合肥:安徽教育出版社 1999 年,第 343 頁。
② 朱熹《儀禮經傳通解·鄉飲酒禮第十二鄉飲酒義第十三》,影印文淵閣《四庫全書》第七卷,上海:上海古籍出版社 1987 年,第 131 册,第三十八頁下。
③ 朱熹《答袁機仲》,"盛於西北",原文誤作"東",今予改正。見朱熹撰,朱傑等人主編《朱子全書》,上海:上海古籍出版社 2002 年,第 1679 頁。
④ 朱熹兒子朱在《儀禮經傳通解》跋文。白壽彝《儀禮經傳通解考證》引,《北平研究院院務彙報》第七卷第四期單行本(1936 年),第 11 頁。

長、北方嚴凝爲義主肅殺。"乾陰柔義、艮陽剛義、巽陽剛仁、坤陰柔仁",見下圖中心圓圈文王八卦方位,朱子於圖中針對袁説逐一提出駁議。

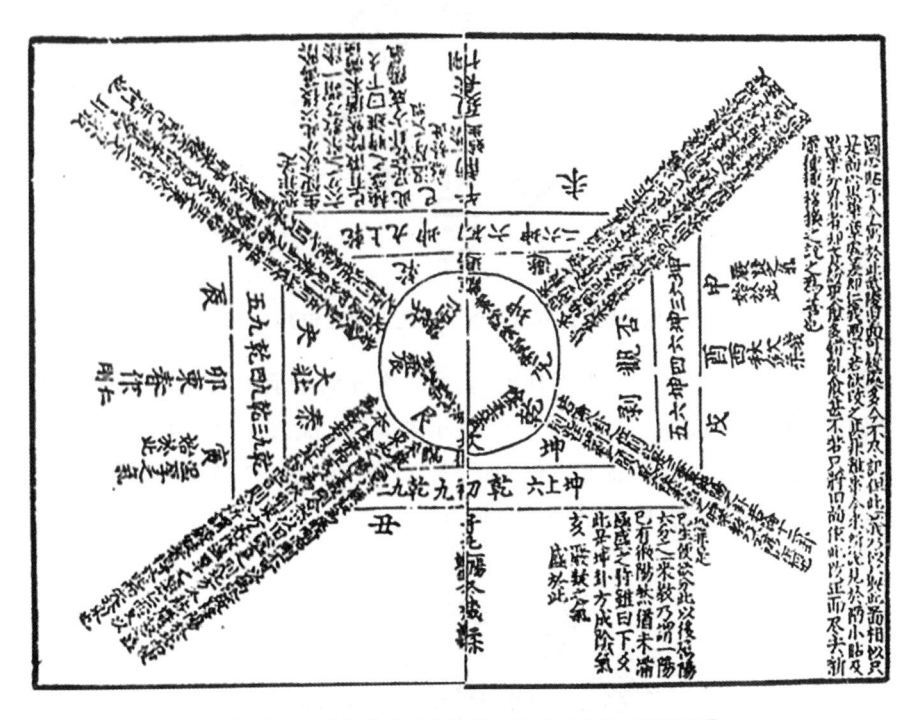

朱熹爲改正袁樞"武陵舊圖"而繪畫之"朱熹新圖"①

  袁樞於南宋光宗紹熙四年(1194)起知常德府,其時常德仍稱"武陵",知朱子所稱"武陵舊圖"爲袁樞當時所繪。"朱熹新圖"在中心圓圈文王八卦四隅、右側旁邊等處評點袁氏之説,逐一商榷,予以改正。就評語所見"來教",知此圖特意爲袁樞而製,便於權論。此圖中心圓圈位列文王八卦;外爲雙層方框,框外列十二地支;框内外層列乾坤十二爻,内層列十二卦。其製圖本意在於表現文王八卦與十二卦位置彼此不同,無法對應。

  如所周知,《説卦傳》以文王八卦分配四方八位,有云:"萬物出乎震,震,東方也。齊乎巽,巽,東南也";"離也者,明也,萬物皆相見,南方之卦也";"戰乎乾,乾,西北之卦也";"坎者,水也,正北方之卦也";"艮,東北之卦也"。據此,文王八卦方位可以圖示如下:

---

① 朱熹撰,郭齊、尹波點校《朱熹集》,成都:四川教育出版社1996年,第3册,第1698—1699頁。

朱子《周易本義附圖·文王八卦方位》①

如圖示，後天八卦方位中，四正卦震、兌、離、坎分別表示正東、正西、正南、正北四個方位，四隅卦巽、乾、艮、坤分別表示東南、西北、東北、西南四個方位。

若依十二辟卦或消息卦方位（如下圖），復、臨、泰、夬、乾六卦爲陽卦息卦，姤、遯、否、觀、剥、坤六卦爲陰卦消卦。

江永《十二辟卦圖》②

朱子攝舉禮家、曆家、《説卦》三説之要義，大抵爲：（1）禮家説：溫厚之氣爲仁，盛於東南，嚴凝之氣爲義，盛於西北；（2）曆家説（見《十二辟卦

---

① 朱熹著，蘇勇校注《周易本義》，北京：北京大學出版社1992年，第193頁。
② 江永《河洛精蘊》，北京：九州出版社2011年，第87頁。十二辟卦或消息卦説本於西漢孟喜，十二辟卦圖蓋爲李溉所傳。江永圖後出，此處錄其圖，僅爲方便説明而已。

圖》）：陽生於子，於卦爲《復》；陰生於午，於卦爲《姤》。（3）《説卦》説（見《文王八卦方位》）：巽位東南，乾位西北。"朱熹新圖"將文王八卦與十二辟卦分置圓圈與内框之中，同一卦而所處位置迥然不同：乾於文王八卦之位在西北，於十二卦之位在東南；坤於文王八卦之位在西南，於十二卦之位在西北。二者不同，即使如何善辯，亦無法勉强牽合。《鄉飲酒義》表示温厚之氣盛於東南而嚴凝之氣盛於西北，與曆家卦位的乾、坤相當，可以相通。朱子據曆家之十二辟卦立説，解釋《鄉飲酒義》之"天地温厚之氣始於東北而盛於東南，此天地之盛德氣也，此天地之仁氣也；天地嚴凝之氣始於西南而盛於西北，此天地之尊嚴氣也，此天地之義氣也"，指出：

> 蓋子位一陽雖生而未出乎地，至寅位泰卦則三陽之生方出地上，而温厚之氣從此始焉。已位乾卦六陽雖極而温厚之氣未終，故午位一陰雖生而未害於陽，必至未位遯（引者按：同遁）卦而後温厚之氣始盡也。其午位陰已生而嚴凝之氣及申方始，亥位六陰雖極而嚴凝之氣至丑方盡，義亦放此。①

朱子將《鄉飲酒義》之温厚、嚴凝二氣套入十二卦及十二地支方位之中。據此，子位復卦一陽已生，而温厚之氣及寅方始，已位乾卦六陽雖極而温厚之氣至遯始盡；午位姤卦一陰已生，而嚴凝之氣及申方始，亥位坤卦六陰雖極而嚴凝之氣至丑方盡。在朱子看來，禮家及曆家之説可曉。但文王八卦方位卻以乾爲西北之卦、艮爲東北之卦。如此一來，乾爲西北，則陰有不盡乎西；巽爲東南，則陽有不盡乎東。朱子坦言其説難明，只是經有明文，決不能輕言改易，移動其位次。② 袁樞無視三家卦位的參差乖迕，在缺乏經文的依據下，遽改以東北爲乾位，朱子質疑其説的可靠性。

《鄉飲酒義》雖分仁義而未言陰陽柔剛之别，但下文既然説陽氣發於東方，也就意味着陰氣發於西方，仁屬陽而義屬陰，無可疑者。朱子推衍此意，謂禮家以東南之温厚爲仁、以西北之嚴凝爲義。然則，仁屬陽剛温厚、居東南、主春夏而以生長爲事，義屬陰柔嚴凝、居西北、主秋冬而以殺斂爲

---

① 朱熹撰，郭齊、尹波點校《朱熹集》，第1690頁。
② 朱熹撰，朱傑等人主編《朱子全書》，第1680頁。

事,亦可以推知。① 唯其如此,陰陽、剛柔、仁義之位始能曉然。

實際上,除袁樞外,宋人亦多以《說卦傳》與《鄉飲酒義》互證。比如稍早於朱子的蔡卞,在其《毛詩名物解》中就結合《鄉飲酒義》與《說卦傳》爲說云:

> 《說文》曰:"仌,凍也,象水凝之形。"今仌面所凝文蓋如此。《釋名》曰:"凌,冰室也。"其下望之似仌,凌之理也。字或爲冰。《易》曰:"乾爲冰。"乾,西北之卦也,故爲冰。乾爲冰,則坤爲霜可知矣。坤,西南也。《禮》曰:"天地嚴凝之氣始於西南,盛於西北。"《易》(引者按:《坤》卦初六爻辭):"履霜,堅冰至。"冰者,陰剛之盛也,蓋坤之初六下也。上無陽以正之,而坤爲順,故自初履霜,馴致其道,至堅冰也。②

蔡卞將《說卦傳》與十二辟卦牽合作解。以卦氣消息論,前六卦從復至乾爲陽卦息卦,後六卦從姤至坤爲陰卦消卦。坤卦《象傳》云:"'履霜堅冰',陰始凝也。馴致其道,至堅冰也。"坤卦初六下有待息的三陽爻,又依《說卦傳》,乾爲堅冰,坤爲地遇冰凝結而爲霜。再如鄭樵《六經奧論》卷一《易經》嘗試貫通《說卦傳》、《鄉飲酒義》之義云:

> 乾居西北,父道也。父道尊嚴,嚴凝之氣盛於西北。西北者,萬物成就之肅殺方也。坤居西南,母道也。母道在春育萬物,萬物之生盛於西南。西南者,萬物長育之方也。③

鄭氏遵循文王八卦說,以西北爲乾位,謂其位爲肅殺方,又以西南爲坤位,謂其位爲萬物生育之方,就與《鄉飲酒義》扞格難通。須知在《鄉飲酒義》中,西北、西南同屬"嚴凝",只是有始與盛之別而已。又如王引之據《鄉飲酒義》及"巽位在東南"爲說,將《周易·家人卦》"王假有家"意釋作"寬

---

① 朱熹《答袁機仲別幅》,朱熹撰,朱傑等人主編《朱子全書》,第1690—1692頁。詳參王風《〈答袁機仲〉十一書的寫作時間——兼論朱熹晚年繪制伏羲次序圖》,《朱熹易學散論》,北京:商務印書館2017年,第148—154頁。
② 蔡卞《毛詩名物解·釋天·冰》,影印文淵閣《四庫全書》第二卷,上海:上海古籍出版社1987年,第70冊,第六頁下—第七頁上。引《說文》"水冰"作"水凝",段玉裁云:"冰,各本作'凝',今正。"許慎撰,段玉裁注,許惟賢整理《說文解字注》,第992頁。
③ 黃以周《十翼後錄》引,黃以周著,詹亞園、韓偉表主編《黃以周全集》,上海:上海古籍出版社2014年,第2冊,第966頁。

大",《經義述聞》云：

> 此假與王假有廟之假不同,彼當訓至,此當訓大。陸(續注)以假爲大是也,而謂以天下爲家,則與家人之義不同。家謂門以內,非謂天下也。王假有家者,王者寬假其家人也。《鄉飲酒義》曰:"夏之爲言假也,養之,長之,假之,仁也。"《釋名》曰:"夏,假也。寬假萬物使生長也。"是假有寬大之義。《鄉飲酒義》又曰:"天地温厚之氣,始於東北而盛於東南,此天地之盛德氣也,此天地之仁氣也。"外卦爲巽,位在東南,九五體之而有温厚之德,是以愛其家人而相寬假也。故《象傳》曰:"王假有家,交相愛也。"①

《家人》卦象䷤,下離上巽,上卦爲巽卦,依文王卦序,位處東南。姑勿論王氏説義符合《周易》爻辭原意否,其截取文王八卦方位之一端,與《鄉飲酒義》包含的以温厚、嚴凝二氣始盛方位分配仁義之文接合,方枘圓鑿,齟齬難入。

今人或因按《鄉飲酒義》排列坐位出現錯亂,反而懷疑其方位與先天、後天八卦圖皆所不同。邱永强《周易明義·關於八卦方位與占筮》説:

> 古人交接賓客以義,義爲天,爲乾,故西北爲乾位。主人者待人以仁,仁爲地,爲坤,故東南爲坤位。介者爲輔助賓客者,介爲陽,爲日,日爲離,故西南爲離位。僕者爲輔助主人者,僕者爲陰,爲月,月爲坎,故東北爲坎位。《禮記·鄉飲酒》:"東方者春,春之爲言蠢也,産萬物者也。"其中"蠢"《説文》釋爲"蟲動也",引申有"動"意。故東方爲震位。"西方者秋,守義者也。"其中"守義"爲止,故西方爲艮位。以上是《禮記·鄉飲酒義》對乾、坤、離、坎、震、艮的明確定位。與所謂先天、後天八卦圖皆不同,應以《禮記》所言爲是。至於巽、兑之卦位在《禮記·鄉飲酒義》中並未明確説明,如果按乾、坤、離、坎、震、艮的定位推算則巽、兑應居正南、正北方位。筆者以爲巽在南而兑在北。……以上巽、兑之辨乃筆者之説,但以《禮記·鄉飲酒義》中乾、坤、離、坎、震、艮的定位足以推翻以先天或後天八卦方位爲基礎的風水學。②

---

① 王引之《經義述聞》,南京:江蘇古籍出版社2000年,第25頁。
② 邱永强《周易明義》,北京:九州出版社2014年,第408頁。

所謂"《禮記·鄉飲酒義》對乾、坤、離、坎、震、艮的明確定位",只要稍稍覆檢原文,便可知此説大謬不然。作者看似以文王八卦爲準,謂賓坐西北乾位,卻又説主人坐東南坤位,既不合文王八卦方位(坤位西南、巽位東南),又不是朱子所謂禮家與曆家相通的西北;同樣的情況,也出現在下文所説介坐西南離位、僎坐東北坎位。要言之,作者所述各人坐位,茫然失措,鑿空臆説,淆亂錯雜。

就《鄉飲酒義》(《鄉飲酒禮》同)而言,賓坐西北、介坐西南、主人坐東南、僎坐東北。《鄉飲酒義》既説陽氣發於東方,則以仁屬陽而義屬陰無疑。若以十二辟卦爲配,則賓坐西北坤位(嚴凝之氣盛於西北)、主人坐東南乾位(溫厚之氣盛於東南)、介坐西南否位(嚴凝之氣始於西南)、僎坐東北泰位(溫厚之氣始於東北),則《鄉飲酒義》坐位與八卦方位可如圖示(以張惠言《儀禮圖》爲底本,在其上標明各人坐位):

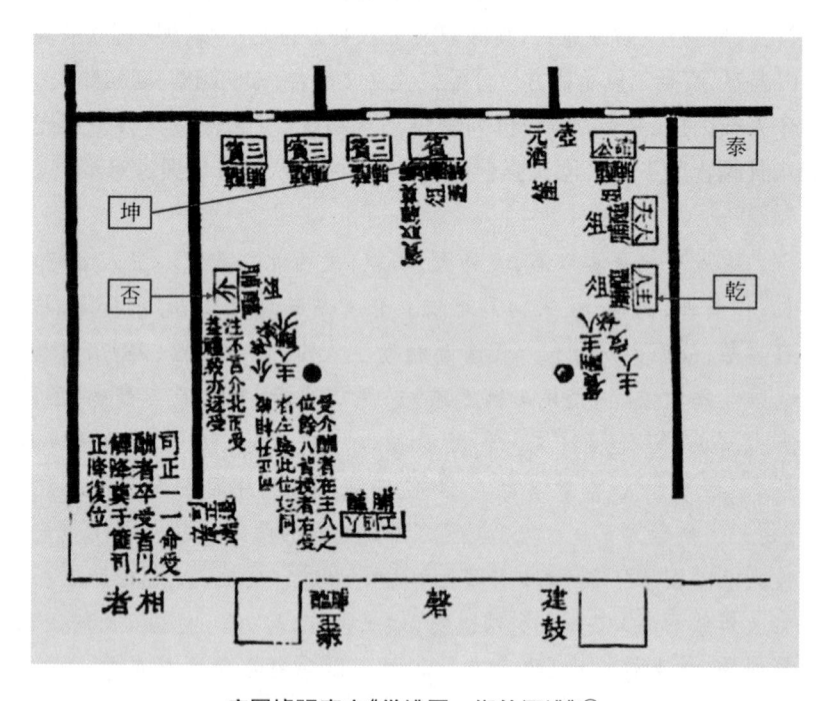

底圖據張惠言《儀禮圖·鄉飲酒禮》①

---

① 張惠言《儀禮圖》,《續修四庫全書·經部·禮類》,上海:上海古籍出版社1995年,第90册,第538頁。

賓主之席,後世注家有誤以爲側席而非正席,似是而非。實則《鄉飲酒禮》及《鄉飲酒義》並不相違,賓主坐位皆正席。經文言席,既言其方,又言其鄉(向)。拼合《鄉飲酒禮》及《鄉飲酒義》而觀之,知賓坐西北,其席牖前南面(向),僎坐東北,其席亦南面(向);主人坐東南,其席阼階上西面(向),介坐西南,其席西階上東面(向),二人相向而坐。所謂"四面之坐",即統合各人之坐向而言。① 張惠言禮圖中分列"諸公"與"大夫"之席。據《鄉飲酒禮》"賓若有遵者,諸公、大夫""席于賓東","遵"即古文經之"僎",指"諸公"、"大夫"。張圖所示,爲諸公、大夫同時出席,列席有別。若無諸公,則大夫席設於諸公處。

孔穎達《禮記疏》已先得我心,將四方席位與四時配對,説:"主人東南,象夏始;賓西北,象冬始;僎東北,象春始;介西南,象秋始。"②王夫之《禮記章句》進一步將賓、主、介、僎四方席位與四維、四時配對,更見完整,説:

"西南"申位,於時爲秋。"西北"亥位,於時爲冬。"東北"寅位,於時爲春。"東南"巳位,於時爲夏。夏正四孟,周正則四時之成也。賓席户牖間,僎在其東,介席西階上,主人席阼階上,有其象也。③

西南申位否卦爲介席,西北亥位坤卦爲賓席,東北寅位泰卦爲僎席,東南巳位乾卦爲主人席。

《鄉飲酒義》包含的以温厚、嚴凝二氣始盛方位分配仁義之文與十二辟卦猶可相通,考論如上。今知卦氣之説出於《易緯·稽覽圖》之四時氣候卦位,其以十二卦爲消息,蓋即孟喜、京房之學所自出,④則《鄉飲酒義》此兩章的寫成時代當不晚於西漢中期。

正如上文所述,就"神明"而言,《鄉飲酒義》與《荀子》及《繫辭傳下》之意一脈相通,而《樂記》所謂"禮樂偵天地之情,達神明之德",表現當時禮家

---

① 侯康《鄉飲酒賓主坐位解》,《學海堂二集》,道光十八年(1838)啓秀山房藏板,卷六,第一頁上。又詳萬斯大説,見杭世駿《續禮記集説》,光緒三十年(1904)浙江書局重刊,卷九十九,第七頁下—第八頁上。于鬯《香草校書》,北京:中華書局1984年,第674—675頁則以爲"四面之坐總堂上之人而言,非僅指賓、主、介、僎也"。
② 鄭玄注,孔穎達正義,吕友仁整理《禮記正義》,第2290頁。
③ 王夫之《禮記章句》,《船山全書》編輯委員會編校《船山全書》,第4册,第1520頁。
④ 李道平撰,潘雨廷點校《周易集解纂疏》,第12頁。

倡議的唯禮可以盡人道、通鬼神而合天地的觀念。① 因此，進一步説，《繫辭傳下》所説"乾，陽物也；坤，陰物也。陰陽合德，而剛柔有體，以體天地之撰，以通神明之德"，正表現在《鄉飲酒義》溫厚、嚴凝始盛方位分配仁義及陽氣發於東方的安排上。賓坐在西北坤位，屬陰柔，是嚴凝之氣之盛方；主人坐在東南乾位，屬陽剛，是溫厚之氣之盛方。賓主相接，陰陽合德，故能化生萬物。然則，儘管《鄉飲酒義》的方位安排不合於《説卦傳》爲代表的文王八卦，但其抉發的坐位背後的意藴卻與《繫辭傳》吻合無間。

錢賓四先生指出，表現《易傳》與《禮記》中的宇宙論和人生論，是自戰國晚世以迄秦皇、漢武間的新儒家，渾凝道家新宇宙論與儒家傳統人生論的結果。是故《易傳》與《戴記》中的宇宙觀接近道家，《易傳》各篇並言天地、陰陽四時五行，例如《繫辭傳上》云："法象莫大乎天地，變通莫大乎四時，縣象著明莫大乎日月。"《禮記》各篇影隨響應，例如《喪服四制》云："禮之大體，體天地，法四時，則陰陽，順人情。"《禮運》則云："人者，其天地之德也，陰陽之交，鬼神之會，五行之秀氣。"又云："夫禮，必本於太一，分而爲天地，轉而爲陰陽，變而爲四時，列而爲鬼神。"《易傳》所好言的易道與天地合一觀，也就這樣反映在《禮記》反覆申明的禮樂與天地合一之義。錢先生點明，《鄉飲酒義》賓主、介僎、三賓、四面之坐象徵天地、陰陽、三光、四時，體現禮樂與天地合一，正是仿效《易傳》之取象。誠如錢先生説，於此可證《禮記》文字多有出於《易傳》之後的。② 更具體地説："記禮者，亦道陰陽，此自孔子以至孟、荀皆不然。故知《戴記》諸篇皆當出荀子後，其時陰陽家言已盛行，儒者或以説《易》，或以記禮，其事皆已在秦、漢之際。"③

四、"仁氣"、"義氣"闡微

記禮者追溯聖人制作鄉飲酒禮之義，説明禮儀中具備的從賓主有禮、仁義相接到成德成聖的内在意藴（即禮義）與進程，仁、義、禮、聖皆具方爲有"德"。其陳義精微，有似思孟學派之言五行、性善、養氣、踐形。思孟之

---

① 錢穆《易傳與小戴禮記中之宇宙論》，《中國學術思想史論叢（二）》，臺北：東大圖書股份有限公司1990年，第51頁。
② 錢穆《易傳與小戴禮記中之宇宙論》，《中國學術思想史論叢（二）》，第32—33頁。
③ 錢穆《易傳與小戴禮記中之宇宙論》，《中國學術思想史論叢（二）》，第65頁。

五行,見於《孟子》及與之相關的簡帛《五行》篇。《孟子·盡心下》云:"仁之於父子也,義之於君臣也,禮之於賓主也,智之於賢者也,聖人之於天道也。"馬王堆帛書《五行》篇云:

> 仁形於内,謂之德之行;不形於内,謂之行。智形於内,謂之德之行;不形於内,謂之行。義形於内,謂之德之行;不内,謂之行。禮形於内,謂之德之行;不形於内,謂之行。聖形於内,謂之德之行;不形於内,謂之行。德之行五和,謂之德行和,謂之善。善,人道也。德,天道也。[1]

仁義禮智聖此五種德行中,仁義禮智包孕人的四端,爲人之善性,爲人道,《禮記·喪服四制》說"仁義禮知,人道具矣",就是這個意思。"善"爲四行之和,而"德"爲五行之和,境界更高,只有知天道才能成德成聖。鄉飲酒禮中賓、主、介、僎等與禮者坐位方位,表現人道的仁義,是取象於天地、日月、三光、四時、剛柔、陰陽,是人道與天道、人生與宇宙融成一體。擴而充之,此爲至誠至神之德性所造就,既是禮義,亦是《易》道。[2] 王夫之云:

> "聖",通明也,謂效法通於象數也。"聖立"者,以通明立法也。"體長幼"者,長幼之序,人心之所固有,而體之以達於用也。"得於身",謂所行實踐之,"將以得身",闕一"於"字。"務",謂制禮而行之。[3]

"象數"將賓、主、介、僎席位之象與俎豆之數合而言之。通曉天道,則而效之,反映在象數的安排上,故稱"聖"。"聖立"謂聖人效法天道而立禮。換句話說,聖人既得於身,又制定禮法,使人踐而行之。然則,王夫之意中之"聖",其向度有似於《五行篇》之聖。按楊儒賓的界定,孟子所說的"踐形",意指人通過盡心養氣功夫,道德意識隨之得以擴充轉化,使人的身體由不完整走向整全,人的生理存在全化爲道德的存在。[4] 人的心、氣、形融

---

[1] 龐樸《帛書五行篇研究》,濟南:齊魯書社1980年,第23頁。
[2] 錢穆《易傳與小戴禮記中之宇宙論》,《中國學術思想史論叢(二)》,第55—56頁。
[3] 王夫之《禮記章句》,《船山全書》編輯委員會編校《船山全書》,第4册,第1521頁。
[4] 楊儒賓《支離與踐形——論先秦思想裏的兩種身體觀》,載於楊儒賓主編《中國古代思想中的氣論及身體觀》,臺北:巨流圖書公司1993年,第415、427、429頁。

成一體,心之極爲盡心,氣之極爲浩然之氣,形之極爲踐形。① 成德成聖則兼此三極而有之。《孟子》知言養氣章的"氣"可分作兩層看:一層是生理之氣,爲氣血之氣,此氣以志爲帥,受心管轄;另一層是道德之氣,即浩然之氣,是氣配義與道。② 孟子講"養氣",就是要養這種配義與道的浩然之氣。曹建國還注意到《五行篇》與《鄉飲酒義》都提到"仁義"和"義氣",説:

> 據信是成於孟子後學之手的帛書《五行篇》中"説"中,又有"仁氣"、"義氣"、"禮氣"等説法,傳世文獻和《禮記·鄉飲酒義》中有"天地之義氣"、"天地之仁氣"等説法。這種提法和"五行"、"五氣"、"五味"、"五藏"等有著密切的關係。③

想是曹先生撰文意旨,只在探究孟子學説的方術背景,初不在於對《鄉飲酒義》與《五行》的關係展開討論,所以點到即止。氣帶有道德性質,故能與五大德目相配。應如楊儒賓所釋,"志至之,氣次之",某一道德意識所及之處,與之相應的氣就隨之流行。帛書《五行篇》"德之行"是指"任一行的德之行都會帶來與之一致的'德之氣'。比如:仁有仁氣,義之行即有義氣"。④ 而龐樸説:

> 在《五行篇》的體系裏,與形而下約略相當的叫做"不形於內",指不形於心而形於顏色容貌的氣,有所謂"仁氣"、"義氣"、"禮氣",以及由之派生出的相應的進退應對諸行爲。既然不形於內,便不得叫做得(德);既然形於行爲舉止,便不妨叫做"人道",簡稱之曰"善"。通俗地説,這是指人的道德實踐。⑤

----

① 楊儒賓《支離與踐形——論先秦思想裏的兩種身體觀》,載於楊儒賓主編《中國古代思想中的氣論及身體觀》,第432頁。
② 曹建國《孟子學説的方術背景:以"性善"和"養氣"爲中心》,載於《饒宗頤國學院院刊》第五期(2018年),第241頁。
③ 曹建國《孟子學説的方術背景:以"性善"和"養氣"爲中心》,載於《饒宗頤國學院院刊》第五期(2018年),第235頁。
④ 楊儒賓《德之行與德之氣——帛書〈五行篇〉、〈德聖篇〉論道德、心性與形體的關聯》,載於鍾彩鈞主編《中國文哲研究的回顧與展望論文集》,臺北:"中研院"中國文哲研究所1992年,第438、431頁。
⑤ 龐樸《〈五行篇〉評述》,載於《文史》第一期(1988年),第5—6頁。

據《五行篇》，形於内的德既是人之所以爲人的根本，又是天道。形於顔色容貌及揖讓周旋之氣，自是與道義相配而行的道德之氣，也就是孟子説的"配義與道"之氣。此氣既可配上仁、義、禮諸德目，就成爲《五行篇》的"仁氣"、"義氣"、"禮氣"、"智氣"，還可以配上其他德目，如"信氣"、"智氣"。《大戴禮記·文王官人》云：

> 心氣華誕者，其聲流散；心氣順信者，其聲順節；心氣鄙戾者，其聲嘶醜；心氣寬柔者，其聲温好。信氣中易，義氣時舒，智氣簡備，勇氣壯直。聽其聲，處其氣；考其所爲，觀其所由，察其所安；以其前，占其後；以其見，占其隱；以其小，占其大。此之謂視中也。①

文中條舉各氣及其特徵：信氣適中平易，義氣平正舒緩，智氣簡約完備，勇氣雄壯勁宜。《逸周書·官人解》除"智氣"作"和氣"外，其餘文字大同小異。② 推原厥本，《孟子》蓋有以啓其端。孟子這樣描述自己養成的"浩然之氣"：

> 其爲氣也，至大至剛，以直養而無害，則塞於天地之間。其爲氣也，配義與道。無是，餒也。是集義所生者，非義襲而取之也。行有不慊於心，則餒矣。③

趙岐注云"言此氣與道義相配偶俱行"，是矣。趙岐又分釋"義"爲仁義，是人立德之本，而道爲陰陽大道，則有未安。④ 如上引《説卦傳》，"立天之道，曰陰與陽"，趙岐很可能是從天道之陰陽與人道之仁義來看待"配義與道"。如果這個推論不脱離趙氏本意，則此"義"與"道"就有主次輕重之分。倒是李紱看得真切：

> 心之裁制爲義，因事而發，即羞惡之心也。身所踐履爲道，順理而行，即率性之謂也。未嘗集義養氣之人，自反不縮。嘗有心知其事之

---

① 黄懷信主撰《大戴禮記彙校集注》，西安：三秦出版社2005年，第1114—1116頁。
② 黄懷信等撰《逸周書彙校集注》，上海：上海古籍出版社1995年，第830—831頁。
③ 《孟子·公孫丑上》，見焦循撰，沈文倬點校《孟子正義》，北京：中華書局1987年，第200頁。
④ 焦循撰，沈文倬點校《孟子正義》，第200頁。

是非而不敢斷者，氣不足以配義也。亦有心能斷其是非而身不敢行者，氣不足以配道也。吾性之義，遇事而裁制見焉。循此裁制而行之，乃謂之道。義先而道後，故曰配義與道，不曰配道與義也。①

與趙岐不同的是，李紱之説不離人道。李紱理解的義先道後，不過是説心能斷其是非爲先而身能行之爲後。所謂"志至焉，氣次焉"（《孟子·公孫丑上》），氣所以充滿形體而爲喜怒，志爲心之所念慮，志率氣而行，能度其可否。人一有道德意識，其所及之處，與之相應的氣自會隨之流行。準此，仁之行有仁氣，義之行有義氣，禮之行有禮氣，智之行有智氣，如此類推。

《易緯乾鑿度》遵循前人的進路，探究天道與人道的關係，將之推向極致。其中託名孔子云：

> 八卦之序成立，則五氣變形。人生而應八卦之體，得五氣以爲五常，仁、義、禮、智、信是也。夫萬物始出於震；震，東方之卦也，陽氣始生，受形之道，故東方爲仁。成於離；離，南方之卦也，陽得正於上，陰得正於下，尊卑之象定，禮之序也，故南方爲禮。入于兑；兑，西方之卦也，陰用事而萬物得其宜，義之理也，故西方爲義。漸於坎；坎，北方之卦也，陰氣形盛，陰陽氣含閉，信之類也，故北方爲信。夫四方之義，皆統於中央，故乾、坤、艮、巽位在四維，中央所以繩四方之行也，智之決也。故中央爲智。故道興於仁，立於禮，理於義，定於信，成於智。五者，道德之分，天人之際也。聖人所以通天道，理人倫而明至道也。②

此説依卦氣説的八卦四正四維方位框架，圍繞中央布局，隨着陰陽二氣之運轉消長，將仁、義、禮、智、信五常配置其中，建構人倫與天道相配的體系。撇除五常之"信"與五行之"聖"的差異，東方陽剛，爲仁，西方陰柔，爲義，與《鄉飲酒義》的配置相合。

學者於郭店楚簡《性自命出》之"道"四術、三術，議論紛紜，莫衷一是。林素英先生從禮樂之分合與特性解開學者的迷思，堪爲持平之論。林先生抒發己見説：

---

① 焦循撰，沈文倬點校《孟子正義》，第 201—202 頁。
② 《易緯乾鑿度》，王雲五主編《叢書集成初編》，上海：商務印書館 1937 年，第 7—8 頁。

唯有聖人方能體會天地大化流行之道理，理解兼含消長、啓閉、生殺兩種不同而實然之狀態者，即是天地兼含仁義二氣之自然發用，因而制禮作樂即是回應天地自然之安排。由於禮樂本於天地自然所兼含的仁義二氣，於是《樂記》更論述能深入禮樂之本者，將可達於天地神明之情。①

言聖人體會仁義二氣在天道運轉中的作用，因而制作禮樂回應天道，盡顯天地神明之情。此段説解，以仁義二氣貫通天人之道，既是騾括與發明《鄉飲酒義》之精義微言，亦深入《樂記》本義，誠能探驪得珠。

五、《鄉飲酒義》成篇之年代

《鄉飲酒義》因象明義，闡明鄉飲酒禮設賓、主、介、僎、三賓坐位與天文的對應關係，更推而廣之，將介、僎之"象"日月，延伸至陰陽，將賓、主、介、僎四面之坐，延伸至春夏秋冬四季，甚而將三讓之禮與月之運行對應起來，若連結下文的"東方陽氣"，則天地、日月、三光、四時、陰陽、剛柔與鄉飲酒禮周遍而緊密地聯繫起來，體現了將人道與天道融爲一體的觀念。純粹從天人合一的觀念來看，記禮者與《易傳》如出一轍。儘管《鄉飲酒義》的方位安排不合於《説卦傳》爲代表的文王八卦，但其抉發的坐位背後的意藴卻與《繫辭傳》吻合無間。當如錢賓四先生説，《禮記》文字有多出《易傳》之後的，尤其是好言陰陽諸篇，皆當出荀子後。當時陰陽家學説盛行，儒者或據之以説《易》，或據之以記禮，於是出現傳《易》與記《禮》相通的現象。若論其時，皆當在戰國秦漢之際。《鄉飲酒義》相關章節當爲其中的佼佼者。

李源澄不約而同地提出類近的看法。李氏舉出晚周新儒學言禮的兩大特點：一是以孝爲中心而言禮，一是以自然配人事而言禮。李氏引《鄉飲酒義》爲據，説明鄉飲酒之義在於孝弟，復據篇中所言四面之坐象四時之文，並連結《禮運》、《樂記》、《繫辭傳》等述説自然配合人事之理。李氏以爲戰國晚期，陰陽五行之學正盛，陰陽家喜配合儒者有取於陰陽家言而以

---

① 林素英《從"禮樂"的分合與特性論〈性自命出〉"道"四術或三術的迷思——兼論相關學者的研究方法》，載於《文與哲》第二十五期（2014年），第206頁。

自然配合人事,更説"其有意義者若《鄉飲酒義》,其有意義者若《樂記》",鄙夷前者,彰彰明矣。①

對於《鄉飲酒義》所言天人合一之意,朱子曾深致疑於其間,詆訶此兩章"皆牽合傅會,迂滯之説,不足深究"。説記文"牽合傅會",頗爲貼切,謂其"迂滯"則有不然。朱子對記文所作批評,語焉不詳,其詳深究不易,卻似有一錘定音之效,在後世引起甚大的迴響。此後肯定記文者寂然無聲,曹元弼獨獨讚歎,"鄉飲酒之義,廣大精微如此,聖人養賢以及萬民之心盛哉!"②可惜和者蓋寡。相反,視記文爲後儒傅會經義之作的代不乏人。王夫之費心闡發記文所言禮意,然也認定:"前後二章配擬牽合。蓋漢儒之習氣,學者通其意而略之可也。"③果如王夫之説,則記文暢言的鄉飲酒義,不過是漢儒牽強附會之作罷了,後人明白其意便可而不必認真對待。如姚際恒説:"取象之説近迂,然圖行文好看,則可耳。"又謂下文以"鄉飲酒之義"領起一段:"説皆近迂。賓以天象之,以天子之位尊之尤迂。"④重複批評記義爲迂論。江永《鄉黨圖考》駁斥《鄉飲酒義》以四面象四時之説云:

> 賓席宜在中,南鄉,衆賓以次繼而西。僕者,鄉之卿大夫來觀禮,有無不定,本無四面之坐象四時之説。倘無觀禮之僕,豈四方缺一方、四時缺一時乎?作義者以臆説禮,本不足爲據。泥其文,遂有大夫士東房西室之説,宮室之制紊矣。⑤

江永以爲,僕來觀禮,有無不定,既非常設,因疑記文四面象四時説;又認定賓位在正中,記文卻説西北,僅能從阼階上言,若在堂上則不然。江氏謂"作義者,以臆説",批評《鄉飲酒義》的作者自逞臆説,即以後人觀念揣量古制,未得古人制禮的原意。姑勿論記者是否臆説,但江氏駁難的依據卻未必站不住腳。須知《鄉飲酒禮》並未明言賓位在户牖之間(即堂之正中),

---

① 李源澄《經學及經學史》,林慶彰、蔣秋華主編《李源澄著作集》,臺北:"中研院"中國文哲研究所2008年,《八·晚周新儒學之言禮》,第769—771頁。
② 曹元弼著,周洪校點《禮經學·要旨第二禮經》,北京:北京大學出版社2012年,第78頁。
③ 王夫之《禮記章句》,《船山全書》編輯委員會編校《船山全書》,第4册,第1528頁。
④ 杭世駿《續禮記集説》,光緒三十年(1904)浙江書局重刊,卷九十九,第八頁下、第二十二頁下。
⑤ 江永《鄉黨圖考·户東曰房户之間》,阮元編《清經解》,上海:上海書店1988年,第2册,第297頁。

只説賓位在"户西",應偏於西。江説未允,反以不誤者爲誤。[1] 孫希旦同樣主張記文爲後人附會之作,説:

> 此篇所記孔子之言,所以發明鄉飲酒之義者備矣,而所謂"觀於鄉而知王道之易易"者,尤非聖人不能道也。其餘則多附會牽合之説,似皆不出於先王制禮之本義也。[2]

若是後人附會牽合之説,其非先王制禮之本義,不辯自明。就《鄉飲酒義》篇章佈局而言,古今學者分別不大。孫希旦也主張全篇分爲三章:第一章與第三章大同小異,皆言鄉飲酒之義,中間一章引孔子之言申明第一章的未盡之意,第三章同樣是申明第一章義旨。三章中只有第二章説義深長,首尾二章則皆不足取。孫説引起後人注意的,還有根據記文第三章重複以"鄉飲酒之義"發端,推測"蓋傳禮之家,各爲解説其義,本異人之作,別爲一篇,記者見其與前篇所言,義雖大同,而間有爲前篇之所未備者,不忍割棄,因錄而附於前篇之末也"。[3] 如孫説可信,則此章本別爲一篇,由記者編綴整合而成現在的模樣。

六、結　　論

綜上考論,作爲《鄉飲酒禮》傳記的《鄉飲酒義》,撤除引孔子語部分,其餘章節專在闡明賓、主、介、僎、三賓的坐位安排,及其與天地、日月、三光、四時、陰陽、剛柔、仁義的對應關係,體現了將人道與天道融爲一體的觀念,可以放在《荀子》、《易傳》、《中庸》等思想脈絡中來考察。篇中談及仁義、聖、禮、德等德目,以及仁氣、義氣説,更可與《孟子》及郭店楚簡《五行篇》等文獻互聯互通。篇中以儒爲主,又摻雜了不少如陰陽五行思想,融各家於

---

[1] 侯康《鄉飲酒賓主坐位解》,《學海堂二集》,道光十八年(1838)啓秀山房藏板,卷六,第五頁上。
[2] 孫希旦撰,沈嘯寰等點校《禮記集解》,北京:中華書局 1989 年,第 1436 頁。
[3] 孫希旦撰,沈嘯寰等點校《禮記集解》,第 1433—1434 頁。王夢鷗《禮記今注今譯》,天津:天津古籍出版社 1988 年,沿用孫説云:"全文約分三章,首引《鄉飲酒禮》之文而釋之,正言鄉飲酒之義;次引孔子之言,以明鄉飲酒之效用;末又以陰陽五行之説釋鄉飲酒時賓主坐次,其文句多與首章重出,似爲另一人所記。"第 797 頁。

一體而翻出新貌。凡此，無不反映篇中展現的晚周以後儒者的特點。説此篇成於記禮之時，表達的是制禮者的原意，固然不是事實，若因此而廢棄其文，則未免因噎廢食，更何況《鄉飲酒義》自有價值與意義。如齊召南所説，《鄉飲酒禮》僅言乃席賓、主人、介，獨缺僎，全賴《鄉飲酒義》，後人才知僎坐東北。[1] 記義也不能例外。

（作者單位：嶺南大學中文系）

---

[1] 杭世駿《續禮記集説》，光緒三十年（1904）浙江書局重刊，卷九十九，第九頁上。

On the Philosophical Implications of the Seating Plan Contained in *The Meaning of Community Wine-drinking Ceremony* and its Composition Date

Hsu Tzu-pin

The Meaning of the Community Wine-drinking Ceremony aims to make interpretations of the *Community Wine-drinking Ceremony*. According to the traditional account, *The Meaning of the Community Wine-drinking Ceremony* was written by Confucian scholars from the Chunqiu period through early the Han period and was subsequently edited by Dai Sheng 戴聖. However, some modern scholars claim that there are allegedly primitive and mysterious thoughts contained in the text, which suggests that it was composed much earlier. Through careful contextualization, this paper seeks to reveal the relationship between the philosophical implications of the seating plan of the community wine-drinking ceremony with both transmitted and unearthed materials such as the *Mencius* 孟子 and *Yizhuan* 易傳. The result strongly suggests that *The Meaning of the Community Wine-drinking Ceremony* could not predate the Warring States period.

Keywords: *The Meaning of Community Wine-drinking Ceremony*, Seating Plan, Renqi 仁氣, Yiqi 義氣, *Yizhuan* 易傳

徵引書目

1. 于鬯：《香草校書》，北京：中華書局，1984 年版。Yu Chang. *Xiangcao jiaoshu*（*Yu Chang's Notes on Classics*）. Beijing: Zhonghua shuju, 1984.
2. 孔穎達：《詩經注疏》，臺北：藝文印書館，1989 年版。Kong Yingda. *Shijing zhushu*（*Commentaries on the Book of Odes*）. Taibei: Yiwen jinshuguan, 1989.
3. 王夫之：《禮記章句》，《船山全書》編輯委員會校：《船山全書》第 4 册，長沙：岳麓書社，1991 年版。Wang Fuzhi. *Liji Zhangju*（*Annotations on the Book of Rites*）, in *Chuanshan quanshu*（*Complete Works of Wang Fuzhi*）, Volumn 4. Changsha: Yulu shushe, 1991.
4. 王引之：《經義述聞》，南京：江蘇古籍出版社，2000 年版。Wang Yinzhi. *Jingyi Shuwen*（*General Exegeses of the Classics*）. Nangjing: Jiangsu guji chubanshe, 2000.
5. 王風：《朱熹易學散論》，北京：商務印書館，2017 年版。Wang Feng. *Zhuxi Yixue sanlun*（*Essays on Zhu Xi's I Ching Studies*）. Beijing: Shangwuyinshuguang, 2017.
6. 王夢鷗《禮記今注今譯》，天津：天津古籍出版社，1988 年版。Wang Mengou. *Liji jinzhu jinyi*（*Modern Explication and Translation of the Book of Rites*）. Tianjin: Tianjin guji chubanshe, 1988.
7. 王鍔：《〈禮記〉成書考》，北京：中華書局，2007 年版。Wang E. *Liji chengshu kao*（*An Investigation on the Creation of The Book of Rites*）. Beijing: Zhonghua shuju, 2007.
8. 白壽彝：《儀禮經傳通解考證》，《北平研究院院務彙報》第七卷第四期單行本（1936 年）。Bai Shouyi. "Yilijingzhuantongjie kaozheng"（*Research on the Commentary of the Explanation of the Rites and Ceremonies*）, *Beiping yanjiuyuan yuanwuhuibao*（*National academy of Beiping institutional affairs report*）, 1936.
9. 江永：《鄉黨圖考》，阮元編：《清經解》第 2 册，上海：上海書店，1988 年版。Jiang Yong. "Xiangdangtukao"（*An Examination of the Diagrams of Local Communities*）. Edited by Ruan Yuan. *Qingjingjie*（*Classical Exegesis in the Qing Dynasty*）, Volumn 2. Shanghai: Shanghai shudian, 1988.
10. 朱熹撰：《四書章句集注》，北京：中華書局，1983 年版。Zhu Xi. *Sishu zhangju jizhu*（*Commentaries on the Four Books*）. Beijing: Zhonghua shuju, 1983.
11. 朱熹撰：《儀禮經傳通解》，影印文淵閣《四庫全書》第 131 册，上海：上海古籍出版社，1987 年版。Zhu Xi. *Yili jingzhuan tongjie*（*Research on the Commentary of the Explanation of the Rites and Ceremonies*）, Wenyuange Ed. *Siguquanshu*（*Complete Collection in Four Treasuries*）, Volumn 131. Shanghai: Shanghai Guji Chubanshe, 1987.
12. 朱熹撰，朱傑等人主編：《朱子全書》，上海：上海古籍出版社，2002 年版。Zhu Xi. *Zhuzi Quanshu*（*Complete Works of Zhuzi*）. Edited by Zhujie et.al. Shanghai: Shanghai Guji Chubanshe, 2002.
13. 朱熹撰，郭齊、尹波點校：《朱熹集》，成都：四川教育出版社，1996 年版。Zhu Xi. *Zhuxiji*（*Collected Works of Zhu Xi*）. Punctuated and collated by Guoqi and Yinbo. Chengdu: Sichuan jiaoyu Chubanshe, 1996.

14. 朱熹著,蘇勇校注:《周易本義》,北京:北京大學出版社,1992 年版。Zhu Xi. *Zhouyi benyi（Original Meaning of the Book of Changes）*. Collated and annotated by Su Yong. Beijing：Beijing Daxue Chubanshe, 1992.
15. 江永:《河洛精蘊》,北京:九州出版社,2011 年版。Jiang Yong. *Heluo Jingyun（The Quintessence of the Yellow River Chart and the Luo River Writing）*. Beijing：Jiuzhou Chubanshe, 2011.
16. 李道平撰,潘雨廷點校:《周易集解纂疏》,北京:中華書局,1994 年版。Li Daoping. *Zhouyijijie Zuanshu（Collected Commentaries to the Book of Changes）*. Punctuated and collated by Pan Yuting, Beijing：Zhonghuashuju, 1994.
17. 李源澄著,林慶彰、蔣秋華主編:《李源澄著作集》,臺北:"中研院"中國文哲研究所, 2008 年版。Li Yuancheng. *Li Yuancheng Zhuzuoji（Complete Works of Li Yuancheng）*. Edited by Lin Qingzhang and Jiang Qiuhua. Taibei：Institute of Chinese Literature and Philosophy, Academia Sinica, 2008.
18. 杭世駿:《續禮記集說》,光緒三十年(1904 年)浙江書局重刊。Hang Shijun. *Xu Liji Jishou（Supplement to Collected Explanations of the Book of Rites）*. Zhejiangshuju, 1904.
19. 林素英:《從"禮樂"的分合與特性論〈性自命出〉"道"四術或三術的迷思——兼論相關學者的研究方法》,《文與哲》第 25 期(2014 年),頁 183—216。Lin Su-ying. "Cong 'li yue' de fen he yu texing lun《xing ziming chu》'dao' si shu huo san shu de mi si——jian lun xiangguan xuezhe de yanjiu fangfa" ("An Analysis and Synthesis of 'Rite' and 'Music' in Xingzimingchu-an Exploration of the Confucian Surrounding the Four-Way or Three-Way Interpretation"). *Wengyuzhe（Literature and Philosophy）*, Vol. 25 (2014), pp.183–216.
20. 林素娟:《天秩有禮、觀象制文——戰國儒家的德之體驗及禮文化成》,載於《清華學報》,新 47 卷第 3 期(2017 年),第 433—471 頁。Lin Su-chuan. "Tian zhi you li, guan xiang zhi wen——zhanguo rujia de de zhi tiyan ji li wenhua cheng" ("The Pre-Qin Idea of Virtue and the Sucessful Development of the Rites"), *Tsinghua Journal of Chinese Studies*, New Edition no.47 (2017), pp.433–471.
21. 林素娟:《秦漢飲食禮儀及其象徵運用中的自然、身體與倫理觀》,載於《漢學研究》,第 29 卷第 4 期(2011 年),頁 35—70。Lin Su-chuan. "Qinhan yinshi liyi ji qi xiangzhi yunyong zhong de ziran, shenti yu lunli guan" ("Nature, Body and Ethics in Qin-Han Food Etiquette and Its Use of Symbols"), *Chinese Studies*, Vol. 26 no. 4 (2011), pp.35–70.
22. 邸永強:《周易明義》,北京:九州出版社,2014 年版。Di Yongqiang. *Zhouyi mingyi（The Meaning of Book of Changes）*. Beijing：Jiuzhouchubanshe, 2014.
23. 段玉裁撰,鍾敬華校點:《經韻樓集》,上海:上海古籍出版社,2007 年版。Duan Yucai. *Jingyunlouji（A Collection from the Hall of Classics and Rhymes）*. Punctuated and collated by Zhong Jinghua. Shanghai：Shanghai guzi chubanshe, 2007.
24. 侯康:《鄉飲酒賓主坐位解》,《學海堂二集》,道光十八年(1838)啓秀山房藏板。Hou Kang. "Xiangyinjiu binzhuzuowei jie" ("Explanation of Seating arrangement of

Drinking Festivity in the Districts"), *Xuehaitangerji*(*The Second Collection of Xuehai Academy*). Qixiusanfang, 1838.

25. 荀況著,王天海校釋《荀子校釋》,上海：上海古籍出版社,2005 年版。Xun Huang. *Xunzi jiaoshi*(*Collations and Interpretations of Xunzi*). Collated and annotated by Wang Wenhai. Shanghai：Shanghai guzi chubanshe, 2005.

26. 孫希旦撰,沈嘯寰等點校：《禮記集解》,北京：中華書局,1989 年版。Sun Xidan. *Liji jijie*(*Collected Commentaries on the Book of Rites*). Puntuated and collated by Sheng Xiaohuan, et al.Bejing：Zhonghuashuju, 1989.

27. 孫詒讓撰,王文錦、陳玉霞點校：《周禮正義》,北京：中華書局,1987 年版。Su Yirang. *Zhouli Zhengyi*(*The Rites of the Zhou Dynasty, with Corrected Meanings*). Puntuated and collated by Wang Wenjin and Chen Yuxia. Beijing：Zhonghua shuju, 1987.

28. 許慎撰,段玉裁注,許惟賢整理：《説文解字注》,南京：鳳凰出版社,2007 年版。Duan Yucai. *Shuowenjiezi zhu* (*Commentary on Explaining Graphs and Analyzing Characters*). Nanjing：Fenghuang chubanshe, 2007.

29. 章學誠著,葉瑛校注：《文史通義校注》,北京：中華書局,1989 年版。Zhang Xuecheng. *Wenshi tongyi jiaozhu* (*Complete Explanation of Literature and History with Annotations*). Collated and annotated by Ye Ying. Beijing：Zhonghua shuju, 1989.

30. 郭静雲：《先秦易學的"神明"概念與荀子的"神明"觀》,載於《周易研究》第 3 期（2008 年）,頁 52—61。Guo Jingyun. "Xianqin yixue de shenming gailian yu Xunzi de shenming guan"(Concept of God in Pre-Qin I Ching Studies and Xunzi's View of God), *Zhouyi yanjiu*(*I Ching Studies*), Vol.3（2008）, pp.52–61.

31. 張惠言：《儀禮圖》,《續修四庫全書·經部·禮類》第 90 册,上海：上海古籍出版社,1995 年版。Zhang Huiyan. *Yili tu* (*Illustration of Ceremonies and Rites*). Shanghai：Shanghai guji chubanshe, 1995.

32. 黄以周著,詹亞園、韓偉表主編：《黄以周全集》,上海：上海古籍出版社,2014 年版。Huang Yizhou. *Huangyizhou ji* (*Collected Works of Huang Yizhou*), Shanghai：Shanghai guji chubanshe, 2014.

33. 黄懷信主撰,《大戴禮記彙校集注》,西安：三秦出版社,2005 年版。Huang Huaixin. *Dadailiji huijiaojizhu* (*Collected Commentaries on Elder Dai's Records of Ritual*), Xian：Sanqin chubanshe, 2005.

34. 黄懷信等撰,《逸周書彙校集注》,上海：上海古籍出版社,1995 年版。Huang Huaixin. *Yizhoushu huijiaojizhu* (*Collected Commentaries on Lost Book of Zhou*), Shanghai：Shanghai guji chubanshe, 1995.

35. 曹元弼著,周洪校點：《禮經學》,北京：北京大學出版社,2012 年版。Cao Yuanbi. *Lijingxue*(*Studies of Classic of Rites*). Puntuated and collated by Zhou Hong. Beijing：Peking University Press, 2012.

36. 曹建國：《孟子學説的方術背景：以"性善"和"養氣"爲中心》,載於《饒宗頤國學院院刊》第 5 期（2018 年）,頁 217—249。Cao Jianguo. "Mengzi xueshuo de fang shu beijing: Yi 'xingshan' he 'yangqi' wei zhongxin'"("The Occult Background of Mencian

Thought: Focusing on the 'Innate Goodness of Human Nature' and the 'Nurturing of Vital Spirit'"). *Bulletin of the Jao Tsung-I Academy of Sinology*, Vol.5 (2018), pp.217 – 249.

37. 陳昭瑛：《荀子的美學》，臺北：臺灣大學出版中心，2016 年版。Chen Zhaoying. *Xunzi de meixue(Aesthetics of Xunzi)*. Taibei：Taiwan University Press Center, 2016.

38. 張舜徽：《兩戴禮記札疏》，《舊學輯存》，濟南：齊魯書社，1988 年版。Zhang Xunhui. *Liangdailiji zhashu (Notes on the Ritual Records of Dai the Elder and Younger)*. Jinan：Qilu shushe, 1988.

39. 焦循撰，沈文倬點校《孟子正義》，北京：中華書局，1987 年版。Jiao Xun. *Mengzi Zhengyi(Correct meanings of the Mencius)*. Puntuated and collated by Shen Wenzuo. Beijing：Zhonghua shuju, 1987.

40. 楊儒賓主編：《中國古代思想中的氣論及身體觀》，臺北：巨流圖書公司，1993 年版。Yang Rubin edited. *Zhongguo gudaisixiang zhong de qilun ji shengtiguang (Theory of Qi and Body in Ancient Chinese Thoughts)*. Taibei：Juliu tushugongsi, 1993.

41. 蔡卞：《毛詩名物解》，影印文淵閣《四庫全書》第 70 冊，上海：上海古籍出版社，1987 年版。Cai Bian. *Maoshi mingwu jie (Analysis of the Names and Things in the Book of Odes)*. Shanghai：Shanghai guji chubanshe, 1987.

42. 鄭玄注，孔穎達正義，呂友仁整理：《禮記正義》，上海：上海古籍出版社，2008 年版。Kong Yingda. *Liji Zhengyi(The Correct Meaning of the Book of Rites)*. Edited by Lu Youren. Shanghai：Shanghai guji chubanshe, 2008.

43. 錢穆：《中國學術思想史論叢（二）》，臺北：東大圖書股份有限公司，1990 年版。Qian Mu. *Zhongguo xueshusishangshi luncong 2 (Collected Essays of History of Chinese Intellectual Thought, Book 2)*, Taibei：Dongda tushu Co. Ltd, 1990.

44. 鍾彩鈞主編：《中國文哲研究的回顧與展望論文集》，臺北："中研院"中國文哲研究所，1992 年版 Zhong Caijun edited. *Zhongguo wen zhe yanjiu de huigu yu zhanwang lunwenji (Collected Essays of Retrospect and Prospect on the Study of Chinese Literature and Philosophy)*. Taibei：Institute of Chinese Literature and Philosophy, Academia Sinica,1992.

45. 簡朝亮：《論語集注補正述疏》，北京：北京圖書館出版社，2007 年版。Jian Chaoliang. *Lunyujizhu buzhengshushu (A subcommentary and Correction of Collected Commentaries on the Analects)*. Beijing：Beijingtushuguan chubanshe, 2007.

46. 龐樸：《當代學者自選文庫：龐樸卷》，合肥：安徽教育出版社，1999 年版。Peng Pu. *Dangdai xuezhe zixuanwenku: Pengpu juan (Selected Works of Contemporary Scholars: Peng Pu)*. Hefei：Anhui jiaoyu chubanshe, 1999.

47. 龐樸：《帛書五行篇研究》，濟南：齊魯書社，1980 年版。Peng Pu. *Boshu wuxingpian yanjiu (Studies on the Silk Manuscript Version of Wuxing)*. Jinan：Qilu shushe, 1980.

48. 龐樸，《〈五行篇〉評述》，載於《文史》第 1 期（1988 年），頁 3—15。Peng Pu. "Wuxingpian pingshu"(*Comments of Wuxing*), *Wenshi*, Vol.1(1988), pp.3 – 15.

49. 《易緯乾鑿度》，王雲五主編《叢書集成初編》，上海：商務印書館，1937 年版。*Yi wei qian zao du (Qianzaodu of Yiwei)*. Wang Yunwu ed. *Boshu wuxingpian yanjiu (Preliminary Compilation of Book Series)*. Shanghai：Shangwuyinshuguang, 1937.

由"子"入經：從清華簡《繫年》重探《左傳》的源流與定位

張錦少

【摘　要】2008年7月，清華大學入藏一批戰國楚簡，其中有一篇文獻，整理者命名爲《繫年》。《繫年》全篇共138支簡，分23章。由於與傳世文獻，特別是《左傳》有不少可以互校互補的材料，《繫年》經整理後，在2011年以《清華大學藏戰國竹簡（貳）》整册出版，即引起各界關注。十年以來，學者在文字釋讀、語料分析、史事考證、文獻比勘等方面取得了可觀的研究成果。在釐清文本細節與時代特徵後，《繫年》作爲一種在年代與內容皆可以與《左傳》直接比擬的先秦史類文獻，對其文獻性質的釐訂，可以爲探論《左傳》在漢魏經學化以前的源流與定位，提供一個嶄新而有效的參照角度。本文之撰，首先通過對讀《繫年》與《左傳》，從二者在敘述立場與撰作目的的差異，考訂《繫年》作爲當時楚國貴族教本的文獻性質，並以此爲基礎，從先秦王官之學到諸子之學的學術脈絡，重探《左傳》在歸入經部以前的學術源流與定位。

【關鍵詞】《繫年》　《左傳》　王官之學　諸子之學　經學　史學

一、引　言

上個世紀三十年代初，馮友蘭在兩卷本的《中國哲學史》中，以董仲舒

"推明孔氏,抑黜百家"爲分水嶺,把中國兩千多年的學術思想分爲子學與經學兩個時代。① 這種以子學、經學簡單二分的方法顯然未能呈現東周以迄清末流變多端的發展態勢,特別是兩漢經學以外,魏晉玄學、隋唐佛學、宋明理學、清代樸學等亦各具特色。然而馮氏以"子學"概括春秋以下的學術思想,則頗能啓發今人對平王東遷以後,"天子失官,學在四夷"而出現的學術流變的理解。李零在《出土發現與古書年代的再認識》一文中,對先秦諸子之學的性質有以下的看法:

> 先秦古書,按舊的圖書分類,大多屬於經、子,只有極少數屬於史(古史、雜史。引案:括號内爲原注,下同。)、集(如《楚辭》)。近代以來,人們換以歷史眼光,當然可以説六經皆史,諸子也是史。有人還從文體的角度,認爲諸子即後世之文集。但我認爲,更準確地講,先秦古書卻主要是"子",即諸子之學(但不全是諸子之書)。其中既包括宗師"某子"所授的官書舊典(儒經屬於這一類)、傳聞佚事,也包括他本人的語錄和弟子傳述其學的各種作品(兵學、農學和數術、方技之學與之相似,後世亦歸入子類)。它與傳統之所謂史不同。史是以實錄性質的官修史書爲主體。這種史,雖然自古有之,但東周以來大多亡佚,殘存者已入於諸子之學,是靠諸子之學傳下來。它與後世的"集"也有區别。後世的"集"是個人著作,而先秦古書卻是學派内部(或學科内部)師弟傳授的總結。這種性質上的估定,本身就説明了先秦古書的基本時代範圍。②

李零結合出土文獻對先秦學術的考察,得出與馮友蘭頗相一致的看法。誠如李零所言,"諸子之學"不等同於"諸子之書",以"諸子"作爲先秦古書的分類實始於西漢成哀之時的劉向、劉歆父子。而細審《七略》中的"六藝"一略,亦不過是儒家之學,因此吕思勉認爲"(六藝)别爲一略者,以是時儒學專行"而已。③ 從這個角度來看,因漢魏博士制度的建立而被納入經學體系之中的先秦古書,其學術淵源與定位,顯然不能本末倒置地在儒學專行以

---

① 馮友蘭曰:"董仲舒之主張行,而子學時代終;董仲舒之學説立,而經學時代始。"見氏著《中國哲學史》,上海:華東師範大學出版社 2000 年版,第 25 頁。
② 見李零《李零自選集》,桂林:廣西師範大學出版社 1998 年版,第 41—42 頁。
③ 吕思勉《先秦學術概論》,上海:東方出版中心 2008 年版,第 11 頁。

後才出現的經學的範式裏得到解答,這包括十三經之一的《左傳》。

　　李零這篇《出土發現與古書年代的再認識》寫在1988年,此後三十多年,中國出土文獻以倍增的速度重見天日,其中包括李氏所謂"東周以來大多亡佚"的史類文獻。2008年7月,清華大學入藏一批戰國楚簡,其中有一篇文獻,整理者命名爲《繫年》。《繫年》全篇共138支簡,分23章,共近四千字。由於與傳世文獻,特別是《左傳》有不少可以互校互補的材料,《繫年》經整理後,在2011年以《清華大學藏戰國竹簡(貳)》整册出版,即引起各界關注。十年以來,學者在文字釋讀、語料分析、史事考證、文獻比勘等方面取得了可觀的研究成果。[1] 在釐清文本細節與時代特徵後,《繫年》作爲一種在年代與内容皆可以與《左傳》直接比擬的先秦史類文獻,對其文獻性質的釐訂,可以爲探論《左傳》在漢魏經學化以前的源流與定位,提供一個嶄新而有效的參照角度。本文之撰,首先通過對讀《繫年》與《左傳》,從二者在敘述立場與撰作目的的差異,考訂《繫年》的文獻性質與學術屬性,並以此爲基礎,在先秦王官之學到諸子之學的學術脈絡下,探析《左傳》在

---

[1] 舉其要者,文字釋讀方面的論著如侯乃峰《釋清華簡〈繫年〉中的"䝤"字》,載於安徽大學漢字發展與應用研究中心編《漢語言文字研究》第二輯,上海:上海古籍出版社2018年版,第51—54頁。楊博《清華簡〈繫年〉簡文"京師"解》,載於武漢大學簡帛研究中心編《簡帛》第十二輯,上海:上海古籍出版社2016年版,第49—60頁。黄錫全《清華簡〈繫年〉"厥貉"字形補議》,載於教育部人文社會科學重點研究基地、清華大學出土文獻與中國古代文明研究中心、清華大學出土文獻研究與保護中心編《出土文獻與中國古代文明:李學勤先生八十壽誕紀念論文集》,上海:中西書局2016年版,第99—101頁。語料分析如巫雪如《從若干字詞用法談清華簡〈繫年〉的作者及文本構成》,載於《清華學報》第四十九卷第二期(2019年6月),第187—227頁。李美妍《論清華簡〈繫年〉中承接關係詞"乃"和"焉"》,載於教育部人文社會科學重點研究基地、清華大學出土文獻與中國古代文明研究中心、清華大學出土文獻研究與保護中心編,李學勤主編《出土文獻》第十一輯,上海:中西書局2017年版,第156—164頁。韓興波《清華簡〈繫年〉"女(焉)"字類釋》,載於《嶺南師範學院學報》第三十六卷第五期(2015年10月),第99—101頁。史事考證如張建宇《由清華簡〈繫年〉訂正趙國早期世系》,載於《出土文獻》第四期(2021年),第87—90、156頁。魏棟《清華簡〈繫年〉"楚文王以啓于漢陽"析論》,載於《饒宗頤國學院院刊》第五期(2018年5月),第87—112頁。古育安《秦人東來説新探——從清華簡〈繫年〉的"商奄之民"談起》,載於《淡江中文學報》第三十八期(2018年6月),第181—216頁。傳世文獻比勘如張馳、鄭伊凡《清華簡〈繫年〉第二十三章與〈史記·六國年表〉對讀——戰國早中期相關史事、年代與地理問題芻議》,載於《出土文獻》第一期(2021年),第42—55、155頁。李愛民《由清華簡〈繫年〉看〈國語·鄭語〉關於申國的記載》,載於《蘭臺世界》第八期(2020年),第152—153頁。顧王樂《〈吕氏春秋·下賢〉與清華簡〈繫年〉互證一則》,載於《中國史研究》第一期(2017年),第146頁。王紅亮《清華簡〈繫年〉與〈左傳〉互證二則》,載於《文史》2015年第4輯,第261—269頁。魏慈德《〈清華簡·繫年〉與〈左傳〉中的楚史異同》,載於《東華漢學》第十七期(2013年6月),第1—47頁。

歸入經部以前的學術淵源與定位。

二、《繫年》的敘述立場與撰作目的

　　近年來，學界對清華簡《繫年》的豐富研究已經表明，《繫年》是一部前後連貫而有系統性的歷史著作，具有明確的編纂意圖，並非簡單、隨意地編排、抄撮。敘述者根據大量的内府檔案記載、文獻資料編輯，最終形成此書。郭永秉即從文字書風、簡牘特徵，以及文本内容諸方面論述其作爲著作的完整與自洽性：“《繫年》全篇前後的文字書風一致、簡背編號連續且字體一致，這都可以説明，至少在抄寫清華簡本《繫年》的時候，抄寫者和讀者是把它作爲一個非常完整的、具有内在邏輯的著作看待的。”又，“至少我們所看到的清華簡《繫年》的這個抄本，很顯然是在比較有限的時間内一下子抄成而非邊抄邊增益刪改而成，也就是説，呈現在我們面前的這個本子基本看不出‘層累’、‘流動’的動態過程，是一個‘凝固態’的東西。”① 郭氏進而論證《繫年》抄成於楚肅王時代（公元前381—公元前370）到楚宣王（公元前369—公元前340）前期（即公元前369—公元前360）之間，屬於早期謄録本。② 既然是自成一體的歷史著作，我們便可對其進行内部分析，觀察其敘述特點與立場。從形式上來看，《繫年》每章各詳起訖，都可以獨立成章，類近於史事匯編。從内容上來看，《繫年》全部23章敘述的是西周早期至戰國早期的史事，前後綿歷五百多年。如果我們把各章的記述重點比類並觀，不難發現《繫年》整體以晉、楚兩國爲敘述中心。其中第十六章的敘述立場與《左傳》以來的傳統觀點有所差異，職是之故，本節先以此章作爲核心案例，將其與《左傳》相關語句對讀，進行細繹梳理。

（一）《繫年》的敘述立場：從第十六章與《左傳》記述異同説起

　　第十六章共6支簡，記述的是晉、楚第一次弭兵之會。公元前579年，魯成公十二年夏五月，晉、楚兩國在宋國大夫華元的協調下，各自派遣使者

---

① 郭永秉《清華簡〈繫年〉抄寫時代之估測——兼從文字形體角度看戰國楚文字區域性特徵形成的複雜過程》，載於《文史》2016年第3輯，第6頁。
② 同上，第37頁。

在宋國西門之外會盟,同意兩國"無相加戎,好惡同之",①是爲晉、楚第一次弭兵之會。成公七年、九年、十年、十一年、十二年、十三年《左傳》對這次弭兵大會的來龍去脈做了詳細的敘述。根據成公十五年《左傳》的記述,會盟後第三年,即公元前576年,楚國即違背盟約而北侵鄭、衛,結果晉、楚在鄢陵交戰,楚師敗績。《左傳》以來傳統的看法都以楚國失信背約爲第一次弭兵運動以失敗告終的主因。《繫年》第十六章記述的史事跟《左傳》稍異,對晉、楚再次兵戎相見的肇因跟《左傳》卻有着截然不同的看法。

    1. 楚共王立七年,令尹子重伐鄭,爲氾之師。晉景公會諸侯以救鄭,鄭人捷鄖公儀,獻諸景公,景公以歸。②

楚共王七年,即魯成公七年,公元前584年。成公七年《左傳》曰:"秋,楚子重伐鄭,師于氾。諸侯救鄭。鄭共仲、侯羽軍楚師,囚鄖公鍾儀,獻諸晉。"又:"晉人以鍾儀歸,囚諸軍府。"《繫年》佔據楚國的敘事立場,強調主事者爲晉景公,並將時間的發展聚焦於晉、楚爭霸的兩大陣營的歷史脈絡上。

    2. 二年,景公欲與楚人爲好,乃脱鄖公,使歸求成,共王使鄖公聘於晉,且許成。

成九年《傳》詳盡記載了晉侯與鍾儀的對話,並借范文子之口向讀者傳遞了"不背本,仁也;不忘舊,信也;無私,忠也;尊君,敏也"之義。對比《左傳》與《繫年》的敘述,在歷史事實的呈現上,二者均表達了晉景公爲了與楚人求成而釋放鍾儀的事實,此處別無二致;在敘述策略上,《左傳》較《繫年》詳盡且有強烈的教化意涵,若無晉侯與鍾儀對答之記載,以及范文子的評論,歷史事件照常進行,但作者執意詳述,則這是《左傳》敘述所賦予的意義。同樣地,《繫年》的敘述脈絡清晰,呈現線條式的敘述特點:鍾儀回國的同一年,楚共王又派他到晉國,答應晉人求成的要求。如此一來一回,晉

---

① 楊伯峻《春秋左傳注(修訂本)》,北京:中華書局2016年版,第935頁。本文所引《左傳》原文皆據《春秋左傳注(修訂本)》,以下不另出注。
② 本文稱引《繫年》據上海中西書局2011年版《清華簡(貳)》,並參照蘇建洲、吳雯雯、賴怡璇的《清華二〈繫年〉集解》,臺北:萬卷樓2013年版的文字考訂。以下不另出注。

人主動求成，楚人回禮許成，脈絡相當清晰——表現了《繫年》注重事件前後因果關係的特質。

  3. 景公使使糴之茷聘於楚，且修成，未還，景公卒，厲公即位。共王使王子辰聘於晉，或修成。

  成公十年《傳》："春，晉侯使糴茷如楚，報大宰子商之使也。"又曰："六月丙午，晉侯欲麥，使甸人獻麥，饋人爲之。召桑田巫，示而殺之。將食，張，如廁，陷而卒。"又曰："秋……於是糴茷未反。冬，葬晉景公。"根據《繫年》所載，成公九年楚共王派鍾儀到晉國許成後，翌年晉景公便派糴茷出使楚國修成，同年景公薨，厲公即位，此時楚共王又派王子辰出使晉國修成，即《左傳》所謂"公子辰"，然而成公十年《傳》並無公子辰出使晉國的記載，但成公九年，在鍾儀脫囚事以後的十二月，《傳》謂楚共王"使公子辰如晉，報鍾儀之使，請修好、結成"。公子辰出使晉國到底是在成公九年還是十年，抑或分別兩次到晉國媾和，《左傳》的敘述並不清晰。相較而言，《繫年》敘述晉、楚求成各環節的脈絡卻一目了然。可見《繫年》有意識的勾勒了事件演變發展的輪廓，這與其編撰目的密切相關。

  4. 王或使宋右師華孫元行晉楚之成。

  成十一年《傳》："宋華元善於令尹子重，又善於欒武子，聞楚人既許晉糴茷成，而使歸復命矣。冬，華元如楚，遂如晉，合晉、楚之成。"在《左傳》看來，事情的主事者是宋華元，故以其爲事件主角；但在《繫年》來看，在史實上補充了"楚共王"才是主導者的角色分工。因爲在《繫年》兩個陣營的政治論述中，主要是其領導者與家臣們的故事，凸顯宋華元作爲家臣，受楚共王之託，而代表國家求成。所以《繫年》更加強調統治者／執政者的作爲與作用。

  5. 明歲，楚王子罷會晉文子燮及諸侯之大夫，盟於宋，曰："彌天下之甲兵。"

  成公十二年《傳》所載晉、楚盟辭相較《繫年》詳盡，從盟會的內容而言，

《繫年》"彌天下之甲兵",猶如兩國會盟的要旨簡報,明顯是概括之言,所以如此者,殆因符合其體例編纂的需求;相對地,《左傳》記載會盟內容是詳細的,但大概亦非盟辭的實際內容,在語言和修辭上,容有其潤色的餘地。窺諸當日實情,兩國盟辭的文件應該都藏在各自祕府,作爲外交檔案,《左傳》之記載是根據史官的記載而加以修飾改寫,《繫年》則粗線條地講明前後事件與要旨。

6. 明歲,厲公先起兵,率師會諸侯以伐秦,至于涇。共王亦率師圍鄭,厲公救鄭,敗楚師於鄢。厲公亦見禍以死,無後。

《繫年》與《左傳》在敘述立場上有顯著差異。《繫年》在交代晉、楚會盟之後,隨即指出晉厲公翌年即"率師會諸侯以伐秦",特別強調是晉人"先起兵"。就一個"先"字,把《繫年》撰者認爲晉國要爲破壞弭兵之約負責的因果關係、價值判斷表露無遺。《繫年》罪晉的意圖非常明顯,認爲是先有晉厲公起兵伐秦,後方有楚共王圍鄭的因應之舉。而晉厲公爲救鄭,不惜破壞弭兵之約,與楚師開戰。這與《左傳》以晉爲視角的敘事完全不同。晉、秦麻隧之戰嚴格上來説與晉、楚弭兵之約並沒有直接關係,《左傳》也明顯沒有把二者繫聯起來,倒是把秦、晉二國開戰的責任算到秦桓公身上,以其背信忘義之故。此外,關於楚人圍鄭一事,根據《左傳》所述,晉國並沒有派兵救鄭,而《繫年》則把一年後發生的鄢陵之戰歸結到"厲公救鄭"之上,二書敘述互相違戾,顯然是各有政治立場的緣故。根據《左傳》,鄢陵之戰是源於鄭人叛晉親楚,驗諸傳世文獻如《國語》、《史記》、《穀梁傳》等,記載皆與《左傳》相同。從信息量來説,《左傳》對鄢陵之戰的前因、經過、後果的確記載詳細,與傳世文獻也相當一致,因此學者大都認爲《左傳》的敘述較爲近實。晉厲公薨於成公十八年,無嗣,其堂侄姬周繼位,是爲晉悼公。值得我們注意的是,《繫年》第十六章在敘述晉人"敗楚師於鄢"之後,緊接着帶出"厲公亦見禍以死,無後"。晉人破壞盟約、挑起戰端、打敗楚師與厲公之死不見得有内在關聯,但《繫年》以一個"亦"字就把這些歷史事件串聯起來,仿佛當中有着歷史的因果關係,而厲公之死的歷史意義也變得豐富起來了。因此,相同的事件經過不同敘述者的剪輯、排比,從而賦予不同的意義。

從上文對《繫年》第十六章與《左傳》記述的比較,《繫年》親楚的立場是明顯的,反映到文本上是同一系列的事件在敘述上的不同側面與面向。我們不禁要問:爲何會有敘述的差異?是甚麽造成此種差異?比較容易得到的解答是,二書原本依從晉、楚不同國家的立場,因此看待事件自然有不同。但更深入言之,其實包含着對同一往事的不同敘述與側重,意味着敘述者的自覺意識正左右着對往事的解讀。

(二)《繫年》的撰作目的

清華簡《繫年》的主要内容,是以晉、楚對峙、爭霸爲主要線索,先以周室衰微,平王東遷入手,交代晉、楚兩雄崛興的歷史背景,繼以敘寫晉、楚二國如何各自經營霸業以及二國與齊、越等國交攻、結盟的實況,終以戰國早期楚國與三晉繼續爭霸對峙作結。《繫年》各章雖然都可以各自獨立,但23章串連起來,在内容上又互爲表裏,前後關聯,都圍繞着春秋至戰國早期晉、楚之間互相爭霸的這一段歷史。李學勤指出《繫年》的内容與其撰寫的目的密切相關,他説:"作者的主旨是在爲書的讀者提供瞭解當前國家大勢的歷史背景,同時起到以史爲鑒的作用。"①這個看法是非常正確的。歷史敘述亘古不變的要義,在於在紛亂繁雜的歷史進程裏,追尋歷史事件的原因;或者依據、憑藉對史事的反覆敘述,宣傳、表達政治理念,俾使讀史者有以史爲鑒的現實意義,即所謂古爲今用。正如海登‧懷特(Hayden White)在 The Content of the Form 一書所説的:敘述(narration)既是敘述者闡釋歷史的方式,也是敘述者呈現其對歷史題材的理解,②因此敘述不是單純傳遞外在信息的工具,而是創造(produce)意義的機制。③

《繫年》的敘述視角基於楚國立場,這與傳世文獻如《左傳》立足三晉者大有不同。二十世紀七十年代開始,隨着中國考古學的發展,大量出土的文物、文獻湧現,其中又以楚墓的發現最爲大宗。從望山楚墓到江陵楚墓,從包山楚簡到郭店楚簡,先秦時期燦爛多姿的楚文化的確讓人眼前一亮。

---

① 見李守奎主編《清華簡〈繫年〉與古史新探》,上海:中西書局2016年版,李學勤序,第2頁。
② "*Narration* is both the way in which a historical interpretation is achieved and the mode of discourse in which a successful understanding of matters historical is represented." White, Hayden V., *The Content of the Form: Narrative Discourse and Historical Representation* (Baltimore, Maryland: The Johns Hopkins University Press, 1987), p.60.
③ "......a discourse is regarded as an apparatus for the production of meaning rather than as only a vehicle for the transmission of information about an extrinsic referent." White, Hayden V., *The Content of the Form: Narrative Discourse and Historical Representation*, p.42.

但是正如柯鶴立(Constance Cook)所説的,考古發現並没有影響主流的中國歷史書寫,漢學家仍然秉持傳世文獻中對南方看法所呈現的"北方偏見",而這種"北方偏見"根源於傳世的歷史文獻大多出自北方士大夫之手。① 這種對南方楚國的偏見充斥在《春秋》三傳、《國語》裹。平勢隆郎的研究指出,戰國時期的幾個國家,各自提出了以它們自己爲本位的"中國"論述。他認爲《春秋》和《春秋左氏傳》、《春秋公羊傳》、《春秋穀梁傳》在內容觀點上的許多差異,反映的與其説是經師家派見解之差異,不如説是戰國各國不同本位觀點之差異。在關於"中國"的説法上,這些文本所各自認定的"中國",其位置與範圍都不相同:《春秋公羊傳》反映了田氏齊國的觀點,以齊、宋爲"中國",其他國家被稱爲"諸夏",地位次於"中國","中國"和"諸夏"以外的就是"夷狄",地位又次於"諸夏";《春秋左氏傳》反映了三家分晉後的韓國的觀點,以今日陝西省爲"中國",以山西省爲"夏",以河南省爲"東夏";《春秋穀梁傳》反映了中山國的觀點,以今日河南省以及魯國、中山國所在地區爲"中國"。② 至於《國語》裏有關晉、楚之爭主要見載於來自晉國史料的《晉語》裏,《楚語》沿用了《晉語》的記載,因而出現親晉的偏見。③ 可見不同的歷史文本因應其敘述立場的不同而出現詮釋上的偏見,不過無論是晉、齊還是魯,代表的都是北方中原諸國華夏"我者"的詮釋角度。當然詮釋歷史並不是某個國家的特權,而"我者"與"他者","華夏"與"蠻夷"的分野亦非一成不變。北方諸國可以通過對歷史事件的詮釋,貶抑作爲"荆蠻"的楚國,表達其對作爲"他者"的楚國的看法。同樣道理,位處南方的楚國也可以子之矛,攻子之盾,以楚爲本位的立場對歷史事件重新加以敘述、詮釋。李惠儀分析了《左傳》中"有史爲證"的辯論方式,探討華夷同、異的觀點如何藉重塑歷史尋找論據。她以昭十二年《左傳》中楚靈王

---

① "Unfortunately, what is evident from archaeological research has not yet affected the mainstream of historical writing about China. Sinologists still cherish the traditional text-based view of the south, a view that we term the 'Northern Bias.' The Northern Bias derives both from the Chinese reverence for the written words of antiquity and from the fact that the most ancient of surviving historical texts were written by court scholars with northern roots." Cook, Constance A. and Major, John S., *Defining Chu: Image and Reality in Ancient China* (Honolulu: University of Hawaii Press, 1999), p.2.
② 平勢隆郎《戰國時代的天下與其下的中國、夏等特別領域》,收入甘懷真編《東亞歷史上的天下與中國概念》,臺北:臺大出版中心 2007 年版,第 64—68、75—79 頁。
③ Pines, Yuri, "Zhou History and Historiography: Introducing the Bamboo manuscript *Xinian*", *T'oung Pao*, 100.4/5 (2014): p.316.

與楚大夫然丹的對話爲例,指出楚靈王述説楚史時鋭意發掘周、楚淵源,"着意刻劃楚、周的共有歷史,藉泯滅夷夏之分來達成楚國的非分之求",①這個"非分之求"指的就是爭霸的野心。由此可見,敘述歷史是當時列國置換身份、取威圖霸的途徑。《繫年》抄成於楚肅王時代到楚宣王前期,即公元前 381 年至公元前 360 年間,這個時候距離魯成公十二年(公元前 579年)晉、楚第一次弭兵之會已經過了大約兩百多年了。在這個波譎雲詭的戰國時代,《繫年》的敘述者在第十六章裏如此記述發生在兩百多年前以失敗告終的弭兵運動,或許是一種透過詮釋歷史爭奪當前政治話語權的嘗試。關於這個看法,我們不妨以《左傳》記載的第二次弭兵大會做參照。

公元前 546 年,魯襄公二十七年,春秋歷史上第二次弭兵大會在宋國舉行。根據《左傳》的記載,晉、楚兩國爲了這次會盟儀式上的先後次序相持不下,最終由晉國大夫叔向説服了趙武"先楚人":

> 叔向謂趙孟曰:"諸侯歸晉之德只,非歸其尸盟也。子務德,無爭先。且諸侯盟,小國固必有尸盟者,楚爲晉細,不亦可乎?"乃先楚人。書先晉,晉有信也。

當時中原諸國面對楚國這個南方強蠻的脅迫,感到恐懼,甚至採取否定、敵視的態度是可以想像的。叔向鼓勵趙武以德服諸侯,不必與楚國斤斤計較於形式上的先後次序。換言之,在叔向眼裏,楚是無德之國。在這次會盟上,楚國表面上壓倒了晉國,但實際上並沒有得到其他中原諸侯的認同,所以《左傳》説魯《春秋》先晉後楚的記法,是由於"晉有信",換言之,楚是無信之國。《左傳》記各國將盟於宋西門之外,楚國士兵都在衣服裏面穿着鎧甲,似有攻晉之勢。楚國太宰伯州犁勸説楚國令尹屈建解除士兵的鎧甲説:

> 合諸侯之師,以爲不信,無乃不可乎?夫諸侯望信於楚,是以來服。若不信,是棄其所以服諸侯也。

屈建没有聽從伯州犁的勸告,更直白地指出"晉、楚無信久矣,事利而已。

---

① 李惠儀《華夷之辨、華夷之辯:從〈左傳〉談起》,載於《嶺南學報》第十三輯(2020 年),第 36 頁。

苟得志焉,焉用有信"。

春秋無義戰,正如屈建所説的,"晉、楚無信久矣,事利而已"。春秋時期背盟之事相當多,大國之間的會盟只是從自身的利益出發而已。與其説在春秋時期"信以爲本"這類口號式的外交辭令真的爲列國所服膺,倒不如説禮、德、忠、信、仁、正等反覆出現在《左傳》裏的價值觀念,是當時像晉國這樣的強國,用來合理化不公、不義、貪婪、怯弱等現實情況的修辭,也就是強國表裏不一地利用修辭站在道德高地,攫取自身的利益。李惠儀指出,《左傳》文本裏秩序井然、秉持正道的修辭實際上駕馭的是現實的殘暴與失序。《左傳》記述的那個時代實際上充斥着背信棄義、權宜詐僞、傷亡慘重的戰爭、殘暴不仁的權力鬥爭,以至血腥的儀式。這種現實與修辭的衝突,根據李惠儀的看法,可以分成兩個層面來看,她説:"如果説國家的弱小導致人們在語言上策略性地運用道德,強國則在展示實力和獲得勝利時在修辭上爲自己的行爲提供合理的依據。"[1]就在昭公元年正月乙未,列國"尋宋之盟"後不久,魯國的季武子就"伐莒,取鄆",莒是楚國的盟友,所以楚國要求趙武殺了魯使公孫豹。結果以信爲本的趙武,竟然要求楚國赦免公孫豹,他説:"子會而赦有罪,又賞其賢,諸侯其誰不欣焉望楚而歸之,視遠如邇?"如此冠冕堂皇的修辭,説穿了不過是這次魯人伐莒,利益受損的是楚國而不是晉國。而所謂會盟以信,也不過是因時制宜,隨時可變的。

如果説戰國時期以晉國爲首的中原諸國,利用"信"這個含有道德價值判斷的關鍵詞,來敘述發生在春秋時期的弭兵之會的歷史,把楚國詮釋成爲"不信"之國,從而達致否定楚國的政治目的。那麽《繫年》把背信棄盟——不信——的責任推倒在晉國身上,正是以楚國人的立場,用同樣的敘述策略,抗衡、甚至嘗試改變中原諸國在楚國崛起,以及楚國與晉國爭霸這個過程裏,對楚國的偏見,爲當前的楚國爭取在政治舞臺上的話語權、歷史敘述上的詮釋權,哪怕是改寫歷史。值得一提是,學者在《繫年》作爲楚地文獻的共識下,對於其是否有親楚的立場持不同的意見,其中尤鋭(Pines

---

[1] "If arguments urging strategic virtue sometimes stem from a position of weakness, then strength and victory breed their own rhetorical justification." Li Wai-yee, *The Readability of the Past in Early Chinese Historiography* (Cambridge: Harvard University Asia Center, 2007), p.11.譯文據文韜、許明德譯《左傳的書寫與解讀》,南京:江蘇人民出版社2016年版,第11頁。

Yuri)雖然同意《左傳》與《繫年》第十六章的觀點迥異,①但由於《左傳》對楚莊王、申叔時、申無宇的讚揚,以及對楚國在如邲之戰等戰役中戰勝的肯定,都證明了以楚爲本位的敘述角度同樣在《左傳》裏可以見到,因此他認爲整部《繫年》並没有一個獨特(distinctive)的楚視角(Chu perspective)。②尤鋭没有界定怎樣的敘述才稱得上是獨特的視角,取材於不同地域的《左傳》有楚人的敘述並不令人意外,也不會影響《繫年》以楚爲本位的敘述特點,獨特與否並不是構成《繫年》以楚爲本位的必要條件。更重要的是,尤鋭似乎忽略了《繫年》作爲當時楚國政治教育的讀本,其讀者是楚國貴族階層的本質。正如王棕琦指出的,《繫年》楚文化身份的獨特性不僅在於它如何構成,還在於它如何被閱讀,③因此在衡量《繫年》是否具有楚本位立場時也應該考慮讀者的因素。

以上所論僅止於敘述本身這一層次,着重於揭示《繫年》敘述者通過歷

---

① "There is no doubt that we have here two radically different interpretations of the same chain of events: the predominantly pro-Jin narrative of *Zuo zhuan* versus the unequivocally pro-Chu version of *Xinian*. Yet we should notice immediately that in terms of facts both narratives do not differ substantially (except for the precise content of the 579 covenant). And while each account is manipulative, neither appears to abandon the basic factual framework." Pines, Yuri, Zhou History and Historiography: Introducing the Bamboo manuscript *Xinian*: p.320.

② "Why do we not encounter a distinctive 'Chu perspective' of the Springs-and-Autumns period history in *Xinian*? The answer, I think, is that this perspective is simply a part of *Zuo zhuan* account itself. While some scholars consider the *Zuo zhuan* treatment of Chu tendentious and negative, a systematic investigation of Chu-related narratives in the text calls for a different conclusion. There are instances of highly negative treatment of Chu leaders and statesmen in *Zuo zhuan* (such as in its version of the 579 events or in the narration of the hegemony of King Ling of Chu); but those are balanced with more laudable account of other Chu leaders, such as King Zhuang. *Zuo zhuan* lauds some of Chu's victories, such as the Bi 邲 battle of the 597, and hails wise Chu statesmen such as Shen Shushi 申叔時(d.575) and Shen Wuyu 申無宇 (fl. 540s – 530s)." Pines, Yuri, Zhou History and Historiography: Introducing the Bamboo manuscript *Xinian*: p.320.

案:尤鋭後來在專著 Zhou History Unearthed: The Bamboo Manuscript Xinian and Early Chinese Historiography 第五章 "Chu Historiography and Chu Cultural Identity" 基本沿襲此一觀點。詳參 Pines, Yuri, *Zhou History Unearthed: The Bamboo Manuscript Xinian and Early Chinese Historiography* (New York: Columbia University Press, 2020), pp.122 – 147.

③ "A cosmopolitan and self-critical text could still forge a distinctive cultural identity. What matters here is not only how they were *composed* but how they were *read*: readers' responses and the agency of the interpretive community should be considered when evaluating the social impact of historical writings." Wong Peter Tsung Kei, "Review of Yuri Pines, Zhou History Unearthed: The Bamboo Manuscript Xinian and Early Chinese Historiography". *The Journal of Asian Studies*, 81.1 (Feb 2022): pp.179 – 180.

史敘述而創造的政治意義。這在我們這些後世的讀者看來,不過是爭奪歷史話語權的過程。但這種帶鮮明立場的歷史敘述要發揮其現實中的政治作用,就必須要在當下的楚國甚至中原諸國被閱讀、被流傳,因此《繫年》讀者誰屬的問題也是值得我們關注的。新近學者對清華簡《繫年》的認識,已指出其史體功能是爲了對楚國的貴族或施政者進行教育。羅運環《清華簡〈繫年〉體裁及相關問題新探》指出《繫年》的寫作有外交資政的目的,其曰:"在整個23章中,寫楚的章較多,主要是寫楚國的對外關係,不專門寫楚國內政。凡涉及到楚國內政的內容都與楚國外交有密切關係,即便如涉及楚國內政較多的第十五章也不例外。……《繫年》並非是一部全面系統的天下春秋,從所選擇的寫作內容可看出作者的楚國立場,以及作者寫作的目的。其寫作目的主要是爲楚國外交策略和外交活動提供歷史的依據。"①而李守奎則結合清華簡其他竹書的內容,猜想墓主可能是鄭國滅亡前後,由鄭奔楚,並在楚國任職的師或大師,而《繫年》是用於教育楚太子或楚王的著作。②楊博在李氏的基礎上進一步認爲:"就材料來源看,鄭國確爲《繫年》取材的重要來源,這或與鄭國賢人在國滅前後亡至楚國並爲楚所用有關。若此賢人確爲教育楚太子或楚王的師或傅,則其利用鄭、晉並結合楚國史料,編纂出一部具有教育意義的史著就很有可能。退一步講,若《繫年》爲編纂者在奔楚前即已完成,則《繫年》應反映鄭人對戰國大勢的看法。進一步說,《繫年》若爲編纂者利用鄭國史料在楚國編寫的用於教育楚國貴族的史著,則其帶有'楚國中心'的意圖也就更有可能。……《繫年》在取材體裁上與《左傳》近似,含有'書'、'春秋'、'世系'、'語'等較初步的史著因素;但在取材國別上以楚、晉爲大宗,與《左傳》、《國語》等存在差別。"③學者論述雖然有側重與差異,但是大體上都認爲《繫年》是楚國貴族的教本。

我們若從宏觀視角看待《繫年》全23章的書寫:第一至第五章,鋪展了西周以來周室與諸侯國間此消彼長的變遷,爲後文所述晉、楚爭霸提供了簡明的歷史背景;第六至第十章,記述了晉國霸業的發展;第十一至第十三章,概述了楚國霸業的發展;第十四至第二十章,主要描述晉、楚二國如何

---

① 羅運環《清華簡〈繫年〉體裁及相關問題新探》,載於《湖北社會科學》2015年第3期,第198頁。
② 李守奎《楚文獻中的教育與清華簡〈繫年〉性質初探》,載於復旦大學出土文獻與古文字研究中心編《出土文獻與古文字研究》第六輯,上海:上海古籍出版社2015年版,第291—302頁。
③ 楊博《裁繁御簡:〈繫年〉所見戰國史書的編纂》,載於《歷史研究》2017年第3期,第13頁。

在複雜的列國關係中,採取征伐或通好的策略來經營其霸業。特別是晉國在北方稱霸受到了齊國的威脅,楚國北進受到了吳國的掣肘。因此在這七章裏,對晉、齊之間與楚、吳之間的戰事的記述最多,也最爲突出;第二十一、二十二、二十三章,則記述戰國早期楚國與三晉(韓、趙、魏)繼續爭霸對峙的局面。從内容上來講,《繫年》以晉、楚對峙、爭霸爲主要綫索,先以周室衰微,平王東遷入手,交代晉、楚兩雄崛興的歷史背景,繼以敘寫晉、楚二國如何各自經營霸業以及二國與齊、越等國交攻、結盟的實況,終以戰國早期楚國與三晉繼續爭霸對峙作結。李學勤指出《繫年》的敘述者是爲了"讀者"提供瞭解當前國家大勢的歷史背景,同時起到以史爲鑒的作用。李氏所指的"讀者"目前看來就是楚國的貴族,而要做到"以史爲鑒",那麽就得在紛亂繁雜的歷史進程裏,發現歷史事件的原因,也就是問"爲甚麽發生"。我們在《繫年》裏看到敘述者以單綫條的形式勾勒了晉、楚兩大陣營興衰、比權量力的歷史進程,並希冀從中獲得直觀因果推論的歷史經驗與教訓。①例如《繫年》第十八章結尾説:"晉人且有范氏與中行氏之禍,七歲不解甲。諸侯同盟于鹹泉以反晉,至今齊人以不服于晉,晉公以弱。""晉公以弱"一句,照字面解釋就是晉公因此衰弱,這裏"以"作"因此"、"所以"解。敘述者認爲晉國之所以衰落,既有内部的"范氏與中行氏之禍",也有外部以齊爲首的反晉勢力。相類近的句式也見於第三章,撰者敘述秦人"東居周地,

---

① 李零《讀簡筆記:清華楚簡〈繫年〉第一至四章》指出《繫年》以楚爲主的敘事立場,以及交替出現晉楚交争的敘事策略:"此書涉及國家很多,但不像《國語》那樣分國敘事,而是有一條主綫。它講西周衰亡,是爲了引出東周各大國的崛起。春秋史,大趨勢是晉楚交争。簡文各章,晉楚大事往往交替出現,互爲表裏,其他國家的事只是陪襯。而晉楚交争也有主次,此書敘事,特點是楚爲主,晉爲輔,其實是以楚史爲主。"李零《讀簡筆記:清華楚簡〈繫年〉第一至四章》,收入李守奎主編《清華簡〈繫年〉與古史新探》,上海:中西書局 2016 年版,第 39 頁。宋鎮豪《談談清華簡〈繫年〉的古史編纂體裁》亦云:"由此看來,《繫年》是以歷史大事的起因、經過和因果關係爲題旨,不涉細碎,應是一部以當時成文史書爲底本,根據不同的主題進行内容甄別、選擇、分類,納入晉、楚紀年的粗框而再行編纂的記述性史册。"宋鎮豪《談談清華簡〈繫年〉的古史編纂體裁》,收入李守奎主編《清華簡〈繫年〉與古史新探》,第 230 頁。其説殆是。侯文學、李明麗詳細探討了《繫年》的敘事特點:"《繫年》的敘戰結構主要是因果式單綫性結構。所謂因果式單綫性結構主要指兩方面:一是戰争的敘事以時間爲序,幾乎不會出現敘事中斷的情況,體現在敘事手法上便是以順敘爲主。二是戰争的起因與結果之間的聯繫是推動敘事發展的内在動力。"侯文學、李明麗《清華簡〈繫年〉與〈左傳〉敘事比較研究》,上海:中西書局 2015 年版,第 93 頁。可以明確的是,《繫年》之所以呈現如此的敘事特點,是受其編纂目的與史體的制約。由於現今關於先秦史籍的性質與了解並不深入,讓我們在很大程度上僅以後世編年體、紀傳體、紀事本末體等的形式來想像、模擬前代史籍題材、題材狀況,尤其是先秦時代;但隨着清華簡《繫年》的出土,則可以提供、促進這方面的認知。

以守周之墳墓"①後,以"秦以始大"結尾,可見敘述者認爲東居周地是秦人得以開始壯大的原因。這些帶有因果關係的邏輯推論,當然還包括上文分析的第十六章。可以説,《繫年》對於歷史事件"爲甚麽發生"的解讀,既不是懲惡揚善的道德規範,也不是某種天命觀,而是人力的作用。先秦至西漢時期形成的歷史敘述,往往包含大量的神話或怪誕傳說,《左傳》也因此而被批評爲"其失也巫",即便是《史記》,仍然保留了不少這方面的記録,而在《繫年》裏神話傳説、怪異之事可以説被有意地徹底忽略。《繫年》歸納可以推動歷史發展的"原因"是人事的變化而不是天命,並以最能清楚交代事件前因後果的形式,教育楚國貴族歷史事件,俾使其有用於其施政、外交、處理國内外的政治事件等。正如鮑則嶽(William G. Boltz)所說的,要清楚、全面瞭解中國早期的書寫文本,我們必須考慮文本的結構,有時候甚至是外在的形式,以及文本之間在結構、外在形式上的關聯。② 如果說《繫年》對於晉、楚争霸中的歷史事件的因果關係的重視,需要靠仔細的文本細讀才能看得出來,那麼《繫年》在形式上與别不同的特點卻是顯而易見的。《繫年》作爲當時楚國貴族階層接受王官之學的一種讀本,其政教意義亦可藉由此史體形式而得見。

(三) 王官之學:《繫年》的史籍性質蠡測

春秋戰國時,各國執政者在教育貴族(往往是太子或者未來施政接班人)時,往往會教授《詩》、《書》等經典内容,除了俾使貴族少年了解施政方向、宗旨,開啓教化,亦通過教授史籍類著作,使得學生通過知曉國家興廢源流,從而啓迪其在具體施政時的作爲與準備。可以說,《詩》、《書》是比較早期就開始進行教育的,而史籍在貴族教育中的普及則比較晚。《國語·楚語上》載録了一段楚國申叔時回答士亹請教如何教育太子的話:

教之春秋,而爲之聳善而抑惡焉,以戒勸其心;教之世,而爲之昭

---

① 蘇建洲、吳雯雯、賴怡璇《清華二〈繫年〉集解》,第142頁。
② "To gain the clearest and most comprehensive understanding of an early Chinese written text we must take into account the text's structural, and sometimes physical, form and its structural, and sometimes physical, relation to other early texts." Boltz, William G., "The Composite Nature of Early Chinese Texts", in *Text and Ritual in Early China*, Kern, Martin ed. (Seattle: University of Washington Press, 2005), p.50.

明德而廢幽昏焉,以休懼其動;教之詩,而爲之導廣顯德,以耀明其志;教之禮,使知上下之則;教之樂,以疏其穢而鎮其浮;教之令,使訪物官;教之語,使明其德,而知先王之務用明德於民也;教之故志,使知廢興者而戒懼焉;教之訓典,使知族類,行比義焉。①

申叔時所舉用以教育太子的教材,大抵上都是楚國當時重要的歷史文獻,而且性質大多相當清楚,例如"春秋"載史事、"世"載先王世系、"禮"載禮法禮儀、"令"載法規時令等。教育這些內容,都將(或預期)對受教育之貴族未來在政治上的作爲有實際的效用,②也是先秦經典的重要援據。陳民鎮最先指出,《繫年》"很可能正是'志'類文獻,至少是類似於'志'的文獻",③這個看法頗有啓發。楚國有"志",列國同樣有"志"。《國語·楚語》記載楚靈王要修築陳、蔡、不羹的城牆,派子晳去問范無宇的意見,范無宇回答説:

其在志也,國爲大城,未有利者。昔鄭有京、櫟,衛有蒲、戚,宋有蕭蒙,魯有弁費,齊有渠丘,晉有曲沃,秦有徵衙。叔段以京患莊公,鄭幾不克,櫟人寔使鄭子不得其位。衛蒲、戚寔出獻公,宋蕭蒙寔弑昭公,魯弁費寔弱襄公,齊渠丘寔殺無知,晉曲沃寔納齊師,秦徵衙寔難

---

① 韋昭注《國語》,上海:商務印書館 1935 年版,第 191 頁。
② 先秦大夫階級以上之貴族引《詩》之重要的政教意義,前人多有研究,得其要者,如張素卿《左傳稱詩研究》歸納時人賦《詩》之功用曰:"春秋時人往往'好學'而能賦詩的原因可以從政治文化的架構、政治局勢的發展以及賦詩諭志所發揮的特殊效果等三方面來探討。蓋春秋時代王室雖然已經式微,但周的禮樂制度仍是維繫政治、社會的文化基礎,因此齊桓、晉文等霸主迭興,還是以'勤而撫之,以役王命'相號召。他們一方面'同惡相恤',一方面'招攜以禮,懷遠以德',期使諸侯'皆獎王室,無相害也'。共尊王室是霸業的綱領,而周的禮樂制度則於武力強權之外成爲維繫社會與政治秩序的重要力量。……是以諸國固然仍不免有戰場上干戈相見的時候,但壇坫上的揖讓周旋、辭令交鋒也往往能發揮極大的作用。"張素卿《左傳稱詩研究》,臺北:臺灣大學出版中心 1991 年版,第 83—84 頁。又,"再從引詩旨趣的層面來觀察,時人引詩率多以明德爲宗旨,而且是以議政論事爲主,評論人物只佔少數。……不過,雖然或議事,或論人,發論的角度不同,但其内涵都是在闡述論者的政治理念,這一點是《左傳》時人、仲尼、君子引詩一致的特點。"張素卿《左傳稱詩研究》,第 151—152 頁。其實,先秦王官學的典籍大抵均有此一層面的功效與意義,《漢書·藝文志》所載"春秋類"著作,未嘗不是爲了實際政治的現實目的,其中如《左傳》等,降至兩漢逐漸上升到"經典"的地位,對國家主政者/施政者有指導、教化作用。
③ 陳民鎮《〈繫年〉"故志"説——清華簡〈繫年〉性質及撰作背景芻議》,載於《邯鄲學院學報》第二十二卷第二期(2012 年 6 月),第 55 頁。

桓、景，皆志於諸侯，此其不利者也。①

范無宇明確指出他所舉的鄭、衛、宋、魯、齊、晉、秦等七個國家的事例都來自"志"裏，而他能夠舉出春秋時期鄭莊公兄弟鬩牆（魯隱公元年）、鄭厲公自櫟侵鄭（魯莊公十四年）、衛獻公奔齊（魯襄公十四年）、宋昭公被弒（魯文公十六年）、魯襄公爲季武子所卑（魯襄公十一年）、公子無知弒齊襄公自立（魯莊公八年）、齊莊公納晉欒盈（魯襄公二十三年）、秦公子鍼奔晉（魯昭公元年）等歷史事件來總結出"國爲大城，未有利者"的教訓，證明戰國時期列國的"志"很有可能在知識份子和統治階層中流通。從第二段《楚語》的論述，可以窺知不爲前人所知的"志"，就是通過記載、記錄國家興廢的史事、原委，來表達、總結政治經驗與教訓，藉此以教育國家未來的施政者在爲政舉措、行爲、方針、準則等各方面如何來應對現實内政外交之變化。

王樹民早在上個世紀九十年代就對先秦"故志"類文獻有過討論，其《釋志》揭示"志"的特點曰："韋昭的注解説：'《故志》，謂所記前世成敗之書。'此處所稱的'《故志》'，不僅要有言論，更要有一定的事實，才能表明'廢興'的原委。"②因此，"故志"關注的是對興廢原委的表達。王氏又曰：

> 志本爲記載之意，《漢書·律曆志》顔師古注云："志，記也。積記其事也。"原爲動詞，習慣用以稱所記之事，遂成名詞，然不甚固定，後世引用者或稱爲"記"，或稱爲"書"。如《吕氏春秋·貴當》篇（卷二四）云："《志》曰：'驕惑之事，不亡奚待。'"高誘注云："《志》，古記也。"……所引二事完全相同，而一稱《上志》，一稱《上古記》，可知其爲一書之異稱。《至忠篇》（卷一一）載楚申公子培之弟云："臣之兄嘗讀《故記》曰：'殺隨兕者不出三月。'是以臣之兄驚懼而争之，故伏其罪而死。"其下稱："王令人發乎府而視之，於《故記》果有，乃厚賞之。"高誘注云："《故記》，古書也。"此《故記》實即爲《故志》。《周禮·春官·小史》注引鄭司農云："《志》謂《記》也，《春秋傳》所謂《周志》，《國語》所謂《鄭書》之屬是也。"《周志》已見上文所引，《鄭書》之名不見於《國語》，而《左傳》中曾兩引之，即襄三十年，《鄭書》有之曰："安定國家，

---

① 韋昭注《國語》，第 197—198。
② 王樹民《釋"志"》，載於《文史》1990 年第 32 輯，第 314 頁。

必大焉先。"又昭二十八年,《鄭書》有之:"惡直醜正,實蕃有徒。"此或出於鄭衆誤記;或今本《國語》有脱文,但"志"亦稱爲"記",稱爲"書",所言皆確切不易。《國語·晉語四》云:"《西方之書》有之曰:'懷與安,實疚大事。'"所謂西方之書,自亦爲"志"的性質。①

據王氏對傳世文獻的爬梳,似乎從地志、故記等一切載籍,只要能爲現今借鑑與使用,皆可包含在"故志"的範圍之内。學界如今對《繫年》作爲教育楚國貴族的史籍性質與作用是比較確定的,是否可以落實爲"故志"雖仍需更多的證據。但是毋庸置疑的是,作爲教育楚國貴族的讀本,《繫年》從敘述形式與撰作目的來看,其性質與王官之學的"故志"是較爲接近的。

三、出於王官的諸子之學:《左傳》源流與定位重探

金毓黻在《中國史學史》從先秦時期史籍稱法的梳理,透露出史籍從王官之學發展到諸子之學的過程,值得我們注意:

> 最後更有一義,應爲之闡明者,則漢以前未有以史名書是也。古人以乙部之書,原出於《尚書》、《春秋》,而漢以後諸史多稱書,吕不韋、孔衍、司馬彪之作,亦稱《春秋》、《尚書》。《管子·法法篇》,言《春秋》之記;《墨子·明鬼篇》,謂周、齊、宋、燕皆有《春秋》,又言吾見百國《春秋》;《國語》申叔時言,教太子箴以《春秋》;《國語》司馬侯言叔向習於《春秋》;此又孔子修《春秋》之同時,各國之史多名《春秋》之證也。或又稱志:《周禮》小史掌邦國之志,外史掌四方之志。《左傳》常稱《周志》,又曰前志有之,《史佚之志》有之,又稱《仲虺之誥》,孟子亦稱《誥》曰,是也。或又稱《書》:子産叔游皆稱《晉書》有之是也。《論語》,記孔子兩言史:一曰,吾猶及史之闕文也,一曰,文勝質則史,並指史官而言。《孟子》之論《春秋》則曰,其事則齊桓晉文,其文則史。以史與齊桓晉文對言,亦言人而非書。司馬遷因《春秋》而撰《太史公書》即《史記》百三十卷,其文中嘗稱秦記、諜記、史記。後人摭其語,稱爲

---

① 王樹民《釋"志"》,載於《文史》1990年第32輯,第315—316頁。

《史記》。亦以其書爲史官所記，猶邦國之志四方之志云耳。①

蓋金氏認爲，由於漢以前四部分類並不明確，且史部尚未越出經部而得獨立，如此造成先秦人們稱呼後世所謂乙部典籍時，多以"春秋"、"書"等稱謂稱之，緣先秦史籍性質的文獻多出自春秋類、書類文獻。又有以"志"稱呼者，金氏用了與王樹民《釋志》所引相同的《周禮》"小史掌邦國之志，外史掌四方之志"的資料。綜合以觀，金毓黻認爲，先秦典籍中稱"書"、稱"志"、稱"記"者，均就史官所掌諸史籍而言，這就與王樹民《釋志》文中的文獻梳理達到了相當一致的結果。金毓黻對"志"的看法，除了其目錄學的根柢外，更源自其對中國史書原初發展的認識。金氏指出，史學最初發軔於王官之學，其曰："蓋古人於官文書外，別無所謂典籍，凡古代文書典籍之藏，亦略如唐宋以來之四庫、現代之圖書館，老聃以典守之官稱史，亦與倉頡以治書之官稱史同義。居是官者，以其見聞載之簡册，名爲'史記'，即謂史官所記。"②相對地，載筆修史之"史官"，由於其所書全都命名爲"史"，則執掌官府中一般行政業務的"掌書起草之史"則改名爲"吏"也。"史"、"史記"、"史官"均爲載筆之史所獨攬。③ 而"古人之要典，皆由百司之史掌之。故百家之學，悉在王官，而治學之士，多爲公卿之子弟，就百官之史而學之，故其學不能下逮於庶民。迨周之衰，王官失守，散而爲諸子百家，民間亦得以其業，私相傳授"。④ 史記、史籍原爲百司之史掌管，多爲公卿子弟學習之用，因此屬於王官學之一種，但及周室衰微，王官失守，則最終散入民間，成爲諸子百家私相傳授的內容。綜合而言，中國史籍從王官學到諸子學，經歷了一個發展與流衍的過程。

錢穆在《兩漢博士家法考》一文中，以"王官"與"家言"之別作爲先秦學術最大的區分：

> 古代學術分野，莫大於王官與家言之別。鮑白令之有言"五帝官天下，三王家天下"，"官"言其公，"家"言其私。百家言者，不屬於王官而屬於私家，易辭言之，即春秋以下平民社會新興之自由學術也。

---

① 金毓黻《中國史學史》，北京：商務印書館2010年版，第27—28頁。
② 同上，第7頁。
③ 同上，第7—8頁。
④ 同上，第26頁。

王官學掌於"史",百家言主於諸子,諸子百家之勢盛而上浮,乃與王官之史割席而分尊焉,於是有所謂"博士"。故博士者,乃以家言上抗官學而漸自躋於官學之尊之一職也。《詩》、《書》、《六藝》初掌於王官,而家學之興實本焉。百家莫先儒、墨,儒、墨著書皆原本《詩》、《書》,故《詩》、《書》者,乃王官故籍下流民間而漸自泯於家言之間者。故《詩》、《書》既與官史有別,亦復與新興百家言不同。《詩》、《書》之下流,正可與博士之上浮,交錯相映,而説明春秋、戰國間王官之學與百家私言之盛衰交替過接之姿態焉。①

錢氏認爲王官學掌於史官,百家言主於諸子。但諸子之學實本王官之學,故儒、墨著書多稱引《詩》、《書》。其後《詩》、《書》等王官故籍下流民間,百家新興,於是諸子乘勢上浮,躋身於官學之尊,故有"博士"一職。錢氏此論雖然脱胎自《七略》"諸子出於王官"之説卻有所孳衍,且其對先秦學術流變大勢的扼述頗爲近實。

首先,兩周史官的設置,除了擔負記載史事、編纂史料的職責外,有總結爲政經驗,而記之於書,作爲當世或後世統治者/施政者取法、借鑑、運用的意味。蓋宫廷史官記録當世之事,謂之實録,在後世看來則爲史書。因此,在當時現實的意義下,記、識、志、史,乃有藉所掌握資料規勸君王、提供統治者參考的目的,載筆史官亦即類似於現代所謂"智庫"的作用,具有强烈的現實政治目的與意義,包含内政、外交兩端。鑒於史官之於君王的作用,史官其職責或因其職位所産生的"著作"、"産品"均是先秦王官學的産物,最後成爲内部參考資料。在當下可以給君王參考、借鑑,以爲内政、外交實際政治操作的資料;而時間過去以後,則成爲史料、檔案存於中秘;若太傅教育公卿貴族子弟,原本有《詩》、《書》等傳統周室經典教材,後來發展爲將前代史料進行"再編輯",來教育貴族子弟,啓迪學生如何施政,看待當下與未來的國内國際政治形式。《繫年》等著作應屬於此類,固然是經有原始史料編纂而成,但是因爲編爲教本,所以其首要作用是現實政治意義,而非是純然的史籍,故這種著作原本就透露功用性的意味,夾雜國家意識形態與記載的雙重功能。

其次,《左傳》的撰修者顯然手中握有衆多史料,其在戰國中葉已成書,

---

① 錢穆《兩漢經學今古文平議》,北京:商務印書館 2001 年版,第 191 頁。

編纂目的是欲利用舊有史料,經過編輯與再創作,反映其教化、政治勸解的作用。同時,也呈現出在鬆散的情況下,解釋《春秋》的意味,是在掌握了前代史料後自己的再創作,私人創作意味濃厚,將舊有作爲官學、政府之學的史書,變成了自己申發己見、對政治歷史事件認識的私人著作。王和在《左傳探源》中指出,《左傳》原書主要由兩部分材料組成,其中所佔篇幅最大的,是春秋時期各國史官的筆記。王氏認爲正式國史記事過於簡略,且規矩嚴格,用語專門,由於"史官們需要用既往的史事來諷喻君主,盡箴諫規誨之責","還要從這種歷代史官留下的筆記中選取有意義的材料,作爲教材教育太子",①因此才有了各國史官的筆記。王和雖然没有提及"故志",②也没有舉《繫年》爲例,但據上文的分析,則《左傳》撰修者顯然掌握到類似《繫年》之類原爲王官之學的史料。《左傳》於是將有官學因子的典籍逐漸轉變爲民間治學、授道的私典,而其撰述旨趣則隨着傳授降於民間諸子私學,而有其獨到的教化意涵。

例如《繫年》第八章對應的是《左傳》殽之戰的敘事,《史記·秦本紀》、《晉世家》皆有記載。單從《繫年》簡文來看,敘述者只是把秦、鄭——秦、晉兩段事情的原委交代清楚,尤其是交代秦晉兩國交戰的原因是鄭國只對秦國投降而不向晉國投降,又適逢晉文公過世。秦、鄭——秦、晉二事似乎並没有直接的關聯,晉軍擊敗秦軍算是獨立的事件。結合簡文前後諸章而言,《繫年》作者只是想要表明殽之戰後,是秦與楚交好,以及在晉楚國際格局下大勢的發展。相較而言,《左傳》前後交代事件比較詳細,主要將敘事側重歸結到秦國(秦穆公)之咎。以敘戰的角度綜而觀之,此戰的敘述傾向重點在於表現秦穆公之不納諫,從對秦、晉、鄭乃至周的敘述皆能體現出這一點。秦與周的敘述前已言之,在敘述晉事中,卜偃與先軫之言表明晉軍乃借機而動,從戰爭謀略的角度體察到兩軍交戰秦必敗,這僅僅是從晉的軍事角度而言的。但是先軫言語中實透露出秦在道義上的劣勢:"秦違蹇叔而以貪勤民,天奉我也。奉不可失,敵不可縱,縱敵患生,違天不祥,必伐秦師。"在道義上,穆公背棄蹇叔之諫而"以貪勤民",是"違天"的行爲,而晉軍出兵,是順應天意,所以"必伐秦師"。這與秦事中蹇叔哭師所表現的秦軍劣勢若符若契,"師勞力竭……勤而無所,必有悖心","勤而無所"即

---

① 王和《左傳探源》,北京:社會科學文獻出版社 2019 年版,第 66 頁。
② 王氏在腳注有"詳《國語·楚語》"一句,當指前揭《楚語》中申叔時答士亹問教育太子一段。

"以貪勤民"。雖然晉國出兵的原因是爲了報"燭之武退秦師"事,但《左傳》在此敘事卻以道德勸誡作爲旨歸,是爲了在敘事中將讀者的視線集中於秦事上,便於其敘事的側重點。鄭國的"厲兵秣馬"亦與蹇叔之言相合,"遠主備之,無乃不可乎? 師之所爲,鄭必知之",綜上所述,三國之事皆回溯秦事,所有的意旨實際都指向"蹇叔哭師"一事,可以説,殽之役的敘事核心是"蹇叔哭師",在結構上,"蹇叔哭師"的秦事爲内面,而其他所有事全都是此事的"外化",蹇叔的諫言成爲一種特殊的預言,在《左傳》敘秦事時,引導讀者閲讀之後的戰爭情勢是否如蹇叔之所料,而當讀者閲讀殽之役整個過程時,無不回想蹇叔之言,二者成爲一種"呼應"和"迴旋",這樣敘事者俾讀者"關注"於秦事的目的便達成,敘事的傾向即以秦事爲主了。

《左傳》中的殽之戰敘事全副着力於"蹇叔",並不是敘事者希望藉此表彰"蹇叔"之忠貞與懇切,而是要表現秦穆公的頑固與剛愎。因爲在敘事中,蹇叔與穆公恰巧在對立面,言蹇叔之正確,便是言穆公之錯誤,蹇叔與穆公的形象在敘事上是二而一的。所有的敘述與蹇叔之言應驗,秦軍大敗而歸,敘事中責穆公之力亦甚矣,而殽戰敘事的重點亦在於藉敘戰以責穆公之不納諫。所以秦國戰敗以後,會有"秦伯素服郊次"的後續補充,秦穆公的"素服郊次"、"鄉師而哭"一方面再次强調此戰之敗全由穆公一人負責,"孤違蹇叔以辱二三子,孤之罪也";另一方面體現穆公知錯即改的爲君特點,以此作結殽戰,有對君主或執政者勸誡和警示的作用。這樣的完整敘述,可謂善矣。秦穆公在戰前的跋扈自爲的態度,與戰後虚己斂容的低姿態,變化明顯,而產生這種劇烈的變化的原因正是殽之戰的戰爭過程。可以説《左傳》正是通過對秦穆公在"事"中的變化,以敘事表達勸誡之意。但同時,穆公之咎反過來是一體兩面,暗示其之後知錯能改,最終復興的情況。教訓、規戒的意味濃厚,這是其敘事刻意以及巧妙之處。對比之下,《繫年》本就要反映國家外交局勢以教育楚國貴族,其意圖較《左傳》要單純得多。①

---

① 子部書中亦多有記載殽之戰者,均就秦穆公前後變化,凸顯其"能變"的一個特點,屬於藉事明理的過程,反映不同的功用的文獻不同的側重。如《荀子·大略篇》:"《易》曰:'復自道,何其咎?'《春秋》賢穆公,以爲能變也。"王先謙撰,沈嘯寰、王星賢點校《荀子集解》,北京:中華書局1988年版,第498頁。《中論·脩本》:"君子之悔,不勝其事。孔子謂子張曰:'師,吾欲聞彼將以改也;聞彼而不改此,雖聞何益?'故《書》舉穆公之誓,善變也。"徐幹《中論(附札記)》,北京:中華書局1985年版,第5頁。

最後,我們不妨借用司馬遷在《史記·十二諸侯年表序》裏一段膾炙人口的話,從西漢時期人們的記述窺見先秦時期《左傳》與諸子之學的關係:

> 是以孔子明王道,干七十餘君,莫能用,故西觀周室,論史記舊聞,興於魯而次《春秋》,上記隱,下至哀之獲麟,約其辭文,去其煩重,以制義法,王道備,人事浹。七十子之徒口受其傳指,爲有所刺譏襃諱挹損之文辭不可以書見也。魯君子左丘明懼弟子人人異端,各安其意,失其真,故因孔子史記具論其語,成《左氏春秋》。鐸椒爲楚威王傅,爲王不能盡觀《春秋》,采取成敗,卒四十章,爲《鐸氏微》。趙孝成王時,其相虞卿上采《春秋》,下觀近勢,亦著八篇,爲《虞氏春秋》。呂不韋者,秦莊襄王相,亦上觀尚古,刪拾《春秋》,集六國時事,以爲八覽、六論、十二紀,爲《呂氏春秋》。及如荀卿、孟子、公孫固、韓非之徒,各往往捃摭《春秋》之文以著書,不可勝紀。漢相張蒼曆譜五德,上大夫董仲舒推《春秋》義,頗著文焉。①

這段不足四百字的文字,涉及漢魏以後經學史中幾個聚訟紛紜的重大議題,包括《左傳》與《春秋》的關係、《左傳》的作者、《左傳》的名稱等。筆者在這裏不打算展開討論,因爲如果我們把視角放在《左傳》經學化以前的先秦時期,則《序》中稱《左傳》爲"《左氏春秋》",其用意或許並非清末《公羊》學家所指的因爲經今古文觀點不同,在稱法上刻意要與今文二《傳》有所區分,司馬遷所要呈現的是由春秋以迄西漢,幾個稱爲以"《春秋》"題名的著作與荀、孟、韓非、董仲舒等先秦、秦漢諸子一脈相承的學術譜系。楊伯峻指出,《序》中的"爲王不能盡觀《春秋》"、"其相虞卿上采《春秋》"中的"《春秋》"實指《左傳》。② 徐復觀甚至認爲這整段文字裏的《春秋》都指《左傳》。③ 筆者認爲與其把《序》中的"《春秋》"坐實爲《左傳》,倒不如借用金毓黻在《中國史學史》對先秦時期稱王官史籍爲"《春秋》"的觀察,把這裏的"《春秋》"理解爲包括《左傳》編撰者在內諸子捃摭其文以著書的王官之學。李惠儀敏鋭地指出:

---

① 司馬遷《史記》,北京:中華書局 2014 年版,第 647—648 頁。
② 楊伯峻《春秋左傳注》,第 42 頁。
③ 徐復觀《兩漢思想史》卷三,臺北:臺灣學生書局 1984 年版,第 265 頁。

傳統中根深蒂固的觀念,總傾向於把諸子從《春秋》傳注中分離出去。而且,前人也一直有區分經、史、子、傳注的習慣。但司馬遷在運用文獻時,卻跨越了後世的這些分類。他把各類文獻對往事的運用看成一個連續的整體。事實上,從風格和形式上説,《春秋》諸傳中"闡明義理"的故事,的確與"諸子"中相關的敘述,有着明顯的相似之處。①

李氏這裏所謂的"《春秋》諸傳",更準確地説是指《左傳》:

《荀子》當中確實有一些段落讓人想起《左傳》裏的故事。我們不禁會把《荀子》和《左傳》一些主要觀點相提並論,諸如禮的含義、禮與法之間的模糊界限、賞罰的重要、霸的觀念、國家利益與個人義務之間的平衡等,兩書立論非常相似。②

《繫年》第五章講述"息嬀之争"事相較傳世文獻更加詳細,是其爲數不多濃墨重書的章節,羅姝鷗《試論清華簡〈繫年〉的書寫背景及其特點》指出:

通過息嬀之争,楚文王將楚國勢力向北擴張;晉靈公繼位風波,加劇了晉秦之間的怨恨,鞏固了秦與楚聯合對晉的態勢;駒之克受辱,使得晉、齊關係破裂;申公屈巫争少孔而背楚投晉,通晉吴之路,致使了吴叛楚投晉,甚至導致了此後百年吴越相繼與晉爲好而抵制楚的態勢。可以看出,《繫年》作者所着墨重點描寫的幾件事,都發生於楚國霸業道路的幾個關鍵節點之上,很難說這幾處描寫不是作者有意爲之。③

羅氏認爲《繫年》作者對這幾處關鍵點的選擇,反映了其對歷史走向的清晰判斷,這是《繫年》作爲官學文獻的側重和關注所在。楊博則對讀此章與《左傳》敘事的不同之處,其曰:"《左傳》所記息嬀曰'吾一婦人而事二夫,縱弗能死,其又奚言?'及'君子曰'的評論等所要表現的是息嬀之貞與蔡侯

---

① 文韜、許明德譯《左傳的書寫與解讀》,第43頁。
② 同上,第50頁。
③ 羅姝鷗《試論清華簡〈繫年〉的書寫背景及其特點》,載於《荆楚學刊》第二十卷第六期(2019年12月),第8頁。

之惡,其着眼點在'禮'。而《繫年》記述楚文王虜蔡侯、滅息,繼而北出方城、取頓贛陳等與楚國國勢有密切關係的史事,則出於'楚國中心'的視角,平實的敘事反映出'多聞善敗以鑒戒'的編纂意圖和敘事視角。"① 楊氏對《繫年》第五章與莊公十四年《左傳》的對讀與觀察,一方面説明了作爲王官之學的《繫年》與作爲諸子之學的《左傳》因爲敘述立場與撰作目的不同而呈現在敘事上的差異;一方面揭櫫了春秋以下,"王官故籍下流民間而漸自泯於家言之間"的情況下,《左傳》將有官學因子的典籍逐漸轉變爲民間治學、授道的私典,因而其撰述旨趣與先秦諸子説理教化非常相似的本質,可以説是源自王官的諸子之學。

四、結　語

海登·懷特在 *The Content of the Form* 的前言裏這樣寫道: 敘述不僅僅是一種可以對真實事件作推論的形式,更是具有鮮明的意識形態甚至特殊的政治意涵。② 本文以清華簡《繫年》與《左傳》的對比切入,指出《繫年》代表了先秦歷史典籍發展過程中王官學的一部分:周室史官在擔負記載史事、編纂史料的職責外,有總結歷代施政經驗,而爲當世、後世統治者取法、資鑒、運用的意義,其編纂性質蘊含了强烈的現實政治目的,夾雜國家意識形態與記載的雙重功能。而從《繫年》到《左傳》,則是王官之學流入民間的過程,原來是王官之學的史籍爲散落民間的高級知識分子編輯、整理、利用、改寫,經過再創作,蘊含政治評論、臧否、褒貶與教化之意,提供社會各階層參與政治的窗口。《左傳》全然爲民間私學,其原始材料爲史官舊籍,而其成書則是民間的再整理,透露受教育者對政治的看法,或對施政者的規勸與建議。此一由"子"入經的歷程,爲因漢魏博士制度的建立而被納入經學體系之中的《左傳》,提供一個重探其源流與定位的考察。

《左傳》有韓宣子至魯國看内府檔案的記載,其曰:"韓宣子適魯,見

---

① 楊博《裁繁御簡:〈繫年〉所見戰國史書的編纂》,第16頁。
② "Narrative is not merely a neutral discursive form that may or may not be used to represent real events in their aspect as developmental processes but rather entails ontological and epistemic choices with distinct ideological and even specifically political implications." White, Hayden V., *The Content of the Form: Narrative Discourse and Historical Representation*, p.ix.

《易·象》與《魯春秋》,曰:'周禮盡在魯矣。吾乃今知周公之德與周之所以王。'"韓宣子作爲公卿貴族都要特意去秘府方能看到王國檔案,從而知悉周初建國史事。清華簡《繫年》詳敘西周肇建以來故實,並尤其關注於晉、楚霸業發展爭勝的歷史脈絡,更可知《繫年》乃由史官流出。楚國作爲兩周時期的周邊國家,其論述西周初年史事如此清晰,猶可補今史之闕。楚國從何得知?這應該是學者所認爲的在趙亡以後,史官散落,攜帶內府檔案的北士南來,遊走至楚國所致。而《繫年》的敘述者苦心孤詣編寫是書,傳授於楚國貴族,本亦屬於王官學的範圍之内,與源自王官而化爲民間諸子之學的《左傳》不同。

(作者單位:香港中文大學中國語言及文學系)

From "Private Learning" to "Official Classics": Reexamining the Historical Development and Nature of *Zuozhuan* from the Perspective of Tsinghua *Xinian* Manuscript

Cheung Kam Siu

Xinian (*String of Years*) is the most notable excavated historical manuscript from the state of Chu. Since its publication by the renowned Tsinghua University (China) in 2008, most scholars have expended their efforts in character identification, linguistic analysis, historical reconstruction, and textual collation. The results are indeed impressive. After confirming the date of its composition and its content, a further step could be taken to compare it with the *Zuozhuan*, one of the fountainheads of Chinese historiography contemporaneous with *Xinian*. Such a comparison, this article argues, could help us understand the nature, the prehistory, and the early development of *Zuozhuan*. As such, by comparing the intentions and stances of the two narrative texts, this article infers that *Xinian* was a textbook designed for the nobles in the southern state of Chu. It was produced by court historians/archivists who selected and organized historical events to serve didactic purposes. In other words, *Xinian* was the product of official learning. After being absorbed into *Zuozhuan*, however, the materials there were used by intellectuals outside the court. Thus, *Zuozhuan* represented private learning at first. And it was eventually transformed into a classic after being absorbed into the official institutions at court in the Han-Wei period. In summary, this article offers a new understanding of the early development and shifting nature of *Zuozhuan* from the perspective *Xinian*.

Keywords: *Xinian* (*String of Years*), *Zuozhuan*, Official Learning, Private Learning, Classical Studies, Historiography

徵引書目

（一）中文書目

1. 王先謙撰，沈嘯寰、王星賢點校：《荀子集解》，北京：中華書局，1988年版。Wang Xianqian. *Xunzi ji jie*. Punctuated and collated by Shen Xiaohuan and Wang Xingxian. Beijing：Zhonghua shuju，1988.

2. 王和：《左傳探源》，北京：社會科學文獻出版社，2019年版。Wang He. *Zuozhuan tan yuan*. Beijing：Shehui kexue wenxian chuban she，2019.

3. 王紅亮：《清華簡〈繫年〉與〈左傳〉互證二則》，《文史》2015年第4輯，頁261—269。Wang Hongliang. "Qinghua jian *Xinian* yu *Zuozhuan* huzheng er ze". *Wenshi* 4（2015）：pp.261‐269.

4. 王樹民：《釋"志"》，《文史》1990年第32輯，頁313—317。Wang Shumin. "Shi 'Zhi'". *Wenshi* 32（1990）：pp.313‐317.

5. 古育安：《秦人東來説新探——從清華簡〈繫年〉的"商奄之民"談起》，《淡江中文學報》第38期（2018年6月），頁181—216。Ku Yu-An. "Qin ren dong lai shuo xintan‐cong Qinghua jian *Xinian* de 'Shang yan zhi min' tanqi"（A New Exploration of Theory about Qin People's Origin in the East China‐From the Perspective of "People of Shangyan" in "*Xi-Nian*" of Qing-Hua-Jian）. *Tamkang Zhongwen xuebao*（*Tamkang Journal of Chinese Literature*）38（Jun. 2018）：pp.181‐216.

6. 司馬遷：《史記》，北京：中華書局，2014年版。Sima Qian. *Shiji*. Beijing：Zhonghua shuju，2014.

7. 平勢隆郎：《戰國時代的天下與其下的中國、夏等特別領域》，甘懷真編：《東亞歷史上的天下與中國概念》，臺北：臺大出版中心，2007年版，頁53—92。Hirase Takao. "Zhanguo shidai de tianxia yu qi xia de Zhongguo, Xia deng tebie lingyu". *Dongya lishi shang de tianxia yu Zhongguo gainian*. Edited by Kan Huai-chen. Taipei：Tai da chuban zhongxin，2007：pp.53‐92.

8. 呂思勉：《先秦學術概論》，上海：東方出版中心，2008年版。Lu Simian. *Xianqin xueshu gailun*（*Introduction to Pre-Qin Scholarship*）. Shanghai：Dongfang chuban zhongxin，2008.

9. 宋鎮豪：《談談清華簡〈繫年〉的古史編纂體裁》，李守奎主編：《清華簡〈繫年〉與古史新探》，上海：中西書局，2016年版，頁227—235。Song Zhenhao. "Tan tan Qinghua jian *Xinian* de gushi binzuan ticai". *Qinghua jian Xinian yu gushi xintan*. Edited by Li Shoukui. Shanghai：Zhongxi shuju，2016：pp.227‐235.

10. 巫雪如：《從若干字詞用法談清華簡〈繫年〉的作者及文本構成》，《清華學報》第49卷第2期（2019年6月），頁187—227。Wu Hsueh-ju. "Cong ruo gan zici yongfa tan Qinghua jian *Xinian* de zuozhe ji wenben goucheng"（A Linguistic Analysis of the Author and Text Formation of *Xinian* on the Bamboo Slips Collected by Tsinghua University）. *Tsinghua xuebao*（*Tsing Hua Journal of Chinese Studies*）49.2（Jun. 2019）：pp.187‐227.

11. 李守奎：《楚文獻中的教育與清華簡〈繫年〉性質初探》，復旦大學出土文獻與古文字研究中心編：《出土文獻與古文字研究》第 6 輯，上海：上海古籍出版社，2015 年版，頁 291—302。Li Shoukui. "Chu wenxian zhong de jiaoyu yu Qinghua jian *Xinian* xingzhi chutan". *Chutu wenxian yu guwenzi yanjiu* (*Research on Chinese Excavated Classics and Paleography*). Vol 6. Edited by Fudan daxue chutu wenxian yu guwenzi yanjiu zhongxin. Shanghai：Shanghai guji chubanshe, 2015：pp.291–302.

12. 李守奎主編：《清華簡〈繫年〉與古史新探》，上海：中西書局，2016 年版。Li Shoukui. *Qinghua jian Xinian yu gushi xintan*. Shanghai：Zhongxi shuju, 2016.

13. 李美妍：《論清華簡〈繫年〉中承接關係詞"乃"和"焉"》，教育部人文社會科學重點研究基地、清華大學出土文獻與中國古代文明研究中心、清華大學出土文獻研究與保護中心編，李學勤主編：《出土文獻》第 11 輯，上海：中西書局，2017 年版，頁 156—164。Li Meiyan. "Lun Qinghua jian *Xinian* zhong chengjie guanxici 'nai' he 'yan'". *Chutu wenxian*. Vol.11. Edited by Li Xueqin, Jiaoyubu renwen shehui kexue zhongdian yanjiu jidi, Qinghua daxue chutu wenxian yu Zhongguo gudai wenming yanjiu zhongxin, Qinghua daxue chutu wenxian yanjiu yu baohu zhongxin. Shanghai：Zhongxi shuju, 2017：pp.156–164.

14. 李惠儀：《華夷之辨、華夷之辯：從〈左傳〉談起》，《嶺南學報》第 13 輯（2020 年），頁 19—50。Li Wai-yee. "Hua yi zhi bian, Hua yi zhi bian：cong *Zuozhuan* tan qi" (Cultural Difference and Cultural Identity in *Zuozhuan*). *Lingnan xuebao* (*Lingnan Journal of Chinese Studies*) 13（2020）：pp.19–50.

15. 李惠儀著，文韜、許明德譯：《左傳的書寫與解讀》，南京：江蘇人民出版社，2016 年版。Li Wai-yee. *Zuozhuan de shuxie yu jiedu*. Translated by Wen Tao and Ming Tak Ted Hui. Nanjing：Jiangsu remin chubanshe, 2016.

16. 李愛民：《由清華簡〈繫年〉看〈國語·鄭語〉關於申國的記載》，《蘭臺世界》第 8 期（2020 年），頁 152—153。Li Aimin. "You Qinghua jian *Xinian* kan *Guoyu Zhengyu* guanyu Shen guo de jizai" (Record of Shen in the Book of Guo Yu Zheng Yu by *Xinian* in Tsinghua Bamboo Slips). *Lantai shijie* (*Lantai World*) 8（2020）：pp.152–153.

17. 李零：《讀簡筆記：清華楚簡〈繫年〉第一至四章》，李守奎主編：《清華簡〈繫年〉與古史新探》，上海：中西書局，2016 年版，頁 38—54。Li Ling. "Du jian biji：Qinghua Chu jian *Xinian* diyi zhi si zhang". *Qinghua jian Xinian yu gushi xintan*. Edited by Li Shoukui. Shanghai：Zhongxi shuju, 2016：pp.38–54.

18. 李零：《李零自選集》，桂林：廣西師範大學出版社，1998 年版。Li Ling. *Li Ling zixuanji* (*Li Ling's Self-Selected Works*). Guilin：Guangxi shifan daxue chubanshe, 1998.

19. 金毓黻：《中國史學史》，北京：商務印書館，2010 年版。Jin Yufu. *Zhongguo shi xue shi*. Beijing：The Commercial Press, 2010.

20. 侯乃峰：《釋清華簡〈繫年〉中的"貈"字》，安徽大學漢字發展與應用研究中心編：《漢語言文字研究》第 2 輯，上海：上海古籍出版社，2018 年版，頁 51—54。Hou Naifeng. "Shi Qinghua jian *Xinian* zhong de 'he' zi". *Han yuyan wenzi yanjiu*. Vol.2. Edited by Anhui daxue hanzi fazhan yu yingyong yanjiu zhongxin. Shanghai：Shanghai

guji chubanshe, 2018：pp.51－54.

21. 侯文學、李明麗：《清華簡〈繫年〉與〈左傳〉敘事比較研究》，上海：中西書局，2015年版。Hou Wenxue, Li Mingli. *Qinghua jian Xinian yu Zuozhuan xushi bijiao yanjiu*. Shanghai：Zhongxi shuju, 2015.

22. 韋昭注：《國語》，上海：商務印書館，1935年版。Wei Zhao. *Guoyu*. Shanghai：Shangwu yin shuguan, 1935.

23. 徐復觀：《兩漢思想史》，臺北：臺灣學生書局，1984年版。Xu Fuguan. *Liang Han sixiang shi（Intellectual History of the Two-Han Dynasty）*. Taipei：Taiwan xuesheng shuju, 1984.

24. 徐幹：《中論（附札記）》，北京：中華書局，1985年版。Xu Gan. *Zhonglun fu zhaji*. Beijing：Zhonghua shuju, 1985.

25. 張建宇：《由清華簡〈繫年〉訂正趙國早期世系》，《出土文獻》第4期（2021年），頁87—90, 156。Zhang Jianyu. "You Qinghua jian *Xinian* dingzheng Zhao guo zaoqi shixi"（A Revision of the Early Zhao Lineage Based on the Tsinghua *Xinian* Manuscript）. *Chutu wenxian（Excavated Documents）* 4（2021）：pp.87－90, 156.

26. 張素卿：《左傳稱詩研究》，臺北：臺灣大學出版委員會，1991年版。Chang Su-ching. *Zuozhuan cheng shi yanjiu*. Taipei：Taiwan daxue chuban weiyuanhui, 1991.

27. 張馳、鄭伊凡：《清華簡〈繫年〉第二十三章與〈史記・六國年表〉對讀——戰國早中期相關史事、年代與地理問題芻議》，《出土文獻》第1期（2021年），頁42—55, 155。Zhang Chi & Zheng Yifan. "Qinghua jian *Xinian* di ershisan zhang yu *Shiji Liuguo Nianbiao* duidu－Zhanguo zao zhongqi xiangguan shishi, niandai yu dili wenti chuyi"（A Comparison between the 23rd Chapter of *Xinian* in Tsinghua Bamboo Manuscripts and "Liuguo Nianbiao" in *Shiji*：The Attempting Discussion on the History, Chronology and Geography of the Early and Middle Stage of the Warring States Period）. *Chutu wenxian（Excavated Documents）* 1（2021）：pp.42－55, 155.

28. 郭永秉：《清華簡〈繫年〉抄寫時代之估測——兼從文字形體角度看戰國楚文字區域性特徵形成的複雜過程》，《文史》2016年第3輯，頁5—42。Guo Yongbing. "Qinghua jian *Xinian* chaoxie shidai zhi guce－jian cong wenzi xingti jiaodu kan Zhanguo Chu wenzi quyuxing tezheng xingcheng de fuza guocheng", *Wenshi* 3（2016）：pp.5－42.

29. 陳民鎮：《〈繫年〉"故志"説——清華簡〈繫年〉性質及撰作背景芻議》，《邯鄲學院學報》第22卷第2期（2012年6月），頁49—57, 100。Chen Minzhen. "*Xinian* 'Guzhi' shuo－Qinghua jian *Xinian* xingzhi ji zhuanzuo beijing chuyi"（The Statement of *Xinian* Relates to Guzhi－The analysis of character and background about *Xinian*）. *Handan xueyuan xuebao（Journal of Handan College）* 22.2（Jun. 2012）：pp.49－57, 100.

30. 馮友蘭：《中國哲學史》，上海：華東師範大學出版社，2000年版。Feng Youlan. *Zhongguo zhexue shi（History of Chinese Philosophy）*. Shanghai：Huadong shifan daxue chubanshe, 2000.

31. 黃錫全：《清華簡〈繫年〉"厥貉"字形補議》，教育部人文社會科學重點研究基地、清華大學出土文獻與中國古代文明研究中心、清華大學出土文獻研究與保護中心編：《出土文獻與中國古代文明：李學勤先生八十壽誕紀念論文集》，上海：中西書局，2016 年版，頁 99—101。Huang Xiquan. "Qinghua jian *Xinian* 'juehe' zixing buyi". *Chutu wenxian yu Zhongguo gudai wenming: Li Xueqin xiansheng bashi shoudan jinian lunwenji*. Edited by Jiaoyubu renwen shehui kexue zhongdian yanjiu jidi, Qinghua daxue chutu wenxian yu Zhongguo gudai wenming yanjiu zhongxin, Qinghua daxue chutu wenxian yanjiu yu baohu zhongxin. Shanghai：Zhongxi shuju, 2016：pp.99－101.

32. 楊伯峻：《春秋左傳注》，修訂本，北京：中華書局，2016 年版。Yang Bojun. *Chunqiu Zuozhuan zhu（Commentary on Chunqiu and Zuozhuan）*. Revised edition. Beijing：Zhonghua shuju, 2016.

33. 楊博：《清華簡〈繫年〉簡文"京師"解》，武漢大學簡帛研究中心編：《簡帛》第 12 輯，上海：上海古籍出版社，2016 年版，頁 49—60。Yang Bo. "Qinghua jian *Xinian* jianwen 'jingshi' jie". *Jianbo（Bamboo and Silk Manuscripts）*. Vol.12. Edited by the Center of Bamboo and Silk Manuscripts of Wuhan University. Shanghai：Shanghai guji chubanshe, 2016：pp.49－60.

34. 楊博：《裁繁御簡：〈繫年〉所見戰國史書的編纂》，《歷史研究》2017 年第 3 期，頁 4—22，189。Yang Bo. "Cai fan yu jian：*Xinian* suo jian Zhanguo shishu de bianzuan"（Streamlining the Complex, Mastering the Simple：The Compilation of History in the Warring States Period as Seen in *Xinian*）. *Lishi yanjiu（Historical Research）*, 3（2017）, pp.4－22, 189.

35. 錢穆：《兩漢經學今古文平議》，北京：商務印書館，2001 年版。Qian Mu. *Liang Han jingxue jin gu wen pingyi（A Critical Discussion of New an Old Script Schools in Han Dynasty Classic Studies）*. Beijing：Shangwu yin shuguan, 2001.

36. 韓興波：《清華簡〈繫年〉"女（焉）"字類釋》，《嶺南師範學院學報》第 36 卷第 5 期（2015 年 10 月），頁 99—101。Han Xingbo. "Qinghua jian *Xinian* 'yan' zi leishi"（Interpreting and Comparison by Class about 'yan' in Tsinghua Bamboo Slips Xi Nian）. *Lingnan shifan xueyuan xuebao（Journal of Lingnan Normal University）* 36.5（Oct. 2015）：pp.99－101.

37. 魏棟：《清華簡〈繫年〉"楚文王以啓于漢陽"析論》，《饒宗頤國學院院刊》第 5 期（2018 年 5 月），頁 87—112。Wei Dong. "Qinghua jian *Xinian* 'Chu wenwang yi qi yu Hanyang' xilun"（A Study of "King Wen of Chu Expanded Territory in Hanyang" Recorded in the "Xinian" of the Tsinghua Collection of Bamboo Manuscripts）. *Jao Tsung-I guoxueyuan yuankan（Bulletin of the Jao Tsung-I Academy of Sinology）* 5（May. 2018）：pp.87－112.

38. 魏慈德：《〈清華簡·繫年〉與〈左傳〉中的楚史異同》，《東華漢學》第 17 期（2013 年 6 月），頁 1—47。Wei Tzu-Te. "*Qinghua jian Xinian* yu *Zuozhuan* zhong de Chu shi yitong"（Similarities and Differences of Historical Event of the State of Chu Dynasty in *Xi-Nian* and *Tuo Zhuan*）. *Donghua hanxue（Dong Hwa Journal of Chinese Studies）* 17（Jun. 2013）：pp.1－47.

39. 羅姝鷗：《試論清華簡〈繫年〉的書寫背景及其特點》，《荆楚學刊》第 20 卷第 6 期（2019 年 12 月），頁 5—9。Luo Shuou. "Shi lun Qinghua jian *Xinian* de shuxie beijing ji qi tedian". *Jingchu xuekan（Academic Journal of Jingchu）*, 20. 6（Dec. 2019）: pp.5－9.

40. 羅運環：《清華簡〈繫年〉體裁及相關問題新探》，《湖北社會科學》2015 年第 3 期，頁 193—198。Luo Yunhuan. "Qinghua jian *Xinian* ticai ji xiangguan wenti xintan". *Hubei shehui kexue（Hubei Social Sciences）*, 3（2015）: pp.193－198.

41. 蘇建洲、吳雯雯、賴怡璇：《清華二〈繫年〉集解》，臺北：萬卷樓，2013 年版。Su Jianzhou, Wu Wen-wen, Lai Yi-xuan. *Qinghua er Xinian jijie*. Taipei: Wanjuanlou, 2013.

42. 顧王樂：《〈吕氏春秋·下賢〉與清華簡〈繫年〉互證一則》，《中國史研究》第 1 期（2017 年），頁 146。Gu Wangle. "*Lushichunqiu Xiaxian* yu Qinghua jian *Xinian* huzheng yi ze". *Zhongguoshi yanjiu（Journal of Chinese Historical Studies）* 1（2017）: p.146.

（二）英文書目

1. Boltz, William G., "The Composite Nature of Early Chinese Texts". *Text and Ritual in Early China*. Edited by Kern Martin. Seattle: University of Washington Press, 2005: pp. 50－78.

2. Cook, Constance A. and Major, John S., *Defining Chu: Image and Reality in Ancient China*. Honolulu: University of Hawaii Press, 1999.

3. Li Wai-yee, *The Readability of the Past in Early Chinese Historiography*. Cambridge: Harvard University Asia Center, 2007.

4. Pines, Yuri, "Zhou History and Historiography: Introducing the Bamboo manuscript *Xinian*". *T'oung Pao*, 100.4/5（2014）: pp.287－324.

5. Pines, Yuri, *Zhou History Unearthed: The Bamboo Manuscript Xinian and Early Chinese Historiography*. New York: Columbia University Press, 2020.

6. White, Hayden V., *The Content of the Form: Narrative Discourse and Historical Representation*. Baltimore, Maryland: The Johns Hopkins University Press, 1987.

7. Wong Peter Tsung Kei, "Review of Yuri Pines, Zhou History Unearthed: The Bamboo Manuscript *Xinian* and Early Chinese Historiography". *The Journal of Asian Studies*, 81.1（Feb 2022）: pp.179－180.

從文化學視角探討《爾雅·釋天》

莊雅州

【摘　要】《爾雅》不僅是十三經之一,也是訓詁學鼻祖,文化百科全書的雛型。研究之道多端,文化學的探討是現當代較爲新穎的一個議題。本論文秉承文化意識,以文化統整的方法,析論《釋天》一篇的文化内涵與文化意義。首節簡介《爾雅·釋天》、文化學並檢討研究成果。次節分天文、曆法、氣候、災祥、禮儀五項,以科技文化、社會文化及地下出土文獻重新詮釋《釋天》内涵。第三節分天文曆法一體的宇宙觀、風調雨順的氣候觀、虛實並存的社會觀、天人合一的政教觀四項,闡發古人的思維模式,及其在現當代的意義。最後爲結論。希望此一研究,能賦古典以新貌,爲《釋天》的探討開一新局。

【關鍵詞】《爾雅·釋天》　文化内涵　文化意義

一、前　　言

　　古代語言文字學名著之中,《爾雅》是最爲特殊的一本,在《四庫全書》之前,它始終高居經部,不與小學諸書雜廁。它除了是訓詁學的始祖外,還是詞彙學的淵藪、詞典學的先河、百科全書的雛型、文化學的寶庫,[1]具有多方面的價值。全書共三卷 19 篇,2 219 個條目,10 819 字,4 300 多個詞語。

---

[1] 莊雅州:《爾雅的時代價值及其在現當代的傳播》,《會通養新樓學術研究論集·經學編》,臺北:萬卷樓 2021 年版,第 478—487 頁。

每篇都各有其特色。其中第八篇《釋天》，凡13節，51條，801字，150個詞語。郝懿行《爾雅義疏》曾爲它作了簡要的題解：

> 此篇所釋，四時、災祥、歲陽、歲名、月陽、月名、風雨、星名，皆天所運轉列陳而敬授庶徵之事，故次此詮釋。其祭名以下，蓋附具焉。①

該篇雖然著眼於詮釋古籍，著録不求完備，解釋亦頗爲簡略，但將天文、曆法、氣候、災祥、禮儀薈萃一篇，取材廣泛，條理分明，不失爲了解古代科技文化的津梁。

10幾年前，筆者寫了一篇《爾雅釋天天文史料析論》，②因受到時間與篇幅的限制，焦點集中在"星名"一節，難免窺豹一斑之憾。現在擬將眼光擴及全篇，但同樣有條件上的制約，所以須找到適當的角度、範圍與方法。本篇論文所以從文化學的觀點，探討《爾雅·釋天》的文化内涵與文化意義，其故在此。

所謂文化，是人類生活的累積，智慧的結晶，舉凡政治、經濟、教育、宗教、倫理、道德、學術、思想、藝術、科學等，無不涵蓋其中。③人類的物質、社會、精神生活都不能出其外，範圍可説無比寬廣。文化學的研究，其道多端，19世紀後半葉崛起的文化人類學是聲勢最爲顯赫的一個派别，他們廣泛運用到歷史學、宗教學、神話學、民族學、心理學乃至自然科學等，亦即在傳統文獻、地下文獻之外，再加上文化人類學的材料，又稱三重證據法，尤以民族學最爲醒目。④像謝美英的《爾雅名物新解》，在《爾雅·釋天》方面，以《從爾雅看中國古人的時間觀》一節，下分"天象運行是區分時間的參照系"、"農事進程是界定時間的尺度"、"自然物候是獲得四時節序的根據"、"時間的循環與再生觀"四項來探討其文化藴涵。⑤唯只是重點突破，未能關照所有内容。此外，盧國屏的《爾雅語言文化學》則採取漢語文化學

---

① 清郝懿行《爾雅義疏》清嘉慶至光緒年間《郝氏遺書》刊本，臺北：臺灣中華書局1966年版，中之四，第1頁。
② 莊雅州：《爾雅釋天天文史料析論》，《李爽秋教授八十壽慶祝壽論文集》，臺北：萬卷樓2006年版，第251—271頁。
③ 李鍌、周何、邱燮友：《中國文化概論》，臺北：三民書局1973年版，第18頁。
④ 葉舒憲：《人類學三重證據法與考據學的更新——自序》，《詩經的文化闡釋——中國詩歌的發生研究》，武漢：湖北人民出版社1994年版，第1—16頁。
⑤ 謝美英：《爾雅名物新解》，北京：中國社會科學出版社，2005年版，第81—101頁。

的理論和方法,將傳統的文字、聲韻、訓詁理論和社會、政治、文學、思想、科技、生物等議題相聯結。其《釋天篇的文化詮釋》一章,將《釋天》內容類聚群分爲 12 項,此猶不脫《釋天》牢籠,但其下九節:"太歲頭上動土"、"三年五載者何"、"四季如何平安"、"雄彩虹與雌彩虹"、"二十八宿"、"牛郎織女七夕情"、"掃帚星現災異生"、"從祭祀對象看信仰文化"、"講武與田獵文化"。① 則能以現代科學的眼光、有趣的文筆重新檢視《釋天》的天文曆法及信仰文化、田獵文化。下面筆者嘗試不特別強調某種文化學方法,只是秉承文化意識,以文化統整的方法,來探討《釋天》的文化内涵與文化意義,看看是否也能得出一些不太一樣的研究結論。正如王洲明、李山、廖群、姚小鷗、許志剛等學者採取類似的途徑研究《詩經》,而有豐碩的收穫。② 當然,這樣的研究要明辨研究對象的特點、採取宏觀的文化視野、運用科際整合的方法,才能建構文化的體系,闡發文化的意涵,並非輕而易舉的事。

二、《爾雅·釋天》的文化內涵

《爾雅》19 篇當中有分節者七篇,其中《釋天》共分 12 節,即:"四時"、"祥"、"災"、"歲陽"、"歲名"、"月陽"、"月名"、"風雨"、"星名"、"祭名"、"講武"、"旌旗"。這樣的分類條分縷析,有助於讀者閱讀,但未免瑣細,且不合現當代的需求。徐莉莉、詹鄞鑫《爾雅——文詞的淵海》,站在詞彙學的角度,重新分爲宗教禮俗七節,天文曆法 21 節。③ 此一安排,雖較適合時人閱讀,卻摒霧、蔽雲、治兵、旌旗等不談,不求完備。今試圖重新分爲五類,若干小類,以求綱舉目張,一目了然:

(一) 天文

主要爲"星名"一節,共 126 字,其文曰:

---

① 盧國屏《爾雅語言文化學》,臺北:學生書局,1999 年版,第 122—142 頁。又《訓詁演繹——漢語解釋與文化詮釋學》,臺北:五南圖書公司 2008 年版,可以參閱。
② 趙沛霖《現代學術文化思潮與詩經研究——20 世紀詩經研究史》,北京:學苑出版社 2006 年版,第 155—222 頁。
③ 徐莉莉、詹鄞鑫《爾雅——文詞的淵海》,上海:上海古籍出版社 1997 年版,第 63—84、137—192 頁。

壽星,角、亢也。天根,氐也。天駟,房也。大辰:房、心、尾也,大火謂之大辰。析木謂之津:箕斗之間,漢津也。星紀:斗、牽牛也。玄枵:虛也。顓頊之虛,虛也;北陸,虛也。營室謂之定。娵觜之口:營室、東壁也。降婁:奎、婁也。大梁:昴也。西陸,昴也。濁謂之畢。咮謂之柳。柳,鶉火也。北極謂之北辰。河鼓謂之牽牛。明星謂之啓明。彗星爲欃槍。奔星爲彴約。①

這段文字將二十八宿、四象、十二次及其他各種星體雜揉爲一,不易解讀,茲依現代科學新知重新加以釐析、歸類,並解讀如下:

1. 二十八宿

天文爲文化之母,對於星空的觀測,自古就爲人們所重視。星空分區,西洋是由古希臘星座發展出來的88星座,中國則是三垣二十八宿。"二十八星"一詞首見於《周禮·春官·馮相氏》、《秋官·硩蔟氏》及《冬官·輈人》②,其完整的内容則首見於《吕氏春秋·有始篇》。③ 但在《爾雅·釋天》中所載僅有17個星宿,即:

角:包含室女座 α、ζ 二星,《淮南子·天文篇》距度爲12°。
亢:包含室女 χ、ι、ϕ、λ 四星,9°。
氐:包含天秤 α、ι、γ、β 四星,15°。
房:包含天蠍 π、ρ、δ、β 四星,5°。
心:包含天蠍 σ、α、τ 三星,5°。
尾:包含天蠍 μ、ε、ζ^2、η、θ、ι^1、κ、λ、υ 九星,18°。
箕:包含人馬 γ、δ、ε、η 四星,11.25°。
斗:包含人馬 ϕ、λ、μ、σ、τ、ζ 六星,26°。
牽牛:包含摩羯 β、α^2、ξ、π、o、ρ 六星,8°。
虛:包含寶瓶 β、小馬 χ 二星,10°。

---

① 晉郭璞注:《爾雅郭璞注》,《天禄琳瑯叢書》宋刻本,附周祖謨《爾雅校箋》,昆明:雲南人民出版社2004年版,第82—83頁。以下凡引《爾雅》及郭注,皆用此本,僅隨文注頁碼,不再標注。
② 漢鄭玄注,唐賈公彦疏:《周禮注疏》清嘉慶二十年(1815)江西南昌府學刻刊《十三經注疏》本,臺北:藝文印書館1989年版,第404、558、614頁。
③ 陳奇猷校釋:《吕氏春秋校釋》,臺北:華正書局1985年版,第657—658頁。

營室：包含飛馬 α、β 二星，16°。
東壁：包含飛馬 γ、仙女 α 二星，9°。
奎：包含仙女 η、ζ、ε、δ、π、ν、μ、β，雙魚 σ、τ、ι、χ 等十六星，16°。
婁：包含白羊 β、γ、α 三星，12°。
昴：包含金牛 17、19、21、20、23、25、27 七星，11°。
畢：包含金牛 ε、δ1、δ3、γ、α、θ¹、71、λ 八星，16°。
柳：包含長蛇 δ、σ、η、ρ、ε、ζ、ω、θ 八星，15°。

二十八宿，《釋天》未著錄的有北方婺女，西方危、胃、觜觽、參，南方東井、輿鬼、七星、張、翼、軫，共 11 宿。未臻完備的理由，並非其時二十八宿尚未完整，因爲 1978 年湖北隋縣出土的戰國初年曾侯乙墓漆箱蓋就有二十八宿青龍白虎圖。[①]《爾雅》的成書，不可能早於春秋時代。也未必是鄭樵《爾雅鄭注》所説的簡編缺脱；[②]或何九盈《中國古代語言學史》及管錫華《爾雅研究》所講的魯儒生所爲，對西方的虎狼之秦，南方的蠻夷之楚深懷敵意。[③]而較可能是郝懿行《爾雅義疏》所説："蓋《爾雅》釋六藝之文，文有不備，可類推也。"（中之四，頁 14）也就是《爾雅》既取材於典籍，又受限於典籍的本質。

二十八宿是分布在黄道、赤道附近的 28 個星座，是日月五星在運行軌道上住宿的處所，可以當作座標來觀測日月五星，畫分天區、繪製星圖，紀録特殊天象，在中國古代的天文學史上具有無與倫比的重要性。在傳統文獻裹，二十八宿零零星星地出現於《尚書·堯典》、《洪範》、《大戴禮記·夏小正》、《詩經》、《左傳》、《國語》、《爾雅》。[④]《爾雅·釋天》所録，雖然不夠完整，但在中國天文學史上，仍有其重要地位。

2. 四象

四象，又稱四陸、四宫、四獸、四維或四神。是將二十八宿依方位組成四組，分別聯繫起來，想像成四種動物形象，即：

[①] 王健民、梁柱、王勝利：《曾侯乙墓出土二十八宿青龍白虎圖象》，《文史集林》七輯，臺北：木鐸出版社 1983 年版，第 250—257 頁。
[②] 宋鄭樵《爾雅鄭注》，《叢書集成新編》本，臺北：新文豐出版公司 1986 年版，第 37 册，第 676 頁。
[③] 何九盈：《中國古代語言學史》，北京：北京大學出版社 2006 年 6 月新增訂本，第 45 頁。管錫華《爾雅研究》，合肥：安徽大學出版社 1996 年版，第 21 頁。
[④] 陳遵嬀《中國天文學史·星象編》，臺北：明文書局 1985 年版，第 66 頁。

東方蒼龍：角、亢、氐、房、心、尾、箕。
北方玄武：斗、牛、女、虛、危、室、壁。
西方白虎：奎、婁、胃、昴、畢、觜、參。
南方朱雀：井、鬼、柳、星、張、翼、軫。

此種聯想，對於星象的辨識與觀測大有裨益，不過在《爾雅·釋天》中僅提及北陸、西陸兩種而已：

（1）《釋天》："北陸，虛也。"此出自《左傳·昭公四年》："古者日在北陸而藏冰。"[①]北方玄武七宿，虛宿居中，故《爾雅》舉虛以爲代表。

（2）《釋天》："西陸，昴也。"此亦出自《左傳·昭公四年》："西陸朝覿而出之。"（頁708）西方白虎七宿，昴宿居中，故《爾雅》舉昴以爲代表。

由於《左傳》在四象中只舉了北方玄武、西方白虎，所以《爾雅》也就只介紹北陸、西陸。並不是當時四象尚不完整，正如曾侯乙墓二十八宿青龍白虎圖只有東、西二象，乃是由於漆箱蓋是長方形，無法繪出北、南二象。由此可見，四象的出現，與二十八宿一樣，應該不晚於春秋時代。

3. 十二次

以二十八宿爲觀象授時的座標固然方便，但各宿寬窄不一，如觜嶲只有2°，東井則寬達33°，也有不便之處。由於歲星（木星）大約十二年一周天，所以就有人想到，如果將周天365.25°十二等分，（每一等分佔古度30°43′68″，今度爲30°），與二十八宿相配，不就既可紀錄歲星的行度，又可紀錄日月星辰的行度了嗎？這就是十二次的由來，它與歲星紀年法有密切關係。所謂十二次，就是日月五星運行所駐紮休息的十二個處所，相當於西洋的黃道十二宮。由西向東，分別爲壽星、大火、析木、星紀、玄枵、娵訾、降婁、大梁、實沈、鶉首、鶉火、鶉尾，詳見附圖"五宮二十八宿十二次方位配合圖"。十二次在《左傳》、《國語》、《鶡冠子》中都是零星散見的，到了《爾雅·釋天》才將它們類聚在一起，但一共只有九次，分別爲：

壽星：《漢書·律曆志》起軫2°，終氐4°，主要爲角、亢二宿。
大火：起氐5°，終尾9°，主要爲氐、房、心三宿。

[①] 晉杜預注，唐孔穎達疏：《左傳正義》清嘉慶二十年（1815）江西南昌府學刊《十三經注疏》本，臺北：藝文印書館1989年版，第728頁。

析木：起尾 10°，終斗 11°，主要爲尾、箕二宿。
星紀：起斗 12°，終婺女 7°，主要爲斗、牛二宿。
玄枵：起婺女 8°，終危 15°，主要爲女、虛、尾三宿。
娵訾：起危 16°，終奎 4°，主要爲室、壁二宿。
降婁：起奎 5°，終胃 6°，主要爲奎、婁二宿。
大梁：起胃 7°，終畢 11°，主要爲胃、昴、畢三宿。
鶉火：起柳 9°，終張 17°，主要爲柳、星、張三宿。

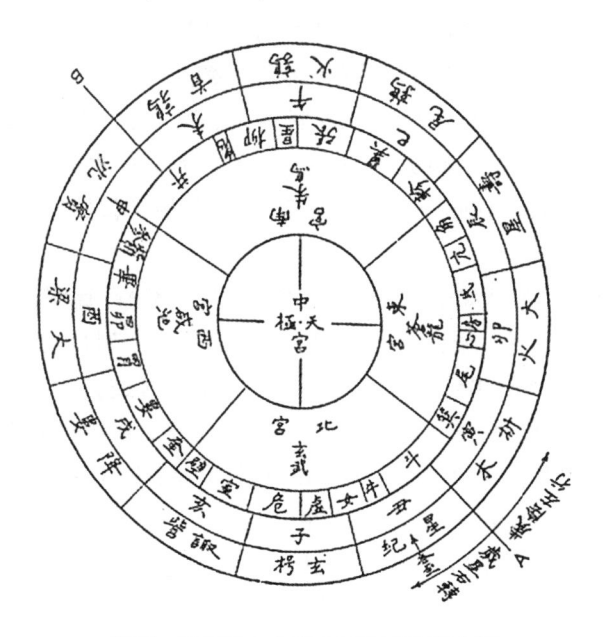

附圖：五宮二十八宿十二次方位配合圖

採自高平子《史記·天官書今注》(臺北：中華叢書編審委員會，1965 年)，頁 85。

《爾雅》未著錄的有實沈、鶉首、鶉尾，比《左傳》只少壽星、鶉首者還少一次，可見《爾雅》歸納古籍，有時難免參差、疏漏。至於十二次的得名，除與星象有關外，與分野亦密不可分，因爲它的起源，本來就與星占不可割離。[①]

4. 其他恒星

全宇宙恒星不啻如恒河沙數，目所能及的六等星以内也有 6 000 顆左右，但《爾雅》所著錄的，除了二十八宿中的十七宿之外，只有北極、河鼓二星，可謂十分簡略：

[①] 日本新城新藏撰，沈璿譯：《東洋天文史研究》，臺北：翔大圖書公司 1993 年版，第 407 頁。

（1）北極：《釋天》云："北極謂之辰。"郭璞注："北極天之中，以正四時。"（頁83）北極就是赤道北極，也就是地球自轉軸指向天球北極的一點。古人以爲北極星位居於此，永恒不動，衆星都是環繞著它在運行，而一年四季，時令的轉換也都是以北極星爲樞紐在進行的。其實，由於地球赤道受到日月引力的影響，赤道北極不斷環繞著黃道北極在緩緩移動，每年春分點沿著黃道西退 50.2″，約 25 800 餘年繞行一周，這就是所謂歲差。所以不同的時代，北極星就可能不同。例如周初以帝星（小熊 β）爲北極星，唐宋以後改爲天樞星（又名紐星，鹿豹 34^2H），明清以後則爲勾陳一（小熊 α），8 000 年後爲天津四（天鵝 α），12 000 年後爲織女（天琴 α），24 000 年後，勾陳一又重新恢復成爲北極星。這個道理，西元前 125 年希臘依巴谷（Hipparchus）才發現，中國更是到了西元 330 年左右才由東晉虞喜提出。《爾雅》成書的時代，對此完全茫無所知，對於北極星當然無法作較精細的描述。

（2）河鼓：《釋天》云："河鼓謂之牽牛。"（頁83）陸德明《經典釋文》河做何。[①]《説文》："何，儋也。"[②]《爾雅·郭璞注》："今荆楚人呼牽牛星爲擔鼓，擔者，荷也。"（頁 83）清·郝懿行《義疏》："何鼓，亦名黄姑，聲相轉耳。……今南方農語，猶呼此星爲扁擔，蓋因何鼓二星中豐而兩頭鋭下，有儋何之象，故因名焉。"（中之四，頁 14。）河鼓大星，西圖爲天鷹 α，0.9 等，是全天第十一亮的恒星，位於銀河之東，與銀河之西的織女星（天琴 α，0.1 等，全天第四亮），遥相對望，十分醒目。《詩·小雅·大東》："跂彼織女，終日七襄。……睆彼牽牛，不以服箱。"[③]所寫正是這兩顆流傳千古的神話故事中的大星，也是《爾雅》所本。據新城新藏考證，二十八宿的牽牛、織女原本是這兩顆大星，後來觀測日精，發現二星離黃道、赤道較遠，所以改用摩羯座的牛宿，寶瓶座的女宿加以取代，因而導致混淆。[④]陳遵嬀云："印度以織女代牛宿，河鼓代女宿，這雖然由於織女一和河鼓二都是一等星，實際可

[①] 唐陸德明《經典釋文》清康熙十九年（1680）通志堂刊本，臺北：鼎文書局 1972 年版，第 419 頁。

[②] 漢許慎撰，清段玉裁注：《説文解字注》清嘉慶二十年（1815）經韻樓刊本，臺北：洪葉文化公司 2005 年版，第 375 頁。

[③] 漢毛亨傳、鄭玄箋，唐孔穎達疏：《毛詩正義》清嘉慶二十年（1815）江西南昌府學刊《十三經注疏》本，臺北：藝文印書館 1989 年版，第 440 頁。

[④] 新城新藏撰：《東洋天文史研究》頁 267—268。

以説它是保留我國的古法。"①此正可作爲華夏古法的旁證,所謂禮失求諸野是也,而《釋天》的著録,可説是古法的孑遺,彌足珍貴。

5. 行星

《釋天》:"明星謂之啓明。"(頁83)此出自《詩·陳風·東門之楊》:"昏以爲期,明星煌煌。"(頁253)及《小雅·大東》:"東有啓明,西有長庚。"(頁440)所講的就是太陽系中第二顆内行星——金星,距離地球最近。視星等-4.4等,除了太陽(-26.7等)、月亮(-12.6等)外,天上的星體以它最爲明亮,所以稱之爲明星,又稱太白金星,西洋則以愛神維納斯(Venus)視之。每224.7日繞日一周,清晨出現於東方,黄昏出現於西方,古人以爲它是兩顆不同的星,所以分別命名爲啓明與長庚。啓明就是清晨開啓光明的意思,漢代避景帝諱,改爲"開明"。太陽系至少有八大行星,古人目所能見的五大行星,除了太白金星外,還有歲星(木星)、辰星(水星)、熒惑(火星)、鎮星(土星),典籍屢見,但《爾雅》卻不著録,足見它的確是隨文臚舉,不求完備。

6. 異星

(1) 彗星:《釋天》:"彗星爲欃槍。"(頁83)彗星是太陽系裏的一種特殊星體,通常分爲彗核、彗髮、彗尾三部分,由各種流星物質及氣體組成。質量不大,在 10^{17} 克左右,大約需600億個彗星才等於一個地球。但體積龐大,長相特殊,除了像竹彗,取名爲彗星,俗稱掃把星外,在《史記·天官書》中還有天棓、天欃、天槍等十餘種異稱。②湖南長沙馬王堆漢墓出土的《天文氣象雜占》更有具體的29幅彗星圖象。③ 由於來歷不明,行踪莫定,自古以來,就被視爲災異,而用以占卜吉凶。殷商以後,史不絶書,從秦王政七年(西元前230)到清宣統二年(1910),哈雷彗星的29次回歸都在中國古籍中留下紀録,這對周期彗星的研究頗有價值。

(2) 流星:《釋天》:"奔星爲彴約。"(頁83)郝懿行《義疏》:"彴約猶爆爍,並字之疊韻,蓋言奔星急疾之狀耳。"(中之四,頁14)指的應是火流星。流星本來只是太陽系的天體碎片或宇宙塵,由於受到地心引力的吸引,以每秒數十公里的速度穿過大氣層,因而産生燃燒發光的現象。其小者直徑

---

① 陳遵媯:《中國天文學史·星象編》,頁55。
② 莊雅州:《科學與迷信之際——史記天官書今探》《中正大學中文學術年刊》第6期(2004年12月),頁135。
③ 不著撰人:《馬王堆漢墓》,臺北:弘文館出版社1985年版,第129頁。

僅0.1厘米至10厘米,在進入大氣層時就全部塵化消失;其大者可超過數百噸,墜地即成爲隕石,並可能留下隕石坑。有時,流星極多似雨而落,就稱之爲流星雨;有時,幾百克的流星體衝到大氣低層時,會一面閃閃發光,一面沙沙作響,就稱之爲火流星。它和恒星、行星、衛星甚至彗星的性質完全不同,古人認知不足,才會將它納入異星的範圍,甚至作爲星占的重要對象。

(二) 曆法

天文研究的對象是空間,曆法研究的對象是時間。易言之,曆法是一種年、月、日、時的紀時系統,但在《爾雅·釋天》只談到年、月及年月之間的季節,共包含"四時"、"歲陽"、"歲名"、"月陽"、"月名"五節248字,經重新組合後,可分爲:

1. 年

(1) 年歲異稱:主要爲"歲名"一節,但只取"載,歲也。夏曰歲,商曰祀,周曰年,唐虞曰載"(頁78)16字,是説不同的朝代,因文化特徵有別,對年歲的稱呼亦有不同。夏朝叫歲,取歲星十二年一周天,每年行經一次;殷朝叫祀,取殷人迷信,無神不祀,祭祀往往四時一訖,周而復始;周人叫年,取周人以農立國,在北方,穀物一年一熟;唐虞時叫載,取冬去春來,萬象更新。這樣的説法,隱然有夏、商、周三正論之意。其實,古六曆中雖有夏曆、殷曆、周曆,但"夏正建寅,殷正建丑,周正建子"的三正論曾引起激烈的爭辯,①是否名實相符地爲三代不同的曆法,的確大有可疑。單就時代而言,唐虞、夏代都渺茫難知,但歲星紀年法遲至春秋時代才有,歲之得名,應與夏代無關。至於殷之稱祀,甲骨文屢見,周之稱年,周代典籍常有,足見《爾雅》之説並非純爲空穴來風。只是古籍中,載、歲、年經常通用。從甲、金文看商代紀年不但用祀,也用年;周代紀年既用年,也用祀。② 並不像《釋天》所言那麽板滯。在古代天文學上,年表示從今年正月初一到明年正月初一,共354日;歲指從今年冬至到明年冬至,共365.25日,是有區別的。

(2) 太歲紀年法:包含歲陽、歲陰二節。歲陰,今本《爾雅》併在歲名之前,臧庸《爾雅漢注》以爲應獨立,郝懿行《義疏》亦從之。(中之四,頁5)誠

---

① 黄沛榮:《周書周月篇著成的時代及有關三正問題的研究》,臺北:臺灣大學1972年版。
② 馮華:《爾雅新證》,2006年首都師範大學博士論文,頁10。

如其説,則其文應爲:

  太歲在甲曰閼逢,在乙曰旃蒙,在丙曰柔兆,在丁曰强圉,在戊曰著雍,在己曰屠維,在庚曰上章,在辛曰重光,在壬曰玄黓,在癸曰昭陽。(歲陽)
  太歲在寅曰攝提格,在卯曰單閼,在辰曰執徐,在巳曰大荒落,在午曰敦牂,在未曰協洽,在申曰涒灘,在酉曰作噩,在戌曰閹茂,在亥曰大淵獻,在子曰困敦,在丑曰赤奮若。(歲陰)(頁78)

以甲乙等十個天干配閼逢、旃蒙等十個歲陽,以子丑等十二個地支配困敦、赤奮若等十二個歲陰,這就是太歲紀年法。所謂太歲紀年法與歲星紀年法有密切關係。歲星紀年法以爲歲星十二年一周天,每年行經十二次之一。但木星由西向東運行,和人們熟知的十二辰方向和順序剛好相反,而且其恒星周期爲 11.86 年,每 84.7 年就會超過一個星次,此之謂歲星超辰,時日一久,自然就不適於運用了。所以就有占星家虛構一個太歲星,使它和歲星背道而馳,不但和十二辰的順序一致,而且十二年一周天,没有超辰的問題,這就是歲陰。如《楚辭·離騷》:"攝提貞於孟陬兮,惟庚寅吾以降。"《吕氏春秋·序意》:"維秦八年,歲在涒灘。"都是使用這種紀年法。[①]到了西漢年間,曆家又取十個歲陽和十二個歲陰相配,組合成 60 個年名,如《淮南子·天文篇》、《史記·曆書》是也,到了東漢,索性直接以干支紀年。一方面簡化了歲陽和歲陰相配的繁瑣,另一方面也擴大了殷商以來只以六十甲子紀日的功用。[②]至於天干、地支、歲陽、歲陰得名之故,異説紛紜,不贅。閼逢、攝提格之類,不像漢語詞彙,宜乎張清常説:"它們可能是民族交際融合過程中殘留在漢語中的非華夏語詞。"[③]

 2. 四季
  主要爲"四時"一節,其文曰:

[①] 東漢王逸注,宋洪興祖補注:《楚辭補注》,清道光年間《惜陰軒叢書》本,臺北:藝文印書館2005年版,第13頁。陳奇猷《吕氏春秋校釋》,頁648。
[②] 王力:《中國古代文化常識》,北京:世界圖書出版公司2008年版,第45—48頁。莊雅州:《吕氏春秋之曆法》,《中正大學學報》第二卷第一期(1991年10月),頁4—7。
[③] 張清常:《爾雅研究的回顧與展望——紀念羅常培老師》,《語言研究》1984年第1期,頁73。

> 穹蒼,蒼天也。春爲蒼天,夏爲昊天,秋爲旻天,冬爲上天。(頁75—76)

四季之天各有不同名稱,散見古典文獻。如《詩經》的《王風·黍離》(頁147)、《小雅·雨無正》(頁409)、《大雅·召旻》(頁697)、《小雅·信南山》(頁461)就有這四個名稱。《詩·黍離》毛傳:"以體言之,尊而君之,則稱皇天;元氣廣大,則稱昊天;仁覆閔之,則稱旻天;自上降鑒,則稱上天;據遠視之,蒼蒼然,則稱蒼天。"言其得名之故,頗爲簡要。只是大略區分,《尚書》、《左傳》、《楚辭》、《白虎通》、《説文解字》等古典文獻所載,未必受此限制,不必拘泥。春夏秋冬四季,源遠流長,郭沫若《金文所無考》、陳夢家《殷墟卜辭綜述》都主張西周時尚無四時之分;胡厚宣《卜辭中所見之殷代農業》、董作賓《卜辭中所見的殷曆》,則主張殷商時已有春夏秋冬,兩派斷斷相争,迄無定論。①

3. 十二月

(1) 月陽: 月陽云:

> 月在甲曰畢,在乙曰橘,在丙曰修,在丁曰圉,在戊曰厲,在己曰則,在庚曰窒,在辛曰塞,在壬曰終,在癸曰極。(頁79)

此以十干配十二月,天干屬陽,故稱月陽。《爾雅》分節原有歲名、月名、歲陽、月陽,而無歲陰、月陰,筆者以爲歲星十二次,一年十二月,以地支配之,最爲適合,故逕稱爲歲名、月名。到了漢世,陰陽五行之風益熾,而且爲了配合太歲紀年法長期紀時的需求,進而以天干配之,才産生歲陽、月陽,在先秦文獻中,始終未見歲陽、月陽踪影,其故在此。此臧庸《爾雅漢注》所以從"歲名"抽取"歲陰"而獨立。② 而郝懿行注"月陽"云:"月雄、月雌即月陽、月陰也。(《史記·曆書》)畢陬乃以月陽配月陰,十二月皆然也。"(卷中之四,頁6)亦隱然有以月名爲月陰之意。如果此一推論無誤,則《爾雅》之寫定不早於漢初,要不然就是成書之後,流傳過程中才羼入歲陽、月陽。至其得名之故,邵晉涵、郝懿行等注家雖有補注,惟多根據陰陽五行,且每

---

① 莊雅州:《夏小正析論》,頁54。
② 清臧庸:《爾雅漢注》,《叢書集成新編》册38,頁23。

二月連言爲訓,不贅。
(2) 月名:月名云:

正月爲陬,二月爲如,三月爲寎,四月爲余,五月爲皋,六月爲且,七月爲相,八月爲壯,九月爲玄,十月爲陽,十一月爲辜,十二月爲涂。(頁 79)

古人紀月,通常以序數爲記,如一月、二月、三月。唯歲首的月份稱正月,秦避始皇諱,改稱端月。在古代,使用的曆法不同,正月也就不同,如夏曆建寅(農曆正月)、殷曆建丑(農曆十二月)、周曆建子(農曆十一月),稱爲"三正"。十二月之使用别名,先秦文獻多有其例,如《離騷》"攝提貞於孟陬",《國語·越語下》"至於玄月",①《詩經·小雅·采薇》"遂亦陽止"(頁333),《詩經·小雅·小明》"日月方除"(頁 446),至其得名之故,郭璞注云:"自歲陽至此(月名),其事義皆所未詳通者,故闕而不論。"(頁 80)1938年長沙子彈庫出土的《楚帛書》,其中的《宜忌篇》亦有十二月名,與《爾雅》屬於同一系統,唯正月爲取,二月爲女,三月爲秉,五月爲欿,六月爲叡,七月爲倉,八月爲臧,十月爲昜,十一月爲姑,十二月爲荼。②亦是以同音或音近之字紀録,故字形有别。俗稱正月爲端月、二月爲花月、三月爲桐月、四月爲梅月、五月爲蒲月、六月爲荔月、七月爲巧月、八月爲桂月、九月爲菊月、十月爲陽月、十一月爲葭月、十二月爲臘月,以氣候、植物、民俗等的變化來顯示該月的特色,也是一種月名,而終不能不推《釋天》爲鼻祖。

(三) 氣候

氣候是大氣所表現的現象,諸如温度、濕度、雨量、氣壓、風力、風向……皆在今日氣象學家研究的範圍之内。風雨霜雪的出現,冷熱陰晴的變化,小則影響個人起居,大則導致農作物歉收、餓殍載道、災變戰亂連年,影響社會國家安危,③所以早就引起人們注意。甲骨文中,就有不少占卜天氣的紀録,《詩經》以下的典籍,更是留下許多氣候的資料,但首先整理成篇

---

① 吴韋昭注:《國語》,臺北:臺灣商務印書館 1956 年版,第二册,第 103 頁。
② 饒宗頤、曾憲通:《楚帛書·楚帛書十二月名與爾雅》,香港:中華書局 1985 年版。
③ 竺可楨:《天道與人文》,北京:北京出版社 2011 年版。

的仍是《爾雅》。由於古人將地表以上的事物都歸之於天，就像今人稱天氣一般，所以《爾雅》就以"風雨"一節爲代表，附在《釋天》篇中，共 134 字。

1. 風

（1）四方風：空氣因冷熱脹縮而流動，産生方向、方式、大小、快慢、溫涼不同的風，這些風有時又與季節變化有關，會影響農業生産及人民生活。《釋天》首先紀録了四方風：

  南風謂之凱風，東風謂之谷風，北風謂之涼風，西風謂之泰風。（頁 80）

這些風名分別採自《詩經・邶風》的《凱風》、《谷風》、《北風》、《大雅》的《桑柔》（頁 85、89、104、657），故郭璞注引詩句爲釋。除此之外，《尚書・堯典》、《山海經》、《大戴禮記・夏小正》、《國語・周語》亦有類似的紀録。百餘年前出土的甲骨文更有兩版完整的四方風材料，其東、南、西、北之風分別爲劦、凯、彝、殳。胡厚宣因而撰成《甲骨文四方風名與神名》，①後來，楊樹達、裘錫圭、林澐續有考訂。② 馮時《殷卜辭四方風研究》更全面討論，認爲殷代四方風反映了殷代分至四氣及其時的物候現象，從而構成殷人獨立的標準時體系，這一體系是殷人制定曆法的一項重要根據。③ 足見地下文獻的出現，對傳統文獻的確起了印證、補充、修正的作用，這就是二重證據法的價值。④

（2）旋風：風有時不是橫向流動，而是盤旋上下，就是旋風。《釋天》云：

  焚輪謂之穨，扶搖謂之猋，風與火爲庉，回風爲飄。（頁 80）

---

① 胡厚宣：《甲骨文四方風名考證》，《甲骨學商史論叢》，臺北：大通書局 1973 年版，第 369—391 頁。

② 楊樹達：《甲骨文中之四方風名與神名》，《積微居甲文説》，臺北：大通書局 1971 年版，第 52—57 頁。裘錫圭：《釋名南方》，《古文字論集》，北京：中華書局 1992 年版，第 50—52 頁。林澐：《説飄風》，《林澐學術文集》，北京：中國大百科全書出版社 1998 年版，第 50—52 頁。

③ 馮時：《殷卜辭四方風研究》，《出土古代天文學文獻研究》，臺北：臺灣古籍出版公司 2001 年版，第 192—225 頁。

④ 王國維：《古史新證》，《海寧王静安先生遺書》，臺北：臺灣商務印書館 1976 年版，第 6 册，第 2708 頁。又《宋代之金石學》，同上，第 5 册，第 1933 頁。

頹風出自《詩・小雅・谷風》(頁 435),形容風盤旋而下,好像倒塌下來。扶搖出自《莊子・逍遙遊》,①是盤旋而上的龍捲風,又稱羊角風、漏斗雲。風力驚人,有時時速高達 320 公里。庉又作炖,是風添火勢,火更加熾烈,可能是方言詞。飄風出自《詩・檜風・匪風》(頁 265),是平地回旋,不上不下,飄來飄去的風。

(3) 大風:風勢強烈,變化不定。

《釋天》云:

日出而風爲暴,風而雨土爲霾,陰而風爲曀。(頁 80)

這三種風都出自《詩經・邶風・終風》(頁 79),顯然是爲解釋《詩經》而作。暴風是既出太陽又颳大風。霾是沙塵暴,接近沙漠地區,地面乾燥,土壤疏鬆,每當大風颳起,則黃塵萬丈,天地同昏。曀是天氣陰沈,日光黯淡,又颳著風。

2. 雨

中國氣候屬大陸性季風型,雨水的來源,以東南海洋爲主。中原地區季風特別顯著,雨量多少,幾乎全視夏季季風之強弱及早晚而定,因而變化極大,《釋天》云:

暴雨謂之涷。小雨謂之霡霂。久雨謂之淫,淫謂之霖。濟謂之霽。(頁 81)

夏日急雨叫作涷,《楚辭・九歌・大司命》(頁 120)曾用過,是方言詞。綿綿細語叫霡霂,《詩經・小雅・信南山》(頁 461)曾用過,就是今天所説的毛毛雨。雨水下得太久,超過三日叫作淫,《禮記・月令》(頁 305)曾用過。雨水過多,容易致災,但若逢久旱就是甘霖,《尚書・説命》②、《左傳・隱公九年》(頁 76)、《晏子春秋・諫篇上》③都曾用過。雨停叫作霽,《尚書・洪範》(頁 174)曾用過。濟是渡過、停止的意思,與霽可算古今字、同源詞。

---

① 清王先謙:《莊子集解》,臺北:三民書局 1963 年版,第 1 頁。
② 漢孔安國傳,唐孔穎達疏:《尚書正義》清嘉慶二十年(1815)江西南昌府學刊《十三經注疏》本,臺北:藝文印書館 1989 年版,第 140 頁。
③ 吳則虞:《晏子春秋集釋》,臺北:鼎文書局 1972 年版,第 13 頁。

3. 其他

（1）霧：霧是聚集而懸浮於近地面空氣中的大量水蒸汽。結構與雲相同，只是雲高浮於空，霧觸手可及而已。濱海地區春夏常有；内陸地區較爲罕見，如有之，則見於秋冬。《釋天》云：

> 天氣下，地不應曰雺。地氣發，天不應曰霧。霧謂之晦。（頁 81）

將霧分爲兩種，一種是天氣下，地不應，郭郛的解釋是氣溫低而地溫高，叫作雺；另一種是地氣發，天不應，郭郛的解釋是地溫低而氣溫高，叫作霧。①《説文》也有類似的説法，只是雺作霚（頁 579），霧作霿，重文作雺（頁 579）。今日科技發達，都沒有如此細分，古人是否真是如此，大有可疑。徐朝華《爾雅今注》則認爲："《爾雅》中將雺、霧分成兩詞，表示不同的情況，可能與古籍中隨文釋義有關。"②這符合古人喜歡二元對立的思維習慣，或許比較接近實情。起霧時，天昏地暗，所以又稱爲晦。

（2）虹霓：虹是大氣中鮮艷的七彩圓弧，乃日光以一定角度照射在水滴上，發生折射、分光、内射、再折射所造成的。③ 多出現於雨後或日出、日落之際。《釋天》云：

> 螮蝀謂之雩，螮蝀，虹也。蜺爲挈貳。（頁 81）

螮蝀見於《詩經·鄘風·蝃蝀》（頁 122），又作蝃蝀，是聯綿詞，字形不固定。形狀像兩頭蛇啜水，故從虫。以其光氣駭人，乍見驚呼，所以又稱爲雩，是吁的借字。郭璞注："蜺，雌虹也，見《離騷》。挈貳，其別名，見《尸子》。"（頁 81）蜺或作霓，是副虹，位於主虹外側，顔色較淡，色彩的順序與主虹相反。挈爲牽手，貳是副的意思，二虹同出，一主一副，互爲内外。

（3）陰：《釋天》云：

> 弇日爲蔽雲。（頁 81）

---

① 郭郛：《爾雅注證》，北京：商務印書館 2013 年版，第 350 頁。
② 徐朝華：《爾雅今注》，天津：南開大學 1987 年版，第 204 頁。
③ 戚啓勳：《雲與天氣》，臺北：季風出版社 1980 年版，第 130 頁。

郭璞注："即暈氣，五彩覆日也。"指日暈，但暈只能映日而不弇日。鄭樵《爾雅鄭注》謂即虹（頁676），郝懿行《義疏》以爲兩者皆非，主張："《説文》霧字解云：'雲覆日也。'《淮南子·説林篇》云：'日月欲明，而浮雲蓋之。'皆即此意。"（卷中之四頁8）所以雲是陰晴、陰雨之陰，是霧的假借。陳玉澍《爾雅釋例》進而以蔽爲衍文。①

（4）雷霆：《釋天》云：

疾雷爲霆霓。（頁81）

雷聲是閃電通過處空氣迅速膨脹而産生的爆裂聲，其激烈者就是霆，又稱霹靂。郝懿行《義疏》據《文選·東都賦》注、《北堂書鈔》一百五十二、《藝文類聚》二、《初學記》一、《太平御覽》十三引，以爲霓因上文"蜺爲挈貳"而衍。（中之四，頁8）

（5）霰：《釋天》云："雨霓爲霄雪。"（頁81）《説文》："霰，稷雪也。從雨，散聲。霓，霰或從見。"（頁578）又："霄，雨霰爲霄。從雨，肖聲。齊語也。"（頁578）可見霓就是霰，雨是動詞，降落之意，霄是齊地方言，雪是衍文，因郭注而衍。霰是出現於下雪或下雨時的白色小冰粒，由上層暖空氣中的雨滴經地面冷空氣凍結而成，直徑約2—5釐米，與小雹相類，《詩·小雅·頍弁》："如彼雨雪，先集維霰。"《爾雅》郭璞注："霓，水雪雜下者。"古人往往將雨雪雜下的天氣現象視作霰，觀念不像我們今天這麽分明。

（四）災祥

風調雨順則五穀豐登，民生樂利；水旱連年，則糧食歉收，民不聊生。在中國歷史上，太平盛世無不是四時和順；改朝換代，則往往由於氣候異常，災民生變。氣候影響農業生産、人民生活、國民生計，甚至國家安危之深鉅有如此者，所以《爾雅·釋天》在談及氣候之餘，要特别提出"祥"、"災"二節，共82字。

1. 祥

《釋天》云：

---

① 陳玉澍：《爾雅釋例》，南京，南京高等師範學校1921年版，卷四，第3頁。

春爲青陽，夏爲朱明，秋爲白藏，冬爲玄英，四氣和謂之玉燭。
　　春爲發生，夏爲長嬴，秋爲收成，冬爲安寧，四時和爲通正，謂之景風。
　　甘雨時降，萬物以嘉，謂之醴泉。（頁76）

　　首條四時和是在説明四季的變化及春生、夏長、秋收、冬藏的規律。在陰陽五行中，春屬木，其色青，天氣溫暖，故稱青陽；夏屬火，其色赤，陽光明朗，故稱朱明；秋屬金，其色白，萬物收藏，故稱白藏；冬屬水，其色黑，保存精英，故稱玄英。太平盛世，四時之氣和暢，其美如玉，其明如燭，故稱玉燭。隋杜臺卿有《玉燭寶典》，取名於此。

　　次條四時和是在説明四季的異稱，也隱含生長收藏的規律。由於風調雨順，春季萬物萌發生長，夏季萬物增長盈滿，秋季萬物收穫完成，冬季萬物安逸寧静，所以各有不同別號。四時之氣通暢平正，就叫作景風。《尸子·仁意篇》[1]與此二條大同小異。此外，《尸子》還有幾條文字與《釋詁》、《釋訓》、《釋畜》有密切關係。[2] 很容易讓人誤會《爾雅》採擷戰國中期尸佼的文字，或者反過來説，尸佼襲用《爾雅》的文字，如此就會影響到《爾雅》成書年代的判斷。其實，《尸子》是一本晚出的僞書。[3] 與《爾雅》之成書或時代並無關聯。

　　從這兩條可以發現，古人的觀念中影響四季交替代謝的因素主要有兩個方面，一是陰陽二氣的消長，二是四方風的交替。[4] 這樣的説法相當合理，所以深入人心，牢不可破。

　　第三條甘雨時降，除了氣溫的升降、季風的方向之外，雨水的多寡更是影響農業生産的要素，所以《釋天》特别提到它。甘霖即時普降，可以使萬物生長美好，就像清澈的泉水，甘如醴酒，故謂之醴泉。唐歐陽詢著名的《九成宮醴泉銘》典出於此。

2. 災

《釋天》云：

---

[1] 戰國尸佼：《尸子·仁意篇》，清嘉慶十三年（1808）《平津館叢書》輯本，臺北：中華書局1966年版，卷上，第11頁。
[2] 竇秀豔：《中國雅學史》，濟南：齊魯書社，2004年版，第5—6頁。
[3] 張心澂：《僞書通考》，臺北：鼎文書局，1973年版，第1006頁。
[4] 徐莉莉、詹鄞鑫：《爾雅——文詞的淵海》，頁143。

穀不熟爲饑，蔬不熟爲饉，果不熟爲荒，仍饑爲荐。（頁77）

與祥相反的是災，本來只有指自然災害，如風災、水災、火災、地震、歉收等，後來也包括人爲災害，如戰爭、暴政、貪黷等。《釋天》所言，僅限於饑荒，大概是民以食爲天，而且它與氣候異常有密切關係吧！饑是黍、稷、菽、麥、稻五穀不熟，饉是荁、菲、苕、芹等蔬菜不熟，荒是桃、李、梅、杏等果實不熟，都是農作物歉收，食物不足的災害。若是連年歉收，持續鬧饑荒，就叫作荐。在古書中，這幾個詞經常混用無別，如《詩·大雅·雲漢》："天降喪亂，饑饉荐臻。"（頁659）《左傳·僖公十三年》："冬，晉荐饑。"（頁223）都是，但區分未必像《釋天》講得那麼分明。

除了氣候之外，政治的隆污更是直接影響到國計民生，但是古代王者的權威至高無上，無遠弗屆，唯一能制衡的只有上天而已。所以陰陽五行家就設計了一套政治理論，說王者施政如能順天配時，就有休徵，否則必遭咎徵。像《管子》的《四時》、《五行》、《幼官》（《玄宮》）等篇，乃至《呂氏春秋·十二月紀》、《禮記·月令》皆是此類產物，《爾雅·釋天》的祥災二節亦有此意，只是未曾明言而已。

（五）禮儀

《釋天》末三節與天文並無直接關係，而《爾雅》原本20篇，今本只有19篇，且有《釋樂》，無《釋禮》，所以清翟灝《爾雅補郭》說："古《爾雅》當更有《釋禮》一篇，與《釋樂》篇相隨，此三篇乃《釋禮》之殘缺失次者耳。《漢志》《爾雅》二十篇，今惟十九篇，所少或即此篇。"①孫志祖《讀書脞錄》非之，謂："《廣雅》篇第一依《爾雅》，《廣雅》無《釋禮》篇，晴江之說非也。"②郝懿行《義疏》（中之四，頁1）亦以爲然，故不深論。禮儀部分包含"祭名"、"講武"、"旌旗"三節，共199字。

1. 祭祀

主要爲"祭名"一節，78字。祭祀從古以來就爲人們所重視，其目的是爲了趨吉避凶，故在五禮中屬吉禮。其對象爲天神、地祇、人鬼。

---

① 清翟灝：《爾雅補郭》，《叢書集成新編》據咫進齋叢書本景印，臺北：新文豐出版公司1986年版，第38冊，頁8。
② 清孫志祖：《讀書脞錄》，清道光九年（1829）廣東學海堂刊《皇清經解》本，臺北：復興書局1961年版，頁5423。

鬼神之事，渺茫難知，由天掌管，且祭祀往往與季節有關，故附於《釋天》。

(1) 宗廟之祭：《釋天》云：

春祭曰祠，夏祭曰礿，秋祭曰嘗，冬祭曰蒸。（頁 84）

殷代以翌、祭、𠄗、肜、彡五祀祭祀祖先，十分頻繁，到了周代，簡化爲四時之祭，簡稱四祭，①又叫時享。是從不定時的薦新禮上發展而來的，固定在各季首月舉行。祭祀時以一年不同季節新出的農產品獻給祖先神靈。其祭品因地區及季節而制宜，例如春薦韭或薦鮪魚，夏食麥或獻夏酒，秋嘗黍稷或嘗新麻，冬進稻或進新魚之類。四祭之名，《詩經·小雅·天保》毛傳（頁 330）及《周禮·大宗伯》（頁 273）所言，與《爾雅》同，惟礿作禴。而《禮記·王制》："天子諸侯宗廟之祭，春曰礿，夏曰禘，秋曰嘗，冬曰烝。"鄭玄注："此蓋夏殷之祭名。"②《祭統》（頁 837）並同，這又是另一個不同的系統。至其得名之故，郭璞注："祠之言食，新菜可汋，嘗新穀也，進品物也。"（頁 84）說本《詩經·天保》疏引孫炎說。《說文》云："祠，春祭曰祠，品物少，多文辭也。"（頁 5）這也是大家熟知的說法。但在西周至戰國時期的銅器銘文中，祠、禴、嘗、烝均爲祭祀之意，並無四時的區別。③

(2) 日月山川之祀：《釋天》云：

祭天曰燔柴，祭地曰瘞薶。祭山曰庪縣，祭川曰浮沈。祭星曰布，祭風曰磔。（頁 84）

古代自然崇拜有兩大系統：天神以皇天（上帝）爲主神，星神、風神等屬之；地祇以后土（地母）爲主神，山神、川神等屬之。周代將這兩大系統一一對應，具有陰陽對立觀念，天神之祭叫陽祀，地祇之祭叫陰祀。因祭祀對象不同，祭祀時間、場所、儀式及祭品處理方式也各有不同。祭祀皇天爲天子特權，在國都南郊圜丘壇舉行，叫郊祀或圜丘祭祀。祭祀時將玉帛、牲體等加

---

① 常金倉：《周代禮儀研究》，臺北：文津出版社 1993 年版，頁 189—194。
② 漢鄭玄注，唐孔穎達疏：《禮記正義》，清嘉慶二十年（1815）江西南昌府學刻刊《十三經注疏》本，臺北：藝文印書館，1989 年版，頁 242。
③ 馮華：《爾雅新證》，頁 11—12。

在柴上,燔燒時烟氣上騰,直達高空,以期得到天神悅納,又叫尞祭、柴祭、禋祭、炮祭。祭祀后土也是天子特權,在方丘舉行。祭祀時掩埋玉帛、牲體,請地祇來饗。山川遥遠,或望祭、或就祭。祭山神時將祭品或擱置几上,或懸掛山林。祭川神時將供品投向河面,任其漂浮或沈没。祭星辰時,或合祭,或分祭,把祭品散布在地,宛如星辰布列天空。祭風神時,將牲體分裂,張在城門,以堵邪氣。祭祀衆神之禮十分龐雜,三代有别,南北互殊,陳成國《中國禮制史》、杜希宙和黄濤《中國歷代祭禮》、曹建墩《先秦禮制探賾》論述綦詳,可以參閲。①

（3）其他:《釋天》云:

"是禷是禡",師祭也。
"既伯既禱",馬祭也。
禘,大祭也。
繹,又祭也。周曰繹,商曰肜,夏曰復胙。（頁84）

祭祀之事,複雜萬端,《釋天》既提綱挈領,得其體要,又補敘四條,以概其餘。第一條暗引《詩・大雅・皇矣》"是禷是禡"（頁574）,謂出師征伐前舉行禷祭,祭上帝;到達所征之地舉行禡祭,祭戰神。第二條暗引《詩・小雅・吉日》"既伯既禱"（頁367）,謂用馬之前,向天駟（房宿）祈求馬匹强健,多所擒獲。第三條是説天子諸侯大規模祭祀祖先的禘祭,是十分盛大的禮。禘在甲文中作帝,在金文中作啻,都是規模較大的祭祀。② 第四條是説正祭次日連續舉行的祭祀叫繹。周朝叫繹,商朝叫肜,夏朝叫復胙。歷來注疏家都依據《爾雅》爲説,但近代甲骨文出土,經楊樹達、屈萬里、劉起釪等學者研究,甲骨文中,肜本作彡,後代加月、加舟、加丹都是彡的繁文或異寫。甲骨文有肜夕、肜日、肜龠之别,肜夕以王名先一日祭,是預祭,較輕;肜日則以王名之日祭,是正祭,較重;肜龠,乃以王名之明日祭,自然也不如肜祭隆重。周代將肜祭易名爲繹祭,意義亦變爲祭之明日又祭的次要

---

① 陳成國:《中國禮制史・先秦卷》,長沙:湖南教育出版社1991年版、杜希宙、黄濤:《中國歷代祭禮》,北京:北京圖書館出版社1998年版、曹建墩:《先秦禮制探賾》,天津:天津人民出版社2010年版,第250—296頁。

② 馮華:《爾雅新證》,第128—129頁。

祭祀，已非殷制原貌。① 故《爾雅》所言，未盡合古制，然與地下文獻兩相考證，可以了解禮制之因革，正是發揮了二重證據法的功用。

2. 講武

《左傳·成公十三年》説："國之大事，在祀與戎。"（頁460）《爾雅》在五禮之中特別拈出吉、軍二禮，實有深意含焉。由於田獵和習武都與季節相關，祭社與祭祀有關，所以《講武》一節72字附在《釋天》之中。

（1）田獵：《釋天》云：

春獵爲蒐，夏獵爲苗，秋獵爲獮，冬獵爲狩。
宵田爲獠，火田爲狩。（頁85）

古時特別重視田獵，因爲田獵除了獵物可供宗廟賓客及庖廚之需外，還可藉以進行軍事訓練。田獵與作戰有許多相似之處，例如都以鹹（馘）作爲計算戰果的方式，只是進攻的對象不同而已②。田獵，在春季宜蒐索不孕，有所選擇；在夏季亦宜注意保育，猶如治苗；在秋季可順應秋氣，殺傷禽獸；在冬季可圍守捕獵，無所選擇。所以各季獵名不同。四獵之名，《周禮·夏官·大司馬》（頁442—447）及《左傳·隱公五年》（頁59）與《爾雅》相合，唯《穀梁傳·桓公四年》："春曰田。"③《公羊傳·桓公四年》："春曰苗，秋曰蒐。"④則與《爾雅》有異。唯這些可能都是後世之説，古時未必如此細分。如《左傳·昭公八年》："秋蒐於紅。"（頁767）即是一例。

第二條是補充田獵的方式有宵田、有火田。宵田是夜間燃著火把打獵，叫作獠，獠是從火炬的燎變來的。狩是放火焚山來驅獸圍捕，多在草木枯落的冬季爲之，所以也稱之爲狩。在甲骨文稱之爲焚或爇⑤，可見起源甚早。

---

① 楊樹達：《釋肜日》，《積微居甲文説》，臺北：大通書局1971年版，頁51—52；屈萬里：《尚書集釋》，臺北：聯經出版公司1986年版，第99頁；劉起釪：《論高宗肜日》，《尚書研究要論》，濟南：齊魯書社2007年版，頁99。
② 楊志剛：《中國禮儀制度研究》，上海：華東師範大學出版社2001年版，第448頁。
③ 晉范甯注，唐楊士勛疏：《春秋穀梁傳注疏》，清嘉慶二十年（1815）江西南昌府學刻刊《十三經注疏》本，臺北：藝文印書館1989年版，第32頁。
④ 漢何休注，唐賈公彦疏：《春秋公羊傳注疏》清嘉慶二十年（1815）江西南昌府學刻刊《十三經注疏》本，臺北：藝文印書館1989年版，第51頁。
⑤ 馮華：《爾雅新證》，第12、130頁。

（2）祭社：《釋天》云：

"乃立冢土，戎醜攸行。"起大事，動大衆，必先有事乎社而後出，謂之宜。（頁85）

此條暗引《詩經·大雅·緜》："乃立冢土，戎醜攸行。"（頁549）謂太王建立大社，衆人都前往參拜。也就是説國家有戰事，在動員大衆之前，必須先祭祀社神，求神明保佑，然後出兵，這就叫作宜祭。因爲土地爲萬物滋生的本源，人類生存的根基，自古以來，爲王者所重，其重要性與穀神廟——稷相同，故社稷就成爲國家政權的象徵。凡有軍國大事，必須祭告宗廟和社神。地神在周代一分而爲二，地代表地母（后土），表現對萬物根源的自然崇拜。祭地是帝王的專利；社代表領土，具有保疆衛國的功能，可以得到皇家與民間共同祭祀。①

（3）治兵：《釋天》云：

"振旅闐闐"，出爲治兵，尚威武也。入爲振旅，反尊卑也。（頁86）

周代軍禮，平時操練和檢閱軍隊，有大閱之禮，《左傳·桓公六年》："大閱，簡車馬也。"（頁109）到了出兵前後有治兵和振旅。此條暗引《詩經·小雅·采芑》"振旅闐闐"（頁362），是説班師回朝時，整飭軍隊，陣容多麼壯盛。出兵征戰時，訓練軍隊，年輕位低的走在前面，這是爲了崇尚威武的緣故；班師回朝時整飭軍隊，年老位尊的走在前面，這是表示恢復尊卑有序的正常禮儀。甲骨文的邊旅，金文的㺇旅，就是振旅，可見治兵之事由來已久。②

3. 旌旗

旗幟爲原始社會圖騰之遺，起源甚早，而用途甚廣。例如《周禮·春官·巾車》謂周天子的五旗："以祀"、"以賓"、"以封"、"以朝"、"即戎"、"以田"（頁413—415）。錢玄《三禮通論》曾根據《周禮·春官·司常》

---

① 杜希宙、黃濤：《中國歷代祭禮》，頁79。張鶴泉：《周代祭祀研究》，臺北：文津出版社1993年版，第37—38頁。
② 馮華：《爾雅新證》，頁130。

（頁421）很形象化地描述其盛況：

> 凡國家大檢閱和治兵，參加的天子、諸侯、卿大夫及鄉遂州里官吏都在各自之位，樹立旗幟，旗幟上畫有圖形，各級官吏的旗上，並書姓名、職別、地區等名號。①

由於旗幟與祭祀、講武都有密切關係，所以《爾雅》旌旗一節附於《釋天》之末，凡53字。

（1）龍旂：《釋天》云：

> 素錦綢杠，纁帛縿，素陞龍于縿，練旒九，飾以組，維以縷。（頁86）

這段文字是説天子的龍旂，用白色的綢緞纏繞旗桿。用淺紅色的綢緞作正幅，在正幅上畫一條白色的、頭向上的龍。用熟絹作成九條飄帶，上面用絲帶加以裝飾，使其更加美觀。旁邊用絲線加以縫合，以免拖墜在地上。對旗杆、質料、繪飾、飄帶、維縷都談到了。正如常金倉所講的，歸納起來，不過三種因素——紋章、色澤、羽毛的運用。而這三種因素各自代表某一種觀念。② 例如龍旂紋章爲"陞龍"，象東方青龍，乃四象之首，統二十八宿，應是天子的太常之旗。"纁帛縿"，乃因周人尚赤。但"練旒九"與天子十二旒不合，郝懿行《義疏》疑爲殷制（中之四，頁19），也有可能龍旂有二，天子升龍十二旒，諸侯交龍九旒，二龍一升一降。故混爲一談。可見旗幟因時、因地、因人而異，相當複雜。

（2）衆旗：《釋天》云：

> 緇廣充幅長尋曰旐，繼旐曰旆。注旄首曰旌。有鈴曰旂。錯革鳥曰旟。因章曰旃。（頁86—87）

旗幟種類極多，此處舉幾種有代表性的：用黑色綢緞做成，上面畫著龜蛇，整幅長達八尺的旗幟叫旐。連在旐末，像燕尾的雜帛叫旆。在旗竿頭連綴

---

① 錢玄：《三禮通論》，南京：南京師範大學出版社1996年版，第244頁。
② 常金倉：《周代禮儀研究》，頁132。

牛尾毛的旗幟叫旞。旗上懸掛許多鈴鐺的叫旌。在旗面畫上振翅急飛的鳥，來鼓舞衆人，叫旟。整個旗面因循原有的色彩，不加文飾的旗幟叫斿（旜）。"繼旐曰旆"不計，共有五旗。《周禮·春官·司常》則提出九旗之說：

日月爲常，交龍爲旂，通帛爲旜，雜帛爲物，熊虎爲旗，鳥隼爲旟，龜蛇爲旐，全羽爲旞，析羽爲旌。（頁420）

清·孫詒讓《九旗古誼述》糾正舊説，有所發明。主張九旗之中，常、旂、旗、旟、旐爲五輅所建，稱爲正旗；旞、旌爲注羽之異名，斿（旜）、物爲縿游之異名，是用來區分旗幟等級的通制。① 《爾雅·釋天》旌旗一節與之相較，少了常、物、旗、旞四旗，而"有鈴曰旂"與《周禮》"交龍爲旂"亦明顯有出入。《釋天》究竟是雜取典籍，或就《周禮》刪取，已無從考察，但這又顯現出《爾雅》取材典籍，不求完備的特性。旌字異詁，孰是孰非，以傳統文獻訓詁，實難辨識，謝美英《爾雅名物新解》採文化人類學方法，經過多重證據的對比觀照，寫成《釋天旌語文化編碼蠡測》一節，以爲旌的原始功用在於聚衆祈求子嗣，因而旌上畫有生殖象徵意義的交龍，或懸掛能通過視聽功效與神力溝通的鈴。② 其説饒有創意，頗可參閱。

三、《爾雅·釋天》的文化意義

《爾雅·釋天》雖是薄物短篇，不足千言，但蘊含豐富，在自然科學方面包含天文、曆法、氣候，在人文社會科學方面，涉及宗教、軍事、政治。在了解其全篇文化內涵之後，進一步去探討其深層的文化意義也是頗爲重要的。

（一）天文曆法一體的宇宙觀

天文是研究空間的學問，曆法是研究時間的學問，空間與時間二位一

---

① 清孫詒讓《九旗古誼述》，合載於《大戴禮記校補》，濟南：齊魯書社1988年版，頁263—301。
② 謝美英：《釋天旌語文化編碼蠡測》，《爾雅名物新解》，頁116—128。

體，實難區分，甚至可以説，共同組成四度空間。我們今天所講的宇宙，是其大無外，至少擁有 100 萬億億顆恒星的空間，但首先提到宇宙一詞的尸子卻説："四方上下曰宇，往古來今曰宙。"（卷下，頁 5），可見時間與空間是密不可分的。時間的紀録系統是年、月、日、時，年是地球繞日一周，月是月球繞地一周，日是地球自轉一周，時、分、秒是根據日加以細分的時間單位，而季節則是地球的自轉軸與公轉軸有 23°27′ 的偏差所形成的。130 億年前在大霹靂之前，宇宙尚未誕生，或 670 億年後，整個宇宙崩塌收縮，恢復無的本體之後，時間缺乏紀録的憑藉，也就與空間同時消失了。①

在古代，天文官觀察日月星辰的運行及種種天象的變化，叫觀象；依據觀象的結果編撰曆法，頒授給各國及民衆使用，叫授時。《周禮》中，保章氏專司觀象（頁 405），馮相氏專司授時（頁 404），兩者都歸春官宗伯管轄。秦漢以後的史書，如《史記》既有《天官書》又有《曆書》；《漢書》既有《天文志》，又有《律曆志》。禮書如秦蕙田《五禮通考》262 卷，有《觀象授時》14 卷；天文書如雷學淇《古經天象考》12 卷，也是兩者兼論。甚至現當代的天文學著作，如陳遵嬀的《中國天文學史》六册，除了星象、天象紀事、天文測算外，還有《曆書·曆法》一册。已故的英國天文學家霍金（S. Hawking）名著《時間簡史》，在論空間與時間、時間箭頭、時間旅行之餘，更是暢談宇宙的圖像、膨脹的宇宙、宇宙的起源和命運、基本粒子、黑洞理論。② 足見天文、曆法相輔相成，古今中外皆然。

《爾雅》將天文、曆法納於《釋天》，第一節"四時之天"，介紹四季的天空各有異名，就已將時間、空間熔於一爐。其後"星名"專論天文，但談到二十八宿、十二次則與曆法測算有關；"歲陽"、"歲名"、"月陽"、"月名"等節專論曆法，但與天文推步有關。這就是天文曆法一體的宇宙觀，不僅符合傳統，也符合最新的科學理論。

（二）風調雨順的氣候觀

天空所發生的現象，可以分爲兩大類，一類是關於日月星辰的現象，即星象；一類是地球大氣層内所發生的現象，即氣象。以中國歷史來説，古代

---

① Lloyd Motz 著，陳志聰譯：《宇宙的奥秘——從誕生到死亡》，臺北：成文出版社 1978 年版，第 223—248 頁。
② 楚麗萍：《圖解時間簡史》，北京：中國華僑出版社 2015 年版。

天文學實際上是研究星象和氣象兩門的知識，也就是説氣象被包括在天文學裏面。此固古今學術之常態，不足爲奇。①即使在今日，氣象、天文、地震、海象、衛星也統由中央氣象局管理呢！所以《周禮·保章氏》除了紀録日月星辰的變動，辨别各封地與分星的對應，觀測木星十二年一周天的運行外，也觀測五種雲色與水旱豐荒的關係，考察十二辰不同風向的吉凶。②《爾雅》將天文與氣候同納於《釋天》之中，亦同此意。良以氣候與天文、曆法甚至災祥、禮儀都有密切關係。天文以四象、二十八宿定四時成歲；曆法以四季、十二月符合春生、夏長、秋收、冬藏規律。再輔以氣候的四方風、雨水等，無非期望四氣和，四時正，風調雨順，五穀豐登的祥徵；如有五穀、果菜不熟的災徵，則求之宗廟、天地山川、風神雨師，以雩祭、磔祭之類來解決民生問題。可見風調雨順、物庶民豐的精神洋溢在《釋天》之中，只是未嘗明言而已，當然，《爾雅》也好，其他先秦典籍也好，主要只是了解自然、順應自然。到了後世，如曆法之有二十四節氣、七十二候；氣候之有八風、二十四風、各種儀器之創造應用；農業之掌握農時、選擇作物、講求播植、實施灌溉、施肥、除草、防災等③，那就更能改善自然、利用自然，乃是科技日益昌明之所必然。但今日地球暖化、空氣污染成爲人類生活良窳、物種存亡的最大挑戰，則是工業發達、開發過度所種下的惡果。可見時下氣候問題格外重要。

（三）虚實並存的社會觀

無論中外，幾千年來，一方面科學技術精益求精，不斷進步；另一方面，神道設教、神祕莫測的風氣始終高漲不下。如原始宗教的自然崇拜、天文學上的占星、政治上的五德終始、社會上的巫術，總是與科學形成一虚一實、相反相成地共存共榮現象。筆者三十幾年來，寫了二三十篇古代科技論文，往往會觸及這個問題。《爾雅·釋天》也是如此，天文、曆法、氣候是科學，但十二次、太歲紀年法都是爲占星而設，災祥不啻是機祥制度的先聲，禮儀中的各種祭祀，更是地地道道的宗教信仰，只是《爾雅》的色彩不是

---

① 劉昭民：《中華天文發展史》，臺北：商務印書館1985年版，第2頁。
② 莊雅州：《周禮天文資料析論》，《東亞禮樂與文明暨沈文倬先生百年誕辰國際研討會論文集》，杭州：浙江大學出版社2016年版，第163頁。
③ 莊雅州：《吕氏春秋之氣候》，《中正大學學報》第1卷第1期(1990年9月)，頁1—25。莊雅州：《吕氏春秋農業史料析論》，《編譯館館刊》第28卷第2期(1999年12月)，頁1—25。

那麼鮮明而已。在此,筆者擬將過去所講的幾個重點簡單歸納一下:其一,傳統上常將科學與迷信相提並論,認爲兩者背道而馳,積不相容。其實,科學發達固然不斷解除人們因無知所引起的迷信,但知識的領域無窮大,無論科學如何進步,總是有無限廣大的空間供神秘文化馳騁。所以在科學昌明的今日,宗教還是十分發達,形成信者恒信,不信者恒不信的局面,其故在此。其二,過去人們往往將宗教等神秘文化稱之爲迷信,這是負面的稱呼,其實,宗教對世道人心的改善貢獻良多;殷周巫祝是中華文化第一代的知識分子,對文化的傳承肩負過重責大任;古代天文學的進步,是爲了因應占星術的需求;機祥制度在古代對君權起了制衡作用,諸如此類,不如稱之爲神秘文化,較爲中性,較能表示適度的尊重。其三,科學與神秘文化各有其優缺點,也各有其利弊。神秘文化如果淪爲荒誕不經,黨同伐異,固然流弊無窮;但科學如果肆意膨脹,也會産生環保惡化、能源危機、世界大戰陰影揮之不去的噩夢。加上世風日下、奸宄囂張,世界更是岌岌可危。所以科學與宗教如何由相反相成,進而攜手合作,加上儒家仁民愛物的思想、不偏不倚的中庸之道、内聖外王的胸襟,共同解決人類永續生存的問題,實在是非常重要的。

(四) 天人合一的政教觀

天人合一是中國思想史上重要的特色之一。古人以天地人爲三才,人生天地之間,何等藐小,但人爲萬物之靈,有責任盡人與物之性,贊天地之化育,故自躋於三才之列,以提高人之地位與價值。後來以天統地,所以成爲天人關係,也就是大自然與人的關係,這大概是比較符合古人喜言二元對立的習慣吧!所謂天有五義:物質之天、自然之天、主宰之天、運命之天、義理之天。[1] 所謂人,可能指個人,指社會,指人類。所指不同,涵義遂異。例如《夏小正》的天,應該是物質之天及主宰之天,人是人群。其天人合一是人事活動與自然節律一致,也就是順天守時的意思。《禮記·月令》(也就是《呂氏春秋·十二月紀》)的天則主要是主宰之天,有思想、有情感、有意志的人格天;所謂人,主要指君王。君王政令和時序相配合,就有瑞徵,否則就有咎徵。[2]《爾雅·釋天》也同樣重視天人關係,其天文、曆法、氣候、

---

[1] 馮友蘭:《中國哲學史》,香港:三聯書店 1992 年版,第 43 頁。
[2] 劉豐:《先秦禮學思想與社會的整合》,北京:中國人民大學出版社 2003 年版,第 60—70 頁。

旨在知天；祭祀、講武旨在事天；災祥則是天視人君之行爲給予的獎懲，所以其天人合一主要是順天守時，但已有走上機祥災異的趨向了，在今日看來，《呂氏春秋·十二月紀》的時政綱領、宜禁事項、機祥制度，完全是陰陽五行的架構，天人感應的產物。貌似端整周密，其實荒誕不經，淪於迷信，①早已被時代所淘汰，正如占星、巫術等已成爲歷史陳蹟一樣。倒是《夏小正》、《釋天》重農時、仁民愛物、追求四季祥和、物阜民豐的精神，在今日還是頗有可取。今日世界，濫墾濫伐，水土流失，工廠林立，空氣污染，形成氣候危機，完全是違反自然、破壞自然，也就是罔顧天人和諧關係所產生的惡果。人類能不早日憬悟，共謀良策嗎？

四、結　論

經過上述析論，可得到如下研究結果：

（一）《爾雅》是訓詁學鼻祖，也是古代文化的小百科，其内容包羅萬象，以文化學角度探討，不僅符合其書的性質，也符合目前的時代潮流。

（二）《釋天》一篇是古典文獻中第一篇薈萃天文、曆法、氣候，兼及災祥、禮儀的專文。雖然只有短短 801 字，但内容充實，要言不煩，很適合採取文化統整的方法來進行研究。

（三）《釋天》舊分十二節，清人再析出一節，共十三節，可算綱舉目張，條理清楚，但與現代學術分類終究不甚相合。本論文重新分爲天文、曆法、氣候、災祥、禮儀五項，並以現代科技文化及社會文化的知識，再參考地下文獻，加以詮釋，庶幾賦古典以新貌。

（四）古人的文化意識與現代不盡相同，本論文將《釋天》的文化意識分爲天文曆法一體的宇宙觀、風調雨順的氣候觀、虛實並存的社會觀、天人合一的政教觀，並以現代觀點加以評論，以見其時代意義。

（五）從古以來學界以訓詁考證研究《釋天》，本論文改以文化觀點進行探討，希望對《爾雅》、古代文化的研究能略盡綿薄。

（作者單位：中正大學）

---

① 賀淩虛：《呂氏春秋的政治理論》，臺北：商務印書館 1970 年版，第 163—179 頁。

A Study of Erya · Shutian from the Perspective of Cultural Studies

Chuang Yachou

Erya is not only one of the Thirteen Classics, but also the originator of exegesis and the prototype of a cultural encyclopedia. There are many ways of research, and the discussion of cultural studies is a relatively new topic in modern and contemporary times. This thesis upholds the cultural awareness and uses the method of cultural integration to analyze the cultural connotation and cultural significance of "Shitian". The first section introduces Erya · Shutian, and cultural studies and reviews the research results. The second section is divided into five items: astronomy, calendar, climate, disaster and auspiciousness, and etiquette. The third section is divided into four aspects: the cosmology view of the integration of astronomy and calendar, the climate view of good weather, the social view of coexistence of reality and the virtual, and the political and religious view of the unity of man and nature. The last section is the conclusion. It is hoped that this research can give a new look to the classics and open a new chapter for the discussion of "Shitian".

Keywords: Erya · Shutian, cultural connotation, cultural significance

徵引書目

1. Lloyd Motz 著,陳志聰譯:《宇宙的奧秘——從誕生到死亡》,臺北:成文出版社,1978 年版。(Lloyd Motz. *The Mystery of the Universe – From Birth to Death*). Translated by Chen Zhicong. Taipei: Chengwen Publishing House, 1978.
2. 尸佼:《尸子》,臺北:中華書局,1966 年版。Shi jiao. *Shi-tsu*. Taipei: Zhonghua Book Company, 1966.
3. 不著撰人:《馬王堆漢墓》,臺北,弘文館出版社,1985 年版。Unauthorized author. *Mawangdui han mu (Mawangdui Han Tombs)*. Taipei: Hongwenguan Publishing House, 1985.
4. 孔安國傳,孔穎達疏:《尚書正義》,臺北:藝文印書館,1989 年版。Kong Anguo. *Shangshu zhengyi (The Rectified Interpretations of Shangshu)*. Annotated by Kong Yingda. Taipei: Yiwen Press, 1989.
5. 毛亨傳,鄭玄箋,孔穎達疏:《毛詩正義》,臺北:藝文印書館,1989 年版。Mao Heng. *Maoshi zhengyi(The Rectified Interpretations of Maoshi)*. Annotated by Zheng Xuan and Kong Yingda. Taipei: Yiwen Press, 1989.
6. 王力:《中國古代文化常識》,北京:世界圖書出版公司,2008 年版。Wang Li. *Zhongguo gudai wenhua changshi (Common Sense of Ancient Chinese Culture)*. Beijing: World Book Publishing Company, 2008.
7. 王先謙:《莊子集解》,臺北:三民書局,1963 年版。Wang Xianqian. *Zhuangzi jijie (The Collected Commentaries on Zhuangzi)*. Taipei: Sanmin Bookstore, 1963.
8. 王健民、梁柱、王勝利:《曾侯乙墓出土二十八宿青龍白虎圖象》,載於《文史集林》七輯,臺北:木鐸出版社,1983 年,頁 250—257。Wang Jianmin, Liang Zhu, and Wang Shengli. *Images of Green Dragon and White Tiger Unearthed in the 28 Chinese zodiacal constellations from the Tomb of Marquis Yi of Zeng*, in *Wen shi jilin (Studies on Literature and History)*. Taipei: Muduo Publishing House, 1983, vol. 7, pp.250 – 257.
9. 王國維:《海寧王靜安先生遺書》,第 5、6 冊,臺北:商務印書館,1976 年版。Wang Guowei. *Wang Jing'an Xiansheng Yishu (The Collected Works of Wang Guowei)* Volume 5 and 6. Taipei: Commercial Press, 1976.
10. 王逸注,洪興祖補注:《楚辭補注》,臺北:藝文印書館,2005 年版。Wang Yi, *Chuci buzhu (Chu Lyrics with Emendations and Commentaries)*. Annotated by Hong Xingzu. Taipei: Yiwen Press, 2005.
11. 何九盈:《中國古代語言學史》,北京:北京大學出版社,2006 年版。He Jiuying. *Zhongguo gudai yuyanxue shi (History of Ancient Chinese Linguistics)*. Beijing: Peking University Press, 2006.
12. 何休注,賈公彥疏:《春秋公羊傳注疏》,臺北:藝文印書館,1989 年版。He Xiu. *Chunqiu Gongyang zhuan zhushu (Gongyang's Tradition of the Spring and Autumn Annals with Commentary and Sub-commentary)*. Annotated by Jia Gongyan. Taipei: Yiwen Press, 1989.

13. 吳則虞：《晏子春秋集釋》，臺北：鼎文書局，1972 年版。Wu Zeyu. *Yanzi chunqiu jishi* (*The Spring and Autumn of Yanzi, with collected explanations*). Taipei: Ding Wen Bookstore, 1972.
14. 李鍌、周何、邱燮友：《中國文化概論》，臺北：三民書局，1973 年版。Li Xian, Zhou He, Qiu Xieyou. *Zhongguo wenhua gailun* (*A General Introduction to Chinese Culture*). Taipei: Sanmin Bookstore, 1973.
15. 杜希宙、黃濤：《中國歷代祭禮》，北京：北京圖書館出版社，1998 年版。Du Xizhou and Huang Tao. *Zhongguo lidai jili* (*The Rituals of Chinese*). Beijing: Beijing Library Press, 1998.
16. 杜預注，孔穎達疏：《左傳正義》，臺北：藝文印書館，1989 年版。Du Yu. *Zuozhuan Zhengyi* (*The Rectified Interpretations of Zuozhuan*). Annotated by Kong Ying Da. Taipei: Yiwen Press, 1989.
17. 屈萬里：《尚書集釋》，臺北：聯經出版公司，1986 年版。Qu Wanli. *Shangshu Jiji* (*Shangshu with Collected Annotations*). Taipei: Lianjing Publishing Company, 1986.
18. 林澐：《林澐學術文集》，北京：中國大百科全書出版社，1998 年版。Lin Yun. *Lin Yun xueshu wenji* (*Anthology of Lin Yun's Academic Works*). Beijing: China Encyclopedia Publishing House, 1998.
19. 竺可楨：《天道與人文》，北京：北京出版社，2011 年版。Zhu Kezhen. *Tiandao yu renwen* (*The Way of Heaven and Humanities*). Beijing: Beijing Press, 2011.
20. 胡厚宣：《甲骨學商史論叢》，臺北：大通書局，1973 年版。Hu Houxuan. *Jiaguxue Shangshi luncong* (*Collected Papers on Oracle Bone Inscriptions and Shang History*). Taipei: Datong Bookstore, 1973.
21. 范甯注，楊士勛疏：《春秋穀梁傳注疏》，臺北：藝文印書館，1989 年版。Fan Ning. *Chunqiu Guliang zhuan zhushu* (*Guliang's Tradition of the Spring and Autumn Annals with Commentary and Sub-commentary*). Annotated by Yang Shixun. Taipei: Yiwen Press, 1989.
22. 韋昭注：《國語》，臺北：商務印書館，1956 年版。Wei Zhao. *Guoyu* (*Discourses of the States*). Taipei: Commercial Press, 1956.
23. 孫志祖：《讀書脞錄》《皇清經解》，臺北：復興書局，1961 年版。Sun Zhizu. *Dushu cuolu Huang Qing jingjie* (*Trivial Records [Kept While] Reading Books and Imperial Qing Commentary on the Classics*). Taipei: Fuxing Bookstore, 1961.
24. 孫詒讓：《大戴禮記斠補》，濟南：齊魯書社，1988 年版。Sun Yirang. *Da Da Dai liji jiaobu* (*Supplementary Corrections to Da Dai liji*), Jinan: Qilu Publishing House, 1988.
25. 徐莉莉、詹鄞鑫：《爾雅——文詞的淵海》，上海：上海古籍出版社，1997 年版。Xu Lili and Zhan Yinxin. *Erya—wenci de yuan hai* (*Erya - The Deep Sea of vocaburary*). Shanghai: Shanghai guji chuban she, 1997.
26. 徐朝華：《爾雅今注》，天津：南開大學，1987 年版。Xu Chaohua. *Erya jinzhu* (*Modern Annotations of Erya*). Tianjin: Nankai daxue, 1987.
27. 郝懿行：《爾雅義疏》，臺北：中華書局，1966 年版。Hao Yixing. *Erya Yi Shu*(*Notes on*

the Meaning of the Erya). Taipei: Zhonghua Book Company, 1966.

28. 常金倉:《周代禮儀研究》,臺北:文津出版社,1993 年版。Chang Jincang. *Zhoudai liyi yanjiu* (*Research on Etiquette of the Zhou Dynasty*). Taipei: Wenjin Publishing House, 1993.

29. 張心澂:《僞書通考》,臺北:鼎文書局,1973 年版。Zhang Xincheng. *Weishu tong kao* (*A Comprehensive Study of Apocryphal Books*). Taipei: Ding Book Bureau, 1973.

30. 張清常:《爾雅研究的回顧與展望——紀念羅常培老師》,載於《語言研究》(1984 年 1 期),第 73 頁。Zhang Qingchang. "Review and Prospect of the Research of Erya – In Memory of Mr. Luo Changpei" in *Yuyan yanjiu* (*Language Studies*) 1984.1, p.73.

31. 張鶴泉:《周代祭祀研究》,臺北:文津出版社,1993 年版。Zhang Hequan. *Zhoudai jisi yanjiu* (*Research on Sacrifices in the Zhou Dynasty*). Taipei: Wenjin Publishing House, 1993.

32. 戚啓勳:《雲與天氣》,臺北:季風出版社,1980 年版。Qi Qixun. *Yun yu tianqi* (*Clouds and Weather*). Taipei: Monsoon Publishing House, 1980.

33. 曹建墩:《先秦禮制探賾》,天津:天津人民出版社,2010 年版。Cao Jiandun. *Xianqin li zhi tan ze* (*An Exploration of the Pre-Qin Ritual System*). Tianjin: Tianjin renmin chuban she, 2010.

34. 莊雅州:《呂氏春秋之曆法》,載於《中正大學學報》第 2 卷第 1 期(1991 年 10 月),第 4—7 頁。Chuang Yachou. "Study on the Calendar of Lüshi Chunqiu", in *Zhongzheng daxue xuebao* (*Journal of National Chung Cheng University*), Vol.2, No.1 (October 1991), pp.4–7.

35. 莊雅州:《呂氏春秋農業史料析論》,載於《編譯館館刊》第 28 卷第 2 期(1999 年 12 月),第 1—25 頁。Chuang Yachou. "Study on the Historical Materials of Agriculture in Lüshi Chunqiu", in *Bianyi guan guan kan* (*Journal of the National Institute for Compilation and Translation*), Vol.28, No.2 (December 1999), pp.1–25.

36. 莊雅州:《周禮天文資料析論》,載於《東亞禮樂與文明暨沈文倬先生百年誕辰國際研討會論文集》,杭州:浙江大學,2016 年。Chuang Yachou. "Analysis of Zhou Li's Astronomical Data" in *Dongya liyue yu wenming ji Shen wenzhuo xiansheng bainian danchen guoji yantao hui lunwen ji* (*Proceedings of the International Symposium on Ritual Music and Civilization in East Asia and the Centenary of the Birth of Mr. Shen Wenzhao*). Hangzhou: Zhejiang University, 2016.

37. 莊雅州:《科學與迷信之際——史記天官書今探》,載於《中正大學中文學術年刊》第 6 期(2004 年 12 月)。Chuang Yachou. "In the Time of Science and Superstition: An Exploration of the Treatise on Heaven's Offices of Shiji", published in *Zhongzheng daxue zhongwen xueshu niankan* (*Chinese Academic Yearbook of Chung Cheng University*) 6 (December 2004).

38. 莊雅州:《爾雅的時代價值及其在現當代的傳播》,載於《會通養新樓學術研究論集·經學編》,臺北:萬卷樓,2021 年 5 月,頁 478—487。Chuang Yachou. "The Value of Erya of the Times and Its Dissemination in Modern and Contemporary Times", in

Huitongyangxinlou xueshu yanjiu lunji·jingxue bian（*The Collection of Academic Research of Huitongyangxinlou, Jingxue Edition*）. Taipei：Wanjuanlou, May 2021, pp.478－487.

39. 莊雅州：《爾雅釋天天文史料析論》，載於《李爽秋教授八十壽慶祝壽論文集》，臺北：萬卷樓，2006年4月，頁251—271。Chuang Yachou. "Analysis of Erya Shitian Astronomical Historical Materials" in *Li Shuangqiu jiaoshou bashi shou qingzhu shou lunwen ji*（*Professor Li Shuangqiu's 80th Birthday Celebration Collection*）, Taipei：Wanjuanlou, April 2006, pp.251－271.

40. 莊雅州：《夏小正析論》，臺北：文史哲出版社，1985年版。Chuang Yachou. *Xiaxiaozheng xi lun*（*Analysis of Xia Xiaozheng*）. Taipei：Wenshizhe chuban she, 1985.

41. 莊雅州《吕氏春秋之氣候》，載於《中正大學學報》第1卷第1期（1990年9月），第1—25頁。Chuang Yachou. "Study on the Climate in *Lüshi Chunqiu*", in *Zhongzheng daxue xuebao*（*Journal of National Chung Cheng University*）Vol.1, No.1（September 1990）, pp.1－25.

42. 許慎撰，段玉裁注：《説文解字注》，臺北：洪葉文化公司，2005年版。Xu Shen. *Shuowen Jiezi Zhu*（*Annotations on Explaining Graphs and Analysing Characters*）. Annotated by Duan Yucai. Taipei：Hong Ye Culture Company, 2005.

43. 郭郛：《爾雅注證》，北京：商務印書館，2013年版。Guo Fu. *Erya zhu zheng*（*Research on Annotations on Erya*）. Beijing：Commercial Press, 2013.

44. 郭璞注：《爾雅郭璞注》，《天禄琳瑯叢書》宋刻本，附周祖謨《爾雅校箋》，昆明：雲南人民出版社，2004年版。Guo Pu. *Erya Guo Pu zhu*（*Erya, with Guo Pu's Notes*）. Song edition of Tianlu Linlang Collection, with Zhou Zumo's *Er Ya Jiao Jian*, Kunming：Yunnan renmin chuban she, 2004.

45. 陳玉澍：《爾雅釋例》，南京，南京高等師範學校，1921年版。Chen Yushu. *Erya shi li*（*The Rules and Formulae of Erya*）. Nanjing, Nanjing gaodeng shifan xuexiao, 1921.

46. 陳戍國：《中國禮制史·先秦卷》，長沙：湖南教育出版社，1991年版。Chen Shuguo. *Zhongguo li zhi shi, xianqin juan*（*History of Chinese Ritual System: Pre-Qin Volume*）. Changsha：Hunan jiaoyu chuban she, 1991.

47. 陳奇猷校釋：《吕氏春秋校釋》，臺北：華正書局，1985年版。Chen Qiyou. *Lüshi chunqiu jiaoshi*（*Collated Explanations of the Springs and Autumns of Master Lü*）. Taipei：Huazheng Bookstore, 1985.

48. 陳遵嬀：《中國天文學史·星象編》，臺北：明文書局，1985年版。Chen Zunkuei. *Zhongguo tianwenxue shi·xingxiang bian*（*The History of Chinese Astronomy·Xingxiang Edition*）. Taipei：Ming Wen Bookstore, 1985.

49. 陸德明《經典釋文》，臺北：鼎文書局，1972年版。Lu Deming. *Jingdian shiwen*（*Textual Explanations of Classics and Canons*）. Taipei：Ding Wen Bookstore, 1972.

50. 賀凌虛：《吕氏春秋的政治理論》，臺北：商務印書館，1970年版。He Lingxu. *Lushi chunqiu de zhengzhi lilun*（*The Political Theory of Springs and Autumns of Master Lü*）. Taipei：Commercial Press, 1970.

51. 馮友蘭：《中國哲學史》，香港：三聯書店，1992 年版。Feng Youlan. *Zhongguo zhexue shi* (*A History of Chinese Philosophy*). Hong Kong: Sanlian Publishing House, 1992.
52. 馮時：《殷卜辭四方風研究》，載於《出土古代天文學文獻研究》，臺北：臺灣古籍出版公司，2001 年版，頁 192—225。Feng Shi. "Study on the Foursquare Winds of Yin Bu Ci", in *Chutu gudai tianwenxue wenxian yanjiu* (*Research on Unearthed Ancient Astronomical Documents*), Taipei: Taiwan Ancient Books Publishing Company, 2001, pp.192-225.
53. 馮華：《爾雅新證》，北京：首都師範大學博士論文，2006 年。Feng Hua. *Erya xin zheng* (*New Research of Erya*). Beijing: Doctoral Dissertation of Capital Normal University, 2006.
54. 黃沛榮：《周書周月篇著成的時代及有關三正問題的研究》，臺北：臺灣大學，1972 年版。Huang Peirong. *Zhou shu Zhouyue pian zhucheng de shidaiji youguan sanzheng wenti deyanjiu* (*The Era of the Writings of Zhou Shu and Zhou Yue Pian and Research on the Issues of Sanzheng*). Taipei: National Taiwan University, 1972.
55. 新城新藏撰，沈璿譯：《東洋天文史研究》，臺北：翔大圖書公司，1993 年版。Xincheng Xinzang. *Dongyang tian wenshi yanjiu* (*Research on the History of Oriental Astronomy*). Translated by Shen Xuan. Taipei: Xiangda Book Company, 1993.
56. 楊志剛：《中國禮儀制度研究》，上海：華東師範大學出版社，2001 年版。Yang Zhigang. *Zhongguo liyi zhidu yanjiu* (*Research on Chinese Etiquette System*). Shanghai: Huadong shifan daxue chuban she, 2001.
57. 楊樹達：《積微居甲文説》，臺北：大通書局，1971 年版。Yang Shuda. *Jiweiju jiawen shuo* (*The Oracle bone inscriptions of Jiweiju*). Taipei: Datong Bookstore, 1971.
58. 楚麗萍：《圖解時間簡史》，北京：中國華僑出版社，2015 年版。Chu Liping. *Tujie shijian jianshi* (*The Illustrated A Brief History of Time*). Beijing: China Overseas Chinese Publishing House, 2015.
59. 葉舒憲：《詩經的文化闡釋——中國詩歌的發生研究》，武漢：湖北人民出版社，1994 年版。Ye Shuxian. Shijing de wenhua chanshì —Zhongguo shige de fasheng yanjiu (*Cultural Interpretation of the Book of Songs - Research on the Origin of Chinese Poetry*). Wuhan: Hubei renmin chuban she, 1994.
60. 裘錫圭：《古文字論集》，北京：中華書局，1992 年版，頁 50—52。Qiu Xigui. *Gu wenzi lunji* (*Collections of Discussions on Ancient Characters*). Beijing: Zhonghua Book Company, 1992.
61. 管錫華：《爾雅研究》，合肥：安徽大學出版社，1996 年版。Guan Xihua. *Erya yanjiu* (*Research on Erya*). Hefei: Anhui University Press, 1996.
62. 翟灝：《爾雅補郭》，《叢書集成新編》第 38 冊，臺北：新文豐出版公司，1986 年版。Zhai Hao. *Erya bu Guo*, in *Congshu jicheng xinbian* (*A New Compendium of Collected Works*) vol.38. Taipei: Xinwenfeng Publishing Company, 1986.
63. 臧庸：《爾雅漢注》，《叢書集成新編》第 38 冊，臺北：新文豐出版公司，1986 年版。Zang Yong, *Erya han zhu*, in *Congshu jicheng xinbian* (*A New Compendium of Collected*

Works) vol.38. Taipei: Xinwenfeng Publishing Company, 1986.

64. 劉昭民:《中華天文發展史》,臺北:商務印書館,1985年版。Liu Zhaomin. *Zhonghua tianwwn fazhanshi* (*The History of Chinese Astronomy Development*). Taipei: Commercial Press, 1985.

65. 劉起釪:《尚書研究要論》,濟南:齊魯書社,2007年版。Liu Qishen. *Shangshu yanjiu yao lun* (*The Essentials of Shangshu Research*). Jinan: Qilu shushe, 2007.

66. 劉豐:《先秦禮學思想與社會的整合》,北京:中國人民大學出版社,2003年版。Liu Feng. *Xianqin li xue sixiang yu shehui de zhenghe* (*The Integration of Pre-Qin Ritual Thought and Society*). Beijing: Renmin University of China Press, 2003.

67. 鄭玄注,孔穎達疏:《禮記正義》,臺北:藝文印書館,1989年版。Zheng Xuan. *Li Ji zheng yi* (*The Rectified Interpretations of Li Ji*). Annotated by Kong Ying Da. Taipei: Yiwen Press, 1989.

68. 鄭玄注,賈公彥疏:《周禮注疏》,臺北:藝文印書館,1989年版。Zheng Xuan. *Zhou Li Zhushu*(*Annotations and Explanations of Zhou Li*). Annotated by Jia Gongyan. Taipei: Yiwen Press, 1989.

69. 鄭樵:《爾雅鄭注》,《叢書集成新編》第37冊,臺北:新文豐出版公司,1986年版。Zheng Qiao. *Er Ya zheng zhu*, in *Congshu jicheng xinbian* (*A New Compendium of Collected Works*) vol.37. Taipei: New Wenfeng Publishing Company, 1986.

70. 盧國屏:《訓詁演繹——漢語解釋與文化詮釋學》,臺北:五南圖書公司,2008年版。Lu Guoping. *Xungu yanyi — Hanyu jieshi yu wenhua quanshixue* (*Exegesis and Interpretation: Chinese Interpretation and Cultural Hermeneutics*). Taipei: Wunan Book Company, 2008.

71. 盧國屏:《爾雅語言文化學》,臺北:學生書局,1999年版。Lu Guoping. *Erya yuyan wenhua xue* (*Linguistics and Culture of Erya*). Taipei: Student Bookstore, 1999.

72. 錢玄:《三禮通論》,南京:南京師範大學,1996年版。Qian Xuan. *Sanli tonglun* (*General Introduction of Three Rites*). Nanjing: Nanjing Normal University, 1996.

73. 謝美英:《爾雅名物新解》,北京:中國社會科學出版社,2005年版。Xie Meiying. *Erya mingwu xin jie* (*New Interpretations of Terms in Erya*). Beijing: China Social Sciences Press, 2005.

74. 竇秀豔:《中國雅學史》,濟南:齊魯書社,2004年版。Dou Xiuyan. *Zhongguo yaxue shi*(*History of Chinese Yaxue*). Jinan: Qilu shushe, 2004.

75. 饒宗頤、曾憲通:《楚帛書》,香港:中華書局,1985年版。Jao Tsung-I and Zeng Xiantong. *Chu boshu* (*Chu Silk Manuscript*). Hong Kong: Zhonghua Book Company, 1985.

唐人稱引《周易》王、韓注側證
——以《文選》李善注爲中心*

顧永新

【摘　要】唐宋間《周易》文本經歷了最爲重要的一次遞嬗，即從寫本切換至刻本。本文以《文選》李善注所引《周易》王、韓注爲中心，參照約略同時的《後漢書》李賢注，以及稍晚出的官修類書《初學記》引文，同時參校宋刻《周易》經注本，以及敦煌唐寫本、陸德明《經典釋文·周易音義》、魏徵《群書治要》、李鼎祚《周易集解》、郭京《周易舉正》等唐代或唐前文本或異文資料，從而揭示唐人引文的特徵，並由此回溯唐代文本樣貌，進而探求唐宋《周易》文本遞嬗的規律性。唐人注解及類書引文大體上忠實於原文，基本上可以反映其所從出之底本的原始樣貌，雖然具有個性化和不穩定性的特徵，甚或經過一定程度的主觀改造。總體而言，唐宋《周易》文本具有穩定性和連續性，在從寫本時代進入刻本時代的遞嬗過程中大體保持統一，並未發生大的變易。

【關鍵詞】《文選》李善注　《後漢書》李賢注　《初學記》　唐宋《周易》文本　《周易》王弼、韓康伯注

《文選》李善注向以引書豐富而著稱，儒家經典又是其中的重要組成部分，不僅有經書原典，還有歷代相關注釋。所引《周易》即有經、傳文1 400

---

* 基金項目：國家社會科學基金後期資助重點項目"《周易》文獻學研究"（批准號 20FZWA003）、教育部人文社會科學重點研究基地北京大學中國古文獻研究中心重大項目"《周易》經傳注疏異文集成與數據庫建設"（批准號 22JJD750005）。

餘例,注釋則有鄭玄、王肅、王弼、韓康伯、張璠注和劉瓛義疏(《周易義》)[1]。據唐玄宗開元中纂修的《唐六典》,唐代國子監教授之正經及其"正業"於《周易》爲鄭玄注和王弼注,但實際上至少從隋代開始王學盛行,鄭學浸微,所以至初唐頒行"五經正義",其中《周易正義》據以闡釋的正注即王、韓注。而六朝以降行世者只有經注本而無單經本[2],所以唐代通行、唐人習見的《周易》文本當爲兼有經、傳文和王、韓注之經注本,這也是五代以降進入刻本時代後前揭諸家之中唯一的通行本。從敦煌唐五代寫本來看,也是如此,基本上都是經注本(單疏本僅有一通)。因此,本文考察《文選》李注所引之王、韓注,並結合其他稱引王、韓注的初、盛唐文獻回溯唐代文本樣貌,同時比對刻本時代的文本,進而探求唐宋《周易》文本遞嬗的規律性。

我們將《文選》李注所引之王、韓注與宋刻經注本比勘,不僅能夠洞悉文本之異同,而且還能略窺李注引書之體例和方式。這是因爲,研究唐人稱引《周易》王、韓注,理論上存在兩個困境:其一,引文是否忠實地迻錄原文,是照錄原文還是經過引用者主觀改造;其二,後世通行本一般都屬於宋代刻本系統,而唐人著作從寫本切換到刻本的過程中曾經校訂,這個環節對於文本的影響有多大,也直接關乎其可靠性和真實性。鑒於此,我們一方面通過擷取引文數量較大且不同性質的唐人注解及類書樣本,希望能夠從總體上把握其共性,亦且比較互證;另一方面通過參校敦煌唐寫本及陸德明《經典釋文·周易音義》、魏徵《群書治要》、李鼎祚《周易集解》、郭京《周易舉正》等唐代或唐前文本或異文資料,也可以判斷異文是否符合唐代文本的樣貌和特徵。

一、《文選》李注稱引《周易》王、韓注考

本文據以纂輯李注所引《周易》王、韓注的《文選》爲六臣注本(採用《四部叢刊》影印上海涵芬樓舊藏宋刻本),校以嘉慶十四年(1809)胡克家重刻南宋淳熙八年(1181)尤袤刊李善注本《文選》(採用中華書局1977年

---

[1] 詳參洪業等:《文選注引書引得》Ⅱ82581,上海:上海古籍出版社1990年影印本,第28—29頁。
[2] 王國維:《五代兩宋監本考》卷上,《宋元版書目題跋輯刊》影印本,北京:北京圖書館出版社2003年版,第3冊,第525頁。

影印本,簡稱胡本),同時參考胡氏《考異》。《周易》王、韓注文則採用宋刻經注本(上下經六十四卦王注採用《四部叢刊》影印中國國家圖書館[以下簡稱國圖]藏南宋淳熙中撫州公使庫刻遞修本,《繫辭》《說卦》《序卦》《雜卦》韓注採用文物出版社 2017 年影印國圖藏清宫天禄琳琅舊藏南宋孝宗朝浙刻本),校以敦煌唐寫本(採用許建平先生整理本,簡稱敦煌本)①,兼及其他能夠反映唐前或唐代《周易》文本樣貌的文獻,諸如《經典釋文》(採用上海古籍出版社 1985 年影印國圖藏宋刻宋元遞修本,簡稱《釋文》)、《群書治要》(採用日本宫内廳書陵部藏金澤文庫舊藏鎌倉寫本,簡稱《治要》)、李鼎祚《集解》(採用國圖藏嘉靖三十六年[1557]朱睦㮮聚樂堂刻本,簡稱《集解》)、郭京《周易舉正》(採用東京大學東洋文化研究所藏嘉靖四年范氏天一閣刊《范氏二十種奇書》本,簡稱《舉正》)和日本山井鼎考文、物觀補遺《七經孟子考文補遺》(採用日本國立公文書館藏享保十六年[1731]初刻本,簡稱《考文》)等他校資料。

　　《文選》六臣注明確稱引王、韓注者盡皆出於李善注,五臣注並未引及。其中,所引王注 44 例,韓注 16 例,凡 60 例②。由於《文選》版本不同而造成的異文凡 4 例:

　　　　(一)胡本卷一八馬融《長笛賦》"岰窞巖覆"李注引習坎初六王注"最處岰底也",六臣注本無此注。經注刻本岰作坎,句末無也字。李注蓋以刪省下句"入坎窞者也",故添加也字。《釋文》出文"處欿","亦作坎字"。敦煌本亦作欿。

　　　　(二)卷二〇引屯卦辭王注:"剛柔始亨,是以屯也。不交則否,故屯乃大亨也。"胡本始亨作始交,經注刻本同。

---

① 許建平:《敦煌文獻合集·敦煌經部文獻合集》,北京:中華書局 2008 年版,第 1 册,第 1—95 頁。
② 前人相關研究成果有馬玉鑫《〈昭明文選〉作品及李善注引〈易〉考論》(福建師範大學碩士學位論文,2008 年),主要研究《文選》所收文學作品及李注對於《周易》經傳的引用;趙建成《李善〈文選注〉所引〈易〉類〈書〉類文獻考録》(《銅仁學院學報》2019 年第 4 期),只是簡單臚列李注所引《易》類書目。直接相關的論文是吴相錦《〈文選〉李善注引〈周易〉各家注考》(北京大學國學院《國學研究》第 44 卷,北京:中華書局,2020 年 11 月),其中王、韓注部分單純地逐條臚述引文,並校以今本、敦煌本,略事考辨。作者注意到所引王注實爲韓注者 4 例,認爲所引"王弼曰"云云不見於今本者 6 例,可能是王肅注(第 122—136 頁)。吴文雖用力甚勤,其説不無可修正之處;且未能據引文推導出李注稱引《周易》王、韓注的體例及其所反映的唐代文本樣貌和特徵。

（三）卷二八和卷五五分別引剝六五爻辭王注："駢頭相次,似貫魚也。"經注刻本同,敦煌本亦同。胡本卷五五此注並未重出,代以"貫魚已見鮑昭語注"云云,採用互見例,意謂已見於卷二八鮑照《出自薊北門行》李注所引。

（四）卷五九引《繫辭上》韓注（誤稱"王弼曰"云云）"象況日月星辰",胡本況作謂。經注刻本況作況,《治要》本同。《考文》："（古本）況作謂。"

例一、例三分別是李注本和六臣注本此有彼無,或此無彼有,可見後者據前者纂集的痕跡。例二胡本作始交,與經注刻本同,而六臣注本交誤亨,可知李注本原本不誤。例四胡本作謂,六臣注本作況,由是知李注本原本作謂,不同於經注刻本,至六臣注本據經注本回改原文。

從總體上看,《文選》李注稱引王、韓注是忠實於原文的,這包涵兩個層面的意思,一是多爲完整地迻錄整條注釋;二是雖然存在着相當數量的異文,但文本的主體框架多同於經注刻本,多因仍經注本之舊。引文悉同經注刻本者舉凡有九,如下所示：

（一）卷二〇引蒙卦辭王注："蒙之所利,乃利正也。"

（二）卷一四引需九三爻辭王注："敬慎防備,可以不敗。"《考文》："（古本）下有也,三本同。"

（三）卷二六引豫初六爻辭王注："樂過則淫,志窮則凶。"

（四）卷一引噬嗑卦辭/六二爻辭王注："噬,齧也。"

（五）卷二六引恒《大象》王注："得其所久,故不易也。"《治要》本同。

（六）卷四四引困卦辭王注："窮必通也。"

（七）卷一一引豐六二爻辭/節六三爻辭王注："若,辭也。"

（八）卷五四引《繫辭上》韓注："爻辭也,爻以鼓動,効天下之動也。"

（九）卷四七引《繫辭上》韓注（誤稱"王輔嗣曰"云云）："成形曰器。"

餘者各例或多或少都存在着異文,或爲異體字或通假字,例如前揭習坎初

六王注,經注刻本作坎,李注引作埳,敦煌本和《釋文》出文作欿,分別都是截至唐代通行的異體字。他如:

（一）卷二〇和二一引離九三爻辭王注:"嗟,憂嘆之辭。"經注刻本嘆作歎,敦煌本略同(辭作辝)。

（二）卷一八引萃上六爻辭王注:"齎諮(胡本作咨),嗟嘆之聲也。"經注刻本諮作咨,嘆作歎,聲作辭。《釋文》出文作咨同。《釋文》(蒙):"'不諮',本亦作咨,又作資,並通。"

（三）卷二八引漸六二爻辭王注:"盤,山石之安也。"經注刻本盤作磐,也上有者字。

（四）卷六引豐六二爻辭王注:"蔀,覆曖,鄣光明之物也。"經注刻本曖作暧,《釋文》出文作暧同("音愛")。

（五）卷五九引《繫辭上》韓注:"蘊,淵奧也。"經注刻本蘊作縕,《釋文》出文作縕同。開成石經《繫辭上》"乾坤其易之蘊邪"初刻作蘊,磨改作縕。

或爲同源字,例如:

卷一二引《繫辭上》韓注:"太極者,無稱之稱,不可得名也。"經注刻本太作大,《釋文》出文作大同。

或爲乙文,例如:

卷一三引《繫辭上》韓注:"陰陽轉易,以化成生也。"經注刻本"化成"作"成化",句末無也字。

或爲同義、近義字詞易換,例如:

（一）卷二〇引乾《文言》王注:"不爲乾元,何能通物之始？不性其情,何能久行其正？是故始而亨者,必乾元也；利而貞者,必性情也。"經注刻本貞作正,《集解》引同。《易》中"貞"字,《彖傳》以下皆訓爲正。

（二）卷六引豐上六爻辭王注："既豐其屋，又覆其家，屋厚家覆，闇之甚也。"經注刻本上覆字作蔀。前揭豐六二爻辭王注："蔀，覆曖，鄣光明之物也。"《後漢書》卷六十下引豐六二王注："蔀，覆也。"

以上字詞異文反映了唐代《周易》的文本樣貌或用字狀況。

作爲寫本的標誌性特徵之一，句末虛詞相較於後世刻本系統，多有增減或改易。反映在李注引文之中，即有句末虛詞之有無或改易不同於經注刻本者：

（一）卷三八引謙九三爻辭王注"履得其位也"，經注刻本無也字，上有"處下體之極"句，李注單引下句，故添加句末虛詞。

（二）卷一三和卷三七分别引大過九二爻辭王注："稊者，楊之秀也。"前者句末有也字，後者則無。經注刻本有也字。敦煌本稊作梯，亦有也字。

（三）卷二六引習坎《大象》、卦辭王注："重險縣絶，故水洊至也。不以坎爲隔絶，相乃（胡本作仍）而至，習乎坎者也。""習謂便習之也。"敦煌本同，經注刻本"乎坎"下無者字，之下無也字。《舉正》引卦辭注亦無也字。《考文》："'習謂便習之'，下（古本）三本有也字。"

（四）卷二〇和卷二一分别引離九三爻辭王注："嗟，憂嘆之辭。"經注刻本句末有也字，敦煌本略同（辭作辝）。

（五）卷三六和卷六〇分别引明夷《大象》王注："藏明於内，乃得明也。"前者句末有也字，後者則無。經注刻本有也字，《治要》本亦同。

（六）卷五六引家人六二爻辭王注："盡婦人之正義，無所必遂也。"經注刻本無也字，蓋以下文尚有"職乎中饋"云云，李注只是節録，故添加虛詞也。《考文》："'盡婦人之正義'，下（古本）三本有也。"

（七）卷一三引《繫辭上》韓注："陰陽轉易，以化成生也。"經注刻本句末無也字。《治要》本有也字。《考文》："'以成化生'，下（古本）有也字。"

（八）卷一九引《繫辭下》韓注（誤稱"王弼曰"云云）："一以貫之，不慮而盡也。"經注刻本也作矣。《考文》："'不慮而盡矣'，下（古本）有也字。"

（九）卷五九引《說卦》韓注（誤稱"王弼曰"云云）："幽，深；贊，明也。"經注刻本深下有也字，本爲兩個分句，而李注併爲一句。

不難看出，其中既有李注所據底本本身的異文，又有李氏引用過程中有意或無意增删或改易者，不過大多是有所本的，這也是寫本的個性化和不穩定性所決定的。除了句末虛詞，還有增減句首或句中虛詞者：

（一）卷五二引否九五爻辭王注："心存將危，乃得固也。"經注刻本心上有故字。
（二）卷六引離《彖傳》王注："麗，著也。"經注刻本著上有猶字，敦煌本、《治要》本同。
（三）卷二六引兑《大象》王注："麗，連也。"經注刻本連上有猶字，敦煌本同。
（四）卷一二引《繫辭上》韓注："太極者，無稱之稱，不可得名也。"經注刻本名上有而字，句末無也字。

除例四外，餘者三例皆可視作李注迻録之時有意删省，旨在保留句子主幹成份。

至於實詞，李注所引大多並無不同，個别確有異同者，則關乎文義。例如：

（一）卷二五和卷五六分别引否九五爻辭王注："居尊位，能休否（道者）也。"經注刻本位上有當字。《考文》："'居尊得位'，（古本）三本、足利本、宋板得作當。"
（二）卷二〇引觀卦辭王注："宗廟之可觀者，莫盛於觀盥也。"經注刻本盥上無觀字，《集解》引略同（於作乎）。

例一如有當字，則上句爲"居尊""當位"兩個述賓結構組成的并列結構；如無當字，則"尊位"本身爲偏正結構，作爲整個述賓結構的賓語。例二如有觀字，則述賓結構"觀盥"作爲賓語組成介賓結構；如無觀字，則介賓結構的賓語爲名詞盥。

雖然李注援引王、韓注相對而言忠實於原文，大多比較完整地迻録，但亦有少許截取、節引原文的情形。或整句删省，節引原文，例如：

卷五八引履九二爻辭王注："履道尚謙，而二以陽處陰，履於謙也。"經注刻本首句下有"不喜處盈，務在致誠，惡夫外飾者也"三句，敦煌本略同（無而字，於作在）。《考文》："也上（古本）三本有者字。"

或刪省句子的部分成分，節取其要，例如：

卷二〇引觀卦辭王注："可觀者，莫盛乎宗廟。"經注刻本可上有"王道之"三字，《集解》引同。

或對原文進行改寫，櫽栝句子的主幹內容，例如：

（一）卷二〇引家人六二爻辭王注"婦人職中饋"，經注刻本原作"盡婦人之正義，无所必遂，職乎中饋"，李注根據上文添加主語，刪省介詞乎字。

（二）卷五〇引《繫辭下》韓注（誤稱"王弼曰"云云）"人謀謂衆議"，經注刻本原作"人謀況議於衆，以定失得也"。李注係據以櫽栝而成。

或文本確有明顯差異，例如：

（一）卷五四引《繫辭下》韓注（誤稱"王弼曰"云云）"庶幾於知幾者也"，經注刻本作"此知幾其神乎"，《治要》本乎作"者也"。李注句末虛詞"者也"與《治要》本同，但句子主幹成份並不相同。

（二）卷五九引《說卦》韓注（誤稱"王弼曰"云云）："六位，爻之文也。"經注刻本下句作"爻所處之位也"。

以上二例李注文本不同於經注刻本，意義亦頗有異同。至於係李注所據底本已然抑或李注主觀改造而成，則不可考。

李注所引王、韓注，有見於多處重複引用者，其中既有多處引文皆同（或基本相同）者，亦有存在異文者，例如：

（一）卷二五和卷五六分別引否九五爻辭王注，末句一作"能休否也"，一作"能休否道者也"，經注刻本與後者同。

（二）中孚上九爻辭注，卷一二引作"翰，高飛皃（胡本作貌）"，卷一三、卷一七引作"高飛也"，卷二三引作"鳥飛也"，經注刻本作"高飛也"，敦煌本無也字。

（三）卷七引《繫辭上》韓注"洗心曰齊"，卷八引齊作齋，經注刻本作齊，《集解》同。

（四）卷四六引《繫辭下》韓注："在理則昧，造形則悟，顔子之分也。失之於幾，故有不善；得之於二，不遠而復，故知之未嘗復行也。"卷五三重引，則悟作而悟，顔下有氏字。經注刻本則悟作而悟。

我們認爲，理論上李注所據之《周易》經注本當爲同一本，不應前後所據底本非一。那麽，由例一、四可知其底本與經注本並無不同，如果不考慮李注在後世迻錄或刊行過程中據見行經注本有意回改的話，則可視爲李注迻錄過程中無意錯譌或有意改造而成（當然，也不能完全排除李氏據他書轉引的可能性，據敦煌唐寫本可知，由《周易》經、傳文及王、韓注構成的經注本是唐代最爲通行的文本類型，所以由他書轉引的可能性本文不予討論）。例二爲翰字訓詁，較爲簡易，數處重出，但互有異同，恐係其中有李氏僅憑記憶而謄錄者，並非一一嚴格地照錄底本。至於例三爲簡單判斷句，齊通齋，二字古常通假，恐係一爲照錄底本，一爲破讀。

李注所引王、韓注還有誤引的情況，或原本係韓注而誤署王弼，例如：

（一）卷四七引《繫辭上》韓注："成形曰器。"
（二）卷五九引《繫辭上》韓注："象況日月星辰。"
（三）卷一九引《繫辭下》韓注："一以貫之，不慮而盡也。"
（四）卷五四引《繫辭下》韓注："庶幾於知幾者也。"
（五）卷五十引《繫辭下》韓注："人謀謂衆議。"
（六）卷五九引《說卦》韓注："幽，深；賛，明也。"
（七）卷五九引《說卦》韓注："六位，爻之文也。"

以上諸例所屬《繫辭》和《說卦》均爲韓康伯注，而李注所引均誤稱王弼（輔嗣）云云，唐人史注或類書所引王、韓注亦有類似情況。由此可推知，一是唐人更加習慣於將兼有王、韓注的《周易》經注本統稱王注，二是六朝以降經注本通行，正如《隋志》所著録的，該經注本即包括王弼注上下經六卷和韓康伯注《繫辭》以下三卷，合爲九卷（另有《略例》一卷，凡十卷）。

李注稱引王、韓注有不見於今本者，頗疑李注所引本非王、韓注，而是他人《易》注譌混闌入。例如：

（一）卷六引王弼《周易》注曰："不與聖人之憂，憂君子之道不長，小人之道不消，黍稷之不茂，茶蓼之蕃殖。至於乾坤，簡易是常，無偏於生養，無擇於人物，不能委曲，與彼聖人同此憂之。"胡克家《考異》卷一："袁本弼作肅，茶陵本亦作弼。案肅字最是。陳云：今本《周易》王注中無此文，乃未知善固引肅注耳。"

（二）卷九引《周易》曰："蒙者，蒙也。"韓康伯曰："蒙昧，幼（胡本作幼）少之象也。"所引《周易》傳文屬《序卦》，經注刻本韓康伯無注。

（三）卷一三引王弼《周易》注曰："機（胡本作幾）者，事之微也。"不見於經注刻本。《繫辭下》傳文："幾者，動之微，吉之先見者也。"韓注："幾者，去无入有。"次傳文"君子見幾而作，不俟終日"。《文選》五臣注中劉良、吕向曾多處引用過"機（或作幾）者，事之微（也）"，未署作者，其中兩處上有李注引《易》"君子見幾而作，不俟終日"。《後漢書》卷四六《郭陳列傳》引《易》"君子見幾而作，不俟終日"，李賢注："幾者，事之微，吉凶之先見者。"卷一六《鄧寇列傳》"斯最作事謀始之幾也"，李賢注："幾者，事之微也。《易》訟卦曰'君子以作事謀始也'。"根據李賢注所引，頗疑唐代傳文有動作事者，也就是説，李善等所引實非注文，而是傳文。機通幾，《繫辭上》"聖人之所以極深而研幾也"，《釋文》出文"幾也"，"如字，本或作機。鄭云：機當作幾。幾，微也"。《繫辭上》"幾事不密則害成"，《治要》本幾作機。

（四）卷二〇引韓注"揮者，散也"，又見於卷二一、二五、二六、三四（並無者字），凡5處，不見於經注刻本，李注於韓注上皆未引《周易》原文。《説卦》"發揮於剛柔而生爻"韓注："剛柔發散，變動相和。"乾《文言》"六爻發揮"，《釋文》出文揮，"王肅云：散也"。《説卦》韓注以"發散"釋"發揮"，或爲李注所本，當然也有可能是誤將王肅注當成韓注。

（五）卷二六引韓注"薄謂相附也"，不見於經注刻本。《説卦》"雷風相薄""言陰陽相薄也"兩句傳文皆無韓注。《釋文》出文"相薄","陸云:相附,薄也"。則李注或係誤將陸績注當成韓注。

（六）卷五五引:"(以)定天下之吉凶,成天下之亹亹者,莫善於（經注刻本作"大乎",《治要》本作"善乎"）蓍龜。"王弼曰:"亹亹,微妙之意也。"不見於經注刻本。《一切經音義》引劉瓛曰:"亹亹,猶微妙也。"《釋文》:"鄭云:没没也。王肅云:勉也。"知其不僅不是韓注（誤稱王弼）,而且既非鄭玄注,亦非王肅注,或係誤將劉瓛《義》當成韓注。

上述諸例當非王、韓注,或係李注誤引,實爲王肅、陸績、劉瓛等諸家注,當然也有可能據他書轉引,或當時通行的訓釋。

綜上所述,《文選》李注所引《周易》王、韓注,雖然有些許引文經過不同程度的主觀改造,但總體而言相對忠實於原文,且引用較爲完整,文字亦多同於經注刻本,當然也存在着異體字、通假字、同源字等,兼及句末虚詞或句中虚詞、實詞之增減、易换等等,而且還有截取、改寫句子的情形。由李注所反映出來的唐代《周易》文本與五代以降刻本基本上是一致的,這說明從寫本時代進入刻本時代大體保持穩定。當然,作爲寫本,其個性化和不穩定性的特徵還是客觀存在的,所以李注引文才表現出一定程度的差異性。同時,李注亦有個别疑爲僅憑記憶迻録者,破讀通假字者,而且還有不辨王、韓而譌混,或誤將他人《易》注羼入等情形,可見李注引書雖然號稱豐富,具有重要的文獻價值,但引用狀況頗爲複雜,不乏參差乃至齟齬之處,還是應該對其進行具體分析,客觀、科學地加以利用。

二、《後漢書》李賢注稱引《周易》王、韓注考

爲了準確地認識和評判《文選》李注稱引《周易》王、韓注的特點,我們另選擇其他唐人注解所引之王、韓注進行比較研究,由此既可看出不同體裁的注解引文方式容有不同,亦可知悉寫本時代文本之異同。當然,不同作者的知識背景和學術取向也存在着個性化差異,這在一定程度上也會影響到引文。章懷太子李賢注《後漢書》,與李善注《文選》大致同時,我們援據以爲比較對象。《後漢書》李賢注以"百衲本二十四史"（商務印書館,1936年）本爲底本,校以静嘉堂文庫藏南宋前期兩淮江東轉運司刻遞修本和南宋嘉定元年(1208)建安蔡琪一經堂刻本。李賢注所引王、韓注,較之

《文選》李善注,更加忠實於原文,更爲完整、循謹,基本上都是完整地迻錄原文。例如:

（一）卷一〇下引坤卦《象傳》注:"地之所以得無疆者,以甲順行之故也。"經注刻本同。

（二）卷二五引比初六爻辭注:"親乎天下,著信盈缶,應者豈一道而來?故必有它吉也。"經注刻本同,《舉正》亦同。敦煌本"天下"下有者字,它作他,也上有"之者"二字。

（三）卷五九《繫辭上》韓注（誤稱"王弼注"云云）:"擬範天地而周備其理也。"（删省提示語"範圍者"三字）經注刻本同,《治要》本亦同。

（四）卷六〇下引損《象傳》王注:"自然之質,各定其分,短者不爲不足,長者不爲有餘,損益將何加焉?"經注刻本同,敦煌本亦同,《治要》本節引略同（删省"短者不爲不足,長者不爲有餘"二句）。

（五）卷六七引解初六爻辭注:"屯難盤結,於是乎解也。"經注刻本同,《舉正》亦同。敦煌本盤作槃。

唐寫本的句末虛詞每與後世通行刻本不同,前揭李善注引文句末虛詞之有無或有出於主觀改造者,而李賢注不然,基本上忠實於原文。當然,亦有個別例外,例如:

（一）卷三引復《大象》王注:"冬至,陰之復;夏至,陽之復。"經注刻本二復字下並有也字。

（二）卷二七引大過上六爻辭王注:"處大過之極,過之甚者也。涉難過甚,故至于滅頂,凶也。"敦煌本同。經注刻本上甚字下無者字,凶下無也字。《考文》:"'過之甚也',（古本）三本也上有者字。（凶）下（古本）三本有也。"

例二者、也兩處異文悉同敦煌本、日系古本,可知李賢注所據之底本當即如是,不過照本迻錄而已。此外,還有易換句中虛詞者,當亦有所本,例如:

卷三引復《大象》王注:"故爲復,即至於寂然大静,先王則天地而行者也。"經注刻本即作則。

唐代寫本則作即者不乏其例,如節卦《彖傳》注"則物不能堪也",敦煌本同,《治要》本則作即。

至於實詞,李賢注引文較之經注刻本亦有異文。或爲通假字,例如:

　　(一)卷六四引遯《彖傳》王注:"遯之義,避内而之外者也。"經注刻本避作辟,《釋文》出文"辟内","音避"。辟通避。
　　(二)卷八二下引大過九二爻辭注:"荑者,楊之秀也。"經注刻本荑作稊。敦煌本荑作梯。稊、梯聲符皆是弟字,稊、荑同音通假。

或易换、增減實詞,義可兩通,例如:

　　(一)卷四三引坤上六爻辭王注:"陰之爲道,卑順不逆,乃全其美,盛而不已(兩淮本同,蔡琪本作紀)。固(蔡琪本、兩淮本作同)陽之地,陽所不堪,故戰于野。"經注刻本逆作盈,作已、作固同,敦煌本亦同。
　　(二)卷六四引遯《彖傳》王注"遯之義",經注刻本義上有爲字。

例一作逆意謂與順相對,作盈意謂與卑下相對,皆可通。例二有無爲字,句子結構有所變化,意義略同。

李賢注稱引王、韓注雖多爲完整引用,但亦有據王注抽繹、提煉而成者,例如:

　　(一)卷六〇下引豐上六和六二王注:"蔀,覆也。屋厚覆,闇之甚也。"後半係上六王注,經注刻本覆上有家字;前半係據六二注("蔀,覆曖,鄣光明之物也。")提煉而成。
　　(二)卷六〇下引坤六四爻辭王注:"括,結也。"經注刻本王注原文:"括結否閉,賢人乃隱。"或係抽繹而成。當然,《繫辭下》"動而不括"韓注:"括,結也。"所以,此處亦有可能是實引韓注而誤稱王弼注云云。

總之，李賢注較之李善注更爲嚴謹、完整，或許這與史書的性質和體例有關。不過，仍然存在着句末虚詞之有無、實詞之易換，乃至提煉、抽繹原文等情形。但總體上也可以看出唐宋《周易》文本的穩定性和連續性，從寫本時代進入刻本時代，並無大的改易或變動。

三、唐代類書稱引《周易》王、韓注例釋

除了唐人注解諸如《文選》李善注和《後漢書》李賢注等較多引用《周易》王、韓注，其他文獻之中稱引較多者尚有類書。唐代類書稱引王、韓注大體有兩種方式，一是以經爲單位整體節録，如《群書治要》本《周易》節録上、下經（六十四卦）和《繫辭》《説卦》部分，體式爲經注本，其文本淵源甚早，遠遠早於後世通行的刻本系統各本，保存了唐代文本的樣貌和特徵，與日系古鈔《周易》經注本淵源甚深，整個日系古鈔本系統内部自有其相對的封閉性[①]。二是散見於正文之中無序引用，這是類書引文的標準形式。這裏，我們選擇第二種類型的類書——徐堅《初學記》（中華書局，2010年重印1962年版）爲例，加以説明，以見其引用方式和特點與李善注、李賢注之異同，以及文本與經注刻本之異同。類書的文獻來源十分複雜，既有可能來自當時單行的《周易》經注本，也有可能轉引自前代類書甚或他書。爲了研究便利，我們還是默認爲類書能夠反映其據以編纂的單行本的文本狀態。

雖然類書所引王、韓注多係比較完整地迻録原文，例如：

（一）卷二天部上引坤初六爻辭王注："始於履霜，至于堅冰。"經注刻本同。

（二）卷五地部上引坤《彖傳》王注："乾以龍御天，坤以馬行地。"經注刻本同。《考文》："（古本）下有也字。"

但相對而言異文較多，字詞異文有通假字、異體字、同源字等，例如：

[①] 詳參拙作《〈群書治要〉本〈周易〉斟議》，《〈群書治要〉國際學術研討會論文集》，臺南：臺灣成功大學2020年版。

（一）卷一天部上引解初六爻辭王注："解者,解也。屯難槃結,於是乎解之。"經注刻本槃作盤。

（二）卷二〇政理部引習坎上六爻辭王注："險峭之極,不可升也;嚴法峻整,難可犯也。宜其囚執,寘于思過之地。"經注刻本峭作陗。《考文》："（古本）一本陗作歛。"

（三）卷二〇政理部引《繫辭上》韓注："卦有小大也,齊猶言辨也。"經注刻本辨作辯。同人"君子以類族辨物",《治要》本辨作辯,《釋文》出文亦作"辯物"。

表現出較大差異性的仍是句末虛詞之有無或改易,例如：

（一）卷一天部上引解初六爻辭王注"於是乎解之",經注刻本之作也。

（二）卷二一文部引《繫辭上》韓注（誤稱王弼注云云）："範圍者,擬範天地而周備其理。"經注刻本句末有也字。

（三）卷二九獸部引乾《文言》王注："以龍敘乾,以馬明坤,隨事義而取象也。"經注刻本也作焉。

（四）卷三〇鳥部引損六五爻辭王注："龜者,決疑之物。"經注刻本句末有也字,敦煌本同。

不難看出,類書引文比較一致性的特徵是刪省句末虛詞。此外,句中虛詞亦有增減或改易者,例如：

（一）卷二九獸部引乾《文言》王注："以龍敘乾,以馬明坤,隨事義而取象也。"經注刻本"以龍"上有故字,隨下有其字。

（二）卷三〇鳥部引損六五爻辭王注"則盡天人之助也",經注刻本則作"足以"。《釋文》出文"以盡",知其當亦作"足以"。敦煌本作"足以"同,也上有者字。《考文》："也上（古本）三本有者字。"

句子異文則有截取、節引原文者,例如：

卷三〇鳥部引損六五爻辭王注："龜者,決疑之物。獲益而得十朋之龜,則盡天人之助也。"經注刻本"決疑之物也"和"獲益而得十朋之龜"兩句間尚有數句。

還有對原文略事改造、損益者,例如:

  卷二〇政理部引《繫辭下》韓注"以象告人吉凶",經注刻本"八卦以象告"注:"以象告人。""六爻之義,易以貢"注:"貢,告也。六爻變易,以告吉凶。"(《考文》:"古本下有也字。")頗疑《初學記》引文係整合兩條注釋而成。

不過,整體上與通行本差異較大的文本並不經見。

四、結　語

  唐人稱引《周易》王、韓注最爲集中的是李鼎祚《周易集解》,其所引注疏雖然基本上照録原文,但還是存在着相當數量的異文,一方面是李氏所據底本即唐寫本本身的異文,如避諱字、通假字、異體字、同源字等;另一方面也有李氏所做的不同程度的改造,其中有實詞、虛詞的删省或易换,有句子的截取、節引或改寫、縮寫等等[1]。我們對這些引文進行研究,須立足於兩個前提:一是默認異文的産生均非引用者無意造成的錯譌(筆誤),二是後世傳寫或刊刻過程中産生的異文不納入考慮範圍。那麽,就只存在兩種可能性,一是照録底本,一是主觀改造。本文所論《文選》李善注和《後漢書》李賢注以及類書《初學記》稱引王、韓注,大體上也呈現出這樣的規律性,但除了截取、節引或櫽括、精簡句子外,主觀改造的佔比要少得多,也就是說,基本上還是照録原文,其文本可以反映所據唐代寫本之原始樣貌。相對而言,李賢注最爲循謹,主觀改造的成份最少,李善注主觀改造的成份則略多,除了改造句子外,尚有增减句末或句中虛詞等做法,而且還有一定數量誤署作者的情形。我們分析,

---

[1] 詳參拙作《〈周易集解〉引注疏考》,《北京大學中國古文獻研究中心集刊》第 24 輯,北京:北京大學出版社 2022 年版。

當與其引文的目的和用途有關，旨在説明文學作品之出典和旨趣，故而相對較爲寬鬆。校以宋刻經注本，上述三種文獻的引文與之大體相同，整體上並無二致，這就説明作爲刻本系統的宋刻本的文本，與其所從出之寫本系統並無根本性的差異，可知《周易》文本由唐至宋整體上保持穩定，從寫本時代進入刻本時代並未發生大的變易。儘管如此，寫本畢竟是個性化的，具有不穩定性的特徵，所以相對於經過五代國子監集中校定、刊行的刻本（經注本）而言，還是存在着一定數量的異文，其中既有比較普遍的句末虛詞之增減或易換（其中不乏與敦煌本、《治要》本、日系古本同者，知其並非引用者主觀增減，而是有所本的），又有句中虛詞（連詞、代詞、介詞、副詞等）乃至實詞的增減或易換，又有通假字、異體字、同源字等，而本文所論列諸家恰可反映出其多樣性和差異性。如《文選》卷二八李注引漸六二爻辭王注："盤，山石之安也。"經注刻本盤作磐，也上有者字。《釋文》出文作磐同。《釋文》（屯）："磐，本亦作盤，又作槃。"《後漢書》卷六七引解初六爻辭王注："屯難盤結，於是乎解也。"經注刻本同，《舉正》亦同。《釋文》出文"磐結"。敦煌本盤作槃。《初學記》卷一天部上引解初六爻辭王注作"屯難槃結，於是乎解之"，不同於經注刻本作盤。盤、磐、槃均從般得聲，古書多通假，引文恰可印證《釋文》底本及或本異文。又如《文選》卷一三和卷三七李注分別引大過九二爻辭王注："稊者，楊之秀也。"前者句末有也字，後者則無。經注刻本有也字，《釋文》（大過）出文作稊同，稱"鄭作荑"。敦煌本稊作梯，亦有也字。《後漢書》卷八二下李注引文稊作荑，與《釋文》所謂鄭玄本合，稊、荑同音通假。再如《後漢書》卷五九李注引《繫辭上》韓注（誤稱王弼注云云）："擬範天地而周備其理也。"而《初學記》卷二一文部引文句末無也字。經注刻本有也字，《治要》本亦同。這三個例子都可以説明我們上文提出的兩個前提是成立的，我們忽略引用者無意錯謬和後世傳寫或刊刻致誤是没有問題的，亦即理論上可以認定上述三種文獻的引文大體能夠反映其所據底本的異文信息。

本文所利用的、能夠反映唐代或唐前文本的異文資料，如敦煌本、《釋文》出文或或本、《治要》本、《舉正》引文等[①]，以及《考文》所反映的日系古

[①] 所謂"《舉正》引文"係指《舉正》稱引"今本"亦即唐代通行本的文本。詳參拙作《〈周易舉正〉考》，載於《中國文化》第53期，北京：中國文化雜誌社2021年版。

鈔本的文本信息[1]，由上文所臚列諸例不難看出，其中大多與經注刻本相同，而不同於唐人引文，這說明雖然寫本具有個性化和不穩定性的特徵，但唐宋《周易》文本的穩定性和連續性仍然是主導的，在從寫本到刻本的遞嬗過程中總體上保持統一；當然也有一小部分同於唐人引文而不同於經注刻本者，這說明唐人引文確實淵源有自，能夠反映其所從出之底本的真實樣貌。

（作者單位：北京大學中國古文獻研究中心）

---

[1] 我們認爲，日系古鈔本兼有唐寫本的淵源和日本明經博士家的學術傳統，並參校宋刻本。詳參拙作《日系古鈔、古活字〈周易〉經注本研究》，載於《國學研究》（北京大學國學院）第 46 卷，北京：中華書局 2021 年版。

An Incidental Verification of *Wang Bi & Han Kangbo*'s Exegesis of *The Book of Changes* Quoted by People of the Tang Dynasty

Gu Yongxin

The text of *The Book of Changes* between the Tang and Song Dynasties experienced the most important evolution, that is, from manuscript to block-printed edition. This paper focuses on *Wang* and *Han*'s exegesis of *The Book of Changes* quoted by *Li Shan*'s anthology of *Selected Works*, and refers to *Li Xian*' anthology of *Post Han History* and the official revision book *Chuxueji*, and collates the classical text & exegesis edition of *The book of changes* written in stone in the Song Dynasty, and *Dunhuang* manuscripts of the Tang, *Lu Deming*'s *Classic Interpretation*, *Wei Zheng*'s *Qunshuzhiyao*, *Li Dingzuo*'s *The Collected Notes on Collection* of *The Book of Changes*, *Guo Jing*'s *Identification of the Book of Changes* and other texts or materials from before the Tang Dynasty, so as to reveal the characteristics of quotation in the Tang Dynasty, and thus trace back the appearance of the Tang Dynasty texts, and then explore the norms of the evolution of the text of *The Book of Changes* in the Tang and Song dynasties. The quotation of exegesis and reference books with material taken from various sources and arranged according to subjects in the Tang Dynasty are generally faithful to the original text, which can basically reflect the original appearance of the original, although they changed according to personal styles or even undergo a certain degree of subjective transformation. Generally speaking, the text of *The Book of Changes* in the Tang and Song Dynasties has stability and continuity. In the process of evolution from the era of manuscript to block-printed edition, it generally remained consistent without major changes.

Keywords: *Li Shan*'s anthology of *Selected Works*, *Li Xian*'s anthology of *Post Han History*, *Chuxueji*, The text of *The Book of Changes* between the Tang and Song Dynasties, *Wang Bi & Han Kangbo*'s exegesis of *The Book of Changes*

徵引書目

1. （魏）王弼、（晉）韓康伯注《周易》，上海：商務印書館民國間《四部叢刊》影印南宋淳熙中撫州公使庫刻遞修本。Wang Bi and Han Kangbo. *Zhouyi* (*The Book of Changes*). Block-printed of *Fuzhougongshiku* in Chunxi Years of South Song dynasty, photoprinted in *Sibucongkan* of Shangwu yinshuguan.
2. （魏）王弼、（晉）韓康伯注《周易》，北京：文物出版社 2017 年影印南宋孝宗朝浙刻本。Wang Bi and Han Kangbo. *Zhouyi* (*The Book of Changes*). Block-printed of Xiaozong Years of South Song dynasty, photoprinted by *Cultural Relic Press*, 2017.
3. （梁）范曄著，（唐）李賢注《後漢書》，上海：商務印書館 1936 年"百衲本二十四史"本。Fang Ye. *Hou hanshu* (*Book of the Later Han*). Annotated by Li Xian. Shanghai：Shangwu yinshuguan，1936.
4. （唐）徐堅等《初學記》，北京：中華書局 2010 年重印 1962 年版。*Xu Jian. Chuxueji* (*Elementary Instruction*). Beijing：Zhonghua shuju, 2010.
5. （梁）蕭統著，六臣注《文選》，上海：商務印書館民國間《四部叢刊》影印宋刻本。Xiao Tong. *Wenxuan* (*Selections of Refined Literature*). Annotated by Six Scholars. Block-printed of Song dynasty, photocopy version in *Sibucongkan*. Shanghai：Shangwu yinshuguan.
6. （梁）蕭統著，李善注《文選》，北京：中華書局 1977 年影印嘉慶中胡克家刻本。Xiao Tong. *Wenxuan* (*Selections of Refined Literature*). Annotated by Li Shan. Block-printed of *Hu Kejia* in Jiaqing years of Qing dynasty. Beijing：Zhonghua shuju，1977.

蜀石經所見《周禮·考工記》文本管窺

虞萬里

【摘　要】唐石經被稱爲是"古本之終,今本之祖"。蜀石經是否與唐石經同祖太和舊本,以及蜀石經對後唐長興本、宋景德本以下有何影響,都是經典文本流傳中不可忽視的環節。以蜀石經《周禮·考工記》殘拓爲對象,從文獻和文字兩方面考察,推知蜀石經與開成石經同祖兼有經注的太和舊本,唯開成石經僅取其經文而略加校勘,蜀石經則兼取經注,故蜀石經注文大致是太和舊本的面貌;長興本注文是在太和舊本基礎上廣收衆本再經校勘的文本,所以與蜀石經注文有不小的差異,張奐《石經注文考異》是其見證。蜀石經注文中略可窺見唐代太和本以前的一些影子,但其校勘粗疏,留下不少譌誤。

【關鍵詞】開成石經　蜀石經　周禮考工記　祖本　宋刻本

一、與唐蜀石經相關文本之梳理

　　唐石經由大曆間張參詳定之泥壁五經,經寶曆齊皞、韋公肅代以木壁,至太和七年(833)在鄭覃主持下校勘勒石,到開成二年(837)刊畢。自後碑石或遷徙、或震斷,文字則屢有添注、修補,雖有缺損而大體完整,依然雄矗碑林千餘年,可謂神奇。蜀石經由毋昭裔於孟蜀廣政元年(938)主持刊刻,以開成石經單刻經文,不與漢魏經注,乃並其注而刻之。於是曠日持久,逮祚移姓易猶未竣工。其《左傳》後半及《公》《穀》二傳,至北宋中期始成。蜀石經碑石逾千,不幸隨南宋之亡而湮滅無聞。其拓本雖存於元末明初,而散佚於萬曆以後,入清則僅存片羽吉光,藏家視爲稀世珍寶。時吳縣陳芳林藏《左傳》卷二○之三十五行,黄樹穀藏《毛詩·召南》及《邶風》一萬二千五百餘字,趙魏藏《周禮·夏官》三十六行,陶梁林藏《左傳》卷一五、《周禮》卷九、卷一○,陳詒重藏《穀梁》卷九零葉。後陳慶鏞又擁有《周禮》卷一二、《公羊》卷二○。清人所藏,後多半歸劉秉璋之子劉體乾,體乾遍請名家題辭,於1926年匯集影印。劉殁後,原本皮藏於國家圖書館。

唐、蜀石經之關係,王應麟嘗云:"僞蜀相毋昭裔取唐太和本,琢石於成都學官,與後唐板本不無小異。乾道中,晁公武參校二本,取經文不同者三百二科,著《石經考異》,亦刻於石。張奧又校注文同異,爲《石經注文考異》四十卷。"①晁氏將校記異文刊於石,其意圖是仿熹平石經之校記,欲使學者覽石而知碑石與版刻之異同。② 張氏書不知所著時間,殆亦步晁書而作。唯注文差異甚大,卷帙至多,鎸石固不可能,刻版亦甚費工,後竟至湮没無存。然從張氏校九經注文四十卷之篇幅,可推想長興本注文與蜀石經注文異同之巨,由此引發各種疑問:

一、蜀石經有注,其所取式的太和舊本有無漢魏經師舊注?

二、蜀石經經文係取太和寫本,還是依太和寫本校勘所刻之開成石經?

三、蜀石經注文既取太和寫本校寫上石,後唐長興刊版注文取哪種寫本校勘鋟木,何以兩者差異可匯成四十卷篇幅?

關於第一個問題,太和舊寫本有没有注,宋代文獻所記多含混其事,無明確記載。清代究心蜀石經者,亦但言蜀石經有注,不言太和本有注。晚清沈曾植曾因"蜀石有注,唐石無注",遂謂"祖本非一了然"。③ 後張國淦、顧永新又各有説。④ 筆者以爲,觀唐石經每經之首都標有漢魏舊注者姓名,

――――――

① 王應麟撰,武秀成、趙庶洋校證《玉海藝文志校證》卷九《唐石經 後唐九經刻板》,南京:鳳凰出版社2013年版,上册,第405頁。按武氏之書卷九,及《玉海》卷四三,南京:江蘇古籍出版社、上海書店1988年版,第二册,第811頁。

② 其所謂版刻,殆指長興三年(932)之國子監九經。《玉海》卷四三同條云:"後唐長興三年二月,令國子監校正九經,以西京石經本抄寫刻板頒天下。"(第810頁下)此即爲晁氏所取校者。

③ 原文見劉體乾《孟蜀石經殘存》第四册拓本後題記,石印本,1926年。錢仲聯校注《沈曾植集校注》作《題劉健之宋拓蜀石經春秋左氏傳册》,北京:中華書局2001年版,第1372頁。文見1375頁。

④ 張國淦《歷代石經考·蜀石經》先云"諸經依唐太和本,唐太和本無注,蜀石經有注",此説多混,因其所謂唐太和本是指唐石經,抑是太和寫本不明確。然其後引沈説而云"蓋唐太和用某某注本,蜀石依之,而增注文耳",似注文是刻石時所增。臺北:臺灣鼎文書局1972年版,第419頁。顧永新則認爲,開成石經、五代監本和蜀石經三種的所據本都是不同的。見《蜀石經續刻、補刻考》,《儒家典籍與思想研究》第三輯,北京:北京大學出版社2011年版,第175頁。關於此一問題,筆者將别撰詳論。

如《周易》王弼、韓康伯，《尚書》孔氏，《毛詩》鄭氏箋，等等，足以證明太和舊寫本是經注合寫本，此符合六朝以還經典寫本常式。就陸德明《釋文》所見，再放眼敦煌寫卷，純粹的經典白文本已很少見。太和本作爲官方文本，不可能是白文本。反向推論，如若太和本是白文本，據之校勘上石的開成石經就無必要在題下加注漢魏經師名字。五代宋初，太和舊本應該尚有轉鈔本存世者，學者當有所見，故不必多此一舉而言"太和本有注"的話。所以，刻於孟蜀廣政時的《易》《詩》《書》和三禮等應是摹寫有注文的太和舊本。

關於第二個問題，首當明確者，太和本是寫本，開成石經是在太和本基礎上校勘後上石鐫刻。范成大《石經始末記》載晁公武《石經考異序》云："趙清獻公《成都記》：僞蜀相毋昭裔捐俸金，取九經琢石于學宫，而或又云：毋昭裔依太和舊本令張德釗書。"又云："然則蜀之立石，蓋十經，其書者不獨德釗，而能盡用太和本，固已可嘉。"①是毋氏所取亦是太和舊本。太和舊本是寫本，而非鄭覃據太和本校勘上石之開成石經本，舊寫本和石本之差異，應與晁公武所校近似。所以如此理解，因戰亂暌隔，蜀中難以直接看到長安原碑，且十世紀初，長安城縮建，碑石移動凌亂，難以觀瞻。時雖已有拓本，不如直接取太和舊本方便。更當提示者，蜀石經既欲兼刊經注，而開成石經則有經無注，直接取兼有經注之太和舊本自較取石經拓本爲便。

關於第三個問題，蜀石經既然直接取兼有經注之太和舊本校寫上石，是其大體同太和舊本，儘管校勘之後不無差異。然長興本據記載，是後唐長興三年（932）二月，中書門下奏"請依石經文字刻九經印板"，是其依仿開成石經拓本文字。然開成石經僅有經文而無注文，故仍須"令國子監集博士儒徒，將西京石經本，各以所業本經句度抄寫注出，子細看讀"。②何謂"句度抄寫注出"？據《册府元龜》所言，即是"近以編注石經，雕刻印板，委國學每經差專知業博士儒徒五六人勘讀並注"，③所謂"編注"，即以開成石經經文爲底本，將經注本注文依其經句順序，"句度抄寫"到相應石經經文下，然後"更於朝官内別差五人充詳勘官"仔細校勘。詳勘官五人

---

① 范成大《石經始末記》，《蜀中廣記》卷九一，文淵閣四庫全書，臺北：臺灣商務印書館1986年版，第592册，第481—482頁。
② 王溥《五代會要》卷八《經籍》，上海：上海古籍出版社1978年版，第128頁。
③ 王欽若、楊億等《册府元龜》卷六〇八，南京：鳳凰出版社2006年版，第七册，第7018頁。

爲：馬縞、陳觀、段顒、路航、田敏，"皆是碩儒，各專經業"。然後選拔國子監中"能書人謹楷寫出，旋付匠人雕刻"。①故長興版注文，仍當是太和舊本或太和舊本以前之本，它與毋昭裔之蜀石經注文仍可能是同一系文本，至少是同一來源，只是經過不同人校勘取捨，遂成歧異。然從其校勘程序而言，亦極爲謹慎矣。唯長興詔敕校刻，非短期告成。《舊五代史·漢隱帝紀》云："乾祐元年（948）五月己酉朔，國子監奏《周禮》《儀禮》《公羊》《穀梁》四經未有印板，欲集學官考校雕造。從之。"②至後周廣順三年（953）六月，田敏始進印板九經及《五經文字》《九經字樣》各二部共一百三十册。前後更易四朝，歷經二十餘年。如此操作，其校勘之精詳從可想見。③

長興版刊成後，凡民間欲鈔寫經書，並須依準官版。《會要》云："各部隨帙刻印板，廣頒天下。如諸色人要寫經書，並須依所印敕本，不得更使雜本交錯。"④此一明智舉措，乃欲救唐代寫本無法統一，科舉只能用習本制度來維持之弊。宋太祖一統宇内，長興版遂歸北宋之印書錢物所收存，淳化五年（994），國子監李至上奏將印書錢物所改名國子監書庫官，繼續印刷長興本，"降付諸路出賣"。同時收禁民間各種經籍寫本，⑤允許民間納紙墨錢去國子監印刷經書，⑥既廣流傳，亦可統一文本，方便考試。至經版剜刓，字

---

① 王欽若、楊億等《册府元龜》卷六〇八，第七册，第 7018 頁。今所知"能書人"有李鶚、郭嶸，《玉海》卷二七載："（景德二年，1005）九月，國子監言《尚書》《孝經》《論語》《爾雅》四經字體訛缺，請以李鶚本別雕，命杜鎬、孫奭校勘。鶚字是廣順三年書。"廣順三年爲公元 953 年。《宋會要輯稿·職官二八》載："（天禧五年，1021）七月……昨禮部貢院取到《孝經》《論語》《爾雅》《禮記》《春秋》，皆李鶚所書舊本，乞差直講官重看揭本雕造。"知當時諸經多李鶚所書。《玉海》卷四三云十一經多四門博士李鶚書，惟《公羊》、前三禮郭嶸書。洪邁《容齋續筆》卷一四記其家所藏舊監本《周禮》，後有郭嶸書字樣。
② 《舊五代史》卷一〇一，北京：中華書局 1976 年版，第五册，第 1348 頁。王溥《五代會要》卷八所載同，第 129 頁。
③ 據洪邁《容齋隨筆》、張淳《儀禮識誤序》所言，長興版九經屢經校勘，其精詳程度可見一斑。
④ 王溥《五代會要》卷八《經籍》，上海：上海古籍出版社 1978 年版，第 128 頁。
⑤ 王應麟撰，武秀成、趙庶洋校證《玉海藝文志》卷九《刊正四經》亦云："太宗朝又摹印司馬、班、范諸史，與六經皆傳，於是世之寫本悉不用。"（上册，第 416 頁。）可見當時確有頒行國子監本，收禁民間寫本之意識。因爲處於寫本與版刻交替年代，用刊本來替代、統一紛亂無準之寫本，乃是一種自然想法。
⑥ 宋刻元修本《説文解字》後有雍熙三年（986）十一月中書門下辛仲甫、吕蒙正、李昉牒文云："其書宜付史館，仍令國子監雕爲印板，依九經書例，許人納紙墨價錢收贖。"見《中華再造善本·唐宋編》，北京：國家圖書館 2007 年版。

體譌缺,則請杜鎬、孫奭等屢加校勘,甚且重校刻版。① 五代及北宋,雖屢易國祚,而允許民間去國子監印刷經書卻前後一轍,可見當時版刻肇興,欲以之統一文本,以便科舉之策略則不以國姓變更而改易。

太和舊本與開成石經經文差異,僅是鄭覃校勘之異。蜀石經經文取太和舊本,長興本經文取開成石經本,其間差異當是蜀石經和長興本各自校勘取捨之和。長興本爲北宋國子監所繼承,北宋邢昺、孫奭等又在長興本基礎上校勘剜改,形成北宋監本。蜀石經依仿太和本寫刻,是否經過嚴格校勘,史無記載。從常理推之,一經轉寫,既會改正舊譌,亦會產生新錯。舊譌新錯之比例程度,視校勘鈔寫之嚴肅程度而定。幾經校勘後,各本形成差異,往往使人無所適從。晁公武曾描述當時經典差異之現實狀況云:

> 公武異時守三榮,嘗對國子監所模長興板本讀之,其差誤蓋多矣。昔議者謂太和石本授寫非精,時人弗之許,而世以長興板本爲便。國初遂頒布天下,收向日民間寫本不用。然有訛舛,無由參校判知其謬,猶以爲官既刊定,難於獨改。由是而觀,石經固脫錯,而監本亦難盡從。②

民間鈔寫本已被官方收禁,故遇有長興監本舛譌之處,無由參校辨別,由是激發晁氏要取校蜀石經和監本異同。經晁氏校勘,《周易》經文不同者五科,《尚書》十科,《毛詩》四十七科,《周禮》四十二科,《儀禮》三十一科,《禮記》三十二科,《春秋左氏傳》四十六科,《公羊傳》二十一科,《穀梁傳》一十三科,《孝經》四科,《論語》八科,《爾雅》五科,《孟子》二十七科,總計三百二科。十三經六十餘萬字,其差異僅三百餘字,絕不爲多。若除去皇祐時據監本而刊之《穀梁》《公羊》及宣和時之《孟子》異同,③其差異僅二百四十

---

① 王應麟撰、武秀成、趙庶洋校證《玉海藝文志》卷九《景德群書漆板》云:"先是,國子監言羣經摹印歲深,字體誤缺,請重刻板。因命崇文檢討詳杜鎬、諸王侍講孫奭詳校,至是畢。又詔昺與兩制詳定而刊正之。祥符七年九月,又并《易》《詩》重刻板本,仍命陳彭年、馮元校定。自後九經及釋文有訛缺者,皆重校刻板。"(上册,第 415 頁。)
② 范成大《石經始末記》引,《蜀中廣記》卷九一,文淵閣四庫全書,第 482 頁。
③ 據研究,皇祐時所刊《公羊》《穀梁》兩傳係用北宋時之監本(參見王天然《孟蜀石經性質初理》,《中國典籍與文化》,2015 年第二期),故不能計入蜀石經與監本之差異。

一科。此差異數，應是太和舊本分頭由鄭覃校勘和張德釗等鈔寫，又經田敏等在長興時取校鄭覃石經本所形成。① 以十三經除去《公羊》《穀梁》和《孟子》字數，得五十二萬六千二百九十八字，中有二百四十一字異同舛譌，僅得百分之零點零四六（0.045 79%）。且晁氏所説是二者之異同，就中還包含二者之文字異體，並非單指蜀石經或長興本之誤，故應知其錯誤率極低。而真正需要深研者，應是蜀石經和長興本之注文，因張奐所著《石經注文考異》有四十卷之多！

所惜張書未曾刻石鋟木，便已湮滅散佚。千年之後，要重新認識蜀石經與長興本注文異同，確已相當困難。所幸蜀石經殘拓尚留人間，此爲最接近太和舊本之文本，而由淳化、景德國子監本衍化而出之八行本、十行本以下各種刊本存世不少，互相校勘，可以略窺由田敏到邢昺等儒臣在校勘過程中取捨嚴謹的一面。然太和本及太和本以前隋唐寫本之鱗爪，猶須從其他途徑來獲取。

二、蜀石經取校文本與《周禮》文本推測

明地震以前之唐石經拓本，不見於任何公私目録著録，據傳清黄本驥三長物齋曾藏有嘉靖震前未斷拓本《開成石經》，②竟亦不知流落何所。今流傳最廣者，乃 1926 年由陶湘爲張宗昌督刻之皕忍堂本，其他則多碑林近代所拓。筆者從上海圖書館複製清嘉慶間剪裱拓本，即以此爲據校勘其經文。

蜀石經存世有《毛詩》《周禮》《左傳》《公羊》《穀梁》等殘拓都五萬餘

---

① 此種解釋限於晁公武所取校之本確實爲長興原本或宋初國子監摹印之本。若其所取校已是邢昺、孫奭等刻改修補之本，則其數據應該有上下之變動。
② 周梅泉《明拓唐石經考》，《工讀週刊》1936 年第一卷第六期，第 98 頁。侯金滿考察明清時期唐石經拓本流傳，發現唐石經自嘉靖地震以後，碑石一直未再有變動，故清代晚期拓本與清代早期拓本並無明顯差别。但由於殘缺本中書賈貼補情況的差異，造成拓本文字多少的差異。"各家言拓本較爲完整者，皆是貼補之本，而貼補之本又有全部貼補者及部分貼補者，遂使得未及細察之人以爲碑文完整或殘缺較少者爲早期拓本，碑文殘缺較多者爲晚期拓本。"（見侯金滿《"明拓唐石經"新考——兼論所謂"嘉靖乙卯前拓本"之不可信》，收入同濟大學中文系編《同濟大學首屆金石學青年學者工作坊論文集》，2022 年 10 月 22 日，第 103 頁。）鑒此，則黄本驥所藏未必爲嘉靖以前拓本。

字,其中《周禮》有《秋官》上下和《考工記》殘拓。今僅取《考工記》殘拓予以校勘,殆以《周禮》爲五代孟蜀所刻,可覘其所據寫本。

嘉慶十六年(1811),①嘉興馮登府著《蜀石經考》二卷,未及《考工記》殘拓。四十年後,晉江陳慶鏞藏有《考工記》殘拓,陳氏題記署"咸豐二年(1852)十二月廿五日晉江陳慶鏞識",是1852年陳氏已收藏此殘拓。陳氏記云:

> 今即殘碑就殿版本校之,《周禮》自《玉人》注"璧男不言之者闕耳"起,至《匠人》經"其崇三尺牆厚"止,經注共得二百廿二科。……謹錄之以補柳東之缺,以俟審定焉。

所謂補柳東之缺者,蓋以馮氏所未見而未及校也,乃事讎校,得校記二百餘條。然未記其拓本得自何人,得自何時。據吳履敬跋文云:"不知舊藏誰氏。自宋迄今幾及千載,巋然不朽,誠希世之珍也。"②吳係於陳氏處親見拓本者,而云"不知舊藏誰家",或陳氏亦未告知也。

陳氏獲此希珍,亦嘗與師友門生分享。潘祖蔭云:"憶在頏南師齋中曾見《周禮》《公羊》殘本,時壬子秋八月也。……咸豐戊午春二月吳潘祖蔭記。"③時在咸豐二年秋八月。吳履敬、吳式訓兄弟跋文作於"咸豐二年歲次壬子十一月十九日",已在三月之後。吳氏兄弟跋文,已詳記內容異同,非潘祖蔭觀賞之比,頗疑二兄弟此時已得《考工記》和《公羊》殘拓。蓋頌南於咸豐三年(1853)疏陳利害,離開京城回泉州治團練緝捕群盜,似在此之前已脫手與吳氏兄弟。又據馮志沂題記有"咸豐壬子冬,吳甥敬之兄弟攜此蜀石經殘刻相眎,一爲《春秋公羊傳》,一爲《周禮冬官攷工記》,敬之爲作跋攷訂甚覈"云云,是作跋記異同之後,隨即出眎馮氏,亦有顯寶之意。然前述陳慶鏞跋文作於咸豐二年十二月廿五日,是否先校異同,而後轉手與吳,

---

① 按,此年月據馮登府《唐石經考異序》,《清經解》卷一四〇四,上海:上海書店1988年影印本,第七册,第965頁上。蓋當時本爲《蜀石經考》寫序,其《石經補考》中《後蜀石經考序》自署道光癸未(1823),蓋後來所補。
② 據劉體乾《孟蜀石經殘存·公羊》卷二殘拓附。又見陳慶鏞《籀經堂類藳》卷五《石經考異補》附,《清代詩文集彙編》,上海:上海古籍出版社2010年版,第587册,第574頁。按,《清代詩文別集》所收爲陳榮仁於光緒九年重編本。榮仁謂同治十三年何秋濤、龔顯曾所編《籀經堂集》所收文僅至丙午(1846),光緒八年(1882),受託於陳慶鏞之子而重編,故知卷五《經説》所附吳氏兄弟之跋始爲慶鏞身後之事。
③ 劉體乾《孟蜀石經殘存》,《左傳》卷一五殘拓影印本錄文,1926年石印本。

再整理校記作跋，有待徵實。

　　劉體乾自題有云："壬子正月又收得《周禮》卷一二，二十二葉；《公羊》卷二，十九葉，即陳頌南舊藏也。"壬子再周，前後一甲，殘拓再次易主，亦可謂奇緣。

　　蜀石經《考工記》之校勘，最先由陳慶鏞所作，其《石經考異補》二卷，上卷即《考工記》校記，計二百四十四條（較跋文所記二百廿二條多二十二條）。陳氏所事，乃取校於殿本，自後繆荃孫亦作《周禮》校勘記（包括《秋官》和《考工記》），然其所校僅用岳本。① 荆溪家塾之岳本已殘，無《秋官》和《考工記》，繆氏所取，乃明嘉靖覆刻者，加藤云："岳本前半稍佳，而後半多譌誤。如《考工記》則譌謬續出。"②是其所校價值有限。陳氏取殿本，更難窺見唐五代諸本之異同。

　　儘管前文已備述長興版屢經校勘修補而成爲北宋國子監本，而後又延展出八行、十行及各種刻本。然本文僅將宋刻以下刊本作爲參照本，而主要關注隋唐間如《北堂書鈔》《經典釋文》《藝文類聚》《初學記》《白帖》《通典》等摘句，以及賈疏、孔疏等引文，與蜀石經相先後之聶崇義《三禮圖集注》、杜光庭《道德經廣聖義》，下至宋初之《太平御覽》，旁及其他類書及經籍引文。所以垂意於此類典籍，是因宋以還之《周禮》刊本，在一定程度上都會互相校勘，漸趨一致，即有異同，大多爲校讎寫刊時之字形譌誤，偶有不同來源，只能限在較小範圍內。孔、賈疏文所引，往往爲唐初文本。古代類書，恒多陳陳因襲，其因襲部分雖在轉鈔中會有鈔錯，但很少會有意去據原書校改。《釋文》經有唐三百年之傳鈔，雖不免走樣，但仍大體保存了六朝文本之文字樣貌，且其在廣順刊刻九經後的顯德年間就已被鋟木雕印。③唐代新鈔新編如杜佑之《通典》、白居易《六帖》等，無疑會取當時寫本，留下時代印記。猶當提及者，毋昭裔在蜀中，還刊刻過《初學記》《白氏六帖》《文選》等書，而書寫這幾種書籍者正是參與蜀石經刊刻書寫的孫逢吉等。④

---

① 繆荃孫《蜀石經校記》，《歷代石經研究資料輯刊》，北京：北京圖書館2005年版，第八册，第425頁。按，繆氏所以取岳本，殆以馮登府云"宋儒引經，並據此本與小字本，岳珂本往往相合"也。
② 加藤虎之亮《周禮經注疏音義校勘記》，中西書局2016年版，上册，第6頁下。
③ 王溥《五代會要》卷八："顯德二年二月，中書門下奏：'國子監祭酒尹拙狀稱：准敕校勘《經典釋文》三十卷，雕造印板，欲請兵部尚書張昭、太常卿田敏同校勘。'敕：'其《經典釋文》已經本監官員校勘外，宜差張昭、田敏詳校。'"上海：上海古籍出版社1978年，第129頁。
④ 《宋史·毋守素傳》："毋昭裔在成都，令門人勾中正、孫逢吉書《文選》《初學記》《白氏六帖》鏤板。守素齎至中朝，行於世。"中華書局1977年版，第40册，第13894頁。

李善、徐堅、白居易等在唐代摘經錄典，自是當時文本，流傳到孟蜀而鋟木，應是比較接近唐本之樣貌。杜《典》雖刊於北宋，而結撰於中唐，聶《圖》刻梓於南宋，實取資於唐圖，①著成於五代。前者與開成石經所據之太和本接近，後者則正與孟蜀石經鐫刻同時，適可與蜀石經文字相參證。杜光庭之《廣聖義》更是在前蜀時就被刊出。此類撰著、編纂於蜀石經之前，刊刻於蜀石經前後或同時典籍，其所引《周禮》文句，自在蜀石經之前而正可與其相校覈。藉此校覈，以窺探部分太和寫本及唐時其他寫本面目之一角，並揭示蜀石經在校勘寫刻中之選擇與疏忽。

隋唐《周禮》文本，有明確記載者，陸德明《釋文序錄》謂其所見有馬融、鄭玄、王肅注《周官》各十二卷，干寶注《周官》十三卷。②《隋志》所錄除四家外，尚有伊説《周官禮》十二卷，崔靈恩《集注周官禮》二十卷，劉昌宗《周禮音》三卷，沈重《周官禮義疏》四十卷，③陳邵、傅玄《周官異同評》、孫略《答周官駁難》等，更有其他旁涉《周禮》之著。儘管陸德明取鄭注《周官》爲據，然此類文本皆唐初所存。兩《唐志》馬融、鄭玄、王肅、干寶、伊説、崔靈恩、沈重及陳、傅、孫諸書皆存，新著有賈公彦《周禮疏》五十卷、王玄度《周禮義決》三卷等。儘管《隋志》云《三禮》"唯鄭注立於國學，其餘並多散亡，又無師説"，然此一系列書在開元前後亦存世。

自陸德明《釋文》因"今《三禮》俱以鄭爲主"而用鄭玄本，隋唐相沿不改。與孔穎達同時之賈公彦依鄭本撰《周禮疏》五十卷，固然有一定影響，然因單疏文本不與經注本合一，仍有侷限。且中唐盛行習本制度，科舉考試可以申報士子平日所習文本，科令雖以鄭玄本爲準，而民間之《周禮》鄭注本被輾轉傳鈔，各憑私意，擇取衆本，故衆本經注文字仍有可能滲透到士子之鄭玄本中。加之唐代文字俗體肆行，雖有《開元文字音義》《干祿字書》等屢加規整，仍無法趨於一致。張參在大曆間校定五經，統一文本，是當時不得已之大舉措，其豐功偉績，彪炳千秋。唯大曆之泥壁，寶曆之木壁乃至開成之石碑，皆僅經文而無鄭注，是以流傳數百年之久的鄭康成注文仍舊

---

① 按，《玉海藝文志》引《書目》云，聶書"因博采先儒《三禮》舊圖，凡得六本，考正是否，繢素而申釋之"，其所謂六本者，即有唐張鎰《三禮圖》及夏侯伏明（兩《唐志》作伏朗）《三禮圖》，甚至包容後漢侍中阮諶等，是必雜有唐及唐以前文本者也。王應麟著，武秀成、趙庶洋校證《玉海藝文志校證》卷五，南京：鳳凰出版社2013年版，第215—216頁。
②《隋志》謂干寶《周官注》十二卷，與此異。
③ 另有《周官禮義疏》十九卷、十卷、九卷等三種，當是沈重書之零本。

多歧無準。後唐長興田敏等悉心校勘，形成較爲穩定之文本。北宋咸平、景德相繼校正修補，成爲宋元以還之通行本。平岡武夫對宋本有特殊認識，他認爲宋本"最大的原因在於宋人並不是將他們繼承過來的唐鈔本照原文固定下來，而是搜集多種鈔本，根據自己的知識和感覺，經過思考，校訂出一套他們理想中的文本"。[1] 在寫本與刊本興替初期，每一位聚集衆本校其異同以成新本者，多有理想中定本的意識。[2] 五代學者之校勘，是否已經達到理想的定本，姑且不予評判，但經過宋初學者前後不斷修正補充，儘管不是百分之百的古本，但確是形成了一個文通字順、經義顯豁的可讀文本。這一點，通過我們將唐石經、五代、宋初國子監本對校後，可以有一個清晰認識。

三、蜀石經《考工記》文本得失管窺

陳慶鏞舊藏蜀石經《考工記》殘拓，始於《玉人》注文"璧男不言之者闕耳"，終於《匠人》經文"其崇三尺牆厚"。據吳履敬統計，"凡二十二葉二百六十四行，注皆夾行書，弟一葉下缺一葉。經一千九百二十九字，注四千六百四十八字"，總計得字六千五百七十七。陳慶鏞校以殿本，得異同二百餘字，吳履敬兄弟校以阮氏所刻宋本，[3]謂有"異同之處二百科"。後繆荃孫校以岳本，亦得異同近三百科。陳、吳、繆三人取校文本不同，所得條數自然有差。諸家所校，皆不如日人加藤虎之亮《周禮經注疏音義校勘記》細緻詳盡。[4] 今以上述群書勘證，所得亦近三百條。參考加藤之書，再蒐索群籍，略予案斷。總括而論，可從下列幾方面展示其得失。

（一）唐蜀石經異同與來源

蜀石經直接依仿太和舊本寫刻，太和本是張參、齊暐等校勘顏師古定

---

[1] 平岡武夫《村本文庫藏王校本白氏長慶集——走向宋刊本》，《東方學報》第45號，京都大學人文科學研究所，1973年9月。葉純芳教授漢譯稿。轉引自李霖博士論文《宋刊群經義疏的校刻與編印》，未刊本，第74頁。
[2] 從寫本到刊本時代的校勘，校者多充滿著我定則定、唯我是尊的定本意識，它與清代盧文弨、顧千里學派的校勘爲了存底本之原貌，凸顯衆本之沿革有所不同。但同時的戴震和段、王一派，仍有校定衆本、追溯作者初意的定本意識。
[3] 按，阮氏所校以錢孫保所藏宋槧小字本《周禮》爲主，其《冬官·考工記》係余仁仲本。
[4] 加藤虎之亮著1957年、1958年由日本財團法人無窮會影印本，本文據中西書局2016年版。

本、孔穎達正義和乾封本、開元本等基礎上而成，其正文字形又經由泥壁、木板之寫定頒布，已大致定型。又經鄭覃再次校勘，文本與字形趨於穩定。故蜀石經依太和本寫刻，其正文與唐石經差異有限。晁公武校蜀石經與宋監本得異同三百多條，《周禮》僅四十二科。宋監本承長興本，皆從唐太和本和開成石經本來，故唐蜀石經本差異很小。兹舉例比較如下：

《考工記》"磬氏爲磬"，蜀石經作"磬人爲磬"。加藤曰："石經、《初學記》《廣韻》作磬人。"按，《初學記》卷一六："《周禮》曰：磬人爲磬。"《廣韻·去徑》"磬"字下同。非僅加藤所揭，鄭玄《禮記·曲禮》"天子之六工，曰土工、金工、石工、木工、獸工、草工，典制六材"注云："此亦殷時制也，周則皆屬司空。……石工，玉人、磬人也。"可見康成當時亦稱"磬人"。《考工記》三十職，或稱人，或稱氏，本可互通，則蜀石經之作"磬人"，必有所承，非一時筆誤。若蜀石經依據太和本，而唐石經作"磬氏"，則太和本之外必有作"磬氏"者，溯而上之，陸氏《釋文》即作"磬氏"，與《釋文》相同的寫本流傳到中唐無須懷疑，故鄭覃據而改之也。五代長興本、宋本承唐石經作"磬氏"，遂與蜀石經異。康成《曲禮注》雖作"磬人"，卻無法確定其在《周禮》本經下作"磬人"抑"磬氏"，然至少可知六朝曾流傳"磬人"、"磬氏"二種寫本，由此亦分二路爲隋唐五代繼承：

1. 《釋文》承"磬氏"本——鄭覃承太和本而據《釋文》或《釋文》一系寫本改——長興本——宋監本以下同。
2. 他本"磬人"——《初學記》、太和本——蜀石經、《廣韻》。

《矢人》："前弱則俛。"唐石經、蜀石經皆作"前弱則勉"。顧亭林、萬斯同、王昶皆以唐石經作"勉"爲誤。錢大昕云："予謂勉與俛，古人多通用。"舉謂黽勉一詞，漢碑多作僶俛。[1] 按，俛、勉通假，自古而然。《墨子》《戰國策》皆借"勉"爲"俛"。嚴可均揭出《白帖》卷五八《矢門》引作"前弱則俛"，[2]其實猶不止此，杜光庭《道德真經廣聖義》卷四八引作"前弱則勉"。[3] 足見唐

---

[1] 錢大昕《十駕齋養新錄》卷二，《嘉定錢大昕全集》，南京：江蘇古籍出版社1997年版，第柒册，第34頁。倪思寬《二初齋讀書記》卷九亦與錢説同。
[2] 嚴可均《唐石經校文》卷三，《景刊唐開成石經》，北京：中華書局1997年影印本，第四册，第3030頁下。
[3] 杜光庭《道德真經廣聖義》，《正統道藏》，北京：文物出版社、上海書店出版社、天津古籍出版社影印本，第十四册，第557頁中。

五代勉、俛兩字猶互用。唐石經與蜀石經之作"勉",乃當時書寫風尚所致,非字之誤,唐蜀相承,猶可想見太和本之作"勉"也。孫詒讓謂余仁仲本亦作"勉",可推想余氏校勘時或看到石經本和其他舊寫本(或是唐鈔轉寫本)作"勉",以爲要比景德本古老有據,故改。其他諸本作"俛",亦必當時諸本字形歧出,而爲景德諸儒校定爲"俛"者也。

《梓人》:"其聲清陽而遠聞,於磬宜。"唐石經作"其聲清陽而遠聞",下殘泐。下一行"宜"字起,證明殘泐者爲"於磬"。若然,則此行僅九字,少於其他十字爲一行者。蜀石經作"其聲清陽而遠聞則於磬宜",多一"則"字。細審唐石經此行字距很寬,疑剪裱時依少"則"字的宋以後刻本移動字距。徵諸文獻,宋楊甲《六經圖》卷五所引有"則"字,與蜀石經同。嚴可均云:"'聞'下闕'則於磬',各本脫'則'。"①孫詒讓云:"'其聲清陽而遠聞則於磬宜'者,'於磬'上俗本並挩'則'字,今據唐石經補。"②是孫氏或見原拓,或信從嚴說也。按,傳世宋以下刻本多無"則"。經文云:"其聲清陽而遠聞,無力而輕,則於任輕宜;其聲清陽而遠聞,於磬宜。"審度文勢,以有"則"爲順。若然,唐蜀石經是太和本原文,而景德校勘時奪"則"字,遂使以下刻本相繼無"則",唯《六經圖》所據或爲石本及其他寫本。

上舉三例唐蜀石經經文,可證鄭覃在校勘太和本上石前,確實根據中唐留存之寫本進行過校改,而未完全照録太和本刊刻。唐蜀石經相同而與長興本、宋本文字之不同,證明長興、宋景德諸臣校勘時皆曾據當時所能見到的其他寫本各憑己意進行過校勘改易,此中當然也不排斥在寫刊時因疏忽和後世翻刻時的錯譌。

(二) 蜀石經《考工記》與宋刊本來源不同

蜀石經據太和寫本,可能參據其他寫本。長興本經文據開成石經本,注文則參據太和寫本,宋刊本則在長興本基礎上再予校勘,長興本與宋刊本皆會參據當時所能見到之寫本及單疏本勘正經注。是在共承一源之軌跡上,仍有不同支流匯入。兹歸類舉例如下:

"棗栗十有二列"鄭玄注:"則十有二列者,勞二王之後也。"蜀石經作"則十二列者,勞王者之後也"。按,賈疏引釋作"則十二列者,勞二王之後

---

① 嚴可均《唐石經校文》卷四,《景刊唐開成石經》,第四册,第 3030 頁。
② 孫詒讓《周禮正義》卷八一,中華書局 1987 年版,第十四册,第 3382 頁。

也"。無"有"字，是賈公彥所見與蜀石經同，蓋唐代有此一本也。非唯僅此，宋章如愚《群書考索》卷四五引亦與賈疏同，蓋此寫本或流傳至宋也。宋本作"十有二列"者，以經文"十有二寸"、"十有二列"衡之，遂作"十有二列"，此或爲六朝舊本，或爲景德諸儒據經文訂之也。康成所謂"二王"指夏殷二朝後之杞宋，蜀石經作"王者"，義爲泛指，已非康成之意。"王者"若非蜀石經誤寫而是承自唐代其他寫本，則此必係不明康成旨意者所改。

"大聲而宏"鄭玄注："謂聲音大也。"蜀石經作"紘，大也"。按，蜀石經"大"字在雙行注之末，無論書者鈔至此處誤將"聲音大"或"聲大"鈔脫成"大"，皆與宋刊本有異，因爲前面有"紘"字，故無論如何都顯出蜀石經與宋刊本所承文本有較大差異。若追溯長興本，太和本，可知唐代康成此注之一斑。

"數目顑脰"，故書"顑"或作"鬜"，鄭玄注引鄭司農云："鬜讀爲鬜頭無髮之鬜。"蜀石經作"鬜讀爲█頭無髮之█"。鬜形符爲"髟"，今省其右邊如毛髮之"彡"，一般異體字典不收。考六朝隋唐字形，形符髟省去"彡"者時有發現。如：鬚，北魏《元朗墓誌》作"█"；鬘，隋《張儉及妻墓誌》作"█"，髦，北齊《畢文造像》作"█"，北魏《姚伯多供養碑》作"█"，隋《符盛及妻墓誌》作"█"，髣，北魏《姚伯多供養碑》作"█"，隋《王楚英墓誌》作"█"。又如"髦"，唐《顏人墓誌》作"█"。由此知六朝至唐，"髟"省去"彡"之字形屢見不鮮。蜀石經之"█"，當是隋唐寫本遺留之字形，或即太和本如此，而長興本校勘時用正字，未可知也。

以上三條，蜀石經鄭注文字與長興、宋刻本不同，溯其源，並非隨手誤寫所致，而應有其隋唐寫本之來源。由其異同，可想見太和本在規整唐代各種寫本時的取捨。

（三）蜀石經《考工記》注文之優劣

經典文本在傳鈔、刊刻過程中，無論寫本、刻本，乃至上石鐫刻之碑石文本，皆有正誤得失，要評判其優劣，須較論其得失多寡。蜀石經正文取太和本，經晁公武校勘，差異不大。晁氏又"以監本是正其注"，發現"或羨或脱或不同至千數"，[①]惜所作校記不存。陳慶鏞、繆荃孫校勘殘存《考工記》二百餘條，頗有漏略，未能反映異同全貌。經筆者重新校勘，所見異同數多

---

① 晁公武著、孫猛校證《郡齋讀書志校證》卷二，上海：上海古籍出版社 1990 年版，第 70 頁。

於陳、繆所校，而大多異同皆在注文，試作得失評判如下。

1. 蜀石經注文之得

由於太和本仍是寫本，一定保留很多唐代書寫習慣字體。開成石經經文，是鄭覃在太和本基礎上經校勘並統一用唐時所謂正體字形，其於注文未及整飭。蜀石經寫刻時，正文可以參據開成石經，但注文則只能鈔錄太和本，即使參據他本，亦是寫本，互相歧出，難以統一。從有利角度省視，蜀石經與太和本中間不再有轉鈔環節，太和本又是唐代國子監屢經勘正者，故相對較爲標準。

（1）用正字

"繼子男執皮帛"鄭注："贄用束帛。"蜀石經作"摯用束帛"，"摯"字雖殘泐，猶可仿佛。賈疏"注'謂公'至'用贄'"，此同注作"贄"，而疏中有"以《大行人》注言之，此亦是孤尊，更以其摯也。知'諸侯孤飾贄以豹皮'"（宋兩浙東路茶鹽司本同）云云，其贄、摯混用。孫詒讓云："彼注'贄'並作'摯'是也。贄即摯之俗。"張參《五經文字·手部》"摯"下云："握持也。經典通以爲執，摯之。摯與贄同。"①就字義而言，作摯是。唐大曆時摯、贄互用不分，必有兩作者，然張參以"摯"謂正字。若太和本從張校定爲"摯"，蜀石經以太和本爲準，故作"摯"。而作"贄"之本仍有流傳，最後爲長興本或宋監本所取。

（2）用今字

"棗槀十有二列"鄭玄注："棗槀實於器。"蜀石經作"棗栗實于器"。孫詒讓云："《籩人》《弓人》皆經用古字作'槀'，注用今字作'栗'。惟此職及《矢人》經注皆作槀。疑後人所改，下同。"按，宋刻本《周禮》多如此，唯宋兩浙東路茶鹽司刻宋元遞修本《周禮疏》雖經注皆用古字，然其賈疏引注則作"棗栗實于器"。若蜀石經此處與太和本同，是賈疏所用本、鄭覃太和本與蜀石經一脈相承，則作"槀"者是長興或景德間校勘諸臣一時忽於體式之疏。

"杼上，終葵首"鄭注："杼，稠也。"蜀石經作"杼，殺也"。按，《典瑞》賈疏、《通典》《通志》皆作"殺"，同蜀石經。阮元校勘記云："《周禮》經作稠，注作殺字。下文注中取殺，殺文皆不作稠也。今此諸本皆作稠，蓋淺人援《釋文》本改之。"孫詒讓是阮說。《五經文字·門部》"稠"云："色界反，見《考工記》。"此大曆間經作"稠"之證。按，《釋文》云："稠，色界反。劉色例

---

① 張參《五經文字》卷上，《叢書集成初編》本，上海：商務印書館，1935年版，第1064號，第8頁上。

反,殺字之異者。本或作殺。下取殺,殺文同。"陸既云"本或作殺",是六朝兼有殺、𣪠之文本,無須淺人據《釋文》改也。然經作"𣪠",則注作"殺",亦有理據。蜀石經之作"殺",固有其所承之本也。

2. 蜀石經注文之失

蜀石經各經之鈔寫者都有文獻紀載,如《周易》爲楊鈞、孫逢吉書,《尚書》由周德貞書,《論語》《孝經》《爾雅》則由張德釗書等,①《周禮》則爲孟蜀秘書省校書郎孫朋吉書,②然未見有蜀石經校勘之文獻記錄。以常理推之,經典寫刻必須校勘,此觀宋初景德年間之反覆看詳可悟其程序。然若非經一定程序之校勘,勢必失誤孔多。經與諸本對勘,蜀石經之失誤確實不少。以下分類例舉。

(1) 衍文

A. 非轉行而衍

"伯守之"鄭注:"子守穀璧,男守蒲璧。不言之者,闕耳。"蜀石經作"……璧,男不言之者,闕耳"。此康成因經文但言天子鎮圭,公桓圭,侯命圭,伯躬圭,不言子男之圭,故據《典瑞》《宗伯》《大行人》之文補之。其所謂"不言之者",乃兼子、男而言。按,蜀石經"璧"前殘佚,不知其爲"子守穀璧"之"璧",抑是"男守蒲璧"之"璧"。若係前者,則可認爲是脱"守蒲璧"三字。若係後者,則係衍文。③ 書寫上石,衍字可能較少,疑所據太和注本如此,而爲唐代俗本衍誤耳。又按,其"璧"字、"玉"字寫在左下方,此種字形見於北朝和唐代墓誌,如:北魏《檀賓墓誌》作"䂖",隋《李則墓誌》作"䂖",唐《皇甫誕碑》作"䂖"。蜀石經字形與之相同,確實是唐寫本的形態。

"天子以巡守"鄭玄注:"用小山川,用邊璋,半文飾也。"蜀石經作"半,其文飾也",多"其"字。觀康成前文云:"於大山川,則用大璋,加文飾也。於中山川,用中璋,殺文飾也。"皆不作"加其文飾"、"殺其文飾",則此無"其"字可知。有者,或前朝俗本,或寫鈔本衍文。宋本以後皆無之,長興、景德校勘時規整之矣。

---

① 參見晁公武《石經考異序》(《全宋文》卷四六六〇,上海:上海辭書出版社 2006 年版,第 210 册,第 170 頁),洪邁《容齋續筆》卷一四"周once九經"條,上海:上海古籍出版社 1978 年版,394 頁。
② 孫朋吉爲孟蜀秘書省校書郎,其名有作"孫朋古"者,唯其人不見於史傳所載,今從較早之晁公武《石經考異序》、曾宏父《石刻鋪敘》和王應麟《玉海》等所記作"孫朋吉"。
③ 按,此條繆荃孫未出校。

"大璋亦如之,諸侯以聘女"鄭玄注:"大璋者,以大璋之文飾之也。"蜀石經作"以大璋者,以大□□文飾飾之也"。陳慶鏞補出"璋之"兩字。按,前一"以"明顯衍文。後泐二字,當是"璋之"。"文飾飾之",亦似衍一"飾"字。此句可見蜀石經寫刻稍嫌疏忽,而長興、景德以後校本則整飭通順。

B. 因轉行而衍

蜀石經更有一種因轉行而衍,此是鈔寫者在轉行處因疏忽而重寫相同文字之誤。

"倨句一矩有半"鄭玄注:"觸其弦。"蜀石經作"觸其弦觸其弦"(圖一),因第一句"觸其弦"寫完,正值轉行,寫者疏忽,又重寫"觸其弦"三字,以致成爲衍文。轉行時重寫文字,是人類疏忽之普遍心理。敦煌卷子188071號《周易正義》第二十六行轉二十七行時,亦多鈔一"爲"字,成"正義曰云爲爲飾之主"。[①] 清代書信中亦曾出現(圖二),要寫"完好無恙"四字,因"無"字在前行末字,轉行忘卻所寫,無意中重寫一"無"字,遂成衍文。蜀石經多次出現此類情況,皆由此心理支配所致。

圖一   圖二

———

① 原卷藏臺灣"中研院"傅斯年圖書館。見張涌泉主編《敦煌經部文獻合集》,北京:中華書局2008年版,第一册,第99頁,校注者云"底卷原有二'爲'字,當因换行而誤衍",第105頁。

"謂之澮"鄭玄注："莫不善於貢。貢者，校數歲之中以爲常。"蜀石經作"莫不善於貢者，貢者，校數歲之中以爲常也"，衍前一"者"字。此蓋見後文"貢者"，遂誤鈔成"貢者貢者"。句末多一"也"字。

（2）脫文

A. 因轉行而脫

"上公用龍"鄭注引鄭司農云："龍當爲尨。尨謂雜色也。"蜀石經作"龍當爲尨。謂雜色也"（圖三）。按，賈公彥疏引鄭注文亦重"尨"字，是賈所見本如此。賈疏爲唐代所重，太和本當會參考。蜀石經此處正好轉行，是否因此而脫漏，待考。加藤謂陳祥道《禮書》、魏了翁、方回之《古今考》同蜀石經不重"尨"，或宋人據蜀石經而然也。

圖三

B. 非轉行而脫

"夫人以勞諸侯"鄭玄注："記時諸侯僭稱王。"蜀石經作"記時諸侯稱王"，無"僭"字。按，諸侯而稱王，是僭也。賈疏引釋亦有"僭"字，云"春秋之世，吳、楚及越，僭號稱王，而吳、楚夫人不稱后，是夫人之號不別也"。依賈疏，以有"僭"爲是，疑蜀石經寫脫。

（3）譌文

"終葵首"鄭注："終葵，椎也。爲椎於其杼上。"蜀石經作"終葵，推也。爲推於其杼上"。二"椎"字皆作"推"。唐寫手鈔木、手形近多誤。加藤云："十、京本'推'，同誤也。"加藤所謂京本者，乃明翻刻宋本之《京本點校附音重言重意互注本》，椎、推乃偏旁之誤，刊刻時亦易致誤。不然，則宋時據蜀石經文而誤也。

"大璋、中璋九寸，邊璋七寸"鄭玄注："三璋之勺，形如圭瓚。"蜀石經作"三璋之勺，形如王瓚"。繆荃孫、陳慶鏞錄作"形如玉瓚"，非。按，賈疏云："圭瓚之形，前注已引《漢禮》，但彼口徑八寸，下有盤，徑一尺。此徑四寸，徑既倍狹，明所容亦少，但形狀相似耳，故云'形如圭瓚'也。"蜀石經"王"顯係"圭"之誤。

"且其匪色"鄭玄注："匪，采貌也。"蜀石經作"匪來貌也"。賈疏："鄭云'匪,采貌'者,以其以色配匪,明匪是采貌也。"作"采"爲歷代相傳之本。采、來形近,蜀石經以形近而誤。

以上諸例從文義、文句上定蜀石經爲誤,就文本而言,也有可能太和本已脱已誤,果若太和本已脱已誤而爲蜀石經承襲,則必須解釋長興、景德本讎校諸臣曾根據六朝或賈疏未脱未誤本校正。

(4) 譌倒

"天子執冒四寸"鄭注:"四寸者,方以尊接卑。"蜀石經作"四寸者,方以奇卑接尊"。按,"奇"字固衍。康成所以注云"以尊接卑"者,以《禮器》篇有"禮有以小爲貴者"故也。以卑接尊,顛倒尊卑,與天子執玉四寸者違異。加藤謂"卑尊字互易,疑筆誤"。① 隔字顛倒,恐非一時鈔錯,加之又衍"奇"字,此處或有所據本之誤存焉。

"鼻寸,衡四寸"鄭玄注:"鼻,勺流也。"蜀石經作"勺,鼻流也"。康成蓋釋"鼻"字,蜀石經誤倒。此義之淺顯者,若經校勘,不可能致誤,當是寫刊之誤。宋以後不誤者,長興、景德校勘之功也。

(5) 綜合

以上衍奪倒譌僅在一字一句之中。蜀石經《考工記》有一段極爲引人矚目的綜合性異同衍奪錯譌,即《匠人》"九夫爲井"四十七字經文下,有注文達六百三十九字(圖四),經與宋婺州刻本校覈(圖五),②發現異同、衍奪、錯譌竟有三四十處! 爲真切展呈其譌誤原貌,將拓本與宋婺州刻本相應部分列出,凡有異同,在刻本上用線畫出,以資觀覽對照。

此三四十處異同,以蜀石經衍奪譌誤者居多,可見蜀石經在鈔寫刊刻之際,其校勘確實未能盡善。然亦略可窺見唐五代鈔刊本至宋景德以後之校勘、翻刻本之源流異同。如鄭玄注"滕文公問爲國於孟子",蜀石經作"滕文公問爲國之禮於孟子",多"之禮"二字,雖《孟子》原本無"之禮",然鄭注在流傳過程中未必不會增此兩字,不能定其爲蜀石經之衍文。又"孟子云野九夫而税一",蜀石經作"孟子曰野九夫之田而税一","云"、"曰"之異無論,蜀石經多"之田"兩字,雖《孟子》原本無"之田",然徵之孔穎達《禮記·王制》疏引,亦有"之田",可見此多爲傳鈔中産生異本,未必由蜀石經始作俑。

---

① 加藤虎之亮《周禮經注疏音義校勘記》,下册,第 425 頁。
② 此係《中華再造善本》影印國家圖書館所藏宋婺州市門巷唐宅刻本《周禮》,下同。

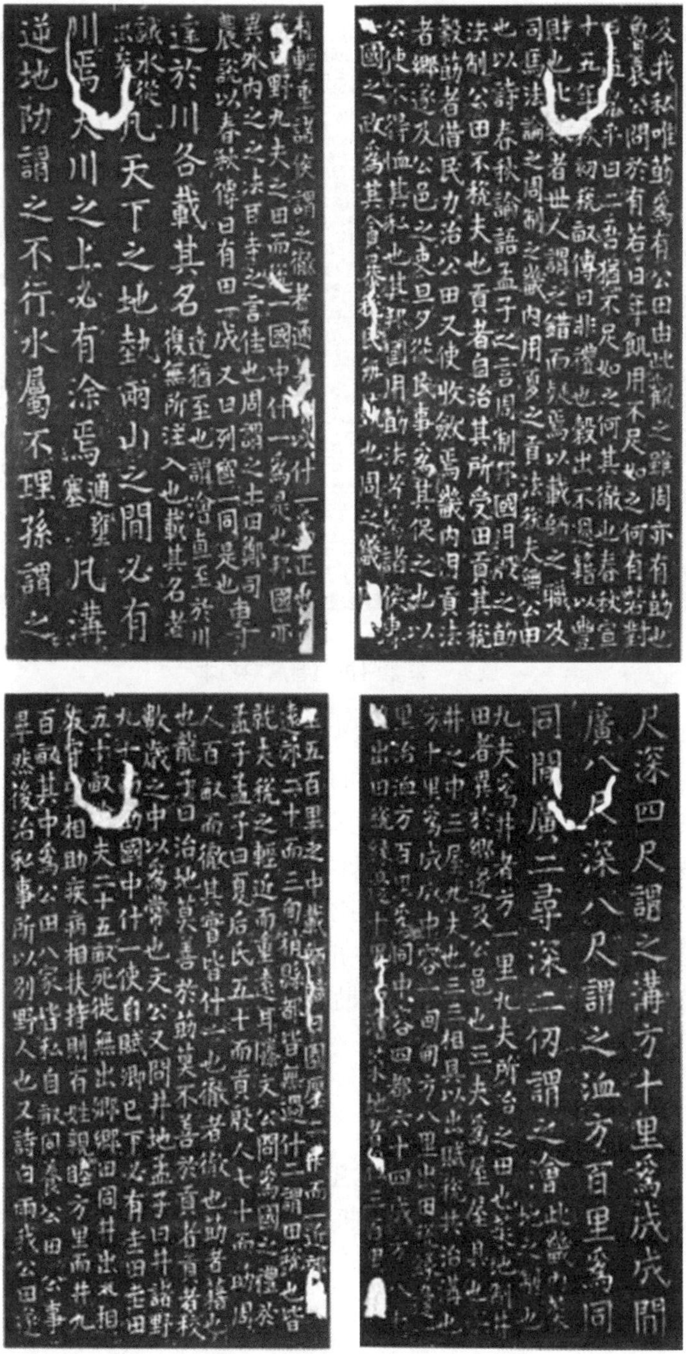

圖四　蜀石經《考工記》拓本

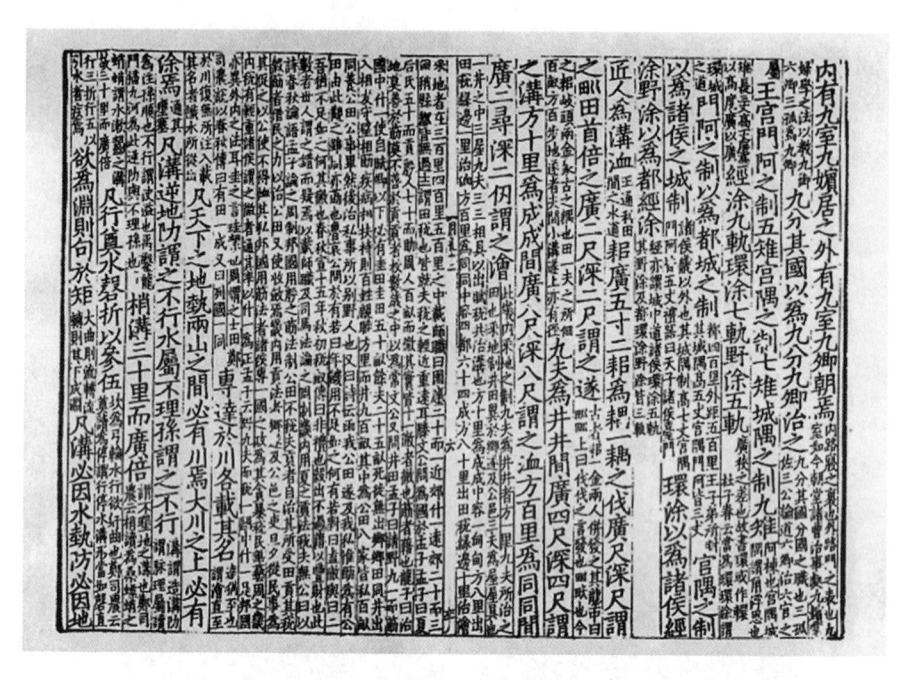

圖五　宋婺州市門巷唐宅刻本

又，"方里而井井九百畝"，宋刻本同，①蜀石經少一"井"之，而婺州本亦少一"井"字，或皆前有所承。同時，也可以看出今存宋刻之誤，如"稅夫無公田"，宋刻本《周禮》同，蜀石經多"也"字，也屬正常，而婺州本"田"誤作"曰"。又"有若對曰盍徹與"，宋婺州本同，蜀石經作"盍徹乎"，而宋刻本《周禮》作"畜徹乎"，"畜"爲"盍"誤字無須有疑，而"乎"之與蜀石經同，可證其傳自同一系統文本。由此可窺，五代宋初有寫本轉爲刊本之時，即使源於同一系統文本，由於當時可資校勘的寫本尚多，加之校勘諸臣認識、理解各自不同，還會產生一定差異。

（四）蜀石經注文虛詞處理

虛詞中語氣助詞，與經義關涉不甚緊密，古人在傳授傳鈔中緣種種因素，或增或減，本無一定。又以某些語氣助詞詞義相近，故亦有互換其詞者。以下從蜀石經中擇取"也"、"者"等語氣助詞和助詞略作示例，以予說明。

---

① 此宋刻本係《中華再造善本》影印北京大學圖書館所藏《周禮》，下同。

1. "也"字位置

"也"字是一最爲常見之語助詞,也是傳鈔、版刻、校勘學上最爲紛亂而使人目眩頭暈之詞。古人鈔書、刻書,於"也"字或增或省,率心肆意,多無憑據。最早關注此一文詞者是北齊顔之推,其在《家訓·書證》篇中指出:"'也'是語已及助句之辭,文籍備有之矣。河北經傳,悉略此字。"如果於文義無礙,略之也無妨。然其例舉各種絕不可省"也"字之文句,以爲"其失大矣"。① 其後島田翰著《古文舊書考》,在《春秋經傳集解》下更是連篇累牘舉正隋唐間《玉燭寶典》《藝文類聚》《文選音訣鈔》等書中"也"字增省之誤。而總結之云:"顔之推北齊人,而言'河北經傳,悉略語辭',然則經傳之災,其來亦已久矣。"②顔之推、島田翰僅言"也"字有無,楊守敬發現"日本古鈔本,經注多有虛字",謂阮元嘗疑是彼國人所增,"今通觀其鈔本,乃知實沿於隋唐之遺"。③ 則進而推究古代雙行注文鈔寫本與"也"字有無之關係,云:"唐以前古書皆鈔寫本,此因鈔書者以注文雙行排寫,有時先未核算字數,至次行餘空太多,遂增虛字以整齊之,別無意義。故注文多虛字,而經文無有也。至宋代刊本盛行,此等皆刊落,然亦有未剷除盡淨者。"④楊氏提出雙行字數核算與"也"字關係,識見過於前人,然謂注文多虛字,經文無有,則不免偏奇。張涌泉遍檢敦煌寫本,對"也"字之增省都有詳盡的舉例與説明。⑤ 針對蜀石經注文"也"字,筆者從其在句末有無空位著眼,同時校覈隋唐及同時文本,來探索其文本之來源。

(1) 有空位加"也"。

"以祀天"鄭注:"《典瑞職》曰:'四圭有邸,以祀天旅上帝。'"蜀石經作"《典瑞職》曰:'四圭有邸,以祀天旅上帝也。'"(圖六)多一"也"字。繆荃孫、加藤失校。按,此處鄭注雙行小注空兩格,故加一"也"字無妨。

"宗后以爲權"鄭玄注:"鄭司農云:'以爲稱錘,以起量。'"蜀石經作"鄭司農云:'以爲稱錘,以起度量也'。(圖七)多"度"、"也"兩字。觀賈公

---

① 顔之推著、王利器集解《顔氏家訓集解》,北京:中華書局1993年版,第436—437頁。
② 島田翰《漢籍善本考》卷一,北京:北京圖書館出版社2003年版,第125—127頁。
③ 楊守敬《日本訪書志緣起》,《楊守敬集》,武漢:湖北人民出版社、湖北教育出版社1997年版,第八册,第27頁。
④ 楊守敬《日本訪書志補·古文尚書十三卷》,《楊守敬集》,第八册,第385頁。
⑤ 張涌泉《敦煌寫本文獻學》第十三章《省代省書和省文》及十五章《雙行注文齊整化》,蘭州:甘肅教育出版社2013年版,第438頁、第510頁。

圖六　　　　　　　　　圖七

彥疏、孫詒讓正義釋證，皆不及"度"，疑蜀石經沿俗本"度量"而衍。"也"者或足雙行字數而已。

（2）無空位省"也"。

"以治兵守"鄭玄注："先言牙璋，有文飾也。"蜀石經作"先言牙璋，有文飾"，無"也"字（圖七）。蓋雙行小注寫"飾"字已至末，無地位再寫"也"，遂省之。此未必所據本無"也"字也。

（3）有空位無"也"。

"諸侯以享夫人"鄭玄注："君之夫人也。"蜀石經作"君之夫人"，無"也"字（圖八）。按，此處雙行有一格地位可寫"也"，蜀石經不填寫，當是所據太和本無"也"字也。

"以致稍餼"鄭玄注："致稍餼，造賓客納禀食也。"蜀石經作"致稍餼，造賓客納餼食"（圖九），"禀"作"餼"。又其句末少"也"字。鄭注此文下有鄭司農、杜子春語，且蜀石經此下雙行小注多出七字字位，足以容一"也"字。今闕，當視爲所據本無"也"字。

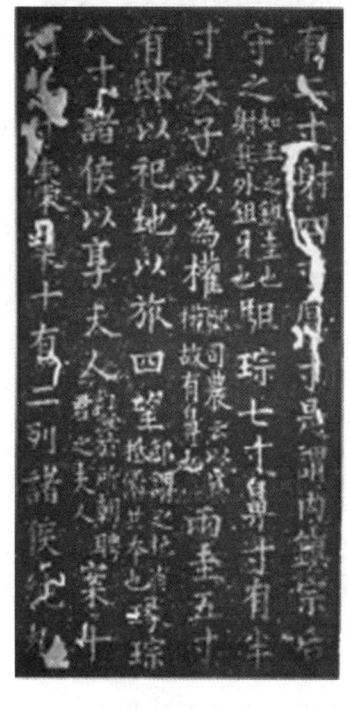

蜀石經所見《周禮·考工記》文本管窺 ·187·

圖八　　　　　　　　圖九

（4）無空位有"也"。

"以其笴厚"鄭玄注："笴讀爲槀，謂矢幹，古文假借字。"蜀石經作"笴讀爲槀，謂矢幹也，古文假借字"（圖十），多"也"字。

此"也"非在句末行末，疑爲傳本不同。

"以設其比"鄭玄注："弩矢比在上下。"蜀石經作"弩矢比在上下也"，多"也"字。按，此"也"字亦非在鄭注之末，疑亦傳本不同故也。

（5）純粹所據文本不同。

"脂者膏者臝者羽者鱗者"鄭玄注："脂，牛羊屬；膏，豕屬。臝者，謂虎豹貔螭，爲獸淺毛者之屬。羽，鳥屬；鱗，龍蛇之屬。"蜀石經作"脂，牛羊屬也；膏，豕屬也。臝者，謂虎豹貔螭，爲獸淺毛者之屬也。羽，鳥屬也；鱗，龍蚘屬也"（圖十一）。按，蜀石經用四"也"絕句，絕非因雙行字位有無而加減。其省去"龍蚘之屬"之"之"，亦非無字位原因。此必傳本來源不同。

"夫人以勞諸侯"鄭玄注引鄭司農云："夫人，天子夫人。"蜀石經作"夫人，天子夫人也"（圖九），多一"也"字。按，賈疏引釋亦無"也"，蓋其有所

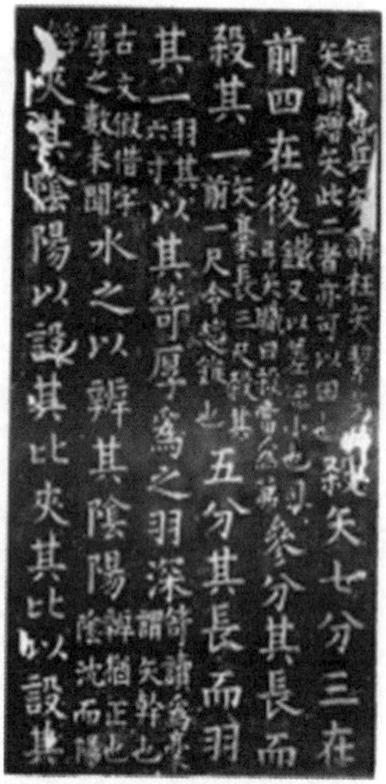

圖十

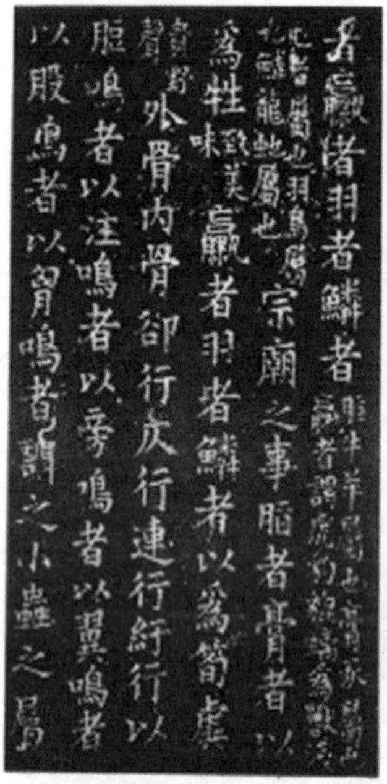

圖十一

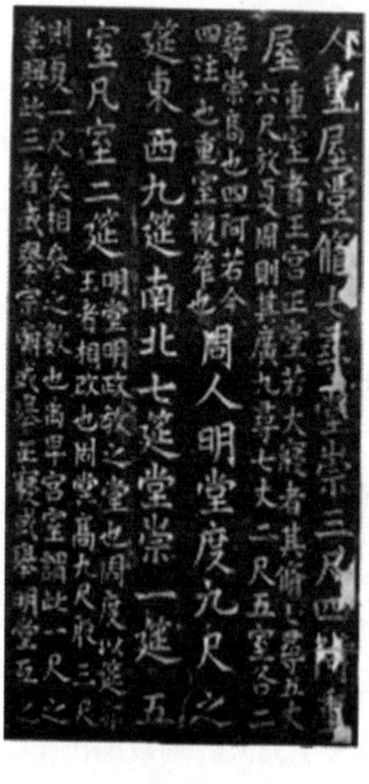

圖十二

承之本也。然此處非雙行末尾，後尚有百餘字，則蜀石經必非妄添，當亦前有所承，則有無"也"字，或六朝河北、江南本之差異也。

（6）唐代文本有"也"。

"凡室二筵"鄭玄注："明堂者，明政教之堂。"蜀石經作"明堂，明政教之堂也"（圖十二）。無"者"有"也"。《毛詩正義》十八、《通典》卷四十四亦有"也"字，是亦前有所承也。

就上所列論之，蜀石經注文有空位加"也"，無空位省"也"，乃是拘於雙行地位有無，沿襲六朝隋唐以來之鈔寫常態，不依原文而隨便增減之現象。相反，有空位無"也"，而其他文本有"也"；無空位有"也"，而其他文本無"也"，則多半顯示出其來源於不同文本。至於連續有多個"也"字與他本不同，顯然是文本來源不同；而蜀石經有無"也"字與宋本及以後諸本不同，而與隋唐間類書、單疏等相同，則亦可證其有文本來源。溯而上之，隋唐間鈔本於"也"字會隨手增減，再溯而上之，六朝江南、河北本有"也"無"也"亦各行其是，故反應在蜀石經注文上紛亂之"也"，並不能證明其所據本有無限多種，而只能顯出其在太和本、長興本之外，確曾參考過其他寫本。

2. "者"字有無

"天子執冒四寸"鄭注："名玉曰冒者。"蜀石經無"者"字。加藤校曰："陳本'玉'誤'王'，《書鈔》'曰'作'爲'。石經、《通考》《書鈔》無'者'。"① 按，馬端臨《通考》有可能鈔脫，類書《北堂書鈔》作"名玉爲冒"，似不可能連誤兩字。頗疑隋唐間即有作"名玉曰冒"而無"者"之本，太和本或參校本未改，蜀石經擇而襲之。

3. "之"字有無

"射四寸"鄭玄注："射琰出者也。"蜀石經作"射琰之出者也"。宋本無"之"字。賈疏云："'射，琰出者也'者，向上謂之出，謂琰半已上，其半以下爲紋飾也。"此"之"字有無皆可，謂有"之"則言之重心在琰之上出一半。唐時或有兩種文本，長興或景德校勘時去之，以爲無關文義也。蜀石經保留"之"，亦可見唐時文本之一斑。

4. 虛詞互換

"伯守之"鄭注："文之闕亂存焉。"蜀石經作"文之闕亂存也"。"焉"易爲"也"。② 按，據康成《周禮注》無作"存也"，而皆作"存焉"，疑康成原文當作"存焉"。此處非"也"之有無，顯係所承太和本或參校本已作"也"。

"倨句一矩有半"鄭玄注："非用其度耳。"蜀石經作"非用其度也"。"耳"易爲"也"。按，《御覽》卷五七六引作"非用其度也"，同蜀石經。《御覽》多承襲隋唐間類書，故蜀石經或亦承襲五代以前作"也"之寫本。

（五）蜀石經避諱

"強飲強食，女曾孫諸侯百福"鄭玄注："曾孫諸侯，謂女後世爲諸侯者。"蜀石經作"曾孫，諸侯子孫，謂女後世爲諸侯者"。繆荃孫云："各本脫

---

① 加藤虎之亮《周禮經注疏音義校勘記》，下冊，425 頁。
② 按，此條繆荃孫未出校。

'子孫'二字。"①加藤云:"注'謂女後世爲諸侯'者,是解經'女曾孫諸侯'也。如石經,則'諸侯子孫'四字解曾孫,謂女一句無落著,以爲細説曾孫乎,固不可;以爲總釋女曾孫諸侯乎,語失略。此二字疑衍。"②加藤分析解語甚確,當爲蜀石經衍字。蜀石經此注"世"字爲唐諱,顯承唐寫本而來,第不知"子孫"二字是唐寫本舊有,抑或五代校勘時所增也。

"國中九經九緯"鄭玄注:"國中,城内也。"蜀石經作"國中,城中也。"按,隋文帝父楊忠,避諱改"中"爲"内"。故《初學記》卷二四、《白帖》卷八五等引之,皆作"城内也",知唐代寫本、校本多有承之未改者。太和本作"内"作"中",今未可知。然蜀石經確已改爲"城中",無論承自太和本、長興本,抑或廣政時校勘所改,皆有其理據。而景德諸臣校勘承自未改之"城内"本,實非允妥。

以上是蜀石經避隋諱和唐諱之例,放眼蜀石經《周禮》乃至蜀石經全部,隋唐之諱遠不止此,此是蜀石經直接依據唐代太和本或參據其他寫本鈔録上石之明證。

四、對蜀石經文本初步觀想

七朝石經之鎸刻,恒與王權相關,故亦冠以相應年號而稱之。唯蜀石經雖刻於廣政年間,其實以蜀相毋昭裔個人意願爲多。趙清獻公謂蜀相毋昭裔捐俸金,取九經琢石於學宫。蓋以其少時貧賤,借書看人難色,故發願騰達後當以版刻圖書,傳播天下。石經之鎸琢,所費人力物力皆鉅,非以舉國之力難以蕆事。史載毋氏捐俸金百萬以刻石經,即使另有孟蜀朝廷資助,亦顯示出很强之個人行爲。謂其選用唐太和本爲底本,請能書者書寫。如《周易》孫逢吉書;《尚書》周德貞書;《毛詩》《儀禮》《禮記》,張紹文書;等等。載記多突出諸人之能書,皆未言及其校勘。由寫本校勘到刻梓或上石鎸刻,是一個極其繁瑣細緻的工程。如若在校勘上未能做到謹嚴,則文字上一定會留下衍奪譌誤。就孫朋吉所書《周禮》而言,它雖然保存相當部分之太和本原貌,讓後世得窺唐寫本面貌之一斑,彌足珍貴。然亦確實遺

---

① 繆荃孫《蜀石經校記》,第 450 頁。
② 加藤虎之亮《周禮經注疏音義校勘記》卷四一,第 452 頁上。

留了不少譌誤,如轉行處之衍文與脱文,椎推、圭王、采菜之譌誤,即使此類譌文非孫氏手誤,也足以證明當時疏於校勘。尤其是連續六百餘字之注文,異同錯譌達三十餘處,可以想見書寫時之粗心。

　　將蜀石經與唐開成石經相較,就財力人力而言,唐石經是得帝王詔敕,由國家財力支撐和國子監博士合作的一項重大的文化舉措,蜀石經僅是半公半私的鉅大工程。就難易程度而言,蜀石經兼刊經、注,難度要比唐石經大得多。即使和同樣屬於朝廷文化工程的後唐長興刊本相比,蜀石經的難度也遠較刊本爲大。因物力之艱、難度之大,終致竣工時間無限拖延;因分頭書寫、疏於校勘,所以留下不少錯訛衍奪。但從《考工記》之經與注而論,經文與源自太和本的唐石經基本一致,注文因曾參考過太和本之外的唐寫本,保存了部分古本面貌,故不乏可以校正長興本、景德本以還的宋刻本之錯譌。

二〇一八年八月十六日至二十三日於榆枋齋
二〇二二年五月四日二稿

（作者單位：浙江大學馬一浮書院）

An investigation of *Zhou Li Kao Gong Ji* inscribed in Shu Stone Classics

Yu Wanli

The Stone Classics of the Tang Dynasty are regarded as an important document which follows the early version and is the basis of the later versions. The following problems cannot be ignored in the circulation of Confucian Classics: First, whether the Shu 蜀 Stone Classics and Tang 唐 Stone Classics are both formed on the basis of the Taihe 太和 version or not; Second, what is the impact of the Shu Stone Classics on the later Tang Changxing 長興 version, the Northern Song Jingde 景德 version and other later versions? Focusing on the incomplete rubbings of the Shu Stone Classics *Zhou Li Kao Gong Ji* 周禮考工記, from the literature on the topic and the texts themselves, it can be inferred that the annotated Taihe version is the early version of the Shu Stone Classics and the Kaicheng 開成 Stone Classics. The Kaicheng Stone Classics just takes the text and simply proofreads it, but the Shu Stone Classics takes the text and the notes, so the annotation of the Shu Stone Classics has roughly the appearance of the Taihe version. Also, the annotation of the Changxing version is based on the Taihe version and collates many versions, so there is a big difference between them, which is witnessed by *Shi Jing Zhu Wen Kao Yi* 石經注文考異. Through the annotation of the Shu Stone Classics, researchers can partially understand the appearance of the Taihe version and some earlier versions, but it is still roughly collated and there are many mistakes.

Keywords: Kaicheng Stone Classics, Shu Stone Classics, *Zhou Li Kao Gong Ji*, original version, song edition

徵引書目

1. 王天然：《孟蜀石經性質初理》，《中國典籍與文化》，2015 年第二期。Wang Tianran. "Mengshu shijing xing zhi chuli" (A Preliminary Study on the Nature of Meng-Shu Stone Classics). Zhongguo dianji yu wenhua (Chinese Classics and Culture) 2 (2015).

2. 王欽若、楊億等：《册府元龜》，南京：鳳凰出版社 2006 年版。Wang Qinruo and Yang Yi et al. Cefu Yuangui (Royal Collection of Books for the Emperor). Nanjing：Fenghuang chuban she, 2006.

3. 王溥：《五代會要》，上海：上海古籍出版社 1978 年版。Wang Pu. Wudai huiyao (Compilation of Important Events of the Five Dynasties). Shanghai：Shanghai guji chuban she, 1978.

4. 王應麟著，武秀成、趙庶洋校證：《玉海藝文志校證》，南京：鳳凰出版社 2013 年版。Wang Yinglin. Yuhai yiwenzhi jiaozheng (Critical edition of the Record of Arts and Letters in Yuhai). Edited by Wu Xiucheng and Zhao Shuyang. Nanjing：Fenghuang chuban she, 2013.

5. 平岡武夫：《村本文庫藏王校本白氏長慶集——走向宋刊本》，《東方學報》第 45 號，京都大學人文科學研究所，1973 年 9 月。Hiraoka Takeo. "Cunben wenku cang wangjiaoben baishi changqingji - zouxiang song kanben" (Bai's Changqing Collections Published by Wang in Song Dynasty Collected in the Muramoto Library). Dongfang xuebao (Oriental Journal) 45 (Sep.1973).

6. 加藤虎之亮：《周禮經注疏音義校勘記》，上海：中西書局 2016 年版。Kato Toranosuke. Zhouli jingzhushu yinyi jiaokanji (Proofreading of Zhou Li with Notes). Shanghai：Zhongxi shuju, 2016.

7. 杜光庭：《道德真經廣聖義》，《正統道藏》，北京：文物出版社、上海書店出版社、天津古籍出版社 1988 年版。Du Guangting. "Daode zhenjing guang shengyi" (The Explaining of Tao Te Ching). Zhengtong daozang (Taoist Series Edited in Zhengtong period). Beijing：Wenwu chuban she, Shanghai shudian chuban she, Tianjin guji chuban she, 1988.

8. 宋刻元修本《說文解字》，《中華再造善本·唐宋編》，北京：國家圖書館 2007 年版。Xu Shen. Shuowen jiezi. Zhonghua zaizao shanben (Reprinted Ancient Chinese Books). Beijing：Guojia tushuguan, 2007.

9. 宋刻本《周禮》，《中華再造善本》，北京：國家圖書館出版社 2007 年版。Zhou Li (Rites of Zhou). Zhonghua zaizao shanben (Reprinted Ancient Chinese Books). Beijing：Guojia tushuguan, 2007.

10. 宋婺州市門巷唐宅刻本《周禮》，《中華再造善本》，北京：國家圖書館出版社 2007 年版。Zhou Li (Rites of Zhou). Zhonghua zaizao shanben (Reprinted Ancient Chinese Books). Beijing：Guojia tushuguan, 2007.

11. 周梅泉：《明拓唐石經考》，《工讀週刊》1936 年第一卷第六期。Zhou Meiquan. "Mingta tangshijing kao" (An Investigation of the Rubbings of the Tang Stone Classics in

the Ming Dynasty). *Gongdu zhoukan* (*Weekly of Training Student*) 1.6(1936).

12. 洪邁：《容齋續筆》，上海：上海古籍出版社1978年版。Hong Mai. *Rongzhai suibi* (*Miscellaneous Notes of Rongzhai*). Shanghai：Shanghai guji chuban she, 1978.

13. 晁公武：《石經考異序》，《全宋文》卷四六六○，上海：上海辭書出版社2006年版。Chao Gongwu. *Shijing kaoyi xu* (*Preface to Investigating the differences between Stone Classics*). *Quan song wen* (*Complete Works of Articles in Song Dynasty*). Shanghai：Shanghai cishu chuban she, 2006.

14. 晁公武著、孫猛校證：《郡齋讀書志校證》，上海：上海古籍出版社1990年版。Chao Gongwu. *Junzhai dushuzhi jiaozheng* (*Proofreading of Junzhai Reading Notes*). Corrected by Sun Meng. Shanghai：Shanghai guji chubanshe, 1990.

15. 島田翰：《漢籍善本考》，北京：北京圖書館出版社2003年版。Shimada Kan. *Guwen jiushu kao* (*An Investigation of Books Written in Ancient Chinese Characters*). Beijing：Beijing tushuguan chubanshe, 2003.

16. 陳慶鏞：《籀經堂類藁》，《清代詩文集彙編》第587冊，上海：上海古籍出版社2010年版。Chen Qingyong. *Gujingtang leihui* (*Gujing Hall Reading Notes*). *Qingdai shiwenji huibian* (*Collection of Poems of the Qing Dynasty*). Shanghai：Shanghai guji chuban she, 2010.

17. 孫詒讓：《周禮正義》，北京：中華書局，1987年版。Sun Yirang. *Zhouli Zhengyi* (*A Correct Interpretation of Zhou Li*). Beijing：Zhonghua shuju, 1987.

18. 曹學佺：《蜀中廣記》，文淵閣四庫全書，臺北：臺灣商務印書館1986年版。Cao Xuequan. *Shuzhong guangji* (*Notes Made in Shu*). *Wenyuange siku quanshu* (*Complete Library of Four Branches of Books in Wenyuan Ge*). Taipei：Taiwan shangwu yinshu guan, 1986.

19. 脫脫等：《宋史》，北京：中華書局1977年版。Tuotuo et al. *Songshi* (*The History of Song Dynasty*). Beijing：Zhonghua shuju, 1977.

20. 張涌泉：《敦煌寫本文獻學》，蘭州：甘肅教育出版社2013年版。Zhang Yongquan. *Dunhuang xieben wenxianxue* (*A Monographic Study of Dunhuang Manuscripts*). Lanzhou：Gansu jiaoyu chubanshe, 2013.

21. 張涌泉主編：《敦煌經部文獻合集》，北京：中華書局2008年版。Zhang Yongquan, ed. *Dunhuang jingbu wenxian heji* (*Documents Related to Confucian Classics Found in Dunhuang*). Beijing：Zhonghua shuju, 2008.

22. 張國淦：《歷代石經考》，臺北：臺灣鼎文書局1972年版。Zhang Guogan. *Lidai shijingkao* (*Overview of All Stone Classics*). Taipei：Taiwan dingwen shuju, 1972.

23. 張參：《五經文字》，《叢書集成初編》本，上海：商務印書館1935年版，第1064號。Zhang Can. *Wujing wenzi* (*Standard Glyph of Confucian Classics*). Shanghai：Shangwu yinshu guan, 1935.

24. 馮登府：《唐石經考異序》，《清經解》，上海：上海書店，1988年版。Feng Dengfu. *Tang shijing kaoyi xu* (*Preface to the Collation of the Tang Stone Classics*). In *Qing jingjie* (*Confucian Research Series in the Qing Dynasty*). Shanghai：Shanghai shudian, 1988.

25. 楊守敬：《楊守敬集》，武漢：湖北人民出版社、湖北教育出版社 1997 年版。Yang Shoujing. *Yang Shoujing ji* (*Collected Works of Yang Shoujing*). Wuhan: Hubei renmin chuban she, 1997.
26. 劉體乾：《孟蜀石經殘存》，1926 年石印本。Liu Tiqian. *Mengshu shijing cancun* (*Existing Meng-Shu Stone Classics*). 1926.
27. 薛居正：《舊五代史》，北京：中華書局 1976 年版。Xue Juzheng. *Jiu wudai shi* (*Old Five-Dynasties History*). Beijing: Zhonghua shuju, 1976.
28. 錢大昕：《嘉定錢大昕全集》，南京：江蘇古籍出版社 1997 年版。Qian Daxin. *Jiading Qian Daxin quanji* (*Collected Works of Qian Daxin*). Nanjing: Jiangsu guji chuban she, 1997.
29. 錢仲聯校注：《沈曾植集校注》，北京：中華書局 2001 年版。Shen Zengzhi. *Shen Zengzhi ji jiaozhu* (*Proofreading of Shen Zengzhi's Works*). Edited by Qian Zhonglian. Beijing: Zhonghua shuju, 2001.
30. 繆荃孫《蜀石經校記》，《歷代石經研究資料輯刊》，北京：北京圖書館 2005 年版。Miao Quansun. *Shu shijing jiaoji* (*Proofreading of Shu Stone Classics*). In *Lidai shijing yanjiu ziliao jikan* (*Summary of Stone Classics Research in Various Periods*). Beijing: Beijing tushuguan, 2005.
31. 顏之推：《顏氏家訓》，北京：中華書局，1993 年版。Yan Zhitui. *Yanshi jiaxun* (*Yan's Family Precepts*). Beijing: Zhonghua shuju, 1993.
32. 嚴可均：《唐石經校文》，《景刊唐開成石經》，北京：中華書局，1997 年版。Yan Kejun. *Tang shijing jiaowen* (*Proofreading of Tang Stone Classics*). In *Yingkan tang kaicheng shijing* (*Photocopy of Tang Stone Classics Rubbings*). Beijing: Zhonghua shuju, 1997.
33. 顧永新：《蜀石經續刻、補刻考》，《儒家典籍與思想研究》第三輯，北京大學出版社 2011 年版。Gu Yongxin. *Shu shijing xvke buke kao* (*Investigation on the Subsequent Carving of Shu Stone Classics*). In *Rujia dianji yu sixiang yanjiu* (*Confucian Classics and Thought Research*) Vol.3. Beijing: Peking daxue chuban she, 2011.

精微之教

——陳淳學術與《四書大全》徵引内容考察*

陳逢源

【摘　要】陳淳,字安卿,號北溪,朱熹紹熙元年(1190)任漳州知府,陳淳入於門下,朱熹先指點"根原",後又提醒"下學",傳授達於性天的日用之學,道德既是日常中驗之有得的結果,也是於義理當中詳審分判得來,以道與學爲核心,道以顯學,學以入道,從而體現學術完整架構。朱熹與陸象山鵝湖之辯,朱熹採取含容兼取立場,陳淳則勇於與辯,同樣言"心",陳淳依從朱學思考,"心"之所在,由根原而達於下學,理氣一貫。四書作爲朱學要籍乃是朱門共識,然而陳淳以《近思録》作爲四書楷梯,乃是重申朱熹學術承濂洛之淵源而達於洙泗之正學,四書意義於茲而顯,盡其精微之思,成爲《四書大全》援以印證朱學地位材料,轉爲彰顯朱注價值、深化工夫内涵,擴大性命之教的詮釋内容,對於朱學地位確立,饒有推進作用。

【關鍵詞】陳淳　朱門　四書　近思録　四書大全

---

* 本篇論文乃是執行"明代四書學中朱學系譜——以蔡清《四書蒙引》、陳琛《四書淺説》、林希元《四書存疑》爲核心之考察"研究計劃所獲得之部分成果,計劃編號MOST 109-2410-H-004-145-MY3。感謝兩位審查人惠賜建議,指引更周詳的思考,另外助理李松駿、吳凱雯同學協助檢覈,在此一併致謝。

一、前　　言

　　明成祖敕纂《四書大全》，形塑皇統政教規模①，影響之下，一道德，同風俗②，四書成爲明代學術基礎，朱熹學術成爲明儒宗奉準則，乃是循此開展的結果③。由朱學而下的發展，朱熹門人無疑是形塑朱學最重要關鍵，也是《四書大全》義理系統有待梳理的環節。檢覈《四書大全·凡例》引用名録106位當中，親炙朱熹弟子有北溪陳氏（陳淳）、勉齋黄氏（黄榦）、慶源輔氏（輔廣）、三山潘氏（潘柄）、節齋蔡氏（蔡淵）、九峰蔡氏（蔡沈）、覺軒蔡氏（蔡模）、三山陳氏（陳孔碩）、趙氏（不詳）、潛室陳氏（陳埴）、胡氏（胡泳）、鄭氏（鄭南升）、梏蒼葉氏（葉味道）、莆田黄氏（黄士毅）、天台潘氏（潘時舉）、歐陽氏（歐陽謙之）、厚齋馮氏（馮椅）等，其中趙氏應爲趙順孫④，剔除不計，可考共計16人，佔徵引人數15%。比例並不低，由門人詮釋以見朱學究竟，具有振葉尋根，觀瀾索源作用，只是其中綫索紛雜，徵引内容不一，殊難清楚其中脈絡，爲求釐清，筆者先後完成《"傳衍"與"道統"——〈四書大全〉中黄榦學術之考察》⑤，以及《承道統之傳，啓道學之祕：輔廣〈論語〉、

---

① 蕭啓慶《元代科舉特色新論》云："道學在科舉中的獨尊及成爲近世的官學是始於元代，而非宋代。不過，道學在元代僅爲儒學各派中的官學，還算不上'正統'學術。因爲科舉在當時並非入仕的主要管道，而儒學不過是諸'教'中的一種。道學正統地位的確立是在明朝。"又："成祖永樂十三年（1415）頒行《四書大全》、《五經大全》，成爲科舉考試及學校教育的準繩，廢棄舊注疏不用，但這兩部官纂大全與元代科舉所用注疏乃是一脈相承。朱學獨尊的地位自此獲得鞏固。"《"中研院"歷史語言研究所集刊》第81本第1分（2010年3月）第23、26頁。
② 高攀龍：《高子遺書》，景印文淵閣《四庫全書》，臺北：臺灣商務印書館1986年版，卷七《崇正學闢異説疏》，第441頁。
③ 陳逢源：《明代四書學的發展與轉折》，載於《國文學報》第68期（2020年12月），第75頁。
④ 胡廣等纂修《四書大全·凡例》引用名録除"趙氏"之外，尚有"格菴趙氏（趙順孫）"，然按覈《四書大全·論語集注大全》卷一一《先進篇》引"趙氏曰：評其賢，則能者勸；評其否，則不能者勉，無非教也。然此篇稱賢者三倍於否，亦足以見賢之衆矣。"而宋·趙順孫撰《四書纂疏》（臺北：文史哲出版社1981年12月版）則作"愚謂"，第1115頁。據此推測趙氏應是趙順孫而重出，屬於三傳弟子。
⑤ 陳逢源：《"傳衍"與"道統"——〈四書大全〉中黄榦學術之考察》，載於《孔學堂》第7卷第23期（2020年6月），第44—59頁。

〈孟子〉學初探》①，然而朱熹晚年所收弟子陳淳尚未梳理，不免有其缺憾。事實上，陳淳過世，黃必昌撰《祭文》云：

> 伏惟先生，朱門嫡嗣，一見之初，遂蒙許與。外若朴鈍而明敏絶人，言若拙訥而勇進莫禦，混然之中而有粲然者存，尋常之中而有精妙者寓。慤乎，子輿省身之誠！湛乎，曾晳詠歸之趣！德量渾涵，則顔子之不校；氣象巖巖，則孟氏之無懼。宜乎獨得朱子之大全，而考亭夢奠之後，猶使學者有所宗主也。②

以時人觀察，陳淳義理辨析精微，德行學養俱佳，能得朱熹學術之精華，確實是朱門代表性弟子，然而《宋元學案》全祖望案語云："其衛師門甚力，多所發明，然亦有操異同之見而失之過者。"③批判心學甚力，言其有稍過之失。另外，認爲《近思錄》爲四書階梯，也與同爲朱門弟子之黃榦主張不同，成爲朱門理解朱熹學術進路的公案。凡此疑而難辨之處，延至《四書大全》徵引陳淳四書詮釋《大學》17 條、《中庸》38 條、《論語》3 條、《孟子》8 條，總共 66 條，集中於《大學》、《中庸》，也與輔廣、黃榦集中《論語》、《孟子》情況不同④，也是朱門學術發展頗爲特殊之處，過往學者留意陳淳對於朱熹學術的繼承⑤，或是留意陳淳理氣的思考⑥，或是言其"去實體化"的傾向⑦，或是

---

① 陳逢源：《承道統之傳，啓道學之祕：輔廣〈論語〉、〈孟子〉學初探》，載於《"祭祀黃帝陵與中華民族偉大復興新征程"學術論壇論文集》，西安：西北大學中國思想文化研究所 2021 年 4 月版，第 197—221 頁。
② 陳淳撰：《北溪大全集》，景印文淵閣《四庫全書》第 1168 册，臺北：臺灣商務印書館 1983 年—1986 年版，《北溪外集·祭文》，第 897 頁。
③ 黃宗羲原著，全祖望補修：《宋元學案》，臺北：華世出版社 1987 年 9 月版，卷六八《北溪學案》，第 2219 頁。
④ 按：《四書大全》徵引輔廣情況，《大學》0 條、《中庸》2 條、《論語》440 條、《孟子》391 條，總共 833 條；徵引黃榦情況，《大學》2 條、《中庸》3 條、《論語》155 條、《孟子》12 條，總共 172 條，主要集中於《論語》、《孟子》，與陳淳集中於《大學》、《中庸》情況不同。
⑤ 有關黃榦與陳淳討論者多矣，置於朱學發展當中，晚近有王奕然：《朱熹門人考述及其思想研究——以黃榦、陳淳及蔡氏父子爲論述中心》，臺北：臺灣師範大學國文系博士論文，2013 年 2 月；王志瑋：《黃榦、陳淳對朱學的繼承與發展研究》，臺北：政治大學中文系碩士論文，2008 年 6 月。
⑥ 王清安：《陳淳本體論中的"氣學向度"再議》，載於《淡江中文學報》第 37 期（2017 年 12 月），第 285 頁。
⑦ 田智忠：《淺析陳淳思想中的"去實體化"趨勢》，載於陳支平、葉明義編《朱熹陳淳研究》第二輯，廈門：廈門大學出版社 2015 年 6 月版，第 501—502 頁。

檢討陳淳與黃榦對於入道之序的主張①,其餘尚有曹晶晶《陳淳心性論研究——以〈北溪字義〉爲中心》②、宋健《陳淳理學思想研究》③、羅威《陳淳思想中的"心學"傾向探析》④、毛凱《陳淳"天""人"道通思想研究——以〈北溪字義〉中"天""人"範疇爲研究對象》⑤、付杰《陳淳成聖思想研究》⑥、李玉峰《陳淳理學思想研究》⑦、朱理鴻《陳淳哲學思想研究》等⑧,相關學位論文,或從天人角度,或從心性、理氣進入,或從哲學分析,或從儒學檢討,皆有助於陳淳義理的了解。然而從學朱熹內容,按覈陳淳經典詮釋成果,乃至於後人徵引重點,所形塑之羽翼朱學情況,則有待於回歸文本進行分析,筆者撮舉整理,期以有更深入的觀察。

二、從 學 朱 熹

陳淳,字安卿,號北溪,紹興二十九年(1159)生,嘉定十六年(1223)卒,漳州龍溪人,爲朱熹晚期所收學生。陳淳少穎悟,習舉業,鄉賢林宗臣見而奇之,授以朱熹所編《近思錄》,遂棄舊學而從儒學,得識伊洛淵源,欣然有向慕之意。朱熹紹熙元年(1190)任漳州知府,陳淳前往請教⑨,指引工夫所在,遂得朱學宗旨,陳淳敘及從學過程,朱熹先指以"根原",後提醒"下學",學以求通貫,前後十年向慕從學,從而在理學當中,有清楚工夫以及實際操

---

① 李紀祥:《入道之序:由"陳(淳)、黃(榦)之歧"到李滉〈聖學十圖〉》,載於《中央大學文學院人文學報》第 24 期(2001 年 12 月),第 270—272 頁。蘇費翔撰:《〈近思錄〉〈四子〉之階梯——陳淳與黃榦爭論讀書次序》,載於《哲學與時代:朱子學國際學術研討會論文集》,上海:華東師範大學 2012 年 9 月版,第 509 頁。
② 曹晶晶:《陳淳心性論研究——以〈北溪字義〉爲中心》,上海:上海師範大學學位論文,2019 年 3 月。
③ 宋健:《陳淳理學思想研究》,濟南:山東大學學位論文,2014 年 4 月。
④ 羅威:《陳淳思想中的"心學"傾向探析》,杭州:杭州師範大學學位論文,2012 年 6 月。
⑤ 毛凱:《陳淳"天""人"道通思想研究——以〈北溪字義〉中"天""人"範疇爲研究對象》,重慶:重慶師範大學學位論文,2012 年 4 月。
⑥ 付杰:《陳淳成聖思想研究》,重慶:西南政法大學學位論文,2012 年 3 月。
⑦ 李玉峰:《陳淳理學思想研究》,開封:河南大學學位論文,2008 年 5 月。
⑧ 朱理鴻:《陳淳哲學思想研究》,湘潭:湘潭大學學位論文,2004 年 5 月。
⑨ 陳淳《北溪大全集》卷五《初見晦菴先生書》云:"道必真有人而後傳,學必親炙真任道之人而後有以質疑辨惑而不差。"(第 535 頁)以朱熹爲任道之人,而期許可以從學得傳。

作成果。① 陳淳撮舉《問目》，言爲提問，其實更像是心得分享，經旨義理當中，切己體察，精審剖析，師生之間，深切檢討，朱熹在書面批示，也在閱讀時稱賞②，有助於陳淳推求根原，義理得其一貫而無失，工夫回歸於平實，朱熹所傳授的是達於性天的日用之學，既不張皇，也無虛妄，道德既是日常中驗之有得的結果，也是義理當中詳審分判得來，然而就是平實當中，顯示儒學宏大界境。凡此獲得朱熹認可，陳淳記錄最後往見朱熹情況，撰成《竹林精舍錄後序》③，朱熹病榻之中，殷切指點，直指病痛所在，必須專心致志於下學之功，格物而致知，致知而力行，義理窮究並不是在理一，而是在分殊當中求理之根原，導回於日用之間，由分殊以見理一進路，成爲陳淳一生宗奉法門。朱熹指點內容詳見《朱子語類》④，《朱子文集》也有《答陳安卿（淳）》六封書信，內容多爲四書義理研討⑤，對於陳淳好學也深爲肯定，稱賞有加。⑥ 陳淳依循指引思考深化，曾應嚴陵郡守鄭之悌與楊廣文之請，親赴講學，撰成《道學體統》、《師友淵源》、《用功節目》、《讀書次序》四篇，建構完整學術體系，即爲《嚴陵講義》。前兩者以道爲核心，梳理學脈所在；後兩者爲學之所在，強調工夫進程，道以顯學，學以入道，以道與學爲核心，從而體現學者完整架構。

　　陳淳重建伊洛之學義理脈絡，強調朱熹有建構的成績，因此在主體與工夫方面，更加留意體系與進程，窮其根原，以求道之所在，云："聖賢所謂道學者，初非有至幽難窮之理，甚高難能之事也，亦不外乎人生日用之常爾。蓋道原於天命之奧，而實行乎日用之間。"⑦道爲人生追求所在，天理自然流行，聖者知此，學者行此，既不幽遠難求，也非甚高難行，儒學之道，在於貫天人，達性命，有體有用，根之於心而行於日用人倫，所以是堯、舜與人所共同，爲飲食起居禮樂政刑，千條萬緒當然之則，純然有生命靜定當中自

---

① 陳沂：《敘述》，收入陳淳《北溪大全集・北溪外集》，第900—901頁。
② 陳淳：《北溪大全集》卷六、七、八《問目》，第543—565頁。
③ 陳淳：《北溪大全集》卷一〇《竹林精舍錄後序》，第574—575頁。
④ 黎靖德編：《朱子語類》，臺北：文津出版社1986年12月版，卷一一七"訓門人五"，頁2814—2834。《朱子語類》所錄爲紹熙元年（1190）庚戌、慶元五年（1199）己未所聞。
⑤ 朱熹撰，陳俊民校編：《朱子文集・續集》第6冊，卷五七《答陳安卿（淳）》一、二、三，第2745—2783頁。
⑥ 朱熹撰，陳俊民校編：《朱子文集》第6冊，卷五五《答楊至之（至）一》，第2616頁。卷五七《答李堯卿（唐咨）一》，第2733頁。卷五八《答楊仲思一》，第2795頁。《朱子文集・續集》第10冊，卷三《答蔡仲默》，第4968頁。
⑦ 陳淳：《北溪大全集》卷一五《道學體統》，第614頁。

覺自行價值。至於道之所傳，正是歷來聖賢相繼系譜，從羲皇、神農、堯、舜、禹、湯、文、武而及於孔子，從而集群聖之法，作六經爲萬世師表，道之所繫，從此在德不在位，道在於經。只是孟子以下失其傳，至北宋周敦頤、二程抽關啓鑰，道學復振，最後達群聖之心，統百家之會，朱熹集諸儒大成，云："河洛之間，斯文洋洋，與洙泗並鳴而知者有朱文公，又即其微言遺旨，益精明而瑩白之，上以達群聖之心，下以統百家而會于一。蓋所謂集諸儒之大成，嗣周、程之嫡統，而粹乎洙泗、濂洛之淵源者也。"①道既非空無，也非功利，既不過高，也不卑下，道因人顯，要有任道之人，也要有傳道之人，因此求道，必得乎師友淵源，得其指路之津。朱熹《中庸章句序》"道統"觀②，爲陳淳完全繼承，並且分化爲"道學體統"與"師友淵源"兩項重點，前者標舉道之內涵，以證明貫通內外之價值；後者強調聖賢薪傳，以證明淵源之所在，道與人是道統的核心，相較於朱熹重視先聖所傳之心法，陳淳更留意師友所守內容，從而傳道在人，遂有任道之人的責任與使命，入聖工夫也就益形重要，云："聖門用功節目，其大要亦不過曰致知力行而已……其所以爲致知力行之地者必以敬爲主。敬者主一無適之謂，所以提省此心，使之常惺惺，乃心合乎道。而聖學所以貫動靜，徹終始之功也。"③朱熹《大學章句》中"格物"工夫④，成爲陳淳構畫成德的核心。儒者以致知、力行爲用功所在，知與行並進，而以敬爲知、行核心，唯此心可以貫動靜，通始終而合於道，對於儒學工夫的確認，乃是循朱熹融"靜"與"敬"⑤，又從"敬"之修養開展的結果，遂有盡乎心體操持而落實於行事的方向，也可見朱門要義是心與理涵。由天而及人，由心而及知，貫通一氣的安排，既不陷於一偏，也無遺內遺外之失，朱熹理學工夫之精彩遂能清楚明朗，有此規模與體認，陳淳提供讀書次序，云："蓋不先諸《大學》則無以提挈綱領而盡《論》、《孟》之精微，不參諸《論》、《孟》則無以發揮蘊奧極《中庸》之歸趣。若不會其極於《中庸》，則又何以建立天下之大本而經綸天下之大經哉！"⑥先《大學》以立

---

① 陳淳：《北溪大全集》卷一五《師友淵源》，第 616 頁。
② 朱熹：《中庸章句序》，《四書章句集注》，臺北：長安出版社 1991 年 2 月版，第 14 頁。
③ 陳淳：《北溪大全集》卷一五《用功節目》，第 616 頁。
④ 朱熹：《大學章序》，《四書章句集注》，第 3—7 頁。
⑤ 陳逢源：《融"靜"於"敬"——朱熹〈四書章句集注〉之心性涵養工夫》，載於《2019 年清明祭黄帝陵與弘揚中華優秀傳統文化學術論壇論文集》，西安：西北大學中國思想文化研究所 2019 年 4 月版，第 267—268 頁。
⑥ 陳淳：《北溪大全集》卷一五《讀書次序》，第 617—618 頁。

規模,後《論語》、《孟子》以盡精微,最後歸之《中庸》發揮蘊奧,平心以玩其指歸,切己體察,然後義理昭明,胸襟洒落,從而有讀天下書,論天下事的尺度。四書作爲朱熹學術中心爲朱門共識,而讀書次序一依朱熹進程主張①,其中並無《近思錄》先後的討論。陳淳從根原與下學工夫當中開展儒學思考,從道學體統立規模,師友淵源立蘄向,用功節目定基礎,讀書次序定方式,體系宏大,義理明晰。儒學貫動静,通終始,由天及人,由内及外,既無過高過低之失,也無知行之偏,由人而道,用功讀書開展坦然平易的人生願景,四書則是在道與學中確立作用。

三、義 理 分 判

朱熹指引陳淳成學,陳淳也深化朱學,建構道與學完整體系,義理既精,分判遂明,《似道之辨》批判佛老似道而非道②,《似學之辨》批評科舉之學似學而非學③。既可見辨析之功,也可見陳淳反對虚空與功利,澄清用意,在於還道體真正内涵,確立學習正確方向。以其體系而言,"道學體統"、"師友淵源"、"用功節目"、"讀書次序"爲其所"立",而"似道之辨"與"似學之辨"爲其所"破",有"立"有"破",從而對於朱熹學術捍衛也就更加用力。朱熹與陸象山鵝湖之辯④,朱熹採取含容兼取立場,然而陳淳對於象山後學,卻是勇於與辯,云:"自都下時頗聞浙間年來象山之學甚旺,以楊慈湖、袁祭酒爲陸門上足,顯立要津,鼓簧其説,而士夫頗爲之風動。及來嚴陵山峽間,覺士風尤陋,全無向理義者,纔有資質美志於理義者,便落在象山圈檻中。"⑤學者既不讀書窮理,也不宗奉聖賢,錯認人心爲道心,同樣標

---

① 陳逢源:《道統與進程:論朱熹四書之編次》,《朱熹與四書章句集注》,臺北:里仁書局2006年9月版,第183頁。
② 陳淳:《北溪大全集》卷一五《似道之辨》,第618頁。
③ 陳淳:《北溪大全集》卷一五《似學之辨》,第620頁。
④ 陸九淵:《陸九淵集》(臺北:里仁書局1981年1月版)卷三四"語錄上"云:"朱元晦曾作書與學者云:'陸子静專以尊德性誨人,故游其門者多踐履之士,然於道問學處欠了。某教人豈不是道問學處多了些子?故游某之門者踐履多不及之。'觀此,則是元晦欲去兩短,合兩長。然吾以爲不可,既不知尊德性,焉有所謂道問學?"(第400頁)朱熹有意縮合"尊德性"與"道問學"兩者,象山則更强調"尊德性"之優位意義,兩人方向有異。
⑤ 陳淳:《北溪大全集》卷二三《與李公晦一》,第683—684頁。

舉道學名目，卻全襲禪家宗旨，似是而非，有違儒學要義。陳淳對於心學流行深以爲憂，認爲是學術的墮落，因此批判甚力，期以扭轉學風，相同觀察也見於《與陳寺丞師復一》①。象山學術直截明快，門人弟子高舉宗旨，相互標榜，成爲當時風尚。而以陳淳所見，朱熹之後，道學流行，卻有似是而非的發展，取輕巧而厭工夫，外儒內釋，言之爲心，卻逐上遺下，喪失儒家核心價值，更無日用之間致知持敬工夫。陳淳申明立場，也強調主張，朱門格物窮理，以敬爲宗，以致知力行相輔，重視切身體察，《與黃寅仲》云：" 自到嚴陵，益知得象山之學情狀端的處，大抵其教人只令終日靜坐，以存本心……今指人心爲道心，便是向來告子指生爲性之説，及佛家所謂作用是性之説，蠢動含靈皆有佛性之説，運水搬柴無非妙用之説。故慈湖傳之，專認心之精神爲性，全指氣爲理矣。"②陳淳所見乃是實地考察結果，剖析極爲深入。以"根原"而言，象山一系學者究理止之於心，而未達於性天；以"下學"而言，輕忽日用之間，未能格致窮理，純然於心體當中做工夫，卻又錯認人心爲道心，以氣爲性，不能分出人心之私與性命之正，也不了解仁者理氣雖不相離，但也不相混，因此言之頗爲嚴厲，目的在於日用間立天地宏規，既有對於學風的反省，也有強化朱門爲儒學正統之用意。

　　陳淳認爲應實下工夫，《答西蜀史杜諸友序文》言朱熹學術承濂洛淵源而達洙泗之正學，而相較於湖湘、浙學、江西不同學風，閩學才是正傳，唯有了解其他各家學說深淺得失，切己體察，認取朱學爲正，所知才能真確不移，所行才能真切實篤③。陳淳標舉朱學價值，推崇閩學地位，延續朱熹融鑄進路，唯求深切篤實，對於朱學信仰更爲堅定，信念更爲真切，而回歸於心體的認取。陳淳撰《心説》、《心體用説》，對於方寸之間，其所以爲體與天地同其大，其所以爲用與萬事無不貫，動靜一如，云："人之欲全體此心而常爲一身之主者，必致知之力到，而主敬之功專，使胸中光明瑩淨，超然於氣稟物欲之上。而吾本然之體，所以與天地同其大者，皆有以周徧昭晰而無一理之不明，本然之用所與天地相流通者，皆無所隔絶間斷而無一息之不生……靜而天地之體存，一本而萬殊；動而天地之用達萬殊而一貫，體常涵用。用不離體，體用渾然，純是天理。"④陳淳將朱熹開示之致知與持敬工

---

① 陳淳：《北溪大全集》卷二三《陳寺丞師復一》，第 686 頁。
② 陳淳：《北溪大全集》卷三一《與黃寅仲》，第 744—745 頁。
③ 陳淳：《北溪大全集》卷三三《答西蜀史杜諸友序文》，第 760—761 頁。
④ 陳淳：《北溪大全集》卷一一《心説》，第 580 頁。

夫,作爲心體達天而應物關鍵,從而在動、静、理、氣之間,心體瑩然貫通,體用相涵,構畫完整一貫學術體系,心之所在,虚靈之中,自有天命渾然之理,持敬致知又有以使其用與天地相流通。同樣言"心",陳淳從朱學而下,其"心"之所在,理氣一貫,工夫與境界爲一體。由根原而達於下學,宗主所在,對於朱熹學術地位的尊崇,來自於學術辨析結果,也就無怪後人以"朱門嫡嗣"爲稱。①

事實上,從朱熹去世,表彰朱學信念已深著於心,陳淳《敘述》云:

> 自孟子没,聖人之道不傳,更千四百餘年得濂溪周子、河南二程子者出,然後不傳之緒始續。然濂溪方開其原,甚簡質而未易喻,明道又不及爲書,伊川雖稍著書大概,方提綱發微,未暇及乎詳密,而斯文之未整者猶爲多矣。故百年之内,見知聞知,亦不乏人,而斯道復傳之緒,若顯若晦,聖人殘編斷簡,竟未有真能正訂以爲後學之定準,而百氏争衡於世者亦紛乎未決。求其詣之極而得之粹,體之全而養之熟,真可嗣周程之志而接孟子以承先聖者,惟吾先生一人,超然獨與心契。②

朱熹於時之所遇,於世之成就外,更有繼千四百年絶學的學術事業,强調朱熹承濂洛學統,光大儒學,道統終於有進程。重視學術之統,成爲陳淳建構重點。北宋儒學既是朱熹學術淵源所在,因此對於北宋儒學特别關注,留意《近思録》也就極爲自然,《朱子語類》載:

> 《近思録》好看。四子,六經之階梯;《近思録》,四子之階梯。③

此爲陳淳所録。《近思録》可以成爲四書基礎,作爲入道之序,饒有關鍵作用。四書是否需有《近思録》作爲楷梯,門人之間有不同看法④,黄榦就質疑陳淳主張。從學理而言,《近思録》内容既廣,不宜爲《大學》之先;其次,朱熹對於《近思録》編次尚有疑義,也從未提及《近思録》爲四書階梯的説法,

---

① 黄必昌:《祭文》,見陳淳:《北溪大全集·北溪外集》,第897頁。
② 陳淳撰:《北溪大全集》卷一七《侍講待制朱先生敘述》,第629頁。
③ 黎靖德:《朱子語類》卷一○五"論自注書",第2629頁。
④ 蘇費翔:《〈近思録〉〈四子〉之階梯——陳淳與黄榦爭論讀書次序》,載於《哲學與時代:朱子學國際學術研討會論文集》,第503—506頁。

《大學》爲入道之階的主張，才是朱熹提供學者不二法門。① 陳淳説法是否有違朱熹之教，形成朱門公案，陳淳《答李公晦三》於此有所回應②。爭議所在，乃是四書之前，是否應有引導過程，陳淳以朱熹撰成《四書章句集注》，《論語》、《孟子》、《大學》、《中庸》原本已有，如果缺略指引，則不能明白朱熹用心，也無法清楚得見朱熹繼承孔孟絕學意義，更何況朱熹能夠完成四書體系，也是淵源於北宋周、張、二程四先生，缺乏此一認知，四書義理未必能透澈，朱熹學術也就難有深入了解。事實上，道統得傳確實是數代學人賡續努力結果，陳淳讀《近思錄》而拜入朱熹門下，朱熹言及《近思錄》乃四書之階梯，並不奇怪。陳淳請益文字往往録下朱熹回應，記下朱熹批語③，對於朱熹提點深加留意，出於記憶所及，並無造僞的必要④。陳淳曾刊朱熹絕筆定本《大學》，認爲是"此書乃群經之綱領，而初學入德之門"⑤。《大學》乃成學之要，説法也一如黃榦，尤其《讀書次序》當中未及於《近思錄》⑥。可見黃榦與陳淳以四書爲儒學核心觀點並無不同，只是如何呈現作用的方式有別，陳淳藉由北宋儒學系譜上接道統，呈現朱熹繼承周、程的地位，重視"聖學"與"理學"的"銜接性"⑦，強調義理溯源，則又可見追求根原的思考。

四、徵 引 考 察

陳淳由朱熹學術而深化，有立有破，有捍衛成績，也有建構體系成就，

---

① 黃榦：《勉齋集》，《四庫全書》第1168册，臺北：臺灣商務印書館1986年3月版，卷八《復李公晦書》，第91頁。
② 陳淳：《北溪大全集》卷二三《答李公晦三》，第684—685頁。
③ 陳淳《北溪大全集》卷七《問目》注云："右《問目》一卷，文公答書云其間説得極有精密處，甚不易思索至此，今更不能一一批鑿，得久之自見得也。"（頁558）卷八《問目》注云："右《問目》一卷，親呈文公，讀至半日：'説得也好。'遂暝目坐，久又讀至近末，曰：'説得好，皆是一意。'"（第565頁）其詳細如此。
④ 蘇費翔撰《〈近思錄〉〈四子〉之階梯——陳淳與黃榦爭論讀書次序》檢討各種可能性，認爲應是朱熹給不同門人有不同的教導。（第509頁）
⑤ 陳淳：《北溪大全集》卷一四《代跋大學》，第611頁。
⑥ 按：陳淳《讀書次序》標舉四書爲讀書之要，並未提及《近思錄》，自然無所謂先後問題，但如果《道學體統》、《師友淵源》、《用功節目》列於《讀書次序》之前，其用意仍是先立引導，再讀四書，可見以四書爲要籍的共識不變，但進路仍有陳淳個人切要的思考。
⑦ 李紀祥：《入道之序：由"陳（淳）、黃（榦）之歧"到李滉〈聖學十圖〉》，載於《中央大學文學院人文學報》第24期（2001年12月），第270頁。

精微之思,遂有深化四書義理方向。只是陳淳四書詮釋收錄《四書大全》當中數量並不多,檢視所得,主要集中於《大學》、《中庸》部分,可見後人輯錄當中,特別關注陳淳義理辨析進路,留意工夫與境界的思索。

(一) 彰顯朱注價值

首先是對於朱熹注解意義的闡發,《四書大全·中庸或問》"或問名篇之義",引陳淳之言:

> 程子以不易解庸字,亦是謂萬古常然而不可易,但其義未盡,不若平常字最親切,可包得不易字。蓋天下事物之理,惟平常,然後可以常而不易,若怪異之事,人所罕見,但可暫而不可常耳,平常不易,本作一意看。①

從"不易"到"平常",既包容不易的狀態,又有回歸於人情平實的訴求,朱注"庸"爲"平常也"②,細節當中,讀者無法了解朱熹深意,陳淳一方面留意朱熹承二程之處,也凸顯朱熹從二程而精進的成就,"平常"親切有味,意義顯豁,從而確認日用之間才是可長可久爲學方向,《四書大全·中庸章句大全》"庸,平常也"引陳淳之言:

> 文公解庸爲平常,非於中之外,復有所謂庸,只是這中底便是日用平常道理。平常與怪異字相對,平常是人所常用底,怪異是人所不曾見,忽然見之便怪異。如父子之親,君臣之義,夫婦之別,長幼之序,朋友之信,皆日用事,便是平常底道理,都無奇特底事。如五穀之食,布帛之衣,可食可服,而不可厭者,無他,只是平常耳。③

回歸於人倫日常,"平常"乃是在"中"之理,工夫所在,細密綿長,唯有深入朱學內涵,才能領略此語的滋味,《四書大全·中庸章句大全》"仲尼祖述"一章,引陳淳之言:

---

① 胡廣等纂修:《四書大全·中庸或問》,第 547 頁。
② 朱熹撰:《中庸章句》,《四書章句集注》,第 17 頁。
③ 胡廣等纂修:《中庸章句大全》,《四書大全》,第 325 頁。

前言堯、舜、文、武、周公能體中庸之道，此言孔子法堯、舜、文、武以體中庸之道也。宗師堯、舜之道，堯、舜人道之極也，效法文、武之法，三代法度至周而備也。天時者，春夏秋冬之四時，聖人法其自然之運，水土者，東西南北之四方，聖人因其一定之理。朱子謂此兼内外、該本末而言。其律天時，如不時不食，迅烈必變；其襲水土，如居魯逢掖，居宋章甫，乃是事也。其律天時，如仕止久速，皆當其可；其襲水土，如用舍行藏，隨遇而安，乃其行也。行以内言，本也；事以外言，末也。蓋聖人能盡中庸之道，所以精處如此，粗處亦如此。①

對於堯、舜相傳之道，孔子效法堯、舜所行原則，以及朱熹從中得見兼内外、該本末的行事法度，正是因爲聖人相繼，循中庸之教，遂有一脈相承的線索。陳淳梳理其中脈絡，建立觀察重點，體認之餘則以工夫爲要。

（二）强化下學工夫

《四書大全·大學章句大全》"格致補傳"引陳淳之言：

> 理之體具於吾心，而其用散在事物，精粗巨細，都要逐件窮究其理，若一事不理會，則此心闕一事之理，一物不理會，則闕一物之理。非揀精底理會而遺其粗，大底理會而遺其小也。頭緒雖多，然進亦有序，先易而後難，先近而後遠，先明而後幽。②

"格物"爲八目之先，爲明德之要，陳淳從朱熹之教，强調下學之功，必須一一平實，循序而進，因此不可以精粗分，也不能分大小，强調一事一物皆無所遺，才能心體澄朗，所以可以循近而遠，先易而難，從明而幽，格之有序，理之在心，最終全體大用無不明。格物標舉義理追尋的使命，也彰顯心體的無限可能，對於朱熹建構格物而致知，致知而力行，義理窮究並不是在理一，而是在於分殊，回歸日用之間，求理之根原。陳淳指出綿長可行的意義，也說明可行方向。而"格"之意義，《四書大全·大學章句大全》"古之欲明明德於天下者"章，引陳淳之言：

---

① 胡廣等纂修：《中庸章句大全》，《四書大全》，第516—517頁。
② 胡廣等纂修：《大學章句大全》，《四書大全》，第78頁。

> 心以全體言,意是就全體上發起一念慮處言,必如吾身親至那地頭,見得親切,方是"格"。①

"格"是至的過程,如親至地頭,要有逐步實踐的親切實感。朱門所重之"知"並不是讀誦,也非知識,而是知行並至的體驗,由內而發真誠的領會,因此需以"敬"來收攝精神。《四書大全·大學或問》"或問大學之道……"引陳淳之言:

> 程子只說一箇主敬工夫,可以補小學之缺。蓋主敬工夫,可以收放心而立大本,大本既立,然後工夫循序而進,無往不通。大抵主敬之功,貫始終,一動靜,合內外,小學大學皆不可無也。②

二程標舉"主敬"工夫以補小學之缺,朱熹由"靜"而及"敬",收放心而立大本,乃是學術重要進程③。從而貫通始終、內外、動靜,為大學、小學所不可無,則又是陳淳擴充的結果。"敬"為朱門共守原則,為心體操持重點。

(三) 開展儒家境界

儒者以"敬"持守,性命之間遂有堅定的信仰,《四書大全·中庸或問》"或問天命之謂性……"引陳淳之言:

> 性與命本非二物,在天謂之命,在人謂之性。又曰:性命只是一箇道理,不分看則不分曉,不合看,又離了不相干涉,須是就渾然一理中,看得界分不相亂。④

在天為命,在人為性,性自天命而出,其實是一理通貫,然而不能不加以分別,否則無法明悉分屬;但也不能不統合來看,否則無法了解其中理無不同,陳淳強調分合之間必須從理而下,由命而性,合中見得分際之不同,唯

---

① 胡廣等纂修:《大學章句大全》,《四書大全》,第 47 頁。
② 胡廣等纂修:《大學或問》,《四書大全》,第 159 頁。
③ 陳逢源:《從"理一分殊"到"格物窮理":朱熹〈四書章句集注〉之義理思惟》,《朱熹與四書章句集注》,第 350 頁。
④ 胡廣等纂修:《中庸或問》,《四書大全》,第 553 頁。

有見得清楚,才能堅定而行,《四書大全·中庸章句大全》"天命之謂性"章引兩則陳淳之言:

> 性即理也,何以不謂之理而謂之性,蓋理是泛言天地間人物公共之理,性是在我之理,只這道理受於天而爲我所有,故謂之性。①
> 天固是上天之天,要之即理是也,然天如何而命於人,蓋藉陰陽五行之氣,流行變化以生萬物,理不外乎氣,氣以成形,理亦賦焉,便是上天命令之也。②

理爲天地人物公共之理,性爲我之所有,氣以成形,理亦賦焉,則又可見天命之所在,朱熹強調理氣不雜,也申明理氣不離,成爲理學核心問題,陳淳認爲必須要在氣化成形當中,由氣以見理之純粹才是正確方向,《四書大全·孟子集注大全·告子上》"《詩》曰:'天生蒸民,有物有則'"章引兩則陳淳之言:

> 只論大本而不及氣稟,則所論有欠闕未備,若只論氣稟而不及大本,便只説得粗底,道理全然不明,千萬世而下學者,只得按他説,更不可改易。③
> 氣質之性,是以氣稟言之;天地之性,是以大本言之,其實天地之性,亦不離乎氣質之中,只是就那氣質之中,分別出氣質之性,不與相雜而言耳。④

陳淳強調天地之性不離乎氣質之中,必須在不離當中,見其不雜,從而有義理辨析的進路,以及朱學延伸的思考,《四書大全·孟子集注大全·萬章上》"丹朱之不肖"章,引陳淳之言:

> 天與命只一理,就其中則微有分別,爲以做事言,做事是人,對此而反之,非人所爲便是天;至以吉凶禍福地頭言,有因而致是人力,對

---

① 胡廣等纂修:《中庸章句大全》,《四書大全》,第 327 頁。
② 胡廣等纂修:《中庸章句大全》,《四書大全》,第 328—329 頁。
③ 胡廣等纂修:《孟子集注大全》卷一一《告子上》,《四書大全》,第 2744 頁。
④ 胡廣等纂修:《孟子集注大全》卷一一《告子上》,《四書大全》,第 2746 頁。

此而反之，非力所致便是命。天以全體言，命以其中妙用言，其曰以理言之謂之天，是專就天之正義言，卻包命在其中，其曰自人言之謂之命，命是天命，因人形之而後見，故吉凶禍福自天來到於人然後爲命，乃是於天理中截斷命爲一邊而言，其指歸一爾，若只就天一邊說吉凶禍福，未有人受來，如何見得是命。①

天之與命雖然同是一理，但於人事之間，各有分疏，天指其全體，命言其妙用，天命因人而形見，從一理當中，得見其中分別，吉凶禍福自天而來，然而必須於人中得見，人做爲主體，卻不能截斷來看。天道性命之微，必須從分合當中，回到人身省察。陳淳分判仔細，由事見理，事理不亂，辨理既精，才能堅定無疑，從而有儒者持守的信念。《四書大全·中庸章句大全》"道也者，不可須臾離也"章，引陳淳之言：

> 道是日用事物所當行之路，即率性之謂，而得於天之所命者，而其總會於吾心。大而父子君臣夫婦長幼朋友，微而起居飲食，蓋無物不有；自古及今，流行天地之間，蓋無時不然。戒謹恐懼，只是主敬，是提撕警覺，使常惺惺，則天命之本體常存在此，若不戒懼，則易至於離道遠也。②

儒者以"道"以自守，陳淳從根原之教，堅實下學工夫，從而得出心常主敬，天命本體常存於心的體會，落實於日用之間。而"戒謹恐懼，只是主敬，是提撕警覺，使常惺惺"，深切掌握心體操持。儒者謹慎之思，由此可見。只是陳淳由道入學，由學入道的進程規劃，未能有效引入《四書大全》，日後四書既盛，後人說法紛紛，往往各有詮釋，固然有思想多元意義，卻也逐漸喪失朱學要旨。陳淳義理辨析進路，提供清楚方向，則是必須深加留意之處。

五、結　　論

陳淳從學朱熹，既得根原之教，也達下學工夫，不僅辨析精微，更有日

---

① 胡廣等纂修：《孟子集注大全》卷九《萬章上》，《四書大全》，第2639頁。
② 胡廣等纂修：《中庸章句大全》，《四書大全》，第337頁。

用操持心得,《和陳叔餘二首一以謝來意一以勉之》云:

> 碌碌平生學,慚無席上珍。僅餘守師訓,豈欲衒時人。誤入侯門聽,翻勞友義陳。願從溫故業,庶或稍知新。
> 此道何曾遠,吾儒自有珍。反求皆在我,中畫豈由人。利善分須白,知行語未陳。若能袪舊見,明德日惟新。[1]

陳淳一抒平生志懷,以及學術所向。事實上,朱熹去世之時,學禁仍熾,朱門之間意見頗不一致,黃榦彌合不同說法,推廣朱學,用心所在,標舉道統、四書、朱熹一體之概念[2];陳淳以濂洛學統之所繫,上承洙泗學脈為核心,強化朱熹承傳地位。黃榦對於經旨的確認,文理梳理頗為用心;陳淳分判心體性命,得見儒學宏規。黃榦認為四書完整呈現朱學,朱熹直承孔、曾、思、孟心法;陳淳以《近思錄》為四書之階梯,強調"聖學"與"理學"銜接。黃榦致其廣大,陳淳盡其精微,兩人有不同的進路,但同尊師訓,相輔相成,大有助於朱熹學術發揚光大。《四書大全》徵引門人弟子,陳淳詮釋集中於《大學》、《中庸》,盡其精微之思,轉為彰顯朱注價值、深化工夫內涵,以及擴大性命之教的詮釋內容,則又可見門人各有所重,分置於不同章句當中。以米歇·傅柯(Michel Foucault, 1926—1984)《知識的考掘》揭示"考掘學"(archaeology)與"宗譜學"(genealogy)[3],《四書大全》保留了朱熹義理思索進程,以及門人體證成果,詮釋"話語"彙輯累積,"迴音"當中旋律交疊,提供可以觀察的學術系譜[4]。朱熹門人追求正確詮釋的思考,反覆出現於經解當中,則又可見陳淳成就所在,對於朱學地位確立饒有推進作用,撮舉觀察如下:

(一)陳淳棄舉業而從儒學,拜入朱熹門下,朱熹先指以"根原",後提醒"下學",傳授達於性天的日用之學,既不張皇,也無虛妄,循序而進,一一平實。道德既是日常中驗之有得的結果,也是義理當中詳審分判得來,平

---

[1] 陳淳:《北溪大全集》卷三《和陳叔餘二首一以謝來意一以勉之》,第523頁。
[2] 陳逢源:《"傳衍"與"道統"——〈四書大全〉中黃榦學術之考察》,載於《孔學堂》第7卷23期(2020年6月),第44—46頁。
[3] 米歇·傅柯著,王德威譯:《知識的考掘》,臺北:麥田出版社1993年版,第39—64頁。
[4] 陳逢源:《從〈四書集注〉到〈四書大全〉——朱熹後學之學術系譜考察》,載於《成大中文學報》第49期(2015年6月),第81頁。

實當中顯示儒學宏大界境。

（二）陳淳深化朱學，撰成《道學體統》、《師友淵源》、《用功節目》、《讀書次序》，前兩者以道爲核心，梳理學脈所在；後兩者爲學之所在，強調工夫進程，道以顯學，學以入道，以道與學爲核心，重建伊洛之學內在理路，窮其根原的思考遂能體現學者完整架構。

（三）象山直截之教，朱熹採取含容立場，然而象山一系，陳淳則勇於與辯：以"根原"而言，心學學者究理止之於心，未達於性天；以"下學"而言，輕忽日用之間，未能格致窮理，卻又錯認人心爲道心，以氣爲性，不能分出人心之私與性命之正，批判頗爲嚴厲。

（四）四書爲朱學要籍，是否需有《近思錄》作爲楷梯，陳淳與黃榦有不同看法，形成朱門公案。陳淳讀《近思錄》拜入朱熹門下，朱熹言及《近思錄》乃四書之階梯，並不奇怪，對於朱熹提點深加留意，也無造僞必要。推究用意所在，深有彰顯朱熹繼承絶學用意。

（五）陳淳四書詮釋收錄於《四書大全》，《大學》17條、《中庸》38條、《論語》3條、《孟子》8條，總共66條，盡其精微之思，轉爲彰顯朱注價值、深化工夫内涵，擴大性命之教的内涵，門人闡釋各有所重，分置於不同章句當中，同爲尊朱線索。

朱熹之後，門人思慕，陳淳學行俱佳，從根原之教，從下學工夫，得出天命本體常存於心的體會，精微之思，成爲《四書大全》印證朱熹學術的參考。本文循其脈絡，攝舉分析，尚祈博雅君子不吝指正。

（作者單位：政治大學中國文學系）

The Teaching of Subtlety: Chen Chun's Academic Study and the Quotation Content of *Encyclopedia of the Four Books*

Chen Feng-Yuan

Chen Chun, named Anqing, also known as Beixi, served as the prefect of Zhangzhou in the first year of Shaoxi (1190) and became a disciple of Zhu Xi. In the study of knowledge, morality is not only the result of daily experience, but also the result of detailed judgment and the study of right or wrong. With the "Tao" and learning as the centre of fucus, The "Tao" invovles learning, and learning leads to the "Tao", So they complement each other. In the Ehu debate between Zhu Xi and Lu Xiangshan, Zhu Xi based himself on a number of logical arguments, while Chen Chun was brave enough to use Lu Xiangshan's word "heart" in support of Zhu Xi. It is the consensus of Zhu Xi and his students that *The Four Books* are the main books of the Zhu School. However, Chen Chun uses *Jin Si Lu* as the basis of *The Four Books* in order to stress that Zhu Xi's school directly follows Lianluo and Zhu Si. This shows the significance of the Four Books. And it is obvious that, because of its subtle argument, the Four Books has become the basis of the Ming Dynasty's *Encyclopedia of Four Books*, and confirmed the status of the Zhu School, and the way of doing research and interpretation.

Keywords: Chen Chun, Zhu Xi and his students, Four Books, *Jin Si Lu*, *The Encyclopedia of Four Books* (*Sishu Daquan*)

徵引書目

1. 王志瑋：《黃榦、陳淳對朱學的繼承與發展研究》，臺北：政治大學中文系碩士論文，2008 年 6 月。Wang Zhiwei. "Huang Gan Chen Chun dui zhu xue de jicheng yu fazhan yanjiu" (*Huang Qian and Chen Chun's Inheritance and Development of Zhu Xue*) Taipei: Zhengzhi dawue zhongwenxi shuoshi lunwen, 2008.

2. 王奕然：《朱熹門人考述及其思想研究——以黃榦、陳淳及蔡氏父子爲論述中心》，臺北：臺灣師範大學國文系博士論文，2013 年 2 月。Wang Yiran. "Zhu Xi menren kaoshu ji qi sixiang yanjiu: yi Huang Gan Chen Chun Ji Caishi fuzi wei lunshu zhongxin" (*Research on Zhu Xi's Students and Their Thought——Focusing on Huang Qian, Chen Chun and Cai father and son*) Taipei: Taiwan Shifan daxue guowenxi boshi lunwen, 2013.

3. 王清安：《陳淳本體論中的"氣學向度"再議》，《淡江中文學報》第 37 期，2017 年 12 月。Wang Qingan. "Chen Chun bentilun zhong di qixue xiangdu zaiyi" (*Reconsideration of "Qiology Dimension" in Chen Chun's Ontology*) *Danjiang zhongwen xuebao* (Tamkang Chinese Literature) 37 (Dec. 2017).

4. 毛凱：《陳淳"天""人"道通思想研究——以〈北溪字義〉中"天""人"範疇爲研究對象》，重慶：重慶師範大學，2012 年 4 月。Mao Kai. "Chen Chun tian ren dao tong sixiang yanjiu: yi bei xi zi yi zhong tian ren fan chou wei yan jiu duixiang" (*A Study on Chen Chun's Thoughts on "Heaven" and "Man": Taking the categories of "heaven" and "human" in Beixi Ziyi as the research object*). Chongqing: Chongqing shifan daxue, 2012.

5. 付杰：《陳淳成聖思想研究》，重慶：西南政法大學，2012 年 3 月。Fu Jie. "Chen Chun chengsheng sixiang yanjiu" (*A Study on Chen Chun's Thought of Sanctification*) Chongqing: Xinan zhengfa daxue, 2012.

6. 田智忠：《淺析陳淳思想中的"去實體化"趨勢》，陳支平、葉明義編：《朱熹陳淳研究》第二輯，廈門：廈門大學出版社，2015 年 6 月。Tian Zhizhong. "Qianxi Chen Chun sixiang zhong di qu shiti hua qushi" (*A Brief Analysis of the Trend of "Desubstantiation" in Chen Chun's Thought*) *Research on Zhu Xi and Chen Chun: Second Series*. Edited by Chen Zhiping and Ye Mingyi. Xiamen: Xiamen daxue chubanshe, 2015.

7. 米歇·傅柯著，王德威譯：《知識的考掘》，臺北：麥田出版社，1993 年。Michel Foucault. *Zhishi de Kaojue* (*The Archaeology of Knowledge*). Translated by David Der-wei Wang. Taipei: Maitian chubanshe, 1993.

8. 朱熹：《四書章句集注》，臺北：長安出版社，1991 年 2 月。Zhu Xi. *Sishu zhangju jizhu* (*Annotations and Collected Commentaries on the Four Books*) Taipei: Chang an chubanshe, 1991.

9. 朱熹撰，陳俊民校編：《朱子文集·續集》，臺北：德富文教基金會，2000 年 2 月。Zhu Xi. *Zhuzi wenji xuji* (*Anthology of Zhu Tzu Sequel*) Taipei: De fu wenjiao jijinhui, 2000.

10. 朱理鴻：《陳淳哲學思想研究》，湘潭市：湘潭大學，2004 年 5 月。Zhu Lihong. "Chen

Chun zhexue sixiang yanjiu"(*Research on Chen Chun's Philosophical Thought*)Xiangtan：Xiangtan daxue, 2004.

11. 李紀祥：《入道之序：由"陳(淳)、黃(榦)之歧"到李滉〈聖學十圖〉》,《中央大學文學院人文學報》第 24 期(2001 年 12 月), 頁 270—272。Li Jixiang. "Ru dao zhi xu: you chen chun huang gan zhi qi dao li huang sheng xue shi tu"(The Sequence of Entry into Dao: From "Chen Chun and Huang Qian's Disparity" to Li Huang's "Ten Maps of Sacred Learning") *Guoli zhongyang daxue wenxueyuan renwen xuebao* (*Journal of Humanities, Faculty of Arts, National Central University*)24(Dec. 2001): pp.270–272.

12. 李玉峰：《陳淳理學思想研究》, 開封：河南大學, 2008 年 5 月。Li Yufeng. "*Chen Chun lixue sixiang yanjiu*"(*Research on Chen Chun's Neo-Confucianism*)Kaifeng：Henan daxue, 2008.

13. 宋健：《陳淳理學思想研究》, 濟南：山東大學, 2014 年 4 月。Song Jian. "*Chen Chun lixue sixiang yanjiu*"(*Research on Chen Chun's Neo-Confucianism*) Jinan：Shandong daxue, 2014.

14. 胡廣等纂修：《四書大全》,《孔子文化大全》本, 濟南：山東友誼書社, 1989 年 7 月。Hu Guang. *Sishu daquan*(*The Complete Compendium on the Four Books*)Jinan：Shandong youyi shushe, 1987.

15. 高攀龍：《高子遺書》, 景印文淵閣《四庫全書》, 臺北：臺灣商務印書館, 1986 年。Gao Panlong. *Gaozi yishu*(*Remaining Writings of Master Gao*)Taipei：Taiwan shang wu yin shu guan, 1983–1986.

16. 陸九淵：《陸九淵集》, 臺北：里仁書局, 1981 年 1 月。Lu Jiuyuan. *Lu Jiuyuan Ji*(*Collection of Lu Jiuyuan*). Taipei：li ren shuju, 1981.

17. 陳淳：《北溪大全集》, 景印文淵閣《四庫全書》第 1168 册, 臺北：臺灣商務印書館, 1983 年—1986 年。Chen Chun. *Bei xi da quanji*(*The Complete Collection of Beixi*)Taipei：Taiwan shangwu yinshuguan, 1983–1986.

18. 陳逢源：《朱熹與四書章句集注》, 臺北：里仁書局, 2006 年 9 月。Chen Fengyuan. "*Zhu Xi yu sishu zhangju jizhu*"(*Zhu Xi and Annotations and Collected Commentaries on the Four Books*)Taipei：Liren shuju, 2006.

19. 陳逢源：《從〈四書集注〉到〈四書大全〉——朱熹後學之學術系譜考察》,《成大中文學報》第 49 期(2015 年 6 月), 頁 81。Chen Fengyuan. "Cong sishu jizhu dao sishu daquan: Zhu Xi hou xue zhi xueshu xipu kaocha"(From *Annotations and Collected Commentaries on the Four Books* to *The Complete Compendium on the Four Books*: A Survey of the Academic Pedigree of Zhu Xi's Pupils). *Chengda zhongwen xuebao*(*Chengda Chinese Literature Journal*) 49(June. 2015): p.81.

20. 陳逢源：《融"靜"於"敬"——朱熹〈四書章句集注〉之心性涵養工夫》,《2019 年清明祭黃帝陵與弘揚中華優秀傳統文化學術論壇論文集》, 西安：西北大學中國思想文化研究所, 2019 年 4 月, 頁 267—268。Chen Fengyuan. "Rong jing yu jing: Zhu Xi sishu zhangju jizhu zhi xinxing hanyang gongfu"(Blending "Quiet" with "Respect"——The Efforts of Self-cultivation in Zhu Xi's *Annotations and Collected Commentaries on the*

Four Books) 2019 qingming ji huangdiling yu hongyang zhon hua youxiu chuantong wenhua xueshu luntan lunwenji (*Proceedings of the 2019 Worshopping the Mausoleum of the Yellow Emperor on Qingming Festival and the Promotion of Chinese Excellent Traditional Culture Academic Forum*). Xian：Xibei daxue zhongguo sixiang wenhua yanjiusuo, (April. 2019), pp.267–268.

21. 陳逢源:《"傳衍"與"道統"——〈四書大全〉中黃榦學術之考察》,《孔學堂》(第 7 卷第 23 期,2020 年 6 月),頁 44—59。Chen Fengyuan. "Chuanyan yu daotong：Sishu daquan zhong Huang Gan xueshu zhi kaocha" ("Inheritance" and "Tao Tradition"——An Investigation of Huang Qan's Academics in *The Complete Compendium on the Four Books*) Kongxue tang (*Confucius School*) 23.7(june.2020), pp：44–59.

22. 陳逢源:《明代四書學的發展與轉折》,《國文學報》第 68 期(2020 年 12 月),頁 75。Chen Fengyuan. "Mingdai sishu xue de fazhan yu zhuanzhe" (The Development and Turning Point of the Study of the Four Books in Ming Dynasty). Guo Wen Xue Bao (*Chinese Literature Journal*) 68 (Dec. 2020), p.75.

23. 陳逢源:《承道統之傳,啓道學之祕:輔廣〈論語〉、〈孟子〉學初探》,《"祭祀黄帝陵與中華民族偉大復興新征程"學術論壇論文集》,西安:西北大學中國思想文化研究所,2021 年 4 月,頁 197—221。Chen Fengyuan. "Cheng daotong zhi chuan, Qi daoxue zhi mi：Fu Guang Lunyu Mengzi xue chu tan" (Inheriting the Confucian orthodoxy and Enlightening the Secret of Confucian philosophy：A Preliminary Study of Fuguang's Analects of Confucius and Mencius). *Jisi huangdi ling yu zhonghua minzu weida fuxing xin zheng cheng xueshu luntan lunwenji* (*Proceedings of the Academic forum on Worshpping the Mausoleum of the Yellow Emperor and the New Journey of the Great Rejuvenation of the Chinese Nation*) Xian：Xibei daxue zhongguo sixiang wenhua yanjiusuo, (April. 2021), pp：197–221.

24. 曹晶晶:《陳淳心性論研究——以〈北溪字義〉爲中心》,上海:上海師範大學,2019 年 3 月。Cao Jing Jing. "*Chen Chun Xin Xing Lun Yan Jiu: Yi Bei Xi Zi Yi Wei Zhong Xin*" (*Chen Chun's research on the nature of mind — Centered on "Beixi Ziyi"*) Shanghai：Shanghai shifan daxue, 2019.

25. 黄宗羲原著,全祖望補修:《宋元學案》,臺北:華世出版社,1987 年 9 月。Huang Zongxi. *Song Yuan Xue An*(*Scholarly Records of Song - Yuan Scholars*) Taipei：huashi chubanshe, 1987.

26. 黄榦:《勉齋集》,《四庫全書》第 1168 册,臺北:臺灣商務印書館,1986 年 3 月。Huang Gan. *Mianzhai Ji*(*The Collected Works of Huang Gan*) Taipei：Taiwan shangwu yinshuguan, 1983–1986.

27. 趙順孫:《四書纂疏》,臺北:文史哲出版社,1981 年 12 月。Zhao Shunsun. *Sishu zuanshu*(*Collected commentaries of Four books*) Taipei：wenshizhe chubanshe, 1981.

28. 黎靖德:《朱子語類》,臺北:文津出版社,1986 年 12 月。Li Jingde. *Zhu Zi Yu Lei* (*Classified Conversations of Master Zhu Xi*) Taipei：wenjin chubanshe, 1986.

29. 蕭启慶:《元代科舉特色新論》,《"中研院"歷史語言研究所集刊》第 81 本第 1 分

（2010年3月）頁23、26。Xiao Qiqing. "Yuandai keju tese xinlun" (A New Discussion on the Characteristics of Imperial Examinations in Yuan Dynasty) *Chongyang yanjiuyuan lishi yuyan yanjiusuo jikan* (*Bulletin of the Institute of History and Linguistics, Academia Sinica*) 81.1 (Mar. 2010) p.23, 26.

30. 羅威：《陳淳思想中的"心學"傾向探析》，杭州：杭州師範大學，2012年6月。Luo Wei. "*Chen Chun sixiang zhong di xin xue qingxiang tanxi*" (*An Analysis of the "Mind Study" Tendency in Chen Chun's Thought*) Hangzhou：Hangzhou shi fan da xue, 2012.

31. 蘇費翔撰：《〈近思錄〉〈四子〉之階梯——陳淳與黃榦爭論讀書次序》，《哲學與時代：朱子學國際學術研討會論文集》，上海：華東師範大學，2012年9月，頁509。Su Feixiang. "Jin Si Lu Si Zi Zhi Jie Ti: Chen Chun Yu Huang Gan Zheng Lun Du Shu Ci Xu" (The Ladder of *Reflections On Things at Hand* and "Four Masters" — Chen Chun and Huang Gan's Debate on the Order of Studying) *Zhexue yu shidai: Zhu Zi xue guoji xueshu yantaohui lunwenji* (*Philosophy And Times: Proceedings Of The International Symposium On Zhu Zi xue*) Shanghai：Huadong shifan daxue, (Sep.2012), p.509.

元十行本注疏今存印本略説*

張麗娟

【摘　要】元十行本注疏今存印本頗爲豐富，除數部元刻明修《十三經注疏》匯印本外，主要以單經流傳，各本補版印刷時間不一，不同傳本之間多有差異。本文搜羅網絡發佈的元十行本注疏全文影像及已出版影印本、書志、圖録等資料，以經爲單位，列舉元十行本各經不同時期代表性印本，梳理其版面特徵與印次關係，以供讀者選擇利用，並爲圖書館編目工作之參考。

【關鍵詞】元十行本　十三經　注疏　印本　補版

元十行本注疏是明清以後通行《十三經注疏》的祖本，在經書版本及經學研究中影響深遠，其刊刻時間約在元代泰定、致和前後（1324—1328），書板傳至明代，經多次修補刷印。元十行本注疏今存印本頗爲豐富，除數部元刻明修《十三經注疏》匯印本外，主要以單經流傳，各本補版印刷時間不一，不同傳本之間多有差異。因條件所限，前人往往無法區分元十行本不同傳本的印刷時間，一般館藏目録僅著録作"元刻本"或"元刻明修本"。日本學者阿部隆一較早對元十行本不同時期印本做了區分[①]，近年來郭立暄、楊新勛、王鍔、杜以恒、張麗娟等分别考察元十行本各經補版遞修情况，程

---

* 本文爲2015年度國家社科基金重大項目"《春秋左傳》校注及研究"（項目批准號：15ZDB071）成果。
① （日）阿部隆一《中國訪書志》、《阿部隆一遺稿集》之《日本國見在宋元版本志經部》著録中國臺灣、中國香港與日本各大藏書機構所藏元十行本注疏，區分爲"明前期修"（或"明初修"）、"至明正德遞修"，或統稱"明遞修"。《中國訪書志》，東京：汲古書院1983年版。《阿部隆一遺稿集》，東京：汲古書院1993年版。

蘇東、李振聚、張學謙等考證元十行本書板貯存地點、明代校勘官員[①]，使我們對元十行本注疏版本的認識逐漸深化。不過，具體到各館所藏元十行本實物的印次鑒別，讀者包括古籍從業人員往往難以準確把握。特別是當前數字化熱潮中，海內外收藏機構已陸續發佈相當數量的元十行本全文影像，讀者如何在諸多"元刻明修本"之中區別異同，選擇更符合原始面貌、更有校勘價值、更適合自己利用的傳本，需要我們針對現存印本，對元十行本的印次特徵做系統清理。本文搜羅網絡發佈的元十行本全文影像及已出版影印本、書志、圖錄等資料，以經爲單位，列舉元十行本各經不同時期代表性印本，梳理其版面特徵與印次關係，以便讀者鑒別利用，並爲圖書館編目工作之參考。

一、《周 易 兼 義》

《中國古籍善本書目》著録國圖、北大等藏本，皆作"元刻明修本"。杜以恒《元刊明修十行本〈周易兼義〉墨丁考——兼論十行本明代修版得失及其影響》對《周易兼義》不同印本的補版分期及文字差異有詳細考察，今略述如下：

[①] 相關成果主要有郭立暄《元刻〈孝經注疏〉及其翻刻本》，載於《版本目録學研究》第二輯，北京：北京大學出版社 2010 年版，第 307—313 頁；張麗娟《關於宋元刻十行注疏本》，載於《文獻》第 4 期（2011 年），第 11—31 頁；程蘇東《"元刻明修本"〈十三經注疏〉修補匯印地點考辨》，載於《文獻》第 2 期（2013 年），第 22—36 頁；張麗娟《元十行本〈監本附音春秋穀梁注疏〉印本考》，載於《中國典籍與文化》第 1 期（2017 年），第 4—8 頁；王鍔《元十行本〈附釋音禮記注疏〉的缺陷》，載於《文獻》第 5 期（2018 年），第 59—73 頁；李振聚《〈毛詩注疏〉版本研究》，濟南：山東大學博士學位論文，2018 年；張麗娟《國圖藏元刻十行本〈附釋音春秋左傳注疏〉》，載於《國學茶座》第 11 期，濟南：山東人民出版社 2018 年版，第 18—25 頁；楊新勛《元十行本〈十三經注疏〉明修叢考——以〈論語注疏解經〉爲中心》，載於《南京師範大學文學院學報》2019 年第 1 期，第 171—181 頁；張學謙《元明時代的福州與十行本注疏之刊修》，載於《歷史文獻研究》總第 45 輯，廣陵書社 2020 年版，第 34—41 頁；杜以恒《元刊明修十行本〈周易兼義〉墨丁考——兼論十行本明代修版得失及其影響》，載於《經學文獻研究集刊》第 24 輯，上海：上海書店出版社 2020 年版，第 259—278 頁；張麗娟《記新發現的宋十行本〈監本附音春秋公羊注疏〉零葉——兼記重慶圖書館藏元刻元印十行本〈公羊〉》，載於《中國典籍與文化》2020 年第 4 期，第 9—16 頁；杜以恒《楊復〈儀禮圖〉元刊本考》，載於《中國典籍與文化》第 1 期（2022 年），第 67—78 頁。

（一）未經修補之早印本

劉氏嘉業堂舊藏、今藏美國柏克萊加州大學東亞圖書館的元十行本《周易兼義》，爲未經修補的早印本①，有《柏克萊加州大學東亞圖書館藏宋元珍本叢刊》影印本。此本偶見版面漫漶之葉（如卷一第 21—22 葉可見大斷版），但全書整體字跡清晰，無明顯的修補痕跡，可反映元十行本《周易兼義》本來面貌。其版心上刻大小字數，下有刻工名，白口，左右雙邊，版式齊整規範，與後印本的參差雜亂不同。刻工有伯壽、善慶、智夫、德成（或德誠）、德甫、德山、古月、文仲、以清、君善、天錫（或天易）、壽甫、德遠、王榮、余中、應祥、君美、國祐、王英玉、君錫、仁甫、提甫、君善、安卿、敬中等。刻工分工以卷爲單位，一般每卷各以數名刻工爲主，每名刻工集中負責若干葉。其他各經刻工分佈情況皆類似。

（二）明前期補版印本

日本静嘉堂文庫藏單行本《周易兼義》爲此期印本，阿部隆一定爲"明前期修"②。"静嘉堂文庫所藏宋元版"數據庫有全文影像發佈③。與柏克萊本相較，此本原版已頗漫漶，柏克萊本細微斷裂處，此本往往可見大的斷版。有若干明前期補刻版葉，包括卷一第 1—2 葉、第 21—23 葉、第 29 葉等，版心黑口，無大小字數與刻工名，字體刻工樸拙，多見墨丁。墨丁位置與柏克萊本原版斷板殘損位置明顯對應，如卷一第 21—22 葉柏克萊本字跡磨滅嚴重，版面上部有橫貫的大斷版，此本爲補版，相應位置留下多處墨丁。

元十行本各經皆經明前期補版，其中《孝經注疏》全書重刊。郭立暄指出《孝經注疏》明前期重刊時間"不早於明永樂朝、不晚於明正德朝"④；《附釋音尚書注疏》明前期補版時間"晚於永樂"⑤。《周易兼義》明前期補版字體刀法相近，蓋同時期所補。

---

① 參見陳先行、郭立暄《柏克萊加州大學東亞圖書館中文古籍善本書志》，上海：上海古籍出版社 2005 年版，第 3 頁。
② 《阿部隆一遺稿集》，第 249 頁。
③ 以下日本静嘉堂文庫藏本，皆"静嘉堂文庫所藏宋元版"數據庫，不再一一注明。
④ 郭立暄《元刻〈孝經注疏〉及其翻刻本》，第 308 頁。
⑤ 郭立暄《中國古籍原刻翻刻與初印後印研究》，上海：中西書局 2015 年版，第 259 頁。

(三) 明正德十二年補版印本

日本静嘉堂藏《十三經注疏》匯印本屬此,阿部隆一定爲"至明正德遞修"①。與前述静嘉堂藏單行本相較,此本原刻版葉更爲漫漶,明前期補版皆沿襲,又替換若干新補版。因版心剜割,參照《中華再造善本》影印北京市文物局藏《十三經注疏》本(以下簡稱"文物局本")可知,割紙處原有"正德六年"或"正德十二年"紀年,如序第 3—4 葉版心刻"正德六年"、"王世珍謄"、"余伯安刊";卷三第 9—10、37 葉,卷四第 5、26 葉等,有"正德十二年"、"正德十二年刊",刻工豪、興一、佛員、吳八、劉立、江三等。又有不刻紀年的補版葉,據版式及刻工名判斷,當亦正德十二年補刻。與下述國圖藏鐵琴銅劍樓舊藏本比較可知,此本無更晚補版,蓋印刷於正德十二年補版後不久。

(四) 明正德末嘉靖初補版印本

鐵琴銅劍樓舊藏、今中國國家圖書館藏本(索書號 03338 號)爲此期印本,國圖"中華古籍資源庫"已發佈全文影像②。與上述静嘉堂藏《十三經注疏》匯印本相較,此本明前期、明正德六年、正德十二年補版皆沿襲,但卷八第 15 葉静嘉堂本尚保存原版,此本以補版替換。略例末三葉静嘉堂本亦保存原版,此本爲抄配。又此本原版葉有局部修補情況,如卷八第 12 葉右上角即經局部改刻。從元十行本他經傳本看,在正德十二年補版之後,至"懷浙胡校"等嘉靖大規模補版之前,元十行本書板曾經一次或數次整修,補版紀年可見"正德十六年"及"嘉靖三年"。此本《周易兼義》未見正德十六年或嘉靖三年補刻紀年,但正德十二年後經過新的補版及局部修補,而未經"懷浙胡校"等嘉靖大規模補版,故定爲正德末嘉靖初補版印本。

(五) 明嘉靖補版印本

此期印本以北京市文物局藏《十三經注疏》本爲代表③。除明前期補版、明正德補版外,另替換大量明嘉靖時期補版。如卷一共 34 葉,除第 10—11 葉保持原版,第 1—2、21—23、29 葉沿襲明前期補版,第 3—4 葉沿

---

① 《阿部隆一遺稿集》,第 249 頁。
② 以下中國國家圖書館藏本,皆見國圖"中華古籍資源庫"發佈全文影像,不再一一注明。
③ 北京市文物局藏《十三經注疏》,據《中華再造善本》影印本,下不一一注明。

襲正德十二年補版，其他 24 葉皆新補版。此期補版一般爲白口，四周單邊，版心上部、中部刻有校勘、重校人名，校勘人署"懷浙胡校"，重校人署"林重校"、"林重校訖"，"蔡重校"、"運司蔡重校"。刻工有吳珠、楊四、陸四、江達、葉二、葉妥、陳珪、余堅、施永興、楊俊、施肥、陸基郎、余添環、曾堅、曾椿、楊全、楊旺、江毛、謝元林、王富、江富、葉馬、范元昇、范朴、葉起、江盛、程亨、王榮、余天禮(余天理)、余添進、王元保、華福、道林、江長深、謝元慶、葉再友、張郎等。據李振聚、張學謙考證，"懷浙胡"當爲浙江人懷安縣知縣胡道芳，嘉靖初任職；"運司蔡"即福建都轉運鹽使司副使蔡芳，嘉靖九年前後任職。① 據各經校勘者任職時間，此期大規模補刻"可框定在嘉靖三年至十五年間"，"嘉靖七年至九年間的可能性較大"②。

此期印本中的原版、明前期補版、明正德補版，亦經過全面的校勘及書板修整，原有墨丁部分經補刻，有的文字經校訂剜改，有的版心字數、刻工名被剜除。偶見版心增刻校正人名。如卷二第 29 葉、卷三第 9 葉，國圖藏鐵琴銅劍樓本爲正德補版，於版面中部或上下四角處有大片墨丁；文物局本沿用正德補版，墨丁處皆已補全文字，且於版心中部刻入"張重校"、"張校正"字樣(國圖本無此三字)。所謂"張重校"、"張校正"，蓋亦嘉靖補版中的校訂人員。

北大藏本、臺北"國家圖書館"藏本亦屬此期印本，後者有網絡全文影像發佈③。

二、《附釋音尚書注疏》

《中國古籍善本書目》著錄國圖、北大、上圖等多家館藏本，皆作"元刻明修本"。今依補版層次，可劃分爲如下幾期：

(一) 元刻元印本

北京大學圖書館藏本(索書號 LSB2659)，原版初印，紙墨精好，字跡清

---

① 李振聚《〈毛詩注疏〉版本研究》，第 138 頁；張學謙《元明時代的福州與十行本注疏之刊修》，第 40 頁。
② 張學謙《元明時代的福州與十行本注疏之刊修》，第 40 頁。
③ 以下臺北"國家圖書館"藏本，皆見該館網站發佈全文影像，不再一一注明。

晰，是難得的元刻元印十行本，與後印本的邋遢版面迥異，可見元十行本初始面貌。鈐有"毛氏圖史子孫永保之"、"古潭州袁卧雪廬珍藏"、"木齋秘玩"、"木犀軒藏書"等印。除卷五第1—2葉、卷十第21—22葉爲細黑口外，全書皆白口，上刻大小字數，下有刻工名，版式齊整。刻工有：德山、君錫、英玉、天易、瑞卿、蔡壽甫、葉德遠、古月、陳伯壽、德元、王榮、清甫、國祐、君善、子明、住郎、應祥、以清、茂卿、和甫、文仲、德成、仲高、君善、君錫、余安卿、葛二、二甫。

（二）明前期補版印本

臺北"國家圖書館"藏一部（索書號102.2 00158）爲此期印本。阿部隆一《中國訪書志》著録云："該本現存傳本多經明正德或其後之補刻，而此本除卷十一第23—24葉，卷十四第5—6葉，卷十五第3、5、6、23—26葉，卷十九第27—28葉爲明初補版外，絶大部分爲元刻。原刻版葉雖有部分漫漶印面，但多數清晰未漫滅，故可珍重。"①今據網路全文圖像復核，此本卷十五第4葉當亦明前期補版。

《第三批珍貴古籍名録圖録》第06975號江西省樂平市圖書館藏本，其序文首葉仍保存原版（後印本皆已爲正德六年補版），似亦此期印本。

（三）明正德十二年補版印本

日本静嘉堂藏《十三經注疏》本爲此期印本。其明前期補版葉同上本，新增若干明正德時期補版，版心紀年經剜割。參照文物局本可知，其序第1葉刻"正德六年"、"王世珍謄"；卷九第2—13葉，卷十一第13葉，卷十二第1—2、5—6葉，卷十四第2、4、13—14葉，卷十五第17—18葉，版心刻"正德十二年"、"正德十二年重刊"，或不刻紀年，刻工有興一、才二、王才、劉立、仲千、文昭、元善、江三（或三）、劉京、劉立等。補版多見墨丁。其卷十八第15葉尚保存原版。

（四）明正德末嘉靖初補版印本

中國國家圖書館藏兩部（06060號，鈐"翁斌孫印"；04180號，鈐"鐵琴銅劍樓"印）爲此期印本。兩部印本皆較静嘉堂本多出卷十八第15葉補

---

① 《中國訪書志》，第384頁。原文日文，筆者拙譯。

版,無紀年無刻工。又有局部補刻及補字,如卷九第 8、9 葉静嘉堂本補版留下大片墨丁,此兩部印本皆已補字。卷九第 14 葉左下角"乃心""不迪"等字,静嘉堂本磨滅不清,此兩本皆已局部改刻。

(五) 明嘉靖補版印本

北京市文物局藏《十三經注疏》本爲此期印本。除沿襲上述幾次補版外,又增加大量嘉靖時期補版。如序第 2—4 葉,卷二第 19、26 葉,卷三第 9—12 葉等。版心多刻校勘、重校人名,包括"閩何校"、"林重校"、"鄉林重校"。刻工有:陸四、王仕榮、陸記青、余成廣(成廣)、陸榮、葉二、陸基郎、施肥、楊俊、詹弟、周同、江貴、陳德禄、曾椿、余文貴、江富、吳珠、張尾郎、曾堅、詹蓬頭、王榮、施永興、袁璉、程亨、王元保、江元富、葉雄、黃永進、元清、陳圭、葉采、余添環、熊山、葉再友。據張學謙考證,"閩何"當即閩縣儒學訓導何器,嘉靖七年前後任職。

國圖藏又一部(05126 號,鈐"海源閣"印)、臺北"國家圖書館"藏又一部(索書號 102.2 00159,鈐"島田翰讀書記"印)亦此期印本。郭立暄記上圖藏本,分爲元刻版葉、明初(晚於永樂)補版葉、明正德十二年補版葉、明嘉靖補版葉四類,當亦此期印本①。阿部隆一著録日本京都大學圖書館谷村文庫藏本,稱爲"至明正德十二年遞修"②,今核以該館發佈的全文影像,知其亦有嘉靖補版,同屬此期印本。

三、《附釋音毛詩注疏》

《中國古籍善本書目》著録國圖、上圖等藏本,皆作"元刻明修本"。今依補版層次,分爲如下幾期:

(一) 明前期補版印本

臺北"國家圖書館"藏本(索書號 103.2 00235),阿部隆一《中國訪書志》定爲元刊明初修本,云其"卷中往往缺葉,原刻印面頗漫漶,但明修葉較

---

① 《中國古籍原刻翻刻與初印後印研究》,第 259 頁。
② 《阿部隆一遺稿集》,第 271 頁。

少,無正德補版"①。所列原版刻工名有王君粹、國祐(或國右)、興宗、子明、子興、時中、七才、文仲、埜卿等。但阿部又列此本有明修刻工,包括榮郎、周同、佛員、余伯安等。從今傳元十行本整體考察,明前期補版並無刻工姓名,余伯安、佛員等皆爲正德時期補版工人,阿部所列補版刻工似與"元刊明初修本"的鑒定有衝突。筆者以此本全文影像與静嘉堂藏《十三經注疏》本(見下)相比較,見此本部分卷次的確保存原版較多。其卷首至卷三僅見少量明前期補刻黑口版葉(卷一之一第1—2、5—6葉等),未見明正德補版。如卷首"詩譜序"第3葉,卷一之一第3葉、第9—11葉,静嘉堂本爲正德補版,此本保存原版。卷十五至卷二十亦類似,如卷十五之二第13—17葉,静嘉堂本爲正德六年補版,版心有"王世珍謄";此本除第13葉闕葉外,其他皆原版。但此本卷四至十四又多見正德補版,如卷四之二第12、14葉,卷四之三第1葉,卷十二之一第9—10葉,卷十二之二第10葉等,與静嘉堂本同爲正德補版。結合版面情況看,頗疑此本乃由兩個不同時期印本配補而成。

《第四批國家珍貴古籍名録圖録》第09918號江西省樂平市圖書館藏本,存十七卷,其印面程度與臺圖本相近,疑亦此期印本。

又張學謙指出《舊京書影》收録内閣大庫舊藏《附釋音毛詩注疏》殘本卷二之二首葉原版清晰,似未經明修②。以此葉書影與臺圖本比較可見,臺圖本雖同爲原版,而底部已漫漶殘損,刻工姓名亦不可辨别,内閣大庫本版面無損,刻工"君"字清晰可見。從印面情況看,此内閣大庫本應當是一部難得的元刻元印十行本,惜今已不知蹤跡。

(二) 明正德十二年補版印本

日本静嘉堂藏《十三經注疏》本《附釋音毛詩注疏》屬此。其正德補版紀年經剜割,參據文物局本可知,其中有少量正德六年補版,如卷十二之三第10葉版心有"正德六年刊"、"王世珍謄"、"余伯安刊";卷十五之二第13—17葉刻"正德六年刊"、"王世珍謄"或"江换刊王世珍謄"等。又有若干版心刻"正德十二年",如卷四之二第12、14葉(刻工"余富"),卷四之三第1葉(刻工"周同"),卷十二之一第9—10葉(刻工"豪"),卷十二之二第

---

① 《中國訪書志》,第388頁。
② 張學謙《元明時代的福州與十行本注疏之刊修》,第35頁。

10葉(刻工"佛員")等。但此本中的正德十二年補版較後印本爲少,詳見下。

(三)明正德末嘉靖初補版印本

中國國家圖書館藏李盛鐸舊藏本(14989號)屬此,有《中華再造善本》影印本及網絡全文影像。較之靜嘉堂本,此本新增相當數量補版,版心經塗抹,證之文物局本可知,新增補版中多有正德十二年紀年,如卷二之二第5葉、卷三之二第13葉等。又靜嘉堂本原版殘損漫漶、或補版墨丁處,此本多有局部修補改刻,如《詩譜序》第3葉靜嘉堂本補版留下大量墨丁,此本皆已補字。但此本尚未經嘉靖大規模補版,故定爲正德末嘉靖初補版印本。

(四)明嘉靖補版印本

北京市文物局藏《十三經注疏》本爲此期代表。除前期補版外,又替換大量嘉靖補版,版心有校勘人"侯番劉校"(或"侯蕃劉校"、"番劉校")、"府舒校",重校人"林重校"(或"林看訖"、"林重校訖"、"鄉林重校")、"運司蔡重校"(或"運蔡重校")。嘉靖補版刻工包括:江元貴、葉二、楊旺、陸四、余添進、王榮、葉金、江長深、余元富、葉雄、張尾郎、余郎、謝元林、陳德祿、王仕榮、吳佛生、范元福、劉天安、江元壽、葉壽、陸記清、施永興、王進富、熊文林、余旺、熊田、謝元慶、黃道林、余景旺、周同、黃文、范朴、陸文進、蔡順、范元升、陸榮、程通、詹蓬頭、周全、葉起、熊山、張祐、吳一、朱鑑、葉再友、劉觀生、余添環、余天理(余天禮)、余堅、王良富、劉景福、江盛、楊旺、黃文、吳元清、陸基郎、余富一、詹弟、王元保、龔三、楊俊、吳原清、王浩、華福、王文、余環、王仲友、葉妥、施肥、曾椿。據張學謙考證,"侯番劉"當爲廣東番禺人劉文翼,嘉靖間任侯官縣儒學訓導,"府舒"當爲福州府儒學訓導舒鏊。

四、《附釋音周禮注疏》

《中國古籍善本書目》著錄國圖、北大、上圖等多家館藏本,皆作"元刻明修本"。今依補版層次,約分爲如下幾期:

(一) 明前期補版印本

臺北"國家圖書館"藏本(索書號 104.12 00346)爲此期印本,僅有明前期補版,無正德時期補版葉。卷前賈公彦"周禮正義序"及"序周禮廢興"第一葉缺。阿部隆一著録此本原刻刻工有:安卿、以清、王英玉、王榮、應祥、君善、君錫、君美、國祐、子明、壽甫、住郎、智夫、仲高、天易、天錫、德元、德遠、德山、伯壽、文仲、文一、和甫、茂等①。相比其他各經,《附釋音周禮注疏》中的明前期補版佔比極大,此本原刻葉已保留不多。如卷一總二十葉,此本保存原版僅六葉(第 3—5 葉、9—10 葉、18 葉),其他皆明前期補版。補版字體較《周易兼義》、《附釋音尚書注疏》的明前期補版字體稍圓活,版心亦黑口,不刻字數,偶見單字刻工名"夷"。卷三十三末葉爲原版,版心刻"泰定四年",刻工"王英玉"。

(二) 明正德十二年補版印本

日本静嘉堂文庫藏《十三經注疏》本屬此。除大量明前期補版外,又新增若干正德補版。如上述臺圖本卷一保存的六葉原版中,此本僅餘三葉原版,其第 3—4、18 葉以正德補版替换。但此本卷前"周禮正義序"及"序周禮廢興"原版皆保存完好。正德補版葉版心經割補,參照文物局本可知其版心紀年有正德六年及十二年。正德六年補版有謄抄人名,如卷七第 19 葉版心鐫"正德六年刊""陳景淵謄",第 22 葉鐫"正德六年刊""羅棟謄""周元進刊";卷十三第 7—8 葉鐫"正德六年刊""羅棟抄""葉明刊"等。本年補版刻工除周元進、葉明外,還包括葉士大、黄世隆、劉長寶、陳元、熊元貴諸人。正德十二年補版葉較多,刻工包括:細二、劉昇、吴一、吴景春、劉立、劉京、吴八、文昭、尚旦、周士名、蔡貴、文旻、周甫、元善、熊六、士英、周三、貴周合、王才、劉三、周同、才二。

元十行本《附釋音周禮注疏》傳本較多,第二至五批"國家珍貴古籍名録"收録多家館藏,其中有"周禮正義序"首葉保存原版者,當亦較早印本,詳情待考。

(三) 明嘉靖補版印本

北京市文物局藏《十三經注疏》本屬此。在正德補版基礎上,又經嘉靖

---

① 《中國訪書志》,第 389 頁。

補版,原刻版葉存留無幾。卷前"周禮正義序"首葉已替換爲嘉靖補版。各卷偶見原版殘存,如卷二十二末葉、卷三十三末葉、卷三十五末葉等。卷三十三末葉保存原版,"泰定四年""王英玉"猶存。嘉靖補版版心校勘人名"懷浙胡校"、"懷胡校"、"林重校"、"鄉林重校"、"運司蔡重校"、"蔡重校",刻工有葉馬、葉二、蔡順、江達、江四、余堅、吳一、曾椿、楊全、楊四、王元保、江元壽、范元昇、楊旺、謝元林、陸基郎、江貴、余成廣、葉起、范朴、江毛、弓三、龔三、葉再友、華福、余郎、陸榮、曾堅、楊俊、謝元慶、余天禮、詹蓬頭、王進富、王仲友、吳珠、王榮、陳珪、江盛、余天進、施肥、余添進、熊山、陳德禄、熊亨等。

中國國家圖書館藏本(索書號05125)、日本公文書館藏本、東京大學東洋文化研究所藏本、北大藏本皆此期印本,除北大藏本外皆有全文影像發佈。

五、《儀禮圖》

《儀禮》注疏合刻時間較晚,元十行本無《儀禮注疏》,而以楊復《儀禮圖》十七卷附《儀禮旁通圖》一卷《儀禮》正文十七卷代替。《中國古籍善本書目》著録"元刻本",上圖、南圖藏殘本;"元刻明修本",國圖、北大等多家館藏。杜以恒對元十行本《儀禮圖》今存印本有詳細調查[1],今據其文略述各期代表性印本:

(一) 未經修補之早印本

阮元舊藏、原北平圖書館甲庫藏本爲未經修補的早印本,僅存《儀禮》、《旁通圖》。國圖"中華古籍資源庫"有全文影像發佈。此本部分葉面已頗漫漶,但未見修補痕跡。如《儀禮》卷五第7—8葉,此本爲原版,字跡難辨,明前期補版印本此二葉已替換。

(二) 明前期補版印本

鐵琴銅劍樓舊藏、中國國家圖書館藏本(06694號)爲此期印本,僅見少量明前期補版,如《儀禮》卷五第7—8葉、《儀禮圖》卷八第14葉等。原版

---

[1] 杜以恒《楊復〈儀禮圖〉元刊本考》;又《國學基本典籍叢刊》影印本《儀禮圖》前言,北京國家圖書館出版社2021年版。

刻工包括：漢臣、文甫、昭甫、子仁、季和、宗文、昭甫、希孟、子興、鄭七才（七才）、子應、伯玉、進秀、興宗、德謙、王君粹、智文等。

（三）明正德十二年補版印本

日本静嘉堂藏《十三經注疏》本屬此。其版心補版紀年經剜割，以文物局本對照，正德六年補版版心有"李紅抄"、"李紅膽"，刻工吳春五、劉景福、陳四、劉立、葉文祐，如《儀禮》卷八第3—4葉等。正德十二年補版刻工有文昭、余富、王才、劉立、周同、楊尚旦、佛員、陸三等，偶見版心刻膽寫人名"廷器""廷器寫"，如《旁通圖》第9葉版心上刻"正德十二年 廷器寫"。但此本無正德十六年補版，蓋印製於正德十二年之後不久。

（四）明正德十六年補版印本

臺北"國家圖書館"藏本（索書號104.22 00393號）、又一部（索書號104.22 00394號，存《儀禮圖》十七卷）、寧波天一閣藏本（存《儀禮圖》卷一至十三）爲此期印本，皆有全文影像發佈。三本補版情況一致，皆有正德十六年補版，如《儀禮》卷五第1—2葉、《儀禮圖》卷八第1—4葉等。正德十六年補版爲黑口，未見刻工名。

（五）明嘉靖補版印本

北京市文物局藏《十三經注疏》本爲此期印本。其嘉靖補版版心有"閩何校"、"林重校"、"運司蔡重校"字樣，刻工包括：江富、袁璉、江四、吳佛生、施肥、秦文貴、朱鑑、詹蓬頭、陸四、余富一、熊山、葉再友、余富、王榮、余成廣、基郎、張祐、葉馬、蔡順、陳珪、葉采、詹弟、葉全、陸記青、施永興、周同、陳德祿、楊四、楊俊、陸榮、江榮、江元貴、吳一、龔三、熊田、葉二、王進富、王仕榮、王元保、江貴、黃文、余添環、葉雄、余堅、程亨、江毛、黃永進、張尾郎、王良富。

中國國家圖書館藏09731號、03800號、03799號，美國國會圖書館藏本等，皆有"閩何校"版葉，亦此期印本。

六、《附釋音禮記注疏》

元十行本《附釋音禮記注疏》完整傳本不多，亦乏早期印本。《中國古籍善本書目》著録"元刻明修本"，浙江圖書館、湖南師大圖書館藏全本，北大、上圖等藏殘本。以筆者所知，可分如下幾期：

（一）未經修補之早印本

井超《上圖藏〈附釋音禮記注疏〉卷二十五殘葉跋》記上海圖書館藏本（索書號758486），存卷二十五第1—10葉。此數葉在後印本中多爲補版替換，上圖藏本皆原版，版心上刻大小字數，字跡清晰，是難得的早印本，惜僅存殘葉[①]。

（二）明正德十二年補版印本

日本静嘉堂文庫藏《十三經注疏》本屬此。與《附釋音周禮注疏》類似，元十行本《附釋音禮記注疏》書板似在明前期經過一次大規模補版，大量替換原刻版葉。静嘉堂本原刻版葉已所餘甚少，如卷一總二十五葉，僅末葉爲原版，又一葉抄配，其他皆明前期補版。卷六總二十四葉，僅首葉爲原版，第4葉爲正德補版，其他皆明前期補版。僅存的原刻版葉亦大多漫漶，刻工可見伯善、以善、仲明、埜卿、國祐等。明前期補版黑口，不刻字數，偶見單字刻工"夆"等，亦見於《附釋音周禮注疏》此期補版。明正德補版紀年經割補，以文物局本對照，其正德六年版心有"葉廷芳謄"、"葉廷芳抄"、"王世珍抄"，刻工有周文進、黄世隆、劉深、陳欽、余進。正德十二年刻工有吴珠、詹旋、文昭、劉立、吴一、佛員、王才、余富、蔡福貴、元善、周士名、榮郎、吴三、仲千、王二、周順長、王才二、劉昇、文旻、周同、陸三等。此本未經嘉靖三年補版，卷三十第11—12葉仍保存原版、卷六十二第10葉爲抄配。

《第四批國家珍貴古籍名録圖録》第09923號江西省樂平市圖書館藏本（存五十卷），筆者僅見少量書影，其中有正德六年、正德十二年補版，似亦此期印本。但其卷二十四首葉仍保存原版，而静嘉堂本本葉爲正德十二年補版，具體緣由不詳。

（三）明正德末嘉靖初補版印本

北大藏一部殘本（索書號LSB/8989）爲此期印本。與静嘉堂本相較，

[①] 井超《上圖藏〈附釋音禮記注疏〉卷二十五殘葉跋》，載於2021年12月25日"學禮堂"微信公衆號。此蒙杜以恒博士提示，謹致謝忱。

其正德六年、十二年補版一致，又偶見新的補版及局部修版處。如卷五第 9 葉，靜嘉堂本爲正德補版（版心剜割），此本替換爲新的補版，其字體更爲方整。卷二十五第 3 葉，靜嘉堂本爲原版，上半葉版片中部斷版嚴重，此本做局部補刻。惜其卷三十、卷六十二不存，不詳是否有嘉靖三年補版紀年。此本尚未經嘉靖大規模補版，故定爲正德末嘉靖初補版印本。

（四）明嘉靖補版印本

北京市文物局藏《十三經注疏》本屬此。其中卷三十第 11 葉版心刻"嘉靖三年刊"，第 12 葉無紀年但字體風格一致；卷六十二第 10 葉版心刻"嘉靖三年新刊"。白口，無校勘人名及刻工名。又經嘉靖大規模補版，版心刻"侯吉劉校"、"侯番劉校"、"懷胡校"、"府舒校"及"林重校"、"張重校"、"鄉林重校"等校勘人名，刻工包括：龔三、陸四、吳珠、江元富、王進富、江盛、詹弟、葉再友、吳元清、陸記青、詹蓬頭、張尾郎、王良富、江田、余添進、余天禮、余堅、陸文進、吳佛生、魯椿、余富一、王文、朱鑑、王元保、王仲友、范朴、施永興、劉景福、黃文、余添環、謝元慶、熊田、余景旺、余富、吳一、余元富、范元福、黃永進、周全、江元富、余成廣、王進富、陸榮、施肥、余添禮、余添禮、程亨等。卷二十五第 16 葉正德十二年補版葉，版心有"張通校"字樣，當亦嘉靖補版時所爲（靜嘉堂本本葉同爲正德十二年補版，版心無此三字）。

臺北"國家圖書館"藏兩部，一鈐"島田翰讀書記"、"擇是居"等印（索書號 104.32 00413），一存四十卷（索書號 104.32 00414）[①]，北京大學圖書館藏又一部（索書號 LSB/84），皆有"侯吉劉校"等補版葉，同屬此期印本。

七、《附釋音春秋左傳注疏》

《中國古籍善本書目》著錄國圖、北大、上圖等藏《附釋音春秋左傳注疏》多部，皆作"元刻明修本"。今依版面情況，約分如下幾期：

---

① 阿部隆一將前本著錄作"明初、明正德六、十二年遞修"，後者作"明遞修"。《中國訪書志》，第 396 頁。

(一) 未經補版之早印本

中國國家圖書館藏本（索書號 3288）爲瞿氏鐵琴銅劍樓舊藏，《中國古籍善本書目》將此本與其他元刻明修本混爲一條，實際此本是一部難得的元十行本早印本。雖偶見斷版及漫漶處，但整體刻字清晰，版式齊整，未見修補痕跡。刻工包括仲高、安卿、文粲、善卿、以德、君善、英玉、君美、古月、朱文、壽甫、王榮、余中、德甫、仁甫、德遠、德成、善慶、國祐等。與今存其他印本相較，此本刻印精良，文字優勝，可反映元十行本來面貌[1]。

除國圖本外，北大藏本（索書號 LSB/171）部分卷次版面清晰，與國圖本類似，亦屬早印本，但中間若干卷次可見正德、嘉靖補版，或由不同印本配補而成。臺北"國家圖書館"藏一部殘本（存二十八卷），亦未經後代補版。從網絡全文影像看，其印面不甚清晰，印刷時間當在國圖本之後[2]。又《中國訪書志》著錄香港大學馮平山圖書館藏本，卷中往往有缺葉及漫漶嚴重葉，但未經明代修補[3]，似亦早印本。

(二) 明正德十二年補版印本

日本靜嘉堂藏《十三經注疏》本屬此。元十行本《左傳》似未經明前期補版，此本未見典型的明前期補刻葉面，僅見少量正德補版，版心經剜割。以文物局本對照，其正德六年補版葉有"李紅寫"、"李紅膳"、"李紅抄"字樣，刻工有王毛孫、黃富、黃友富、江洪。正德十二年補版及無紀年補版刻工有吳六耳、李豪、劉立、江達、楊尚旦、余富、周同、黃仲、仲千等。此本未經正德十六年補版，印刷時間蓋在正德十二至十六年間。

(三) 明正德十六年補版印本

天一閣藏本（存卷三十六至六十）屬此期印本。除正德六年、正德十二年補版外，又有"正德十六年"補版紀年。如卷五十二第 21—24 葉，靜嘉堂本尚保存原版，此本爲正德十六年補版。此期補版未見刻工名。

(四) 明嘉靖補版印本

北京市文物局藏《十三經注疏》本、京都大學人文科學研究所藏本、臺

---

[1] 詳見筆者《國圖藏元刻十行本〈附釋音春秋左傳注疏〉》。
[2] 阿部隆一指出此本"雖印面有漫漶，但未經補刻"，定爲"明初印"。《中國訪書志》，第 403 頁。
[3] 《中國訪書志》，第 662 頁。

北"國家圖書館"藏兩部全本屬此。其中除正德補版外，新替換大量明嘉靖時期補版，版心校勘人名有"懷陳校"、"侯吉劉校"、"林重校訖"、"鄉林重校"，刻工有吳一、謝元慶、施肥、龔三、華福、王榮、蔡順、吳珠、江達、葉雄、熊山、詹弟、江長深、程亨、葉采、黃永進、黃道林、王仕榮、陸記青、余景旺、范朴、楊四、楊全、曾堅、陸基郎、曾椿、陸文進、再友、吳佛生、陳德禄、張尾郎、余文貴、詹蓬頭、陳珪、江四、葉金、江盛、陸四、王良富、江田、余天理、王元保、余天禮、葉馬、余旺、王仲友、元清。

八、《監本附音春秋公羊注疏》

《中國古籍善本書目》著録南圖藏"元刻本"一部殘本，國圖等藏"元刻明修本"若干部。以筆者所見，今存印本約分如下幾期：

（一）元刻元印本

重慶圖書館藏本爲難得的元刻元印十行本，《中國古籍善本書目》將此本與其他"元刻明修本"混爲一條。此本卷八第 18 葉版心刻"致和元年"（1328），刻工"英玉"，爲判斷元十行本刊刻時間的重要證據。此本印面精美，文字清晰，偶見細微斷版，明顯的斷版見於卷六第七葉下部。卷四第 11—12 葉爲清晰的原版（後印本此二葉皆爲明前期補版），卷一第 7—8 葉原版清晰，板框中部可見有裂痕（後印本此二葉板片中部或有橫貫的大斷版，或做局部鑲補）。刻工包括：伯壽、君美、以清、善慶、仁甫、禔甫、王英玉、君錫、君善、余中、古月、應祥、文粲、王榮、安卿、德遠、壽甫、天錫、以德、丘文、善卿、德甫。有少量補配、抄配葉，其中補配有七葉真正的宋刻十行本《公羊》零葉[①]。

南京圖書館藏本，從《第三批國家珍貴古籍名録圖録》收録卷五首葉書影看，當如《中國古籍善本書目》所著録，爲未經修補的早印本，惜僅存十卷。又臺北"國家圖書館"藏一部（索書號 106.22 00651），其版面較爲漫漶，但未見明前期補版，當亦早印本。

[①] 詳見筆者《記新發現的宋十行本〈監本附音春秋公羊注疏〉零葉——兼記重慶圖書館藏元刻元印十行本〈公羊〉》。

(二)明正德十二年補版印本

日本静嘉堂藏《十三經注疏》本爲此期印本。其卷四第 11—12 葉爲明前期補版，正德補版版心經剜割，參照文物局本可知卷九第 1—2 葉爲正德六年補版，寫工"李紅膽"，刻工吳郎；卷六第 7—8 葉、卷十二第 3—4 葉等爲正德十二年補版，刻工余富、楊尚旦。卷一第 7—8 葉版片中部橫貫的大斷版，尚未經修補。

中國國家圖書館藏瞿氏鐵琴銅劍樓舊藏本（索書號 03289）亦有正德六年、正德十二年補版，但此本較静嘉堂本保存了更多原版。如静嘉堂本卷九第 1—2 葉爲正德六年補版，卷六第 7—8 葉爲正德十二年補版，國圖本尚保存原版。又國圖本印面往往較静嘉堂本清晰，特別是卷二十八末三葉（第 13—15 葉）静嘉堂本磨損嚴重，國圖本原版清晰，似爲較早印本。但其部分葉面又具有晚印本特徵，如卷一第 7—8 葉斷版處已經局部鑲補，卷二十五多個版面下端經局部補刻，疑有較晚印本配補。

(三)明正德末嘉靖初補版印本

臺北"國家圖書館"藏兩部印本（索書號 106.22 00650 及 106.22 00652）屬此。與静嘉堂本相較，其明前期、明正德六年、正德十二年補版大體一致，卷一第 7—8 葉斷版處已經局部鑲補，卷二十五各葉下端經局部補刻，卷二十八第 13—14 葉經大面積修補，第 15 葉則爲新增補版。未經嘉靖大規模補版。

(四)明嘉靖補版印本

北京市文物局藏《十三經注疏》本、天一閣藏本、東京大學東洋文化研究所藏本、京都大學人文科學研究所藏本、美國柏克萊加州大學東亞圖書館藏本等屬此。除上述明前期、明正德補版外，增入大量嘉靖新補版，版心有"侯吉劉校"、"林重校訖"、"運司蔡重校"等校勘人名，刻工有葉再友、江盛、陳珪、王進富、蔡蓬頭等。原版及明前期、明正德補版葉多經局部修整改刻，並有文字校訂。

九、《監本附音春秋穀梁注疏》

《中國古籍善本書目》著録南圖藏"元刻本"一部，殘存二卷；國圖、北大等藏"元刻明修本"若干。筆者有《元十行本〈監本附音春秋穀梁注疏〉印本考》考察了今存元十行本《穀梁》印本情況，今略述如下：

（一）明前期補版印本

京都大學人文科學研究所藏本印刷時間較早，僅卷九末葉爲明前期補版，其他皆原版，刻工有君美、以德、天易、住郎、伯壽、以清、善卿、善慶、德遠、敬中、余中、正卿、君善、茂卿、仲高、英玉、應祥、安卿、以卿、壽甫、仁甫、丘文、提甫等。

《中國古籍善本書目》著録南京圖書館藏"元刻本"，從書影看，此本字跡清晰，印刷時間當較早，惜僅存卷十七、十八兩卷，不詳其是否經明前期補版。

（二）明正德十二年補版印本

静嘉堂藏《十三經注疏》本屬此。此本卷九末葉與京大本同爲明前期補版，又新增若干正德補版。版心紀年經剜割，參照文物局本可知，其序文第3—4葉版心刻"正德六年刊"、"李紅書"，刻工吳郎。卷五第9—10葉、卷十五第13—14葉版心刻"正德十二年刊"，刻工仲千、豪。

（三）明正德末嘉靖初補版印本

國圖藏851號、3290號、7285號及天一閣藏本（以上有網絡全文圖像）、北大藏本，皆屬此期印本。與静嘉堂本相較，此本未見有新增補刻葉面，但版面上下四角處有局部補刻痕跡。如卷二第7—8葉版面下部，静嘉堂本殘損漫漶，此期印本經局部修補並留下多個墨丁。

（四）明嘉靖補版印本

國圖藏1050號、北京市文物局藏《十三經注疏》本、美國柏克萊加州大學東亞圖書館藏本屬此期印本。新替換大量嘉靖補版，並校訂舊版，校勘者名"侯吉劉校"，刻工名王良富、葉再友、張尾郎、陸四、陳珪、詹蓬頭等。

十、《孝經注疏》

《中國古籍善本書目》著録"元泰定三年刻本"一部，國圖藏；"元泰定三年刻明修本",樂平縣圖書館藏。郭立暄《元刻〈孝經注疏〉及其翻刻本》考察了元十行本《孝經注疏》原本與翻刻本情況,今略述如下:

(一) 元刻元印本

中國國家圖書館藏元泰定三年刻本,《中華再造善本》有影印。此本初印清晰,版心可見有"泰定三年"、"泰定丙寅"字樣。刻工包括王英玉、程瑞卿、蔡壽甫、劉和甫、崔德甫、葉德遠、王榮等。"慎"、"敦"字可見避諱。

(二) 明前期翻刻本

江西省樂平市圖書館藏《孝經注疏》,行款悉同元十行本,黑口,版心亦有"泰定三年"字樣。郭立暄指出:"該本全書字體風格一致,並無明顯的修補版痕跡。從字體風格判斷,該本應該是不早於明永樂朝、不晚於明正德朝的翻刻本。書中'泰定三年'字樣鑴刻的位置與元泰定三年刻本完全一致,應該是照元本舊式翻雕的。《中國古籍善本書目》著錄爲'元泰定三年刻明修本',未確。"[①]從《第五批國家珍貴古籍名錄圖錄》收錄此本書影看,其版式字體與元刻明修十行本《十三經注疏》他經中的明前期補版風格一致。如前文所列,樂平市圖書館藏有元刻明修十行本諸經注疏多種,雖非一套完整匯印之《十三經注疏》,但似以明前期補版印本爲主體。此部《孝經注疏》或即明前期匯印十行本注疏中的一種。蓋《孝經注疏》本身篇幅短小,或因刷印頻繁而書版損壞嚴重,故在元十行本諸經注疏的明前期補版過程中,《孝經注疏》得以整體重刻,遂不見原版葉面。就《孝經注疏》本身來說屬"翻刻本",就《十三經注疏》整體而言,亦可視作補版。

長澤規矩也《十三經注疏影譜》收錄一部"明初"刻本即此,今藏處不詳。

(三) 明正德六年翻刻本

北京市文物局《十三經注疏》本《孝經注疏》,版心上鑴"正德六年刊"字樣,中刻謄寫人名"書手陳景淵"、"陳景淵謄"、"許成寫"、"羅棟謄"、"書手羅棟謄"、"王世珍謄"、"詹積英謄"、"李紅謄"、"葉廷芳謄"等,與他經正德六年補版謄寫人互見。刻工有葉天祐、劉立、江操、鄭壇、劉榮政、劉

[①] 郭立暄《元刻〈孝經注疏〉及其翻刻本》,第308頁。

貴、劉景福、余進、鄭粲、黄友才、周元進、陳右、熊元貴、黄世隆、周元正、陸福壽、王毛孫、葉仕太、江長深、吳禄、葉七十、葉景興、黄四郎。郭立暄指出："元刻《十三經注疏》書版久貯於閩中,刷印、重修亦不出閩中。《孝經注疏》版片整體毀失較早,故有明初(不早於永樂)之翻刻。明正德中,《十三經注疏》整體修補重印,他書尚有元刻版,就斷爛者補版即可;《孝經注疏》或並明初本書版已不存,遂就明初本重加翻刻。補版、翻刻均在閩中而非南京完成。"①所言甚是。正德六年翻刻《孝經注疏》書版作爲元刻明修《十三經注疏》的一部分,其後歷經刷印,未再補刻。北京市文物局藏《十三經注疏》印刷於嘉靖時期,其《孝經注疏》皆正德六年刻版。

十一、《論語注疏解經》

元十行本《論語注疏解經》傳本不多,亦乏較早印本,《中國古籍善本書目》僅著録國圖藏元刻明修本一部。楊新勛《元十行本〈十三經注疏〉明修叢考——以〈論語注疏解經〉爲中心》曾比勘今存印本情況,今略述如下:

(一) 明正德十二年補版印本

日本静嘉堂藏《十三經注疏》本爲此期印本(卷十四至十六抄配)。卷一首葉版心下刻"泰定四年程瑞卿",卷三首葉刻"泰定丁卯",刻工"王英玉"。卷五第5葉、卷十九末二葉黑口,多墨丁,當爲明前期補版。正德補版版心剜割,據文物局本可知,其序第1葉有"正德六年刊"、"許成寫",卷四第3—4葉有"正德十二年刊",卷六第2葉有"正德十二年刊"及刻工"文昭"等。據阿部隆一著録原版刻工包括以清、以德、王君錫、王英玉、王國祐、新安王榮、胡古月、江子明、江住郎、蔡壽甫、崔德甫、葉德遠、詹應祥、程瑞卿、天易、天錫、德山、德元、德成、茂卿、劉和甫等②。

中國國家圖書館藏本(索書號09739號)、臺北"國家圖書館"藏本(索書號108.32 00744)亦此期印本。版心補版紀年皆剜割,國圖本還有描畫版

---

① 郭立暄《元刻〈孝經注疏〉及其翻刻本》,第309頁。
② 《阿部隆一遺稿集》,第347頁。

心及描字等情況①。兩部印本卷六第9葉皆爲正德補版,據文物局本知版心有"正德十二年",刻工"文昭",静嘉堂本本葉尚保存原版。

《舊京書影》收録一部元十行本《論語注疏解經》,提要稱爲"宋刻殘本,亦十行本也。舊清内閣書,見藏北平圖書館。"從卷十四末半葉及卷十五首半葉書影看,此本版面字跡較國圖本09739號及臺圖本明顯清晰,當爲較早印本。不過此本不見於國圖、臺北故宫及《中國訪書志》著録,今藏處待考。

(二) 明嘉靖補版印本

北京市文物局藏《十三經注疏》本、臺北"國家圖書館"藏又一部(索書號 108.32 00745)屬此期印本。新替換部分嘉靖時期補版,版心有校勘、重校人名"府舒校"、"侯番劉校"、"林重校"、"鄉林重校",刻工有王仲友、吳佛生、王元保、余堅、黄文、陸記青、陸文進、余郎、施永興、張祐、余環、曾椿、陳珪、龔三、余添環、余富、謝元慶、熊田、蔡順、葉金、王仕榮、王進富、余景旺、謝元林、陳德禄、陸四、王榮、黄道林、江盛、范元福。

十二、《孟子注疏解經》

元十行本《孟子注疏解經》傳本亦不多見,《中國古籍善本書目》僅著録國圖、上圖藏"元刻明修本"。今分爲以下兩類:

(一) 明正德十二年補版印本

中國國家圖書館藏本(索書號09740)屬此。原版保存尚多,但較漫漶,刻工有仲明、吕善、君祐、江元壽等。卷十二下末二葉爲明前期補版。卷五下第5—8葉、卷七上第3—4葉等爲正德補版,版心紀年遭塗抹,據文物局本可知爲正德十二年補版,刻工有楊尚旦、周同。

日本静嘉堂藏《十三經注疏》本亦此期印本,與國圖本補版同,缺葉亦

---

① 楊新勛指出國圖本與臺圖本偶有文字不同之處,如序第5葉"年世未遠",卷六第2葉"彼云"、"包曰十六斗"等,見《元十行本〈十三經注疏〉明修叢考——以〈論語注疏解經〉爲中心》,第180頁。今檢國圖本此數處,似皆經後人描改。

多一致,印刷時間蓋相距不遠。但此本卷十下之後多見嘉靖時期補版(有"番劉校"、"鄉林重校"等字樣),當爲另本配補。

(二) 明嘉靖補版印本

北京市文物局藏《十三經注疏》本、臺北"國家圖書館"藏本屬此。嘉靖補刻版葉版心有"番劉校""侯番劉校""鄉林重校",刻工包括:謝元慶、余富一、王仕榮、余旺、曾堅、余景旺、王榮、葉馬、余元富、江元壽、陸榮、王元保、葉起、謝元林、范元福、元清、蔡順、江盛、熊田、陸四、程亨、黄文、葉金、陸文進、周同、陳德禄、吳佛生、王進富、張祐、蓬頭、范朴、張尾郎、江富、江長深。

十三、《爾雅注疏》

元十行本《十三經注疏》中的《爾雅注疏》較爲特殊,其行款實爲半葉九行,與他經不同,《中國古籍善本書目》著録國圖、上圖等藏"元刻明修本"若干部。又日本宫内廳書陵部藏一部元刻元印本《爾雅注疏》,是否屬泰定、致和間刻諸經注疏之一,尚待進一步討論,今暫列於此。

(一) 元刻元印本

日本宫内廳書陵部藏元刻元印本《爾雅注疏》,"宫内廳書陵部收藏漢籍集覽"數據庫有全文影像發佈。此本半葉九行,行大字約二十字,疏文小字雙行低一格,行亦二十字左右。黑口,左右雙邊,版心不刻字數及刻工名,疏文以白文陰刻"疏"字標識,篇題上施以花魚尾。有宋諱缺筆。阿部隆一將此本列爲"所謂十行十三經注疏合刻本之一",但他亦指出,在其所調查的元刻明修《十三經注疏》本《爾雅注疏》中,並未包含與此本相同的版葉,"其中可認作原刻的版面,也僅是對此本粗糙的覆刻,雕法爲明顯的明前期樣式。從其他例證來看,這些印本作爲此本的修補本,其原刻部分已全無殘存,因此可認作是明前期仿照此本新改刻的重刊本"[1]。

按元刻明修本《十三經注疏》除《爾雅注疏》外,其他十二經行款版式皆

---

[1] 《阿部隆一遺稿集》,第364頁。

一致,即半葉十行,版心刻本葉大小字數,版心下有刻工,字體風格一致,諸經刻工名相通,其中《孝經》《論語》《周禮》《公羊》可見泰定三年、泰定四年、致和元年年號,可確認爲元泰定、致和間福建地區所刻同一套注疏版本。而宫內廳藏此本《爾雅注疏》版心黑口,不刻字數及刻工名,與元十行本他經的版心形式完全不同,字體風格亦有差異。與下文所列可確認爲十行本《十三經注疏》系列中的《爾雅注疏》印本相較,無論是較早印的臺北"國家圖書館"藏本,或較晚印的明前期補版本,其中皆未見與此本《爾雅注疏》相同的版葉。頗疑此本爲元刻單行本,而非泰定、致和間所刻諸經注疏之一。

吳希賢《歷代珍稀版本經眼圖錄》收録一部相同版本,有"楊守敬印"、"星吾海外訪得秘籍"等印,僅存卷一,①今藏處不詳。

(二) 元末明初翻刻本

若前述推測成立,則元泰定、致和間刻十行本注疏是否包括《爾雅注疏》,仍是疑問。以筆者所見,可確認爲十行本《十三經注疏》系列之《爾雅注疏》印本,以臺北"國家圖書館"藏本(索書號 110.11 00865,存卷六至十)印刷時間較早。此本版葉已頗漫漶,但各葉新舊程度基本一致,未見明顯修補痕跡,當爲一次性刻成。版心黑口,無刻工名,僅見數葉版心刻有大小字數,字體不及元十行本諸經之圓熟。阿部隆一將此本定爲"明前期刊","明修"②,蓋以宫內廳本爲元刊原版,以此本爲明前期翻版。按此本版心黑口、無字數無刻工的形式,確與明前期補版類似。但從下文所列國圖藏明前期補版印本可見,此本書版在明前期曾作補刻,其時舊版已漫漶非常嚴重,説明舊版刊刻時間在明前期補版之前,且時間相距較久;而從字體風格、版心版式看,此本又與元十行本原版有異,恐非泰定、致和間所刻,故今定爲元末明初翻刻本③。

此本版葉在國圖藏明前期補版印本中有保存,而國圖藏明前期補版印本中的版葉,在較晚的正德補版印本、嘉靖補版印本中亦有保存,故此本可確認爲元刻明修《十三經注疏》系列中的一種。至於其底本是否泰定、致和

---

① 吳希賢《歷代珍稀版本經眼圖録》,北京:中國書店 2003 年版,第 19 頁。
② 《中國訪書志》,第 415 頁。
③ 關於臺圖本《爾雅注疏》的刊刻年代,及其與宫內廳本之間關係,筆者曾向上海圖書館研究館員郭立暄先生請教,謹致謝忱。

間所刻諸經注疏中的一種,或是據宮內廳本翻刻,或有更早底本①,尚難論斷。

(三) 明前期補版印本

中國國家圖書館藏本(索書號03292)屬此。以此本與前述臺圖本相較,其部分葉面沿襲臺圖本舊版,而更爲漫漶;部分葉面以明前期補版替換。如卷八第3—5葉,此本與臺圖本同,但漫漶更嚴重,許多字難以辨識。卷八第1—2葉,此本爲新補版,版心黑口,字體與元十行本常見的明前期補版一致。

(四) 明正德補版印本

原北平圖書館藏本(有《原國立北平圖書館甲庫善本叢書》影印本)、哈佛燕京圖書館藏本(有網絡全文影像)屬此。此本乃在明前期補版印本基礎上,又經正德時期補版。上述國圖本中的明前期補版,此本基本保留;國圖本中沿襲臺圖本的舊版,此本皆以正德補版替換,蓋漫漶過於嚴重,此時已不堪使用。如卷八第1—2葉,此本與國圖本一致,乃沿襲國圖本明前期補版。第3—5葉,此本與國圖本不同,爲正德新補版。兩部印本版心皆經割補,以文物局本對照,其版心當有正德六年及正德十二年紀年。正德六年補版版心有"詹積英謄"、"詹積英寫"、"王世珍抄"字樣,刻工有劉景福、張天右、吳玉、劉立。正德十二年補版刻工有吳三、楊尚旦、余富、黃仲、榮郎、劉京、江三。

(五) 明嘉靖補版印本

北京市文物局藏《十三經注疏》本、北京大學圖書館藏本(LSB4336)、臺北"國家圖書館"藏兩部(110.11 00862號及110.11 00863號)等,皆此期印本。其版葉包括明前期、正德六年、正德十二年及嘉靖新補版。如卷八第1葉與國圖本同爲明前期補版,第3—5葉與哈佛燕京本同爲正德時期補版,卷八第2葉版心有"府舒校",爲嘉靖新補版。嘉靖補版有"府舒校""林重校",刻工有吳元清、余富一、陸記青、施永興、余郎、龔三、余堅、黃文、劉

---

① 顧永新指出宋代已有題名"爾雅兼義"之注疏合刻本,見《正經注疏合刻早期進程蠡測——以題名更易和内容構成爲中心》,載於《文史》第2輯(2020年),第59—104頁。

觀生、陸文進、余添環、吳佛生等。

十四、小　　結

　　以上僅就筆者搜得之元十行本全文影像、影印本、圖錄、書志等資料，並個人經眼所得，對元十行本諸印本的遞修、印次情況做粗略梳理，小結如下：

　　（一）元十行本初印本及未經修補的早印本頗稀見，今所知者僅《周易》（美國柏克萊東亞圖書館藏）、《尚書》（北大藏）、《左傳》（國圖藏）、《公羊》（重慶圖書館藏）、《孝經》（國圖藏）等數種。從早印本特別是堪稱初印的《尚書》、《孝經》、《公羊》來看，元十行本版式齊整，刻印精良，並非如常見元刻明修十行本給人的邋遢印象，文字上也無後印本誤字連篇的情況。這些初印本及未經修補的早印本，反映了元十行本的初始面貌，可糾正後印本及明清《十三經注疏》本的文字訛誤，具有重要的版本校勘價值。

　　（二）元十行本《孝經注疏》有"泰定三年"、"泰定丙寅"（1326）刊刻紀年，《論語注疏解經》有"泰定四年"、"泰定丁卯"（1327）紀年，《附釋音周禮注疏》有"泰定四年"紀年，《監本附音春秋公羊注疏》有"致和元年"（1328）紀年。此類紀年皆見於原刻版葉，《孝經》《公羊》還見於初印本，可確認爲原刻所有，此爲判斷元十行本刊刻時間的最重要證據。除《爾雅注疏》外，包括《儀禮圖》在内的十二經版式字體一致，刻工姓名相通，刊刻時間當皆在泰定、致和前後，爲同時同地所刻同一套書。當時是否曾刻《爾雅注疏》，尚待進一步研究。

　　（三）元十行本屬典型的福建地區刻本風格，長澤規矩也、阿部隆一等已論證其刻工多見於元代福建地區刻本，如《唐書》、《通志》、《晦庵先生朱文公文集》等，惟究屬官刻或私坊刻本，未有明確結論。尾崎康在調查元代覆刻南宋中期建刊十行本正史中，發現元覆刻本正史與元十行本注疏情形相似，刻工相通[1]。張學謙進一步考證元十行本原版刻工及補版校勘人員，指出："從行款、版式、刻工的一致性上看，除《爾雅注疏》外的十二種十行本

---

[1] （日）尾崎康撰，喬秀岩、王鏗編譯《正史宋元版之研究》，北京：中華書局2018年版，第130頁、463頁。

當是同一時段、同一地域所刊。十二種注疏版片體量巨大,當時的書坊絕無能力獨立承擔,這種統一的刊刻活動只能是官方主導。""諸經注疏和正史大概是在相近時段的同一地域刊刻,版片明代存貯福州府學,屢經修版。洪武二十一年(1388),福建布政使司曾進呈《禮記注疏》三十一部。又楊士奇(1365—1444)曾得《春秋左傳注疏》、《南史》、《北史》、《新唐書》諸書,均謂'刻板在福州府學'。既然十行本經史版片明初即在福州府學,從情理推斷,其元代刊刻者應該就是福州路。"①筆者同意此判斷。今存元代覆刻十行本正史不僅原版刻工與元十行本注疏多有互見,其後印本有正德六年補版紀年、"李紅謄"等謄寫人名、"府劉校"等校勘人名,並正德、嘉靖補版諸刻工名,亦驚人一致②。此種大規模正經正史之刊刻,皆以宋代建陽地區版本爲底本,動用同一批刻工,板木共同貯存於府學,由同一批刻工及同一批謄寫人員、校勘人員完成補版、校訂,且校訂人員可證爲福建當地官員,此類刊刻、補版、校訂無疑當出自官方手筆。前人多見元十行本後印本邋遢訛誤,指其刻印粗糙,校勘不精。今以初印本、早印本觀察,元十行本注疏版式齊整,刻印不苟,紙墨亦相當精良。從元十行本《穀梁》、《左傳》比勘來看,前人所指元十行本訛誤,絕大部分出自明代補版中的誤刻、妄改,有的則承襲自宋十行本,元十行本本身翻刻中出現的訛誤並不多。除了多用簡體、俗字外,元十行本對宋十行本的忠誠度應該說相當高,翻刻工作可稱嚴謹③。

(四)元十行本書版經歷明代多次修補,補版大體分爲如下幾期:

1. 明前期補版,一般爲黑口,左右雙邊,版心無字數及刻工,字體刀法較朴拙,多見墨丁及誤刻。《周禮》及《禮記》的明前期補版佔比較大,時間亦似較早。《孝經》明前期經整體重刻。此期印本較後印本保存了更多原版,傳世亦稀見。

---

① 張學謙《元明時代的福州與十行本注疏之刊修》,第35頁、37頁。
② 今存元代覆刻南宋建刻本《唐書》,原版刻工有德謙、王君粹、王榮、君美、英玉、茂卿、清甫、德成、子明等,校勘人有"府劉校",補版紀年有"正德六年刊"。《晉書》原版刻工有仲明;正德六年補版刻工有葉文昭、吳郎,補版謄寫人有李紅、葉廷芳、陳景淵、詹積英、羅棟;嘉靖補版刻工有江達、陸四、葉馬、余富等,校勘人有"府劉校"。此類刻工、補版謄寫人、校勘人、補版紀年,皆可與元十行本諸印本相通。關於《唐書》、《晉書》等刻工及補版情況,參見尾崎康《正史宋元版之研究》,第464頁;郭立暄《中國古籍原刻翻刻與初印後印研究》,第182頁。
③ 關於元十行本與宋十行本的文字比較,參見筆者《宋代經書注疏刊刻研究》,北京:北京大學出版社2013年版,第378頁。

2. 正德六年補版，一般爲黑口，四周雙邊，版心上有"正德六年"紀年，版心中多刻謄寫人名，包括王世珍、陳景淵、羅棟、李紅、葉廷芳、許成、詹積英。《孝經》於正德六年整體重刻。正德六年補版皆見於後印本，筆者尚未找到正德六年補版而未經正德十二年補版的印本。

3. 正德十二年補版，一般爲白口，四周單邊或四周雙邊，版心上多刻補版紀年，版面多見墨丁。《儀禮圖》正德十二年補版葉有謄寫人名"廷器"、"廷器寫"。除《孝經注疏》外，各經皆經歷此次補版。此期印本以日本靜嘉堂藏《十三經注疏》爲代表。

4. 正德十二年補版之後，至嘉靖大規模補版之前，十行本《十三經注疏》還曾經歷數次修補，包括少量版葉補刻、版面局部修補、補刻墨丁闕字等。其中有正德十六年補版，見於《儀禮》、《左傳》；嘉靖三年補版，見於《禮記》；不詳紀年補版，見於《周易》、《尚書》等。

5. 明嘉靖大規模補版，一般爲白口，四周單邊，版心多刻有校勘及重校人名。校勘人包括"懷浙胡校"（或"懷胡校"）、"閩何校"、"侯番劉校"（或"侯蕃劉校"、"番劉校"、"侯吉劉校"）、"府舒校"、"懷陳校"。重校人包括"林重校"（或"鄉林重校"）、"蔡重校"（或"運蔡重校"、"運司蔡重校"）、"張重校"（或"張通校"）。此期印本不僅補刻新版，還對舊版（包括原版、明前期與明正德補版）做修整及局部補刻，有的版心字數、刻工被剜除，又多見剜板改字處。今存元十行本諸經傳本，以此期印本最多見。

6. 關於元十行本不同時期印本的文字差異，學界已多有比勘討論。總體來說，未經修補的早印本反映了元十行本初始面貌，文字最可信賴。明前期補版中多見墨丁及訛字，但原版葉保存尚多，且未經後人妄改，在早印本不存的情況下，此期印本亦值得珍視。明正德歷次補版亦多見墨丁、訛字，尤其正德十二年補版往往墨丁連片，但其尚未經嘉靖大規模補版及校改，類似《禮記》、《論語》、《孟子》等經缺乏早期印本，正德補版印本中保存的原刻版葉就顯得尤爲重要。嘉靖大規模補版中不僅替換了大量新補版，原版葉亦更爲漫漶難讀，局部修補處多見訛誤。此次補版同時對全書文字做校訂，有校訂成功之例，亦多妄改之失，此期印本傳存最多，問題也最大。

7. 元刻明修十行本《十三經注疏》整體傳存者，目前僅知北京市文物局藏本、中國國家博物館藏本、軍事科學院藏本、日本靜嘉堂文庫藏本等四部。靜嘉堂本蓋印製於正德十二年補版後不久，未經正德十二年之後的補版及校訂；文物局本印製於嘉靖大規模補版之後，爲今存較晚印本。中國國家博物館藏本、軍事科學院藏本皆未公佈，從書影看似有不同印本配補，其中或有較早印本遺存。

　　元十行本注疏傳存零本尚多，本文掛一漏萬，定有未及之處。又注疏卷帙浩繁，比勘不易，各傳本中又多見殘闕、配補、抄配、描字、描畫版心、塗抹割紙等複雜情形，本文對印本的分期亦恐有不當。僅拋磚引玉，以待來者。

（作者單位：北京大學《儒藏》編纂與研究中心）

Research on the Existing Printed Copies of Yuan-Era Ten-Line Edition of Confucian Classics

Zhang Lijuan

There are many existing printed copies of the Yuan dynasty Ten-Line Edition of Confucian classics in the world. Only a few Ming dynasty Revision of the Yuan dynasty Ten-Line Edition of the "Shisanjingzhushu" were printed and distributed in sets, most printed copies were distributed individually. There are differences between the various printed copies depending on the date when they were printed. This article compares the different images and records of the Yuan dynasty Ten-Line Edition of Confucian Classics and lists representative printed copies of each Confucian Classic from different periods, discussing their version characteristics and the relationship between them. Through this work, readers can make better use of different printed copies, and libraries can also catalog them more accurately.

Keywords: Yuan dynasty Ten-Line Edition, Shisanjing, Zhushu, Printed copies Supplement edition

徵引書目

1. 王鍔:《元十行本〈附釋音禮記注疏〉的缺陷》,載於《文獻》2018 年第 5 期,頁 59—73。Wang E. Yuan shihangben "fu shi yin liji zhushu" de quexian (The Defects of the Yuan Dynasty Ten-Line edition "fu shi yin liji zhushu"). *Wen xian* (The Documentation) no.5 (2018 Sep), pp.59 – 73.
2. 尾崎康撰、喬秀岩、王鏗編譯:《正史宋元版之研究》,北京:中華書局 2018 年版。Ozaki Yasushi. *Zhengshi song yuan ban zhi yanjiu* (Research on Official History Books printed in the Song and Yuan Dynasty). Edited and translated by Qiao Xiuyan and Wang Keng. Beijing: Zhonghua Book Company, 2018.
3. 阿部隆一:《中國訪書志》,東京:汲古書院,1983 年版。Abe Ryuichi. *Zhongguo fang shu zhi* (Records of Chinese Rare Books). Tokyo: Jigu Academy, 1983.
4. 阿部隆一:《阿部隆一遺稿集》,東京:汲古書院,1993 年版。Abe Ryuichi. *Abu longyi yigao ji* (Collection of the posthumous works of Abe Ryuichi). Tokyo: Jigu Academy, 1993.
5. 張學謙:《元明時代的福州與十行本注疏之刊修》,載於《歷史文獻研究》總第 45 輯,2020 年版,頁 34—41。Zhang Xueqian. Yuan ming shidai de fuzhou yu shihangben zhushu zhi kanxiu (Fuzhou in the Yuan and Ming Dynasties and the Revision of the Ten-Line Edition). *Lishi wenxian yanjiu* (Research on Historical Documents) vol. 45 (2020), pp.34 – 41.
6. 張麗娟:《宋代經書注疏刊刻研究》,北京大學出版社,2013 年版。Zhang Lijuan. *Songdai jingshu zhushu kanke yanjiu* (Research on the Classical Confucian Texts Printed in Song Dynasty). Beijing: Beijing University Press, 2013.
7. 張麗娟:《元十行本〈監本附音春秋穀梁注疏〉印本考》,載於《中國典籍與文化》2017 年第 1 期,頁 4—8。Zhang Lijuan, Yuan shihangben "jian ben fu yin chunqiu guliang zhushu" yinben kao (On the Yuan dynasty Ten-Line Edition of "Jian ben fu yin chunqiu guliang zhushu"), *Zhongguo dianji yu wenhua* (Chinese Classics and Culture) no.1 (2017), pp.4 – 8.
8. 張麗娟:《關於宋元刻十行注疏本》,載於《文獻》2011 年第 4 期,頁 11—31。Zhang Lijuan. Guanyu song yuan ke shi hang zhushu ben (A Study on Ten-Line Edition of Commentaries Printed During Song and Yuan Dynasty). *Wen xian* (The Documentation) no.4 (2011 Oct), pp.11 – 31.
9. 郭立暄:《中國古籍原刻翻刻與初印後印研究》,上海:中西書局,2015 年版。Guo Lixuan *Zhongguo guji yuanke fanke yu chuyin houyin yanjiu* (Research on the Original Engraving and Reprinting of Chinese Ancient Books). Shanghai: Zhongxi shuju, 2015.
10. 郭立暄:《元刻〈孝經注疏〉及其翻刻本》,載於《版本目錄學研究》第 2 輯,北京:北京大學出版社,2010 年版,頁 307—313。Guo Lixuan. Yuan ke "xiaojing zhushu" jiqi fanke ben (Yuan Edition and Reprinted Editions of *Commentaries and Notes on the Classic of Filial Piety*). *Banben muluxue yanjiu* (Bibliographical Studies of Traditional Chinese

Texts), Vol.2. Beijing: Peking University Press, 2010, pp.307 – 313.
11. 陳先行、郭立暄:《柏克萊加州大學東亞圖書館中文古籍善本書志》,上海:上海古籍出版社,2005 年版。Chen Xianxing and Guo Lixuan. *Baikelai jiazhou daxue dongya tushuguan zhongwen guji shanben shu zhi* (The Record of Rare Chinese Ancient Books in the East Asia Library of the University of California, Berkeley). Shanghai: Shanghai Ancient Books Publishing House, 2005.

《十三經注疏》的匯集、校刻與整理

王鍔

【摘　要】《十三經注疏》是儒家核心文獻。南宋初期，越州先刻八行注疏合刻本，後福建建陽刻"附釋音注疏本"，即宋十行本。元泰定間，翻刻宋十行本爲元十行本，遞經修補，形成元刻明修十行本《十三經注疏》，或稱十行本、正德本。元刻明修十行本板片壞缺，明嘉靖間，李元陽據以刻閩本，這是第一部名實相副的《十三經注疏》，監本、毛本、殿本、《四庫》本翻刻抄寫，校正是非，限於條件，仍有缺陷。清嘉慶間，阮元據元刻明修十行本，彙校眾本，補脫正訛，撰寫校記，於南昌府學刊刻阮刻本《十三經注疏》，兩百多年，風靡學界。近二十多年，《十三經注疏》數次整理，不無遺憾，方向東教授點校本以阮刻爲底本，參校眾本，甚便閱讀。然欲整理出超越或代替阮刻本的《十三經注疏》，學界同仁，尚需努力！

【關鍵詞】《十三經注疏》　八行本　十行本　阮刻本

《十三經注疏》包括《周易正義》（魏王弼、韓康伯注，唐孔穎達等正義）、《尚書正義》（舊題漢孔安國傳，唐孔穎達等正義）、《毛詩正義》（漢毛亨傳，鄭玄箋，唐孔穎達等正義）、《周禮注疏》（漢鄭玄注，唐賈公彥疏）、《儀禮注疏》（漢鄭玄注，唐賈公彥疏）、《禮記正義》（漢鄭玄注，唐孔穎達等正義）、《春秋左傳正義》（晉杜預注，唐孔穎達等正義）、《春秋公羊傳解詁》（漢何休注，唐徐彥疏）、《春秋穀梁傳注疏》（晉范甯注，唐楊士勛疏）、《論語注疏解經》（魏何晏等注，宋邢昺疏）、《孝經注疏》（唐玄宗注，宋邢昺疏）、《爾雅注疏》（晉郭璞注，宋邢昺疏）、《孟子注疏》（漢趙岐注，宋孫奭疏），是漢、魏、晉、唐、宋人注釋《十三經》的著作匯集，部分經書附有唐陸德明釋文。《十三經注疏》的經注和疏原本單獨流傳，祇有經注本、單疏本，那麽，《十三經》的經注與疏是什麼時間匯集在一起的？宋代以來，作爲叢書性質的《十三經注疏》是如何校刻的？校刻過多少次？每次校刻都做了甚麽工作？隨著古籍整理事業的興盛，《十三經注疏》的整理情況如何？在學術閱讀和研究中，如何選擇《十三經注疏》的版本？等等，就以上問題，我們從宋代經書注疏的匯集、元明清《十三經注疏》的校刻、現代《十三經注疏》的整理等方面，爬梳討論，間陳管見。

一、宋代經書注疏的匯集

　　《十三經》經注疏文的合刻時間，清代乾嘉學者惠棟、段玉裁、陳鱣、顧廣圻就有討論。惠棟《禮記正義跋》認爲注疏合刻始於北宋①，段玉裁《十三經注疏釋文校勘記序》曰：

　　　　至宋有《孝經》《論語》《孟子》《爾雅》四疏，於是或合集爲《十三經注疏》，凡疏與經注本各單行也，而北宋之際合之，維時釋文猶未合於經注疏也，而南宋之際合之。夫合之者，將以便人，而其爲經注之害，則未有能知之者矣。②

段玉裁認爲經注疏"北宋之際合之"。阮元、陳鱣認爲注疏合刻始於南北宋之間③。對段氏等人的觀點，當時學者錢大昕、顧廣圻均提出反對意見④。錢大昕《儀禮注單行本》曰：

　　　　唐人撰《九經》正義，宋初邢昺撰《論語》《孝經》《爾雅》疏，皆自爲

---

① 清惠棟：《禮記正義跋》，漢鄭玄注，唐孔穎達正義：《禮記正義》卷七〇，北京：北京圖書館出版社 2003 年《中華再造善本》影印。
② 清段玉裁撰，鍾敬華校點：《經韻樓集》，上海：上海古籍出版社 2008 年版，第 1 頁。
③ 張麗娟：《宋代經書注疏刊刻研究》，北京：北京大學出版社 2013 年版，第 318 頁。關於經書注疏合刻問題，汪紹楹、張麗娟、顧永新等先生皆有討論，據以梳理，略有補充。
④ 汪紹楹：《阮氏重刻宋本十三經注疏考》，《文史》第 1 輯，北京：中華書局 1963 年版，第 25—60 頁。

一書，不與經注合併。南宋初乃有併經注正義合刻者。士子喜其便於誦習，爭相仿效。其後又有併陸氏釋文附入經注之下者，陸氏所定經文，與正義本偶異，則改竄釋文以合之，而釋文亦失陸氏之舊矣。予三十年來所見疏與注別行者，惟有《儀禮》《爾雅》兩經，皆人世稀有之物也。①

又《正義刊本妄改》曰：

釋文與正義，各自一書，宋初本皆單行，不相淆亂。南宋後乃有合正義於經注之本，又有合釋文與正義於經注之本，欲省學者兩讀，但既以注疏之名標於卷首，則當以正義爲主，即或偶爾相同，亦當並存，豈有刪正義而就釋文之理？②

錢氏謂南宋初有"併經注正義合刻者""又有合釋文與正義於經注之本"，明確提出注疏合刻始於南宋。

黃丕烈《百宋一廛賦注》曰：

居士前在阮中丞元《十三經》局立議，言北宋本必經注自經注，疏自疏，南宋初始有注疏，又其後始有附釋音注疏。晁公武、趙希弁、陳振孫、岳珂、王應麟、馬端臨諸君，以宋人言宋事，條理脈絡，粲然可尋。而日本山井鼎《左傳考文》所載紹興辛亥三山黃唐跋《禮記》語，尤爲確證，安得有北宋初刻《禮記注疏》及淳化刻《春秋左傳注疏》事乎？今此賦所云，即平昔議論也。③

顧廣圻明確提出"北宋本必經注自經注，疏自疏，南宋初始有注疏，又其後始有附釋音注疏"。又撰《陳仲魚孝廉索賦經函詩率成廿韻》曰：

---

① 清錢大昕撰：《十駕齋養新錄》卷一三，陳文和主編：《嘉定錢大昕全集》，南京：江蘇古籍出版社1997年版，第7冊第340頁。
② 清錢大昕撰：《十駕齋養新錄》卷二，陳文和主編：《嘉定錢大昕全集》，第7冊第52頁。
③ 清黃丕烈撰：《百宋一廛賦注》，清顧廣圻著，王欣夫輯：《顧千里集》，北京：中華書局2007年版，第4頁。

南宋併注疏，越中出最早。後則蜀有之，《沿革例》了了。今均無見者，款式詎可曉？惟建附釋音，三山別離造。黄唐跋《左傳》，其語足參考。流傳爲十行，一線獨綿藐。勝國在南雍，修多元漸少。遞變閩監毛，每次加潦草。年來幾同人，深欲白醜好。謂此已僅存，究遺乃當抱。寓公得陳髯，志力兩夭驕。盡收十一種，雖跂食庶飽。閲時玉蘊櫝，開處籤飛漂。題詠徧名流，善頌子孫保。阿誰負大力？悉舉重梨棗。海内家一編，落葉將毋掃。惜哉西湖局，雅志敗群小。苦争自癡絶，未障狂瀾倒。眼前散雲煙，隙裏馳腰褭。撫函三歎息，冉冉吾其老！①

顧氏賦詩，謂注疏合併始於南宋，越中刻本最早。對十行本系統諸版本之評價，高屋建瓴，堪稱《十三經注疏》版本史詩。

日本學者山井鼎《七經孟子考文補遺》徵引《禮記正義》黄唐跋文，對於清代乾嘉學者影響甚大，山井鼎將跋文"紹熙辛亥"誤寫爲"紹興辛亥"，誤導清人多年。《禮記正義》黄唐跋文（圖一）曰：

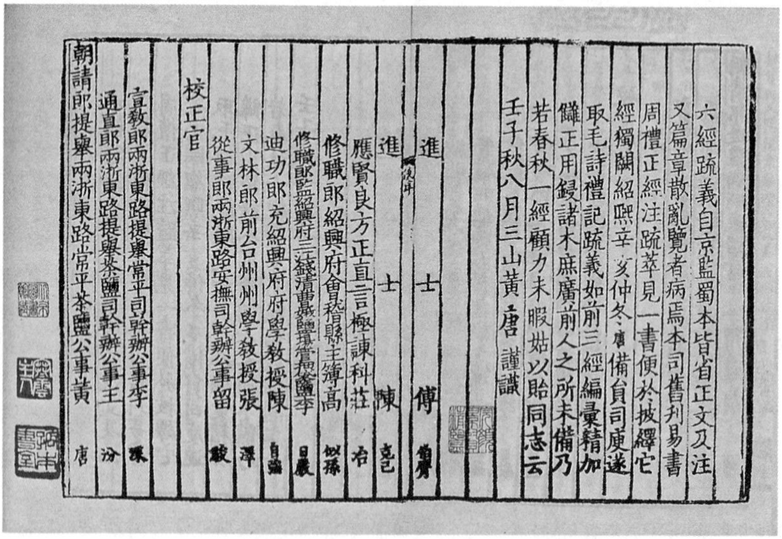

六經疏義自京、監、蜀本皆省正文及注，又篇章散亂，覽者病焉。

圖一　八行本《禮記正義》黄唐跋

---

① 清顧廣圻著，王欣夫輯：《顧千里集》，第30—31頁。

本司舊刊《易》《書》《周禮》，正經注疏萃見一書，便於披繹，它經獨闕。紹熙辛亥仲冬，唐備員司庾，遂取《毛詩》《禮記》疏義，如前三經編彙，精加讎正，用鋟諸木，庶廣前人之所未備。乃若《春秋》一經，顧力未暇，姑以貽同志云。壬子秋八月三山黃唐謹識①。

辛亥是南宋光宗紹熙二年(1191)，壬子是南宋光宗紹熙三年(1192)。黃唐所言"本司"，即兩浙東路提舉常平茶鹽司，紹興年間設置，治所在越州(今浙江紹興)，黃唐於紹熙辛亥(1191)十一月任"朝請郎提舉兩浙東路常平茶鹽公事"一職②。南宋兩浙東路茶鹽司刻本，即《九經三傳沿革例》之"越中舊本注疏"，學界稱爲"越州本""八行本"。

八行本是目前所知最早的注疏合刻本，先後刊刻有《周易注疏》《尚書正義》《周禮疏》《毛詩正義》《禮記正義》《春秋左傳正義》《論語注疏解經》《孟子注疏解經》等八經，刊刻時間從南宋初至寧宗嘉泰、開禧年間(1201—1207)③。《周易注疏》十三卷，今存兩部，一藏日本足利學校，一藏中國國家圖書館;《尚書正義》二十卷，今存兩部，一藏中國國家圖書館，一藏日本足利學校;《周禮疏》(實爲《周禮注疏》)五十卷，中國國家圖書館、臺北故宫博物館各藏一部，皆有修補，北京大學圖書館藏一部，殘存二十七卷;《禮記正義》七十卷，中國國家圖書館藏兩部，一部全，有惠棟跋，一部殘存二十八卷，日本足利學校藏本殘存六十二卷，另有散存零卷;《春秋左傳正義》三十六卷，中國國家圖書館藏一部;《論語注疏解經》二十卷，臺北故宫博物院、重慶市圖書館、上海圖書館均藏殘本;《孟子注疏解經》十四卷，臺北故宫博物館藏一部，中國國家圖書館、北京大學圖書館、南京博物院各藏殘本。

八行本經注疏的體例，都是經文+注文+疏文的次序，即注文接經，疏文按注。惟有《周禮疏》的體例是經文+經文之疏+注文+注文之疏，這種體例，將疏文的解經之疏和解注之疏分隔開來，分别綴於經文、注文之下，聯繫書名叫"周禮疏"而非"周禮注疏"，乃沿襲單疏本，顯示出八行本早期合刻的特徵。

除越州所刊八行本之外，四川、福建等地也刊刻有注疏合刻本，經書注疏合刻的情況比較複雜。顧永新先生通過對清劉世珩影刻元元貞二年

---

① 清惠棟:《禮記正義跋》，漢鄭玄注，唐孔穎達正義:《禮記正義》卷七〇。
② 王鍔:《三禮研究論著提要》(增訂本)，蘭州:甘肅教育出版社2007年版，第29頁。
③ 張麗娟:《宋代經書注疏刊刻研究》，第334頁。

（1296）平陽府梁宅刻本即元貞本《論語注疏解經》十卷的研究，認爲"在北宋或南宋早期，最早出現了注疏合刻本《論語注疏解經》十卷，以經注附疏，故分卷仍單疏本之舊。這是後來八行本及十行本系統各本的祖本"①。就《論語》而言，八行本《論語注疏解經》二十卷，並非最早。

八行本之後，福建建陽地區出現一種新的注疏合刻本，即附陸德明釋文的附釋音注疏合刻本，半頁十行，故稱宋十行本，部分是建安劉叔剛刻本，故又稱劉叔剛本。今存者有《附釋音毛詩注疏》二十卷，日本足利學校藏一部；《附釋音春秋左傳注疏》六十卷，一部藏日本足利學校，另一部分藏中國國家圖書館（卷1—29）和臺北故宫博物院（卷30—60），書尾有"建安劉叔剛鋟梓"牌記；《監本附釋音春秋穀梁注疏》二十卷，中國國家圖書館藏一部。《附釋音禮記注疏》六十三卷已佚，清和珅有翻刻本，基本保存了劉叔剛本的面貌。重慶市圖書館藏元十行本《監本附音春秋公羊注疏》中，配補七頁黑口版頁，可確認是宋十行本《監本附音春秋公羊注疏》的零頁②。劉叔剛刻書大致在南宋光宗、寧宗時期（1190—1224）③。

《九經三傳沿革例》記載注疏本有"越中舊本注疏、建本有音釋注疏、蜀注疏"④三類。越中舊本注疏即八行本，建本有音釋注疏即宋十行本，蜀注疏流傳很少，日本宫内廳書陵部藏一部《論語注疏》十卷，與八行本、宋十行本不同，屬於另一注疏本系統。八行本不附釋文，宋十行本附釋文，體例是經文+注文+釋文+疏文，蜀注疏本《論語注疏》亦附釋文，附入形式與宋十行本略異，且於釋文前圓圈"釋"字提示，形式獨特。

臺北故宫博物院藏南宋福建魏縣尉宅本《附釋文尚書注疏》二十卷，後四卷配元刻明修十行本，卷一末有"魏縣尉宅校正無誤大字善本"，半頁九行，體例接近元十行本《附釋音尚書注疏》，説明建陽地區的注疏合刻本不止一種⑤。

---

① 顧永新：《元貞本〈論語注疏解經〉綴合及相關問題研究》，《版本目錄學研究》第2輯，北京：國家圖書館出版社，2010年版，第189—209頁。顧永新：《金元平水注疏合刻本研究——兼論注疏合刻的時間問題》，《文史》2011年第3期，第189—216頁。
② 張麗娟：《記新發現的宋十行本〈監本附音春秋公羊注疏〉零葉——兼記重慶圖書館藏元刻元印十行本〈公羊〉》，《中國典籍與文化》2020年第4期，第9—16頁。
③ 張麗娟：《宋代經書注疏刊刻研究》，第361頁。
④ 元岳浚：《九經三傳沿革例》，影印文淵閣《四庫全書》本，臺北：商務印書館1986年版，第183册561頁下欄。
⑤ 張麗娟：《宋代經書注疏刊刻研究》，第393—400頁。杜澤遜主編《尚書注疏彙校》，北京：中華書局2018年版，第1册19頁。

宋代經書注疏合刻始於南宋初期，就注疏本流傳和今存者看，八行本、宋十行本是有計劃的匯集刊刻，對元代以來經書注疏的校刻，影響巨大。至於蜀注疏和魏縣尉宅究竟刊刻了多少種經書，有待於新資料的發現。

二、元明清《十三經注疏》的校刻

宋周密《癸辛雜識》曰："廖群玉諸書，《九經》本最佳。又有《三禮節》，其後又欲開手節《十三經注疏》，未及入梓，而國事異矣。"① 廖瑩中字群玉，號藥洲，賈似道門客，家有世彩堂，喜藏書刻書，欲"手節《十三經注疏》"，未果。《九經三傳沿革例》有"汴本《十三經》"之稱，然宋代是否刊刻《十三經注疏》，證據不足。

宋十行本《周禮注疏》四十二卷，《禮記注疏》六十三卷，較之八行本《周禮疏》五十卷、《禮記正義》七十卷，照顧經書內容，盡可能將某篇分在一卷或數卷之中，且附有釋文，方便閱讀，備受讀者青睞②。所以，自元代以來，元十行本、閩本、監本、毛本、武英殿本、《四庫》本和阮刻本《十三經注疏》，皆仿效宋十行本的體例，校勘刊刻。

元代泰定（1324—1328）前後，翻刻宋十行注疏本，即元十行本。元十行本與宋十行本，在內容體例、板式行款、字體特徵等方面，非常相似，但也有明顯的區別。張麗娟說："宋刻十行本區別於元刻十行本最明顯的特徵是：書口爲細黑口而非白口；版心下不刻刻工姓名；版心上不刻大小字數，疏文出文與疏文正文之間無小圓圈標識；多用簡體字等。"③ 經過比較《附釋音毛詩注疏》等，"可以得出如下兩點認識：一、宋刻十行本與元刻十行本之間有直接的繼承關係，後者是根據前者翻刻的。二、宋刻十行本與元刻十行本確爲兩個不同時期的刻本，兩者不可混爲一談。"④

元十行本有元刻十行本和元刻明修十行本之別。元刻十行本今存六

---

① 宋周密：《癸辛雜識》，北京：中華書局1988年版，第85頁。
② 王鍔：《〈四庫全書總目〉"周禮注疏"提要辨證》，《中國典籍與文化論叢》第23輯，南京：鳳凰出版社2021年版，第126—141頁。李學辰：《八行本〈禮記正義〉與和珅刻本〈禮記注疏〉體例比較研究》，《歷史文獻研究》第42輯，揚州：廣陵書社2019年版，第64—75頁。
③ 張麗娟：《宋代經書注疏刊刻研究》，第376頁。
④ 張麗娟：《宋代經書注疏刊刻研究》，第385頁。

種：美國柏克萊加州大學東亞圖書館藏《周易兼義》九卷《音義》一卷《略例》一卷，原劉承幹舊藏。北京大學圖書館藏《附釋音尚書注疏》二十卷，原李盛鐸舊藏。中國國家圖書館藏《附釋音春秋左傳注疏》六十卷，鐵琴銅劍樓舊藏；中國臺北"國家圖書館"藏一部殘本，殘存二十八卷。重慶圖書館藏《監本附音春秋公羊注疏》二十八卷一部，其中有八頁宋十行本零頁；南京圖書館藏《監本附音春秋公羊注疏》二十八卷（殘存十卷）；中國臺北"國家圖書館"藏一部，有抄配。南京圖書館藏《監本附音春秋穀梁注疏》二十卷（殘存卷十七、十八），日本京都大學藏有一部①；中國國家圖書館藏《孝經注疏》九卷，乃元泰定三年（1326）刻本②。另外，上海圖書館藏有《附釋音禮記注疏》元刻十行本卷二十五殘葉十頁③。日本宮內廳書陵部藏一部《爾雅注疏》十一卷（殘，半葉九行），"乃元時初印本，絕無補刊之葉"④。張麗娟謂："頗疑此本爲元刻單行本，而非泰定、致和間所刻諸經注疏之一。"⑤

元刻十行本書板傳至明代正德、嘉靖年間，遞經修補，補版版心刻正德六年刊、正德十二年刊、嘉靖三年刊等文字，與原版有明顯區別，後人稱之爲"十行本""正德本"，甚者長期被誤認爲宋刻本，我們稱之爲"元刻明修十行本"，包括《周易兼義》九卷《音義》一卷《略例》一卷、《附釋音尚書注疏》二十卷、《附釋音毛詩注疏》二十卷、《附釋音周禮注疏》四十二卷、《儀禮》十七卷《儀禮圖》十七卷《旁通圖》一卷、《附釋音禮記注疏》六十三卷、《附釋音春秋左傳注疏》六十卷、《監本附音春秋公羊注疏》二十八卷、《監本附音春秋穀梁注疏》二十卷、《孝經注疏》九卷、《論語注疏解經》二十卷、《孟子注疏解經》十四卷、《爾雅注疏》十一卷，名爲"十三經注疏"，其實缺《儀禮注疏》，用《儀禮》十七卷《儀禮圖》十七卷《旁通圖》一卷替代⑥。元刻

---

① 張麗娟：《元十行本〈監本附音春秋穀梁注疏〉印本考》，《中國典籍與文化》2017年第1期，第4—8頁。
② 張麗娟：《〈十三經注疏〉版本研究》，未刊書稿，此乃北京大學張麗娟教授主持的國家社科基金項目"《十三經注疏》版本研究"（14BTQ020）之結項書稿，張教授惠贈電子版。杜以恒先生謂臺北故宮博物院藏元十行本《儀禮圖》一部。杜以恒：《楊復〈儀禮圖〉元刊本考》，《中國典籍與文化》2022年第1期，第67—79頁。
③ 井超：《上圖藏〈附釋音禮記注疏〉卷二十五殘葉跋》，未刊稿，南京師範大學副教授井超惠贈電子版，又見"学礼堂"微信公眾平台，https://mp.weixin.qq.com/s/3kGkcsnNLPBJn50R3Z73tA。
④ 楊守敬：《日本訪書志》，賈貴榮輯《日本藏漢籍善本書志書目集成》，北京：北京圖書館出版社2003年版，第9冊第142頁。
⑤ 張麗娟：《元十行本注疏今存印本略説》，未刊稿，北京大學張麗娟教授惠贈電子版。
⑥ 張麗娟：《宋代經書注疏刊刻研究》，第354—385頁。

明修十行本《十三經注疏》完整保存於今者有四部，北京市文物局、國家博物館、軍事科學院和日本靜嘉堂文庫各藏一部，北京市文物局藏本《中華再造善本》影印，靜嘉堂本是阮刻本之底本。國內外圖書館收藏一些元刻明修十行本之零種，如江西省樂平市圖書館藏《附釋音禮記注疏》殘本一部，殘存卷七至卷九、卷十七至六十三，缺十三卷①。

元刻明修十行本較之宋十行本，匯集經書注疏多至十二部經書，雖不完備，然已初具規模，成爲明清翻刻《十三經注疏》的祖本。

從《中華再造善本》影印的元刻明修十行本《十三經注疏》來看，存在板片修補、缺頁、倒裝、墨釘和文字錯誤諸多缺陷。就缺頁而言，分沒有此頁、因版頁重複而缺頁、有版頁無文字、因誤裝而缺頁等情況。如《附釋音禮記注疏》卷三十第六頁和第九頁內容一致，區別是第六頁是明正德六年（1511）補版，第九頁是元代原版，左上角有書耳，內刻"玉藻"二字，導致原本第九頁內容遺失，以阮刻本計算，缺經注疏文和釋文七百八十一字（圖二、圖三）。第七頁沒有文字，惟見版心刻"記疏三十卷""七"，當是正德補版，未見文字，日本靜嘉堂藏本此頁是抄配（圖四、圖五）。

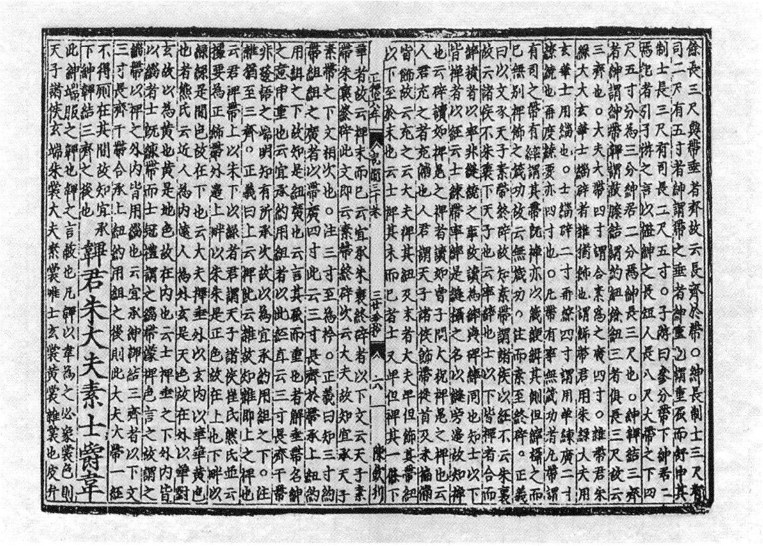

圖二　元刻明修十行本《附釋音禮記注疏》卷三十第六頁

---

① 王鍔：《明清〈禮記〉刊刻研究》，未刊書稿，是筆者主持的國家社科基金重點項目"明清時期《禮記》校勘整理與主要刻本研究"（17AZW008）之結項書稿。

圖三　元刻明修十行本《附釋音禮記注疏》卷三十第九頁

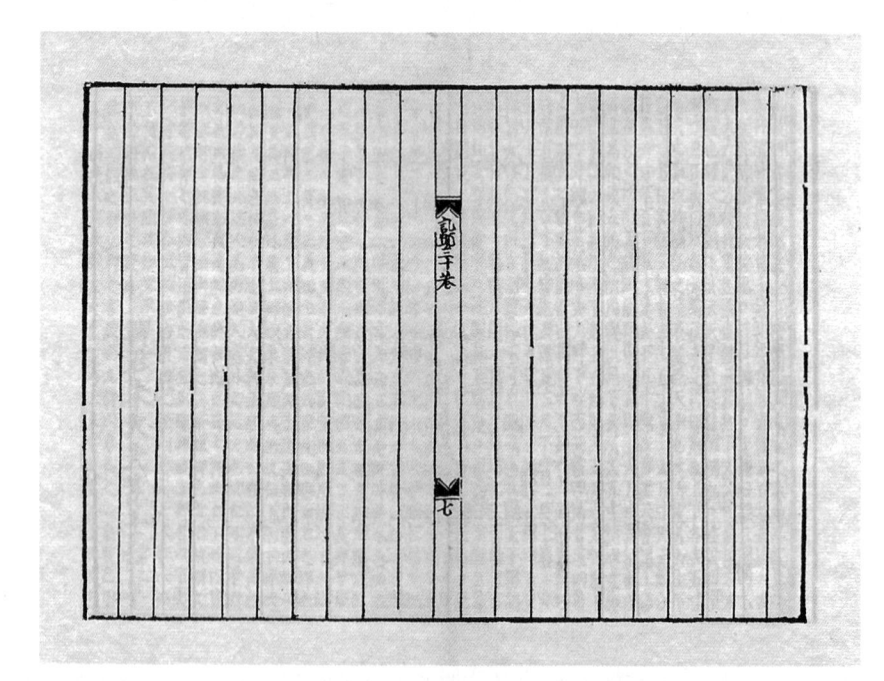

圖四　元刻明修十行本《附釋音禮記注疏》卷三十第七頁

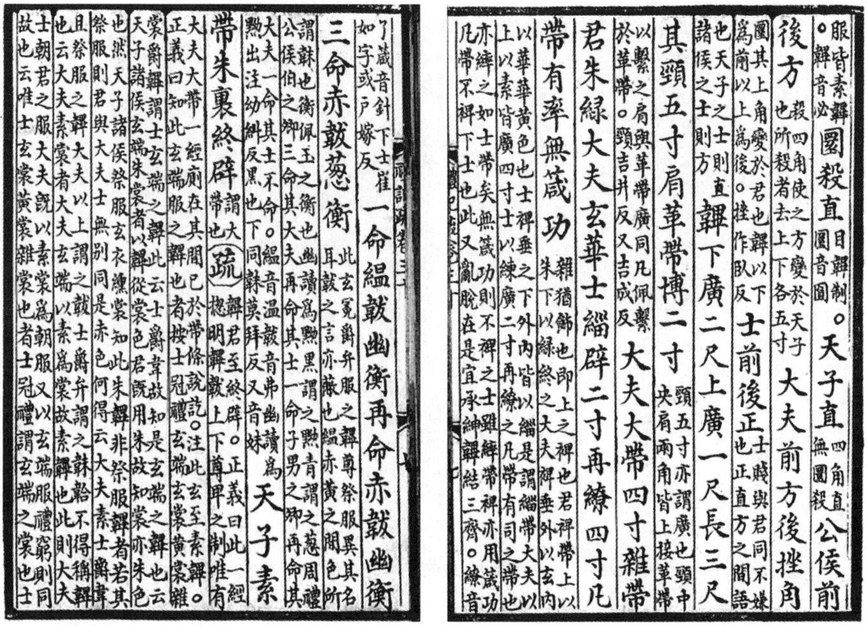
服皆素韠○韠音必圜殺直目韠制。圜音圓天子直四角直無圜殺公侯前
後方殺四角使之方變於天子也所殺者去上下各五寸大夫前方後挫角
圜其上角變於君也韠以下為前以上為後。挫作臥反士前後正士賤與君同不嫌也正直方之間語
也天子之士則直諸侯之士則方韠下廣二尺上廣一尺長三尺
其頸五寸肩革帶博二寸頸五寸亦謂廣也頸中央肩兩角皆上接革帶
以繫之肩與革帶廣同凡佩繫於革帶。頸吉井反又吉成反大夫大帶四寸雜帶
君朱綠大夫玄華士緇辟二寸再繚四寸凡
帶有率無箴功雜猶飾也即上之裨也君裨帶上以朱下以綠終之大夫裨垂外以玄內
以華華黃色也士裨垂之下外內皆以緇是謂緇帶大夫以
上以素皆廣四寸士以練廣二寸再繚之凡帶有司之帶也
亦繂之如士帶矣無箴功則不裨之士雖繂帶裨亦用箴功
凡帶不裨下士也此又亂脫在是宜承紳韠結三齊。繚音
了箴音針下士崔如字或戶嫁反一命縕韍幽衡再命赤韍幽衡
三命赤韍蔥衡此玄冕爵弁服之韠尊祭服異其名耳韍之言亦蔽也縕赤黃之間色所
謂韎也衡佩玉之衡也幽讀為黝黑謂之黝青謂之蔥周禮
公侯伯之卿三命其大夫再命其士一命子男之卿再命其
大夫一命其士不命。縕音溫韍音弗幽讀為
黝出注黝於糾反黑也下同韎莫拜反又音妹天子素
帶朱裏終辟謂大帶也疏韠君至終辟。正義曰此一經
揔明韠韍上下尊卑之制唯有
大夫大帶一經廁在其間已於帶條說訖○注此玄至素韠○
正義曰知此玄端服之韠也者按士冠禮玄端玄裳黃裳雜
裳爵韠謂士玄端之韠此云士爵韋故知是玄端之韠也云
天子諸侯玄端朱裳者以韠從裳色君既用朱故知裳亦朱色
也然天子諸侯祭服玄衣纁裳知此朱韠非祭服韠者若其
祭服則君與大夫士無別同是赤色何得云大夫素士爵韋
且祭服之韠大夫以上謂之韍士爵弁謂之韎韐不得稱韠
也云大夫素裳者大夫玄端以素為裳故素韠也此則大夫
士朝君之服大夫既以素裳為朝服又以玄端服禮窮則同
故也云唯士玄裳黃裳雜裳也者士冠禮謂玄端之裳也士

圖五　日本静嘉堂藏元刻明修十行本《附釋音禮記注疏》卷三十第七頁

墨釘是古籍版頁中方形或長方形的黑塊，表示缺文。元刻明修十行本《十三經注疏》多墨釘，《附釋音禮記注疏》尤爲突出，如卷五十一第二十七頁二十行，有墨釘者占十五行(圖六)①。

元十行本《十三經注疏》除《爾雅注疏》外，其餘十二種是同一時段、同一地域刊刻，各經元板頁刻工基本相同，雕刻完畢，書板收藏於福州路府學經史庫中，府學在城南興賢坊内，遞經修補，多數修補刻工是福建人，也參與了閩本《十三經注疏》的刊刻②。明初以來，版片仍存原地，先後經明前期、正德六年、正德十二年、正德十六年、嘉靖三年、嘉靖前期等多次修版，

① 王鍔：《元十行本〈附釋音禮記注疏〉的缺陷》，《文獻》2018 年第 5 期，第 59—73 頁；王鍔：《禮記版本研究》，北京：中華書局 2018 年版，第 387—423 頁。

② 郭立暄：《元刻〈孝經注疏〉及其翻刻本》，《版本目録學研究》第 2 輯，北京：國家圖書館出版社 2010 版，第 307—313 頁。程蘇東：《"元刊明修本"〈十三經注疏〉修補彙印地點考辨》，《文獻》2013 年第 2 期，第 22—36 頁。

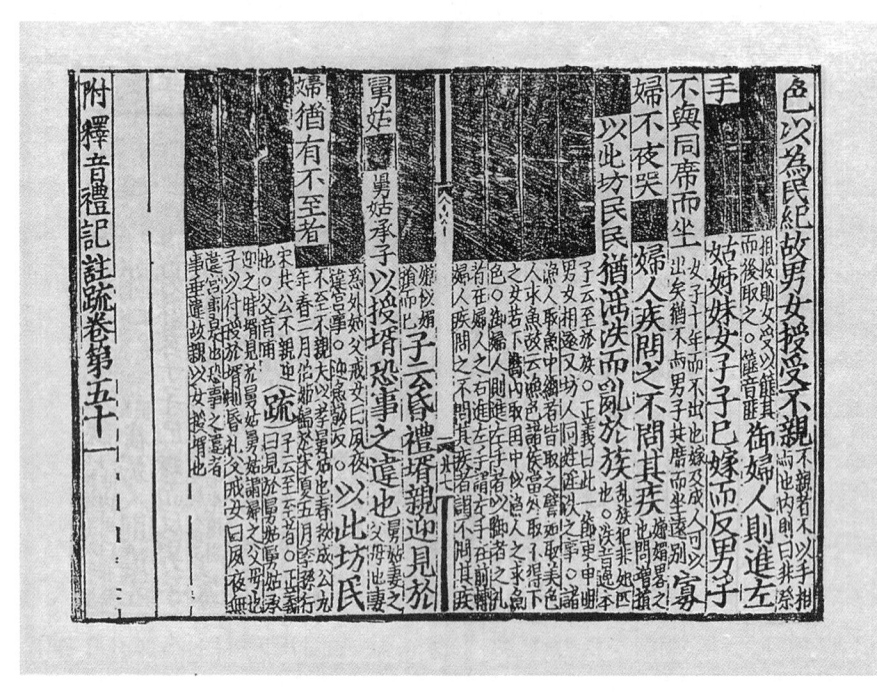

圖六　元刻明修十行本《附釋音禮記注疏》卷五十一第二十七頁

屢經刷印①，廣爲流傳，影響很大，閩本、監本、毛本、武英殿本、阮刻本《十三經注疏》的校刻，均源自於元十行本。對於翻刻者而言，主要任務就是補足缺文，校正訛謬。

　　明嘉靖十五至十七年間（1536—1538），李元陽以御史巡按福建，與同年福建提學僉事江以達以元十行本爲底本，重刻《十三經注疏》，簡稱"閩本""嘉靖本""李元陽本"。閩本與元刻明修十行本相比，有三個特點：一是用《儀禮注疏》十七卷替換原《儀禮》十七卷《儀禮圖》十七卷《儀禮旁通圖》一卷，這是真正意義上的第一部《十三經注疏》；二是閩本改板式半頁十行爲九行，注文中字，單行居中，初刻本每卷首頁皆有"明御史李元陽、提學僉事江以達校刊"等十五字；三是在沿襲元十行本訛脫衍倒缺外，間有訂補，如《禮記注疏》卷十四頁十五 B 面第九行"又云地數三十，所以三十者，

---

① 楊新勛：《元十行本〈十三經注疏〉明修叢考——以〈論語注疏解經〉爲中心》，《南京師範大學文學院學報》2019 年第 1 期，第 171—181 頁。張學謙：《元明時代的福州與十行本注疏之刊修》，《歷史文獻研究》第 45 輯，揚州：廣陵書社 2020 年版，第 34—41 頁。

地二、地四、地六、地八、地十,故三十也",“所以三十"四字,元十行本、阮刻本脱,閩本補(圖七)。

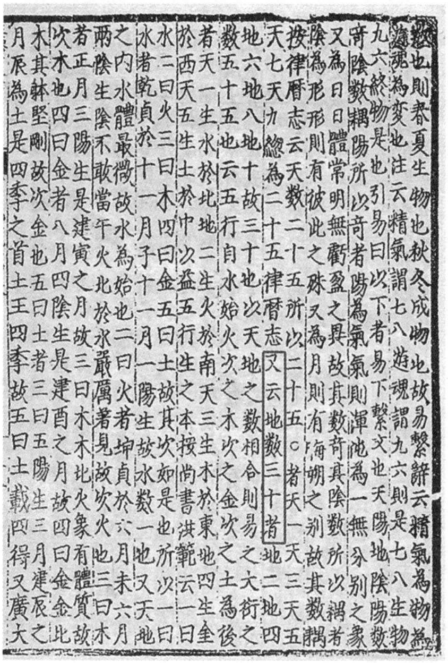

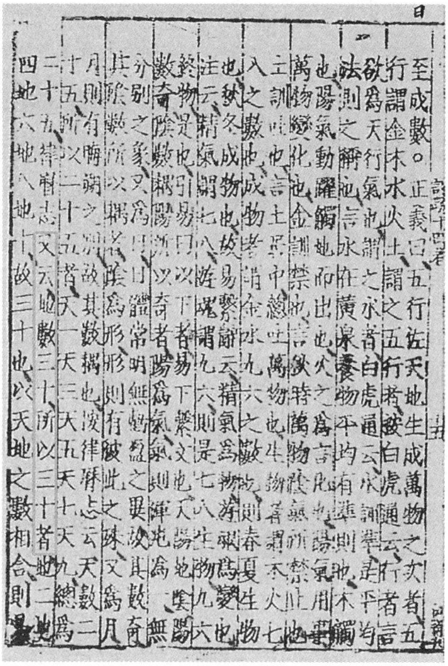

圖七　元十行本《禮記注疏》卷十四頁十二 A 面和
閩本《禮記注疏》卷十四頁十五 B 面

　　明萬曆十四年(1586),北京國子監依據閩本奉敕校刻《十三經注疏》,萬曆二十一年竣工,簡稱"監本"“北監本"“萬曆本"(圖八)。監本與閩本差異有三:第一,監本是第一部由國家倡導、奉敕校刻的《十三經注疏》;第二,改注文爲小字單行,空左偏右,與閩本居中者小異,版心單魚尾,上刻"萬曆十六年刊"等文字;三是國子監組織學人校勘,對閩本多有訂補。如《禮記注疏》卷六頁七 B 面第七行疏文"周則杖期以上,皆先稽顙而后拜,不杖期以下,乃作殷之喪拜","杖期",毛本同,元十行本作"■杖",閩本、阮刻本作"期杖",非。服喪時使用喪杖稱杖期,不使用喪杖稱不杖期,元十行本有脱文,閩本校補,文字互倒,監本校正。監本於崇禎五年(1632)、康熙二十五年(1686)兩次修版,康熙重修本於每卷改刻官銜,加入重校修者官名,版心改刻爲"康熙二十五年重修"。

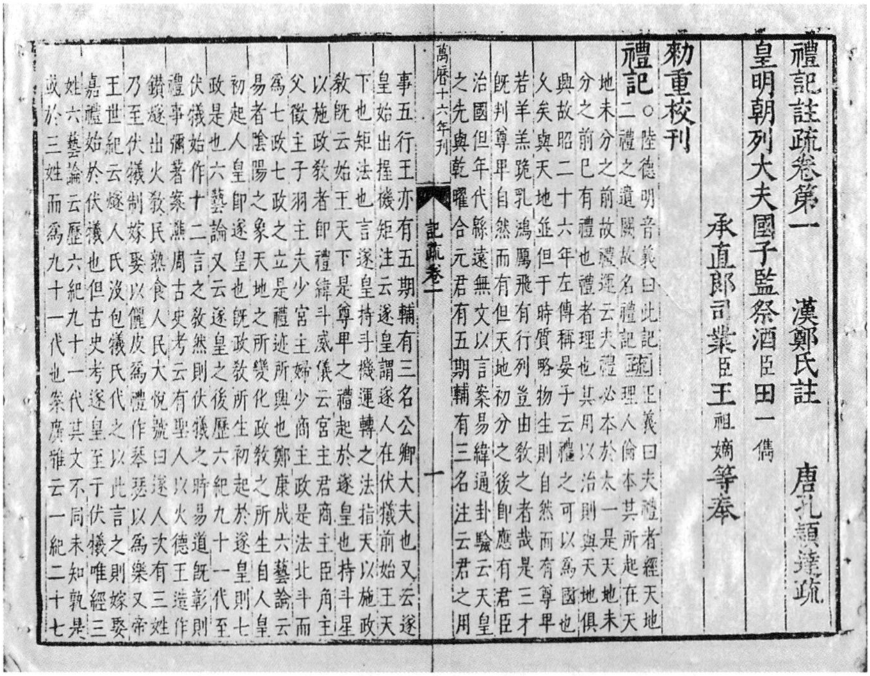
禮記註疏卷第一　漢鄭氏註　唐孔穎達疏
皇明朝列大夫國子監祭酒臣田一儁
承直郎司業臣王祖嫡等奉
勑重校刊
禮記○陸德明音義曰此記二禮之遺闕故名禮記【疏】正義曰夫禮者經天地理人倫本其所起在天
地未分之前故禮運云夫禮必本於太一是天地未
分之前已有禮也禮者理也其用以治則與天地俱
與故昭二十六年左傳稱晏子云禮之可以爲國也
久矣與天地竝但于時質略物生則自然而有尊卑
若羊羔跪乳鴻鴈飛有行列豈由教之者哉是三才
既判尊卑自然而有但天地初分之後即應有君臣
治國但年代緜遠無文以言案易緯通卦驗云天皇
之先與乾曜合元君有五期輔有三名注云君之用
萬曆十六年刊　記疏卷一　一
事五行王亦有五期輔有三名公卿大夫也又云遂
皇始出握機矩注云遂皇謂遂人在伏犧前始王天
下也矩法也言遂皇持斗機運轉之法指天以施政
教既云始王天下是尊卑之禮起於遂皇也持斗星
以施政教者即禮緯斗威儀云宮主君商主臣角主
父徵主子羽主夫少宮主婦少商主政是法北斗而
爲七政七政之立是禮迹所興也鄭康成六藝論云
易者陰陽之象天地之所變化政教之所生自人皇
初起人皇即遂皇也既政教所生初起於遂皇則七
政是也六藝論又云遂皇之後歷六紀九十一代至
伏犧始作十二言之教然則伏犧之時易道既彰則
禮事彌著案譙周古史考云有聖人以火德王造作
鑽燧出火教民熟食人民大悅號曰遂人次有三姓
乃至伏犧制嫁娶以儷皮爲禮作琴瑟以爲樂又帝
王世紀云燧人氏沒包犧氏代之以此言之則嫁娶
嘉禮始於伏犧也但古史考遂皇至于伏犧唯經三
姓六藝論云歷六紀九十一代其文不同未知孰是
或於三姓而爲九十一代也案廣雅云一紀二十七

圖八　天津圖書館藏監本《禮記注疏》卷一頁一

崇禎元年(1628),毛晉依據監本校刻《十三經注疏》,完成於十三年除夕,簡稱"毛本""崇禎本""汲古閣本"。毛本與監本的區别有三:第一,這是明代第一部私人校刻的《十三經注疏》;第二,改變板式,注文中字,單行居中,白口,版心由上至下鐫有禮記疏、卷之幾、頁數、汲古閣等,匾方字體,横細豎粗;第三,校補訛缺,毛本沿襲元十行本、閩本、監本之訛誤不少,亦有訂正者,如《禮記注疏》卷二三頁二九 A 面第七至八行注文"謂以少小下素爲貴也若順也"十二字,閩本、監本皆缺(圖九)。《爾雅注疏序》頁一 B 面第二行"豹鼠既辯",監本及之前的單疏本、元本、閩本、監本"辯"皆作"辨",阮《校》云"毛本作'辯',蓋依唐石經《爾雅序》所改",是(圖十);《爾雅注疏》卷八頁十三 A 面第一行"植而日灌",單疏本作"人且日貫",元本作"人且曰貫",閩本剜改作"灌且日貫",監本承之,阮校云毛本是也(圖十一)[1]。毛本《十三經注疏》書板後歸常熟小東門外東倉街席氏,清初以來,

① 瞿林江:《爾雅注疏彙校》,未刊書稿,陝西師範大學文學院瞿林江副教授惠贈電子稿。

《十三經注疏》的匯集、校刻與整理 ·265·

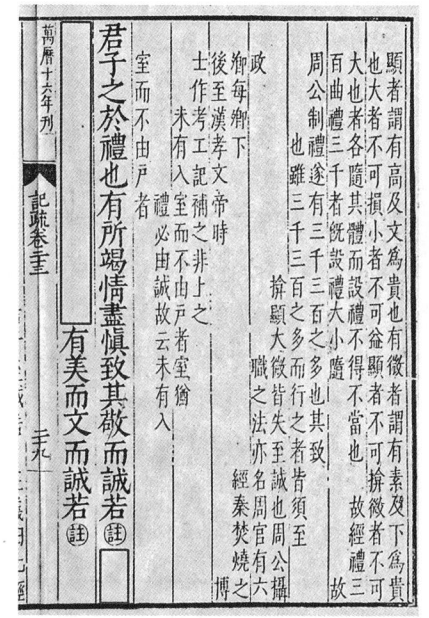

图九　監本《禮記注疏》卷二三頁二九 A 面和
　　　毛本《禮記注疏》卷二三頁二九 A 面

或有翻刻，校對不精，錯誤不少①。

　　清初以來，學術界對於閩本、監本和毛本《十三經注疏》的評價不佳，顧炎武謂"《十三經》中，《儀禮》脱誤尤多。此則秦火之所未亡，而亡於監刻矣"②。

---

①　明代永樂年間，刊刻過幾部注疏合刻本？就此問題請教杜澤遜教授，他回復説："王鍔兄，承詢永樂刻注疏本存世情況。據弟瞭解已知存世者有三種：一、《周易兼義》，藏臺灣故宫博物院，原北平圖書館善本甲庫書，王重民《中國善本書提要》著録，國家圖書館出版社影印《甲庫善本》收入。另一部在日本静嘉堂文庫，陸心源舊藏，《皕宋樓藏書志》著録爲明覆宋八行本。據弟校勘，實爲重刻元十行本。二、《尚書注疏》，臺灣'中央'圖書館藏，張均衡舊藏，張又得之天一閣，均定爲宋刻本，張氏影刻收入《擇是居叢書》，繆荃孫爲作校勘記附後。'中央'圖書館改定爲明初刻本。又一部藏日本静嘉堂文庫，亦陸心源舊藏，版本著録同《周易兼義》，實亦永樂重刻元十行本。盧址抱經樓另藏一部，傅增湘《經眼録》著録，有永樂刻書題識，不知下落。三、《毛詩注疏》，重慶圖書館藏，海甯許焞舊藏，黄丕烈見過，定爲元刊本，有跋。弟夫婦帶領學生到重慶通校兩遍，字體風格與永樂《周易》《尚書》如出一轍，遂定爲明永樂刻本，其底本亦元十行本。三種校勘均不精，偶有可稱道者，當是坊本。唯元十行本初印罕見，存世多明正德嘉靖修版重印，訛誤增多，永樂本尚存元十行本舊貌之八九，亦未可輕視之也。專此奉覆，即頌撰安。弟澤遜頓首。2021 年 12 月 28 日。"

②　清顧炎武撰，嚴文儒、戴揚本校點：《日知録》，上海：上海古籍出版社 2013 年版，第 707 頁。

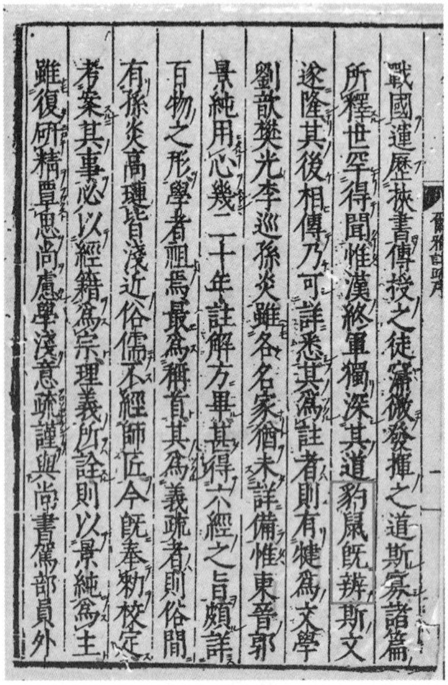

戰國運歷挾書傳授之徒寖微發揮之道斯寡諸篇所釋世罕得聞惟漢終軍獨深其道豹鼠既辨斯文遂隆其後相傳乃可詳悉其爲註者則有犍爲文學劉歆樊光李巡孫炎雖各名家猶未詳備惟東晉郭景純用心幾二十年註解方畢甚得六經之旨頗詳百物之形學者祖焉最爲稱首其爲義疏者則俗閒有孫炎高璉皆淺近俗儒不經師匠今既奉勑校定考案其事必以經籍爲宗理義所詮則以景純爲主雖復研精覃思尚慮學淺意疏謹與尚書駕部員外

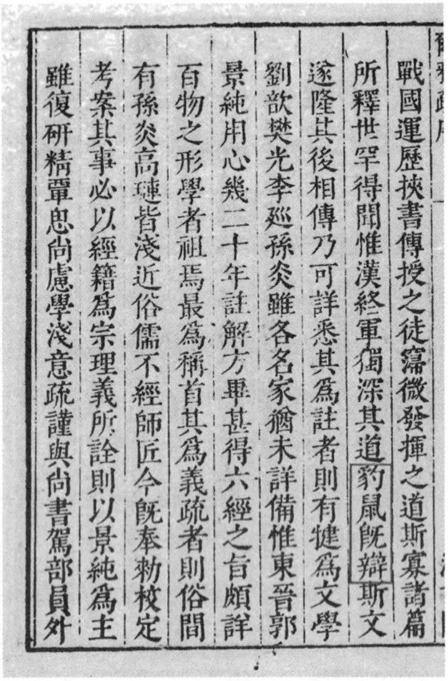

戰國運歷挾書傳授之徒寖微發揮之道斯寡諸篇所釋世罕得聞惟漢終軍獨深其道豹鼠既辯斯文遂隆其後相傳乃可詳悉其爲註者則有犍爲文學劉歆樊光李巡孫炎雖各名家猶未詳備惟東晉郭景純用心幾二十年註解方畢甚得六經之旨頗詳百物之形學者祖焉最爲稱首其爲義疏者則俗閒有孫炎高璉皆淺近俗儒不經師匠今既奉勑校定考案其事必以經籍爲宗理義所詮則以景純爲主雖復研精覃思尚慮學淺意疏謹與尚書駕部員外

圖十　監本《爾雅注疏序》頁一 B 面和毛本《爾雅注疏序》頁一 B 面

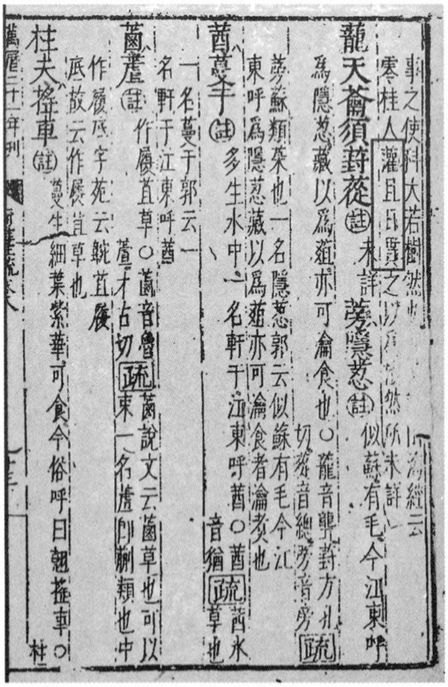

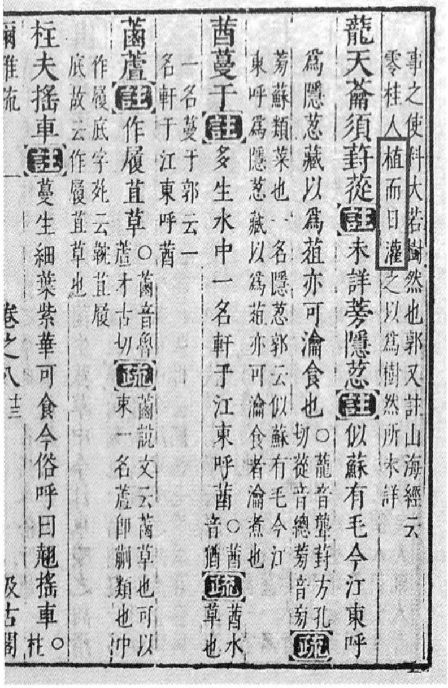

事之使枓大若樹然也郭又註山海經云零桂人植而日灌之以爲樹然所未詳

蘢天蘥須葑蓯　註　未詳　蕵隱葱　註　似蘇有毛今江東呼爲隱葱藏以爲葅亦可瀹食也○蘢音聾葑方孔切蓯音總蕵音窮　疏　蕵蘇類菜也一名隱葱郭云似蘇有毛今江東呼爲隱葱藏以爲葅亦可瀹食者瀹煮也

莤蔓于　註　多生水中一名軒于江東呼莤音猶○莤　疏　莤水草也一名蔓于郭云一名軒于江東呼莤

蔨蘆　註　作履苴草○蔨音𦠆蘆才古切　疏　蔨說文云蔨草也可以作履底字苑云兟苴履東一名蘆即蒯類也巾底故云作履苴草也

梐夫搖車　註　蔓生細葉紫華可食今俗呼曰翹搖車○杜

爾雅疏　卷之八　十三　汲古閣

圖十一　監本《爾雅注疏》卷八頁十三 A 面和毛本《爾雅注疏》卷八頁十三 A 面

張爾岐曰:"《十三經》監本,讀書者所考據。當時校勘非一手,疏密各殊,至《儀禮》一經,脫誤特甚,豈以罕習,故忽不加意耶!"①盧文弨《周易注疏輯正題辭》云:"余有志欲校經書之誤,蓋三十年於兹矣。毛氏汲古閣所梓,大抵多善本,而《周易》一書,獨於《正義》破碎割裂條繫於有注之下,至有大謬戾者。"②惠棟曰:"《附釋音禮記注疏》,編爲六十三卷,監板及毛氏所刻,皆是本也,歲久脱爛,悉仍其缺。"③張敦仁(顧廣圻代撰)《撫本禮記鄭注考異》云:"李元陽本、萬曆監本、毛晉本,則以十行爲之祖,而又轉轉相承,今於此三者不更區别,謂之俗注疏而已。"④"亡於監刻""脱誤特甚""有大謬戾者",監本、毛本"歲久脱爛,悉仍其缺","俗注疏而已"等等,對於閩、監、毛本這樣的評價,給人的感覺,幾乎是一無是處。其實,顧炎武所言監本《儀禮注疏》十七卷五處四十六字脱文,閩本以及陳鳳梧刻《儀禮注疏》均脱⑤,並非始於監本。正因爲學術界有這樣的認識,乾隆登基不久,便順應學術界需求,下令武英殿校刻《十三經注疏》。

　　清乾隆三年(1738),因太學皮藏監本板面模糊,無法刷印,國子監請求重新校刻《十三經注疏》,乾隆乃下令設經史館,任命方苞爲總裁,主持《十三經注疏》的校刻,此即武英殿本,簡稱"殿本"。與監本比較,殿本有五點創新:一是給經注疏釋文全部施加句讀;二是每經由專人校勘,撰寫"考證",如《附釋音禮記注疏》考證近七百條;三是於《孝經》《論語》補入釋文,《爾雅》改换爲陸氏釋文,《孟子》補入宋孫奭音義,成爲第一部經、注、疏、釋文俱全的由政府校刻的《十三經注疏》;四是更改板式,半頁十行,行大字二十一字,小字雙行同,注文中字居中,白口,版心上端刻"乾隆四年校刊"六字,上單魚尾,下刻"禮記注疏卷幾"等文字,下小字刻篇名、頁數;五是改變元十行本以來閩本、監本等疏文的編聯方式,删除疏文中經文、注文起訖語,將每節經文之疏編排在前,注文之疏連排在後,這樣的變更,解釋經文

---

① 清張爾岐撰:《〈儀禮監本正誤〉序》,張翰勛整理:《蒿庵集捃逸》,濟南:齊魯書社1991年版,第213頁。
② 清盧文弨著,王文錦點校:《抱經堂文集》,北京:中華書局2006年版,第87頁。
③ 清惠棟:《禮記正義跋》,漢鄭玄注,唐孔穎達正義:《禮記正義》卷七十。
④ 清張敦仁:《撫本禮記鄭注考異》(顧廣圻代撰),顧校叢刊《禮記》,福州:福建人民出版社2020年版,下册第1134頁。
⑤ 杜澤遜:《"秦火未亡,亡於監刻"辨——評顧炎武批評北監本〈十三經注疏〉的兩點意見》,《微湖山堂叢稿》,上海:上海古籍出版社2014年版,上册第48—54頁。王鍔《禮記版本研究》,第457頁。

之疏和注文之疏分開，明白清晰，但當經文或注文較長時，没有起訖語，不便尋找，且有漏删、誤排疏文之現象（圖十二）①。

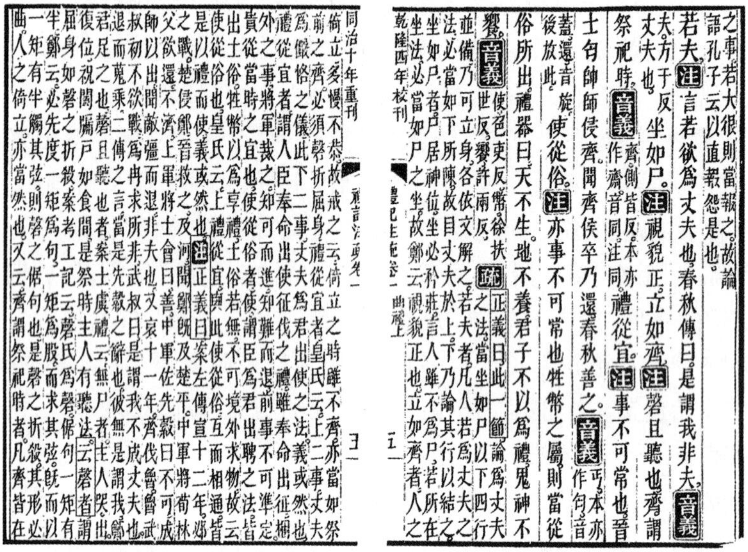

圖十二　同治十年重刻殿本《禮記注疏》卷一第五頁

　　清代編纂《四庫全書》時，依據殿本收入《十三經注疏》，散入經部各類。四庫館所校抄《四庫》本《十三經注疏》，有《四庫全書薈要》本、文淵閣《四庫全書》本等七閣兩大系統，《四庫全書薈要》和《四庫全書》是抄本，在編修時，於《十三經注疏》各經的校勘，皆有專門的辦理人員，吸收校勘成果，整理出優於殿本的《四庫》本，校勘成果反映在《四庫全書薈要》校語與《四庫全書考證》中。以《禮記注疏·曾子問》爲例，殿本自卷十九第二十五頁A面第九行經文"曾子問曰下殤土周葬于園"之疏文"所用土周而"以下，第二十五頁B面、第二十六頁A面，至第二十六頁B面前兩行皆爲空行，第二十六頁B面第三行起續以下經文"曾子問曰卿大夫將爲尸於公"。齊召南《考證》曰："'自史佚始也'注疏'所謂土周而'，下缺。此下疏文全缺，舊本後空二十三行，今仍之。"②（圖十三、圖十四）然此段疏文不獨殿本空，元十

---

① 杜澤遜：《影印乾隆武英殿本〈十三經注疏〉序》，《武英殿〈十三經注疏〉》第1册卷首，濟南：齊魯書社2019年版。楊新勛：《武英殿本〈論語注疏〉考論》，《中國典籍與文化》2021年第2期，第50—58頁。
② 殿本卷十九《考證》頁2A行3—4。

行本、閩本、監本、毛本亦缺，《四庫》本則補全缺文（圖十五）。可見，四庫館臣於《禮記注疏》的校勘傳承是有貢獻的①。

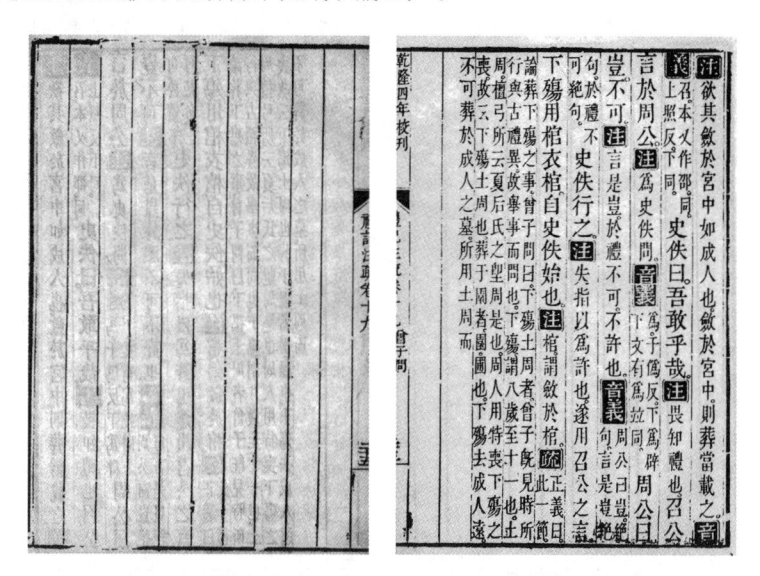

圖十三　殿本《禮記注疏》卷十九第二五頁 B 面、A 面

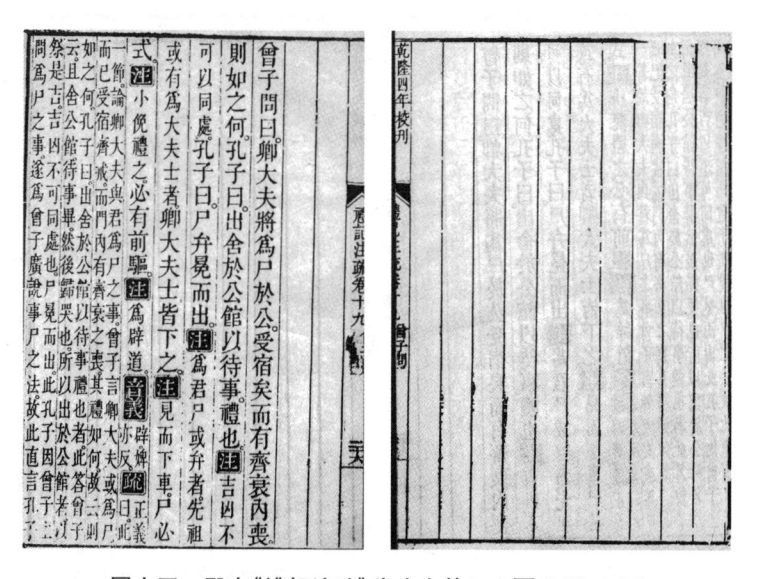

圖十四　殿本《禮記注疏》卷十九第二六頁 B 面、A 面

---

① 侯婕：《經學文獻文化史視域下的清代學術與〈禮記〉研究》，南京：南京師範大學博士學位論文，2020 年。

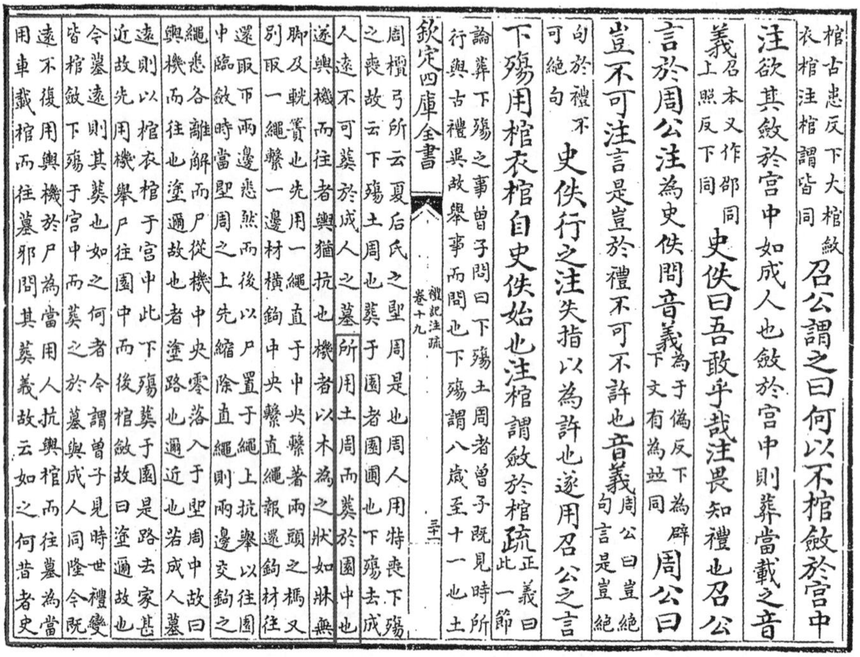

圖十五　文淵閣《四庫全書》本《禮記注疏》卷十九第三一頁、第三二頁

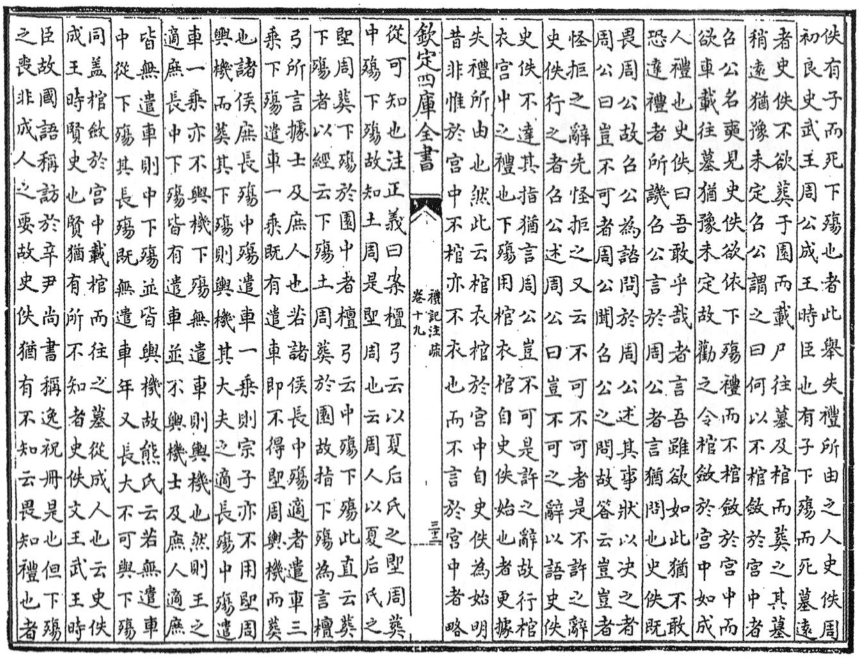

《十三經注疏》從閩本到《四庫》本,每次整理,都進行了校勘,彌補缺文,校正訛誤,較之前本,均有改進,尤其是閩本替換《儀禮圖》爲《儀禮注疏》,殿本句讀經注疏文,補入《孝經》《論語》等經釋文,確實是創新。但是,因祖本元刻明修十行本經多次修版,缺文、墨釘、錯訛,在在皆有,故閩本、監本、毛本在清康乾時期,備受非議,顧廣圻稱之爲"俗注疏本"。作爲四庫館副總裁的彭元瑞,閱讀的書也是北監本,其《自校禮記注疏跋》曰:

> 乾隆丙午五月二十九日。大駕幸避暑山莊,未預扈從,時領禮曹,退食少間,暑窗清課,取北監本《禮記注疏》,用朱筆臨金氏《正譌》,加以尋勘,少有節潤,義取易曉,其金所校而此本尚未譌者計不下千條,猶是善本,別有所得,以墨筆綴其間,凡月有二日而竣。少恒苦注疏難讀,卒業三復,文從字順,安得群經之盡若斯也,炳燭之光,良用自憙,且留爲家塾課本①。

乾隆丙午是五十一年(1786),彭元瑞用金曰追《禮記正譌》校北監本《禮記注疏》,歷時一月零二日,發現北監本"尚未譌者計不下千條,猶是善本"。其《自校儀禮注疏跋》曰:

> 臨《禮記正譌》竣,繼臨《儀禮》,又依濟陽張蒿庵本句讀之。武英殿刻《十三經》後附"考證",多採《通解》《儀禮圖》《集說》,殊精核。《四庫全書》從《永樂大典》輯出宋張淳《儀禮識誤》、李如圭《儀禮集釋》,更當時未見書矣,並以墨筆採著於錄,間有愚臆,亦附末簡,凡再旬有七日始一過,視《禮記》,遲速大不侔,信乎,《儀禮》之難讀也②!

彭元瑞校完《禮記注疏》,又校《儀禮注疏》,歷時二十七日,苦《儀禮》難讀!可見,監本《十三經注疏》,是學者常讀之書。

惠棟、盧文弨、浦鏜、顧廣圻和日本人山井鼎、物觀利用傳存宋板,校勘

---

① 清彭元瑞:《知聖道齋讀書跋尾》卷一,《四庫未收書輯刊》,北京:北京出版社2000年版,第10輯第22冊第766頁。
② 清彭元瑞:《知聖道齋讀書跋尾》卷一,《四庫未收書輯刊》,第10輯第22冊第766頁。

閩本、監本、毛本，著有《十三經注疏正字》《七經孟子考文補遺》《撫本禮記鄭注考異》等校勘成果，在一定程度上，推動了清代校勘學的發展，尤其顯著者，顧廣圻提出"不校校之"的校勘學理論，並付諸實踐，協助張敦仁、阮元、黃丕烈、汪士鐘等人校勘經學文獻，成就"校勘學第一人"之美譽。惠棟、盧文弨、浦鏜和顧廣圻等人的校勘經學文獻的學術活動，直接影響了阮元，阮元開始重刻"宋本"《十三經注疏》。

　　阮元謂閩、監、毛諸本"輾轉翻刻，訛謬百出。毛本漫漶，不可識讀，近人修補，更多訛謬"[1]，然於殿本、《四庫》本不敢置喙。嘉慶二十年（1815），阮元在盧宣旬等人襄助下，依據元刻明修十行本，校刻《十三經注疏》四百十六卷，即"阮刻本"，這是清代考據學興盛的代表作。與閩本、監本、毛本和武英殿本相比，阮刻本有六大優點：一是制定凡例，阮刻本於書前有"重刻宋本注疏總目録"，述刻書緣起，每部經書前有"引據各本目録"，説明校刻體例；二是選擇版本，自元至清嘉慶初年，成套的《十三經注疏》有元刻明修十行本、閩本、監本、毛本、殿本和《四庫》本，阮元將元刻明修十行本誤認爲是"宋本"，以"宋本"爲底本校刻，故曰"重刻宋本"；三是彙校衆本，阮元以"宋本"爲底本，對校閩本、監本、毛本，吸收他本和前賢校勘成果；四是撰寫校記，校勘版本，撰寫校勘記，呈現諸本異同，故《書目答問》曰："阮本最於學者有益，凡有關校勘處旁有一圈，依圈檢之，精妙全在於此"[2]；五是更換底本，阮元因閩本《儀禮注疏》十七卷"訛脱尤甚"，乃以宋嚴州本《儀禮注》和單疏本爲據，成《儀禮注疏》五十卷[3]，《爾雅注疏》十卷亦是重新匯編者；六是校補正訛，阮刻本底本元刻明修十行本脱漏錯訛極夥，如《禮記注疏》等，墨釘無處不有，阮元參校他本，補足缺文，校正訛謬，去底本之非，集衆本之善，甫一刊刻，廣爲流傳，至今不衰（圖十六）。

　　阮元校勘《十三經注疏》始於嘉慶五年（1800），嘉慶十一年（1806）刊成《十三經注疏校勘記》二百一十七卷，嘉慶二十一年（1816）於南昌府學刻成《十三經注疏》四百一十六卷。阮刻本彙校衆本，吸收他校，撰寫校記，記録異同，按斷是非，成爲名副其實的集大成式之《十三經注疏》本。

---

[1]　清阮元校刻：《十三經注疏》，北京：中華書局1980年版，上册第1—2頁。
[2]　范希曾編，瞿鳳起校點：《書目答問補正》，上海：上海古籍出版社1983年版，第1頁。
[3]　阮刻本《儀禮注疏》50卷，實據張敦仁本《儀禮注疏》翻刻。韓松岐：《張敦仁本〈儀禮注疏〉研究》，南京：南京師範大學碩士學位論文，2022年。顧廣圻、喬秀岩皆已言之。

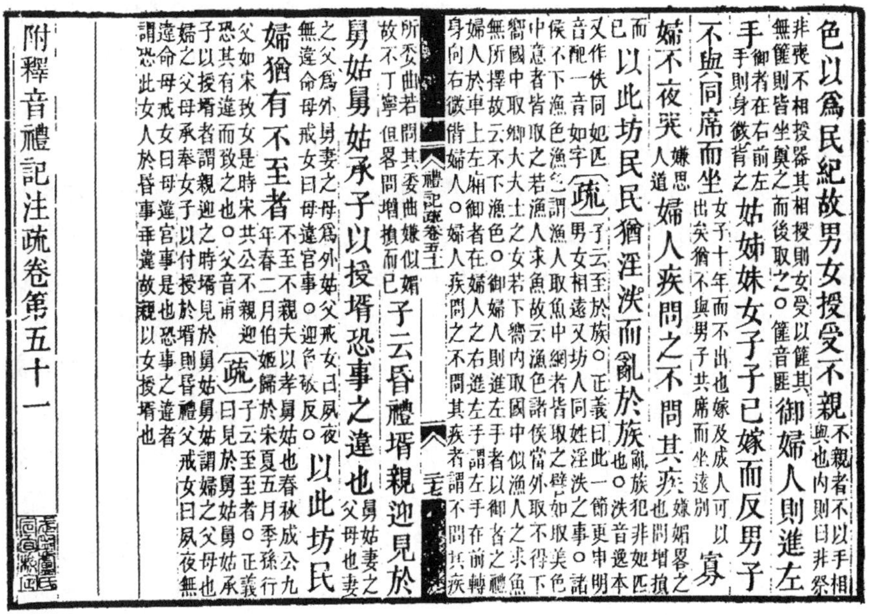
色以爲民紀故男女授受不親不親者不以手相與也內則曰非祭
非喪不相授器其相授則女受以篚其無篚則皆坐奠之而後取之○篚音匪御婦人則進左
手御者在右前左手則身微背之姑姊妹女子子已嫁而反男子
不與同席而坐女子十年而不出也嫁及成人可以出矣猶不與男子共席而坐遠別寡
婦不夜哭嫌思人道婦人疾問之不問其疾嫌媚畧之也問增損
而已以此坊民民猶淫泆而亂於族亂族犯非如匹也○泆音逸本
又作佚同妃匹音配一音如字【疏】子云至於族○正義曰此一節更申明男女相遠又坊人同姓淫泆之事○諸
侯不下漁色漁色謂漁人取魚中網者皆取之譬如取美色中意者皆取之若漁人求魚故云漁色諸侯當外取不得下
嚮國中取卿大夫士之女若下嚮內取國中似漁人之求魚無所擇故云不下漁色○御婦人則進左手者以御者之禮
婦人於車上左廂御者在婦人之右進左手謂左手在前轉身向右微偝婦人○婦人疾問之不問其疾者謂不問其疾
《禮記疏卷五十一》　廿七
所委曲若問其委曲嫌似媚故不丁寧但畧問增損而已子云昏禮壻親迎見於
舅姑舅姑承子以授壻恐事之違也舅姑妻之父母也妻
之父爲外舅妻之母爲外姑父戒女曰夙夜無違命母戒女曰毋違宮事○迎魚敬反○以此坊民
婦猶有不至者不至不親夫以孝舅姑也春秋成公九年春二月伯姬歸於宋夏五月季孫行
父如宋致女是時宋共公不親迎恐其有違而致之也○父音甫【疏】子云至至者○正義曰見於舅姑舅姑承
子以授壻者謂親迎之時壻見於舅姑舅姑謂婦之父母也婦之父母承奉女子以付授於壻則昏禮父戒女曰夙夜無
違命母戒女曰毋違宮事是也恐事之違者謂恐此女人於昏事乖違故親以女授壻也
附釋音禮記注疏卷第五十一

圖十六　阮刻本《禮記注疏》卷五一頁二十七

三、現代《十三經注疏》的整理

清阮元《重刻宋板注疏總目録》説:“竊謂士人讀書,當從經學始,經學當從注疏始。空疏之士,高明之徒,讀注疏不終卷而思卧者,是不能潛心研索,終身不知有聖賢諸儒經傳之學矣。至於注疏諸義,亦有是非。我朝經學最盛,諸儒論之甚詳,是又在好學深思、實事求是之士,由注疏而推求尋覽之也。”①張之洞《書目答問·國朝著述諸家姓名略》之“經學家”前曰:“由小學入經學者,其經學可信;由經學入史學者,其史學可信;由經學、史學入理學者,其理學可信;以經學、史學兼詞章者,其詞章有用;以經學、史學兼經濟者,其經濟成就遠大。”後總結説:“右漢學專門經學家。諸家皆篤守漢人家法,實事求是,義據通深者。”《書目答問》“經濟家”曰:“經濟之道,不必盡由學問,然士人致力,舍書無由,此舉其博通確實者。士人博極

① 清阮元:《重刻宋板注疏總目録》,阮刻本《十三經注疏》,上册第2頁。

群書,而無用於世,讀書何爲? 故以此一家終焉。"①"經濟家"所列者有黄宗羲、顧炎武、顧祖禹、秦蕙田、方苞、魏源等人,皆經世致用者。阮元、張之洞之言,説明經學是一切學問的根基。《十三經注疏》是經學核心文獻,宋元明清,代有校刻,時至今日,也是讀書人案頭必備之書。

　　由於時代的變遷,學術風氣的轉變,阮刻本及其以前的《十三經注疏》,今日之大多數讀書人難以卒讀,亟待重新整理,以適應學術發展的要求。1999 年 12 月,北京大學出版社出版了由李學勤先生主編的《十三經注疏》標點本,此後又出版"繁體豎排"本。李學勤先生《序》説:"這裏提供給讀者的《十三經注疏》整理本,仍以阮本爲基礎,而在注記中博採衆説,擇善而從,在校勘上突過前人。同時施加現代標點,改用橫排,這樣做雖有若干障礙困難,卻使這部十分重要的典籍更易爲各方面讀者接受。"該書《整理説明》曰:"全面吸收阮元《十三經注疏校勘記》和孫詒讓《十三經注疏校記》的校勘成果,對阮元《校勘記》中已有明確是非判斷者,據之對底本進行改正;對其無明確是非判斷者,出校記兩存。"②這套書最大的優點是施加標點,簡體橫排,方便閲讀,在一定程度上推動了經學研究。缺陷是校勘有限,對阮元《校勘記》多有删改,日本學者野間文史、吕友仁先生曾撰文批評該書的缺陷③。

　　2001 年 6 月,臺灣新文豐出版公司出版《十三經注疏》分段標點本,總計二十册,這套書依據南昌府學刊阮刻本整理,分段標點,未加校勘,完整保留阮刻本内容。

　　1992 年,西北大學和上海古籍出版社於共同發起成立了"新版《十三經注疏》整理本編纂委員會",整理《十三經注疏》,主編是張豈之、周天游二位先生,其《十三經注疏整理本序》説:"各經均追本溯源,詳加考校,或采用宋八行本爲底本,或以宋早期單注、單疏本重新拼接,或取晚出佳本爲底本,在盡量恢復宋本原貌的基礎上,整理出一套新的整理本,來彌補阮刻本的不足,以期對經學研究、對中國傳統文化研究能起到推動作用,滿足廣大讀

---

① 范希曾编,瞿鳳起校點:《書目答問補正》,第 344 頁、第 347 頁、第 360 頁。
② 漢鄭玄注,唐孔穎達正義:《禮記正義》,龔抗雲整理,王文錦審定,李學勤主編:《十三經注疏》本,北京:北京大學出版社 1999 年版。
③ 野間文史:《讀李學勤主編之〈標點本十三經注疏〉》,《經學今詮三編》——《中國哲學》第 24 輯,瀋陽:遼寧教育出版社 2002 年版,第 681—725 頁;吕友仁:《〈十三經注疏·禮記注疏〉整理本平議》,《中國經學》第 1 輯,桂林:廣西師範大學出版社 2005 年版,第 100—131 頁。

者的需要。"①已出版《尚書正義》《毛詩注疏》《周禮注疏》《儀禮注疏》《禮記正義》《春秋公羊傳注疏》《孝經注疏》《爾雅注疏》等，質量參差不齊。其中呂友仁先生整理的《禮記注疏》在標點、校勘等方面，均優於前者②，然於八行本疏文無起訖語③者，自擬補入，實不可取；將八行本和潘宗周影刻本等同爲一，屬於失察。呂友仁先生整理的北大《儒藏》本《禮記正義》④以八行本爲底本，用足利本、阮刻本和撫州本、余仁仲本通校，改正上古本失誤，不附錄釋文，實爲八行本最佳之整理本。其他各經注疏，問題不一，學界多有討論，不再贅述。

　　北大《儒藏》和浙大《中華禮藏》整理出版了部分經書注疏合刻本⑤，不是成套的《十三經注疏》。

　　近日，中華書局推出了南京師範大學方向東教授點校的《十三經注疏》一套，精裝二十五冊（下簡稱"方校本"）⑥。此書以道光六年（1826）朱華臨重校本爲底本，用阮元校刻南昌府本、江西書局本、脈望仙館本、點石齋本、錦章書局本、世界書局本對勘，參校武英殿本及各經傳世經注本、單疏本，《禮記注》《春秋公羊經傳解詁》參校撫州本、余仁仲本，《尚書正義》《周禮疏》《禮記正義》《春秋左傳正義》參校八行本，《毛詩注疏》參校日本藏宋十行本，《儀禮注疏》《論語注疏解經》《孝經注疏》依據通志堂本《經典釋文》，補入釋文，人名、地名、國名和朝代名加專名線，施加新式標點，全書簡體橫排，極便閱讀。方校本有如下優點：

　　一是底本優良。阮刻本《十三經注疏》自清嘉慶年間刊刻以來，多次翻刻，有道光本、江西書局本、脈望仙館本、點石齋本、錦章書局本、世界書局本等。方教授曾經承擔國家社科基金項目"中華書局影印阮刻本《十三經注疏》彙校勘正"，通過彙校，釐清了阮刻本系統諸版本之關係，南昌府本經

---

① 漢鄭玄注，唐孔穎達正義，唐陸德明釋文，呂友仁整理：《禮記正義》，上海：上海古籍出版社2008年版（下簡稱"上古本"），上冊第5—6頁。
② 王鍔：《三種〈禮記正義〉整理本平議——兼論古籍整理之規範》，《中華文史論叢》2009年第4期，第363—391頁。
③ 呂友仁先生稱"起訖語"爲"孔疏導語"。漢鄭玄注，唐孔穎達正義，唐陸德明釋文，呂友仁整理：《禮記正義》，上古本上冊第12頁。
④ 漢鄭玄注，唐孔穎達正義，呂友仁校點：《禮記正義》，北京：北京大學出版社2016年版。"北大《儒藏》"是指"北京大學《儒藏》編纂與研究中心"主持整理的"《儒藏》精華編"。
⑤ "浙大《中華禮藏》"由浙江大學"《中華禮藏》編纂委員會"主持整理，浙江大學出版社出版，已經出版賈海生點校《儀禮注疏》50卷、鄱同麟點校《禮記正義》70卷等。
⑥ 清阮元校刻，方向東點校：《十三經注疏》，北京：中華書局2021年版。

過重校重修，其中道光重修本保存原版，修改錯訛，質量較好，故選道光本爲底本整理，保證了文本品質。

二是整理規範。阮刻本附有經盧宣旬等人摘錄的校勘記，校勘記與經注疏文，相輔相成，相得益彰。此次整理，制定凡例，保留阮校，且將校勘記移至每段之下，別以"【阮校】"，較之原附於卷尾者，方便閲讀。又，各書參校宋元以來八行本、十行本、閩本、監本、毛本、殿本以及余仁仲本等經注本，校改底本錯誤，凡有改正，新出校記於本頁下端，約近萬條，校勘有據，魯魚亥豕，多已修正，形成一部阮刻本《十三經注疏》的升級版。

三是標點準確。已出版的《十三經注疏》整理本，對於經注疏文和釋文的處理，各有不同，由此而導致對於經注疏文和釋文的標點斷句，有前後失照者。方校本在斷句標點時，立足經文，會通注疏，前後照應，點校句讀。所以，該書既是一部普及傳統文化的優良讀本，也是匯聚諸家之長和衆本之善的注疏本，是文史哲研究者案頭必備的經典文獻。

方教授長期從事經學文獻的整理校勘，成就斐然！阮刻本《十三經注疏》是集大成式的古籍善本，他歷時十多年，焚膏繼晷，孜孜矻矻，完成"爲往聖繼絶學"之重任，值得肯定，令人敬佩！

由於整理《十三經注疏》工程浩大，頭緒繁多，方校本仍然存在一些破句、失校、漏標專名綫和誤排等問題。此舉一例，《禮記注疏》卷十四："《律曆志》又云'地數三十'者，地二、地四、地六、地八、地十，故三十也。"①"者"上脱"所以三十"，元十行本同，閩本補，八行本有"所以三十"四字可證②，方校本漏校。

自南宋以來，經書注疏開始合刻，此後匯集爲一套經學文獻專科叢書《十三經注疏》，有元十行本、閩本、監本、毛本、殿本、《四庫》本和阮刻本，當今出版的《十三經注疏》整理本，大多立足於阮刻本進行點校，説明阮刻本至今無法替代。

如果要整理出超越阮刻本的《十三經注疏》，必須做好以下工作：

第一，彙校諸經版本，梳理版本源流。經書版本主要有白文本、經注本、單疏本和注疏本，各經應該立足某本，彙校衆本，在彙校的基礎上，梳理

---

① 清阮元校刻，方向東點校：《十三經注疏》，第 13 册第 792 頁。
② 漢鄭玄注，唐孔穎達正義，日本喬秀岩、葉純芳編輯：《影印南宋越八行本〈禮記正義〉》，北京：北京大學出版社 2014 年版，上册第 470 頁。

版本源流,然後選擇底本,確定對校本和參校本,吸收前人校勘成果,方可整理出一部超越阮刻本的《十三經注疏》新版本。山東大學杜澤遜教授的"《十三經注疏》彙校"、北京大學顧永新教授"《周易》彙校"、南京師範大學楊新勛教授"《論語注疏》彙校"、陝西師範大學瞿林江副教授"《爾雅注疏》彙校"皆可模仿。

第二,撰寫整理凡例,規範校勘記撰寫。閩本至阮刻本《十三經注疏》,尤其是殿本、阮刻本,在經書文獻整理方面,積累了很多成功的經驗,諸如句讀全書、撰寫考證或校勘記,如何對校,如何參校,如何吸收前賢校勘成果,校勘記寫成簡明的"定本式"還是繁雜豐富的"彙校式",等等,前人校刻《十三經注疏》的經驗,多可借鑒參考,只有搞清前人做了什麽,成績和缺陷何在,方能推陳出新,超越前賢。

第三,明確經注疏和釋文的關係,在遵守底本的同時,照顧閱讀的便利。經書注疏本是經文、注文和疏文的彙編,自宋代以來,或以經注本爲主,將疏文插入相應的經注之下;或以疏文爲主,將經注分配於疏文之前;注疏本卷數,或據經注本,或以單疏本,或依據經書内容分卷,諸書不一。爲了照顧閱讀,又附錄陸氏釋文,釋文的附入,經歷附於全書末尾、段落之後、分散插於經注之下等形式[1],考慮疏文和《經典釋文》的版本優劣,釋文如何插入,使用什麽版本的《經典釋文》,還是依據南宋如余仁仲本已附釋文者,類似問題,在重新搭配經文、注文、疏文和釋文時,必須仔細推敲,方能相輔相成,互相爲用。

經學、經學文獻研究是專門之學。整理《十三經注疏》,抑或重編"十三經注疏",一定要熟讀經書,梳理前賢工作。若率意爲之,追求名利,則有百害而無一益!

結　　語

《十三經注疏》是儒家的核心文獻,是研究經學和中華傳統文化的基石。自南宋初年以來,爲了讀書的便利,首先在越州(今浙江紹興市)出現

---

[1] 王鍔:《再論撫州本鄭玄〈禮記注〉》,《中國經學》第 27 輯,桂林:廣西師範大學出版社 2020 年版,第 1—14 頁。

了半頁八行的注疏合刻本,此後在福建建陽地區雕版附有陸德明釋文的"附釋音注疏本",附釋音本較之八行本,經注文音義,一覽即知,十分便利。元代泰定年間,翻刻宋十行本,出現元十行本,板片一直保存於福州路府學經史庫,遞經修補,刷印流傳,故有元刻明修十行本,學術界稱之爲"十行本""正德本"。因元刻明修十行本板片壞缺,印刷本缺字太多,影響閱讀,明嘉靖年間,李元陽重刻《十三經注疏》,即閩本,又稱嘉靖本、李元陽本,這是中國歷史上第一部真正的《十三經注疏》。此後監本、毛本、殿本、《四庫》本先後翻刻傳抄,每次翻刻,都依據他本進行校勘,然因條件所限,善本難尋,未能從整體上改變元刻明修十行本的缺陷。清嘉慶年間,阮元立足所謂"宋本",即元刻明修十行本,替換《儀禮注疏》《爾雅注疏》,彙校衆本,撰寫詳盡的校勘記,於南昌府學刊刻《十三經注疏》,即阮刻本。阮刻本自刊刻以來,兩百多年,風靡學界,多次翻刻,近二十多年,《十三經注疏》數次整理,不無遺憾。2021年底,中華書局出版方向東教授點校的《十三經注疏》,以阮刻本爲底本,参校衆本,糾謬是正,值得一讀。然欲整理出超越或代替阮刻本的《十三經注疏》,還有很多工作要做,需要學術界同仁的共同努力!

2021年12月30日初稿
2022年1月10日二稿
2022年4月28日三稿
2022年7月10日四稿

(作者單位:南京師範大學文學院)

Collection, Emendation and Reduction of *Shi San Jing Zhushu*

Wang E

Shi San Jing Zhushu is one of the core classics of Confucianism. In the early Southern Song Dynasty, the Ba Hang Ben version was first carved in Yuezhou, then the Fu Shiyin Zhushu Ben version was carved in Jianyang, Fujian province, under the name Song Shi Hang Ben. During the Tai Ding Period of the Yuan Dynasty, the Yuan Shi Hang Ben version was carved as a reprinted edition of the Song Shi Hang Ben. Because Yuan Shi Hang Ben was repaired during the Zhengde Period of the Ming Dynasty, it was also called Shi Hang Ben or Zheng De Ben. Based on it, Li Yuanyang carved Min Ben, during the Jiajing Period of the Ming Dynasty. The Min Ben was a veritable *Shi San Jing Zhushu*. the Jian Ben, Mao Ben, Dian Ben, and *Siku* Ben corrected many errors, but they were still defective due to the circumstances. During the Jiaqing period of Qing Dynasty, Ruan Yuan based on the Yuan Ke Ming Xiu Shi Hang Ben version, corrected more mistakes, wrote the collation records, and engraved in the prefectural school of Nan Chang; this is the Ruan Ke Ben *Shi San Jing Zhushu*. In the past 20 years, *Shi San Jing Zhushu* has been modified several times. Professor Fang Xiangdong, based on the Ruan Ke Ben, proofread by referring to numerous versions, punctuated it, and published the new edition. This makes it very convenient to read. In order to successfully improve on or replace the Ruan Ke Ben, a great deal of academic work needs to be done.

Keywords: *Shi San Jing Zhushu*, Ba Hang Ben, Shi Hang Ben, Ruan Ke Ben

徵引書目

1. 王鍔：《三禮研究論著提要》（增訂本），蘭州：甘肅教育出版社，2007 年版。Wang E. *Sanli Yanjiu Lunzhu Tiyao* (*Summary of Research of the Three Books of Rites*). Revised edition. Lanzhou: Gansu jiaoyu chubanshe, 2007.
2. 王鍔：《禮記版本研究》，北京：中華書局，2018 年版。Wang E. *Liji banben yanjiu* (*Research on Version of the Book of Rites*). Beijing: Zhonghua shuju, 2008.
3. 王鍔：《明清〈禮記〉刊刻研究》，未刊書稿。Wang E. *Mingqing liji kanke yanjiu* (*Research on the Publication of the Book of Rites of Ming and Qing dynasties*). Unpublished.
4. 王鍔：《三種〈禮記正義〉整理本平議——兼論古籍整理之規範》，《中華文史論叢》2009 年第 4 期，第 363—391 頁。Wang E. "*Sanchogn liji zhengyi zhengli pingyi, jianlun guji zhengli zhi guifan*" (*Comments on Three Kinds of Collation of Liji Zhengyi: A Concurrent Discussion of the Standard of Collation of Ancient Books*). *Journal of Chinese Literature and History*, 4 (2009): pp.363–391.
5. 王鍔：《元十行本〈附釋音禮記注疏〉的缺陷》，《文獻》2018 年第 5 期，第 59—73 頁。Wang E. "*Yuan shihangben fushiyin liji zhushu de quexian*" (*Defects in the Yuan ten-lines edition of Fushiyinlijizhushu*). *Wenxian* 5 (2018): pp.59–73.
6. 王鍔：《再論撫州本鄭玄〈禮記注〉》，《中國經學》第 27 輯，桂林：廣西師範大學出版社，2020 年版，第 1—14 頁。Wang E. "*Zailun fuzhouben zhengxuan lijizhu*" (*Rediscussion on Zheng Xuan's Fuzhouben "Annotation in the Book of Rites"*). *Zhongguo jingxue* 27 (2020): pp.59–73.
7. 王鍔：《〈四庫全書總目〉"周禮注疏"提要辨證》，《中國典籍與文化論叢》第 23 輯，南京：鳳凰出版社，2021 年版，第 126—141 頁。Wang E. "*Siku quanshu zongmu zhouli zhushu tiyao bianzheng*" (*Discussion of the Summary of Commentary on Zhou Li in General Catalog of the Complete Collection of the Four Treasuries*). *Collected Essays of Chinese Classics & Culture*, 23 (2021): 126–141.
8. 井超：《上圖藏〈附釋音禮記注疏〉卷二十五殘葉跋》，未刊稿，南京師範大學副教授井超惠贈電子版，又見"學禮堂"微信公衆平臺，https://mp.weixin.qq.com/s/3kGkcsnNLPBJn50R3Z73tA。Jing Chao. "*Shangtu fushiyin liji zhushu juan ershiwu canye ba*", unpublished. Jing Chao, assistant professor, Nanjing Normal University. https://mp.weixin.qq.com/s/3kGkcsnNLPBJn50R3Z73tA.
9. 阮元校刻：《十三經注疏》，北京：中華書局，1980 年版。Ruan Yuan. *Shi San Jing zhushu* (*Annotations and Commentaries of the Thirteen Classics*). Beijing: Zhonghua shuju, 1980.
10. 阮元校刻，方向東點校：《十三經注疏》，北京：中華書局，2021 年版。Ruan Yuan. *Shi San Jing zhushu* (*Annotations and Commentaries of the Thirteen Classics*). Punctuated and collated by Fang Xiangdong. Beijing: Zhonghua shuju, 2021.
11. 吕友仁：《〈十三經注疏·禮記注疏〉整理本平議》，《中國經學》第 1 輯，桂林：廣西師範大學出版社,2005 年版,第 100—131 頁。Lü Youren. "*Shisanjing zhushu liji zhushu zhengli ben pingyi*" (Discussion on "Annotation in the Book of Rites" in the Collated Edition of Annotations and Commentaries of the Thirteen Classics). *Zhongguo jingxue* 1 (2005): pp.100 – 131.

12. 杜澤遜:《尚書注疏彙校》,北京:中華書局,2018 年版。Du Zexun. *Shangshu zhushu huijiao* (Collected Commentaries and explanations on the Book of Documents). Beijing: Zhonghua shuju, 2018.

13. 杜澤遜:《"秦火未亡,亡於監刻"辨——評顧炎武批評北監本〈十三經注疏〉的兩點意見》,載於杜澤遜:《微湖山堂叢稿》,上海:上海古籍出版社,2014 年版。Du Zexun. "*Qinhuo weiwang wangyu jianke bian, Gu Yanwu piping beijianben shisanjing zhushu de liangdian yijian*" (Two Comments on Gu Yanwu's Discussion on Beijianben's Annotations and Commentaries of the Thirteen Classics), in Du Zexun. *Weihu shantang conggao*. Shagnhai: Shanghai guji chubanshe, 2014.

14. 杜澤遜:《影印乾隆武英殿本〈十三經注疏〉序》,載於《武英殿〈十三經注疏〉》第 1 册卷首,濟南:齊魯社,2019 年版。Du Zexun. "*Yingyin qianlong wuying dianben shisanjing zhushu xu*" (Preface of Qianlong Wu Ying Palace Version of the Annotations and Commentaries of the Thirteen Classics), in *Wuyingdian shisanjing zhushu*. Jinan: Qilu shushe, 2019.

15. 杜以恒:《楊復〈儀禮圖〉元刊本考》,《中國典籍與文化》2022 年第 1 期,第 67—79 頁。Du Yiheng. "*Yangfu yili tu yaunkan ben kao*" (The Yuan Dynasty version of Yang Fu's Yili Diagram). *Chinese Classics & Culture* 1 (2022): pp.67 – 79.

16. 李學辰:《八行本〈禮記正義〉與和珅刻本〈禮記注疏〉體例比較研究》,《歷史文獻研究》第 42 輯,揚州:廣陵書社,2019 年版,第 64—75 頁。Li Xuechen. "*Bahangben liji zhengyi yu heshenben liji zhushu tili bijiao yanjiu*" (A Comparative Study of the Editorial Style on the Eight Lines Version of Liji Zhengyi and He Shen's Edition of Liji Zhushu). *Lishi wenxian yanjiu* 42 (2019): pp.64 – 75.

17. 汪紹楹:《阮氏重刻宋本十三經注疏考》,《文史》第 1 輯,北京:中華書局,1963 年版,第 25—60 頁。Wang Shaoying. "*Ruanshi chongke songben shisanjing zhushu kao*" (The Study of the Reprinted Edition of the Song Dynasty version of Annotations and Commentaries of the Thirteen Classics by Ruan Yuan). *Wenshi* 1 (1963) pp.25 – 60.

18. 范希曾編,瞿鳳起校點:《書目答問補正》,上海:上海古籍出版社,1983 年版。Fan Xizeng. *Shumu dawen buzheng* (Answers to Inquiries into Bibliography with Additions and Revisions). Punctuated and Collated by Qu Fengqi. Shanghai: Shanghai guji chubanshe, 1983.

19. 周密:《癸辛雜識》,北京:中華書局,1988 年版。Zhou Mi. *Guixin zashi* (Guixin Miscellaneous Records). Beijing: Zhonghua shuju, 1988.

20. 岳浚:《九經三傳沿革例》,影印文淵閣《四庫全書》本,臺北:商務印書館,1986 年版。Yue Jun. *Jiujing sanzhuan yange li* (Specifications for Transmission of the Nine Classics and Three Commentaries). Taibei: Shangwu yinshuguan, 1986.

21. 段玉裁撰，鍾敬華校點：《經韻樓集》，上海：上海古籍出版社，2008 年版。Duan Yucai. *Jingyun louji* (*The Collected Works of Duan Yuchai*). Punctuated and collated by Zhong Jinghua. Shanghai: Shanghai guji chubanshe, 2008.

22. 侯婕：《經學文獻文化史視域下的清代學術與〈禮記〉研究》，南京：南京師範大學博士學位論文，2020 年。Hou Jie, "*Jingxue wenxian wenhuashi shiyu xia de qingdai xueshu yu liji yanjiu*" (*Research on Qing Dynasty Academic Research and the Study of Liji in the Field of Philological Cultural History*). Ph.D. diss., Nanjing Normal University, 2020.

23. 郭立暄：《元刻〈孝經注疏〉及其翻刻本》，《版本目錄學研究》第 2 輯，北京：國家圖書館出版社，2010 版，第 307—313 頁。Guo Lixuan. "*Yuanke xiaojing zhushu jiqi fanke ben*" (*The Reprinted Version and the Yuan Dynasty Edition of Annotations and Commentaries of the Classic of Filial Piety*). *Bibiographical Studies of Traditional Chinese Texts* 2 (2010): pp.307–213.

24. 張爾岐：《〈儀禮監本正誤〉序》，載於張翰勛整理《蒿庵集捃逸》，濟南：齊魯書社，1991 年版。Zhang Erqi, "*Yili jianben zhengtwu xu*", in *Gaoanji junyi*. Edited by Zhang Hanxun. Jinan: Qilu shushe, 1991.

25. 鄭玄注，顧廣圻校勘：《禮記》，福州：福建人民出版社 2020 年版。*Liji* (*The Book of Rites*). Annotated by Zheng Xuan, Emendated by Gu Guagqi. Fuzhou: Fujian renmin chubanshe, 2020.

26. 張麗娟：《宋代經書注疏刊刻研究》，北京：北京大學出版社，2013 年版。Zhang Lijuan. *Songdai jingshu zhushu kanke yanjiu* (*Research on the Publication of Annotated Classics During the Song*). Beijing: Beijing daxue chubanshe, 2013.

27. 張麗娟：《元十行本〈監本附音春秋穀梁注疏〉印本考》，《中國典籍與文化》2017 年第 1 期，第 4—8 頁。Zhang Lijuan. "*Yuan shihang ben jianben fuyin chunqiu guliang zhushu yinben kao*" (*A Study of the Printed Version on the Yuan Engraved and Printed Ten-column Edition of Ben Jianben Fuyin Guliang Commentary of the Spring and Autumn annals*). *Chinese Classics & Culture* 1 (2018): pp.4–8.

28. 張麗娟：《記新發現的宋十行本〈監本附音春秋公羊注疏〉零葉——兼記重慶圖書館藏元刻元印十行本〈公羊〉》，《中國典籍與文化》2020 年第 4 期，第 9—16 頁。Zhang Lijuan. "*Jixin faxian de songshihangben jianben fuyin chunqiu gongyang zhushu lingye jianji chongqing tushuguan yuanke yuanyin shihangben gongyang*" (*On the Newly Discovered Song Printed Separate Pages of Ten-column Edition of Jian Ben Fu Yin Chunqiu Gong Yang Zhushu: Additional Notes on the Yuan Engraved and Printed Ten-column Edition of Gong Yang from Chongqing Library*). *Chinese Classics & Culture* 4 (2020): pp.9–16.

29. 張麗娟：《〈十三經注疏〉版本研究》，未刊書稿，北京大學張麗娟教授惠贈電子版。Zhang Lijuan. *Shisan jing zhushu banben yanjiu* (*The Study of Version of the Annotations and Commentaries of the Thirteen Classics*). Unpublished. Professor Zhang Lijuan, Peking University.

30. 張麗娟：《元十行本注疏今存印本略説》，未刊書稿，北京大學張麗娟教授惠贈電子版。Zhang Lijuan. *Yuanshi hangben zhushu jincun yinben lüe shuo* (*A Brief Discussion of the Existed Yuan Engraved and Printed Ten-column Edition*). Unpublished. Professor Zhang Lijuan, Peking University.

31. 張學謙：《元明時代的福州與十行本注疏之刊修》，《歷史文獻研究》第 45 輯，揚州：廣陵書社，2020 年版，第 34—41 頁。Zhang Xueqian. "*Yuanming shidai de fuzhou yu shihang ben zhushu zhi kanxiu*" (*Fuzhou in Yuan-Ming Dynasties and the Publication of Ten-column Edition*). *Lishi wenxian yanjiu* 45（2020）：pp.34–41.

32. 彭元瑞：《知聖道齋讀書跋尾》，《四庫未收書輯刊》第 10 輯，北京：北京出版社，2000 年版。Peng Yuanrui. "*Zhishengdaozhai dushu bawei*" (*Postscript of Records of Zhishengdao Studio*)，in *Siku weishou shuji kan* 10（Beijing：Beijing chubanshe, 2000）.

33. 賈貴榮輯：《日本藏漢籍善本書志書目集成》，北京：北京圖書館出版社，2003 年版。*Riben zanghan shanben shuzhi shumu jicheng*（*Bibliography of Rare Chinese Books in Japan*）. Collected by Jia Guirong. Beijing：Beijing Library Press, 2003.

34. 楊新勛：《元十行本〈十三經注疏〉明修叢考——以〈論語注疏解經〉爲中心》，《南京師範大學文學院學報》2019 年第 1 期，第 171—181 頁。Yang Xinxun. "*Yuan shihang ben shisanjing zhushu mignxiu congkao yi lunyu zhushu jiejing wei zhongxin*" (*Research on the Ming Dynasty's Revised Editions of Yuan Dynasty's Ten-line Version of Shisanjing Zhushu — Focusing on Lunyu Zhushu Jiejing*). *Journal of School of Chinese Language and Culture Nanjing Normal University* 1（2019）：pp.171–181.

35. 楊新勛：《武英殿本〈論語注疏〉考論》，《中國典籍與文化》2021 年第 2 期，第 50—58 頁。Yang Xinxun. "*Wuyingdian ben lunyu zhushu kanlun*" (*An Research on the Hall of Martial Valor's Edition of Lunyuzhushu*). *Chinese Classics & Culture* 2（2021）：pp.50–58.

36. 程蘇東：《"元刊明修本"〈十三經注疏〉修補彙印地點考辨》，《文獻》2013 年第 2 期，第 22—36 頁。Cheng Sudong. "*Yuankan mingxiu shisan jing zhushu xiubu huiyin didian kaobian*" (*A Research on the Place of Repair and Printing of "Annotations and Commentaries of the Thirteen Classics" of the Revised Version of the Ming Dynasty published in the Yuan Dynasty*). *Wenxian* 2（2013）：pp.22–36.

37. 野間文史：《讀李學勤主編之〈標點本十三經注疏〉》，《中國哲學》(《經學今詮三編》) 第 24 輯，瀋陽：遼寧教育出版社 2002 年版，第 681—725 頁。Yejian Wenshi. "*Du li xueqin zhubian zhi biaodian ben shisanjing zhushu*" (*Reading "Annotations and Commentaries of the Thirteen Classics with Punctuation" Edited by Li Xueqin*). *Chinese Philosophy* 24（2002）：pp.681–725.

38. 鄭玄注，孔穎達正義：《禮記正義》70 卷，北京：北京圖書館出版社，2003 年版。*Liji Zhengyi*(*The Proper Meaning of the Record of Ritual*). Annotated by Zheng Xuan and commented by Kong Yingda. Beijing：Beijing tushuguan chubanshe, 2003.

39. 鄭玄注，孔穎達正義，日本喬秀岩、葉純芳編輯：《影印南宋越八行本〈禮記正義〉》，北京：北京大學出版社，2014 年版。*Yingyin nansong yue bahang ben liji Zhengyi*

(*Southern Song Yue Eight Lines Version of Liji Zhengyi*). Annotated by Zheng Xuan, commented by Kong Yingda, and edited by Qiao Xiuyan and Ye Chunfang. Beijing: Beijing daxue chubanshe, 2014.

40. 鄭玄注,孔穎達正義,龔抗雲整理,王文錦審定:《禮記正義》,李學勤主編《十三經注疏》本,北京:北京大學出版社,1999 年版。*Liji Zhengyi* (*The Proper Meaning of the Record of Ritual*). Annotated by Zheng Xuan, Commented by Kong Yingda, Collated by Gong Kangyun, Examined by Wang Wenjin. Beijing: Beijing daxue chubanshe, 1999.

41. 鄭玄注,孔穎達正義,唐陸德明釋文,吕友仁整理:《禮記正義》,上海:上海古籍出版社,2008 年版。*Liji zhegnyi* (*The Proper Meaning of the Record of Ritual*). Annotated by Zheng Xuan, Commented by Kong Yingda, Explained by Lu Deming and Collated by Lü Youren. Shanghai: Shanghai guji chubanshe, 2008.

42. 鄭玄注,孔穎達正義,吕友仁校點:《禮記正義》,北京:北京大學出版社,2016 年版。*Liji zhegnyi* (*The Proper Meaning of the Record of Ritual*). Annotated by Zheng Xuan, Commented by Kong Yingda, Punctuated and collated by Lü Youren. Beijing: Beijing daxue chubanshe, 2016.

43. 盧文弨撰,王文錦點校:《抱經堂文集》,北京:中華書局,2006 年版。Lu Wenzhao. *Baojing tang wenji* (*A Collection from the Hall of Embracing the Classics*). Punctuated and collated by Wang Wenjin. Beijing: Zhonghua shuju, 2006.

44. 錢大昕著,陳文和主編:《嘉定錢大昕全集》,南京:江蘇古籍出版社,1997 年版。Qian Daxin. *Jiading qiandaxin quanji* (*The Complete Works of Qian Daxin*). Edited by Chen Wenhe. Nanjign: Jiangsu guji chubanshe, 1997.

45. 韓松岐:《張敦仁本〈儀禮注疏〉研究》,南京:南京師範大學碩士學位論文,2022 年。Han Songqi, "Zhang dunren ben yili zhushu yanjiu" (*The Study of Zhang Dunren Version of Ceremonies and Rituals with Commentaries and Annotations*), M. A. diss., Nanjing Normal University, 2022.

46. 瞿林江:《爾雅注疏彙校》,未刊書稿,陝西師範大學文學院瞿林江副教授惠贈電子稿。Qu Linjiang. *Erya zhushu huijiao* (*Collected Commentaries and explanations on Erya*). Unpublished. Qu Linjiang, assistant professor, School of Chinese Language and Literature, Shaanxi Normal University.

47. 顧炎武撰,嚴文儒、戴揚本校點:《日知錄》,上海:上海古籍出版社,2013 年版。Gu Yanwu. *Rizhilu* (*Records of Knowledge Accrued Daily*). Punctuated and collated by Yan Wenru and Dai Yangben. Shanghai: Shagnhai guji chubanshe, 2013.

48. 顧廣圻著,王欣夫輯:《顧千里集》,北京:中華書局,2007 年版。Gu Guangqi. *Gu Qianli ji* (*The Collected Works of Gu Guangqi*). Edited by Wang Xinfu. Beijing: Zhonghua shuju, 2007.

49. 顧永新:《元貞本〈論語注疏解經〉綴合及相關問題研究》,《版本目録學研究》第 2 輯,北京:國家圖書館出版社,2010 年版,第 189—209 頁。Gu Yongxin. "*Yuanzhen ben lunyu zhushu jiejing zhuihe ji xiangguan wenti yanjiu*" (*Research on the Conjugation and Related Issues of Yuanzhen Version's "The Analects of Confucius"*). *Banben mulu xue*

yanjiu (Bibiographical Studies of Traditional Chinese Texts) 2 (2010): pp.189–209.
50. 顧永新:《金元平水注疏合刻本研究——兼論注疏合刻的時間問題》,《文史》2011年第 3 期,第 189—216 頁。Gu Yongxin. "*Jinyuan pingshui zhushu heke ben yanjiu jianlun zhushu heke de shijian wenti*" (*Research on Jin-Yuan Ping Shui Engraved version: On the Time of Commentary and Combining Engraving*). Wenshi 3 (2011): pp.189–209.

惠周惕《詩説》的成書歷程[*]

張素卿

【摘　要】 惠棟是清代經學典範轉向"漢學"的關鍵人物,而惠氏家學有著作傳世始於惠周惕之《詩説》。這篇論文考察京都大學藏書《研溪先生詩説》寫本,從寫本的流傳談起,進而比較這部寫本和傳世通行本的差異。《詩説》從不分卷到分爲兩卷,最後定爲三卷,定稿成書的關鍵期大約在康熙十六年至二十二年間。從初稿本到三卷本,增加了許多條目,而《國風》增加的條目尤其多,或潤飾文字,或增補文獻資料,或加强議論,而撰述旨意在初稿時已大致確定。惠周惕的文學與學術受汪琬影響,强調文章應根柢於經,無論鄭玄或朱熹,漢儒或宋儒,率皆博徵而考證之。《詩説》解經無所專主,且多以己意發明經義,實以通儒自期,尚未專宗"漢學"。

【關鍵詞】 經學　典範　漢學　寫本　通儒

一、前　言

清代經學轉宗"漢學",惠棟(字定宇,號松崖,1697—1758)是確立"漢

---

[*] 這篇論文是科學與技術人員國外短期研究項目"惠棟漢學及其傳播"(MOST 105BFA01005)與"清代漢學著作在日本的傳播"(MOST 108-2918-I-002-010)的成果之一,初稿曾於"異文——文本與形制國際學術研討會"宣讀(臺灣大學中國文學系、漢堡大學寫本文化研究中心合辦,臺北:臺灣大學文學院會議室,2021年10月23—24日),並在臺大中文系所組"詩經跨域團隊"與團隊成員切磋討論;刊登前,又經兩位審查人提供寶貴建議。兹參考上述建議增補修訂,謹誌於此,一併申謝。

學"典範的關鍵人物,而惠氏四世傳經,其家學推始於惠有聲(原名爾節,後改今名,字律和,號樸菴,自號龍柯居士,1608—1678)。明、清之際,天下喪亂,惠有聲隱居鄉里講學,"敦寔行,斥浮華,論人品則先孝友,學問則先經術,其訓子弟亦然"①,惜無著作傳世。至惠周惕(原名恕,字而行;後改今名,字元龍,號硯谿,或作研溪,自號紅豆主人,1641—1697)②,乃有《詩說》

---

① 詳參徐枋《律和惠隱君傳》,見惠棟修《惠氏宗譜》稿本,上海圖書館藏書(索書號:T821012)。此文對於了解惠有聲的生平極具價值,而徐氏《居易堂集》未收,爰依《惠氏宗譜》稿本詳錄如下:"君姓惠氏,諱有聲,字律和,別字樸菴,自號龍柯居士。其先關中人,始祖某南宋時徙于吳,爲吳人。後居龍山東渚邨。傳十五世至裕谿公,諱洪,有隱德,年登期頤,里中稱百歲翁。子懷珍公,諱萬方,蘊風義,尚施予,即君之祖若父也。君少通九經,章句大義略舉。先世以農事起家,讀書不求進取,以故家多藏書。書多善本,君晝月執册桑下,田時帶經而鉏。積歲歲,九業並起。萬曆末,補校官弟子,食鎮縣官,每試輒冠儕偶,名譽鵲起。時余與君同受知于督學御史,少長于君,呼君爲兄。每預社會名流畢集,君至,必傾其坐人。于時年少厲氣,同人論議無所興屈。一日,坐中有白鬚老人謂君曰:'若通何經?'君答曰:'無所不通。'老人曰:'吾聞漢時,通經有家法,習韓《詩》者不及齊、魯,習歐陽者不及夏侯,故古人于一經,没身焉而已。若殆兼之,何言之易也?'君愕然,無以應。既而謂余曰:'老人言良是。'又數年,天下喪亂,君遂棄諸生,隱於田園,率妻子躬耕力作。又四年,余自蓮華峰依隱於君之里中,地名宜橋,其南竹林在焉。從北折而西,爲君居,望衡對宇,歡情自接。而君之子恕賢而好學,少受九經之學於君,誦説有法,余深器之。嘗戲謂君曰:'與君言不如共阿戎談也。'余甥松陵吳權,權從甥潘末,皆雋才,時時顧余,余因令三子相與定交。每杖藜候君,君幅巾迎於門外,入坐定,則疊架萬卷環于室内。一童子捧茶至,余與君啜茗談藝,三子則執經問難於其旁,余兩人顧而樂之,自以爲天下之文章聚于此矣。君生平敦寔行,斥浮華,論人品則先孝友,學問則先經術,其訓子弟亦然。及疾革,遺書戒其子,其言篤摯深切,余讀而悲之。論曰:君因老人之言,退而手抄《左氏春秋》數十遍,至老且病猶不廢,可謂聞義則服者矣。君既續學,著書滿家,遭亂散佚。有子繼之,卒傳其學。古人有一經之諺,君之謂歟。"案:徐枋於康熙六年丁未(1667)遷居蘇州東渚邨,至康熙十六年惠有聲卒於而爲之撰傳,文中仍稱"君之子恕",則當時惠周惕猶未改名。至於改名緣由,據清儒顧尊所言:"周惕幼時,其父爲縣令周某所辱……因自名周惕,發奮向學,卒成通儒。"可備一説,説參王大隆《硯谿先生遺稿跋》,收入漆永祥編校《東吳三惠詩文集》,臺北:"中研院"中國文哲研究所2006年版,第227頁。
② 惠士奇《先府君行狀》曰:"公以前明崇禎十四年(1641)正月十八日生於東渚舊宅,宅南有谿,形如硯凹,俗名硯凹谿,故公自號硯谿。後移居蔀門,宅有紅豆樹,故又自號紅豆主人。……辛未會試,殿試二甲第七。選翰林院庶起士,散館,外調左授順天府密雲縣知縣,加二級。丙子,同考試官。未滿秩,卒於官舍,時康熙三十六年(1697)閏三月二十八日也。"見漆永祥編校《東吳三惠詩文集》,第377頁。惠周惕之生年、卒年,惠士奇《先府君行狀》言之甚詳,李開推測惠周惕之生卒年,謂"約1646—約1695",失考,説見李開《惠棟評傳》,南京:南京大學1997年版,第12頁及第461頁。又,惠周惕號硯谿,硯或作研,谿或作溪,惠周惕有"研溪"印,見惠氏《跋》,汪琬批點《漢書評林》,明萬曆九年刊本,北京師範大學圖書館藏書(善922.2101/123-765-03),參後文引述所附書影。文中除書名各依原書保留不變外,行文統一作"硯谿"。

三卷傳世。惠士奇（字仲儒，號天牧，晚年自號半農人，或作半農居士[①]，1671—1741）著作益豐，有《禮說》十四卷、《易說》六卷及《春秋說》十五卷。2016 年與 2019 年，我利用休假機會赴日本京都大學、東京大學短期研究，密集閱讀清人古籍，收穫相當豐碩，閱讀不少清代"漢學"的代表性著作，尤其關注惠氏三代著作之早期刊本或傳抄本，京都大學文學研究科圖書館所藏《研溪先生詩說·半農先生易說》寫本，就是當時借閱的諸多古籍之一。

京都大學藏《研溪先生詩說·半農先生易說》寫本，典藏地點在文學研究科圖書館，列爲"貴重書"，需專案申請並經同意始得借閱，而且不允許拍攝或複製。據悉這部寫本一直未獲關注，也乏人研究。借閱期間，我一邊迻錄，一邊參照四庫全書本，返臺之後，隨即針對這部寫本中的《半農先生易說》進行考察，又進而參照臺北故宮博物院收藏的三卷本紅豆齋《易說》抄本，以及乾隆十四年璜川吳氏刊六卷本《易說》等通行傳本，指出《易說》之成書，由不分卷（一卷）到三卷，最後乃定爲六卷，其條目與文字內容，迭經擴充和修訂。大抵而言，寫本比通行本少了許多條目，而且相關的條目往往比較簡略，擴充至三卷時，條目與每條的內容都大幅增加，三卷本進一步分爲六卷時，雖仍有增刪，已經與六卷的通行本十分接近[②]。

關於惠周惕《詩說》，黃忠慎教授撰有專書，就其內容逐條檢視，考論相當翔實[③]。鑒於京都大學所藏寫本有助於瞭解《詩說》之成書過程，俾深入考察其解經觀念與學術淵源，因此，這篇論文針對京都大學藏寫本《研溪先生詩說》進行探討，從寫本之流傳談起，考察此寫本與傳世通行本有何異同？成書之過程如何？惠周惕之解經觀念是否有何變化？由上述問題意識出發，提出初步考察所得，就教於方家。

二、《研溪先生詩說》寫本之流傳

惠有聲教人"學問則先經術"，惠周惕早承庭訓，受經於家[④]；二十餘歲

[①] 詳參拙著《博綜以通經——略論惠士奇〈易說〉》，《吉林師範大學報》2017 年第 6 期（2017 年 11 月），第 2 頁。
[②] 以上，詳參拙著《京都大學藏惠士奇〈易說〉抄本初探》，"第十屆中國經學國際學術研討會"宣讀論文，臺北：東吳大學，2017 年 10 月 10—11 日。
[③] 詳參黃忠慎《惠周惕詩說析評》，臺北：文史哲出版社 1994 年版。
[④] 徐枋《律和惠隱君傳》曰"君之子恕賢而好學，少受九經之學於君，誦說有法"云云，參前注引述。

师從徐枋（字昭法，號俟齋，1622—1694）①，後受業於王士禛（字貽上，號阮亭，別號漁洋山人，1634—1711）、汪琬（字苕文，號鈍翁，1624—1691）等人，俱以學習詩文爲主②。及長，客遊四方，結交當世名流，如田雯（字綸霞，號山薑，又號漪亭，1635—1704）《詩説序》所言"通經績學，以詩、古文鳴於時"③。康熙十七年朝廷召試博學宏儒，獲當事者薦舉，因父喪不赴。年五十始舉直隸鄉試，翌年成進士，選入翰林，散館，以國書不通曉，外調密雲縣令，康熙三十六年卒於官舍，享年五十七歲④。

惠周惕早期"以詩、古文鳴於時"，而傳世的經學著作僅《詩説》三卷，成書於晚年。京都大學所藏《研溪先生詩説·半農先生易説》寫本，兩書合爲一册，其封面題籤作：

研溪先生詩説 附半農先生易説⑤

---

① 惠周惕《書徐昭法先生手札後》曰："先生於丁未秋，自蓮華峰遷於東渚之宜橋。……橋南稍有竹林，望之蒼蒼然，爲張處士德仲之家，先生於是僦其屋以居。自橋北行，逶迤而西，未百步，即人衆而居稠，所謂東渚村者也。又稍西，其地稍閒曠，有屋數十椽，翠竹千竿，桑柘百本環其左右，先君之室在焉。先君棄諸生後，隱居於此，不妄交接，獨嘉先生之來。先生品行高一世，與先生爲舊相識，於是相見歡甚，往來過從輒移日。予兄弟侃操几杖以隨。先生見予年少貌恭，因從容問予能詩文乎？予前再拜謝不敏。久之，乃敢出其所作，先生輒欷歔以爲佳。自後予無日不來，來則流連永日不能去也。"見惠周惕《書徐昭法先生手札後》，《硯谿先生遺稿》卷下，見漆永祥編校《東吳三惠詩文集》，第 201 頁。
② 江藩述惠周惕生平，曰："研溪先生少傳家學，又從徐枋、汪琬游，工詩古文詞。"見《國朝漢學師承記》，北京：中華書局 1983 年版，卷二，第 19 頁。案：陳居淵據《丁氏宗譜》指出惠周惕曾親炙丁宏度（字臨甫，1602—1681），又進而推測惠氏之經學可由丁宏度上溯至明末馮夢龍，説見陳氏《乾嘉"吳派"新論》，《社會科學戰線》1995 年第 5 期，第 166 頁。並參魯夢蕾、宫辰《論惠周惕詩説在詩經研究史上的地位》，載於《黄山學院學報》第 8 卷第 2 期，第 104 頁及第 108 頁。然而，徐枋謂惠周惕"少受九經之學於君"，惠士奇《先府君行狀》、惠棟《易漢學序》等追述家學，也都强調惠周惕之經學傳承其家有聲。相對的，丁宏度之經學究竟對惠周惕有何影響，線索不明，上述二文臆測多而證據不足，不可信從。本論文由《詩説》引述《鈍翁類稿·詩問》，並參照惠周惕與汪琬之言論，强調惠周惕治經，少承家學，後受汪琬啓發，由詩文當溯源於六經之觀念，進而有重新箋解經傳之志，説詳下文。
③ 田雯《詩説序》，見惠周惕《硯谿先生集》，上海：上海古籍出版社 2002 年版，續修四庫全書第 1421 册，影康熙惠氏紅豆齋刊本，第 121 頁。康熙年間刊紅豆齋本《硯谿先生集》已收録《詩説》三卷及田雯、汪琬二《序》，當係《詩説》之初刊本（詳參下文），文中引述《詩説》均依此本。
④ 詳參惠士奇《先府君行狀》，漆永祥編校《東吳三惠詩文集》，第 376—377 頁。
⑤ 惠周惕《研溪先生詩説》（與《半農先生易説》合抄），京都大學圖書館藏書（中哲文 A/IXa/10-2）。以下引述此本，作"京都大學藏寫本《詩説》"。

內頁第一紙版框內空白，版框外手書兩行字：

> 研溪先生乃惠周惕，號研溪。半農先生乃惠士奇，號半農。
> 《詩說》、《易說》，均見皇清經解。

阮元任兩廣總督時，彙刊"皇清經解"，於道光九年（1829）九月刊成，《詩說》、《易說》俱收入其中。這兩行文字顯然係後來藏書者的手筆，簡述書名、作者，附記於卷端。寫本各頁原無頁碼，後人以鉛筆加注之葉數，計四十一葉。每葉有黑色版框，上下單邊，左右雙邊，每葉以版心分隔，上、下各十行，有行線。第二葉有京都大學圖書館的藏書印：

> ［上爲橢圓形章］大正　3.6.15
> ［下爲方章］京都帝國大學圖書之印

據此，可知此書入藏京都大學圖書館的時間爲大正三年（1914）六月十五日。

　　這部寫本自第三葉起至第十四葉，錄《研溪先生詩說》，未分卷；第十五葉至第四十一葉抄《半農先生易說》，亦未分卷。第三葉與第十五葉的版框外，各有一方"紅豆書屋"陽文長方印；《研溪先生詩說》與《半農先生易說》兩者都僅錄書題，未題作者。書題採用"研溪先生"、"半農先生"尊稱，顯然不是兩書作者親題；《詩說》、《易說》兩部分的抄寫筆跡一致，參照惠棟傳世手稿，筆跡不同，則既非惠周惕、惠士奇之手稿，亦非惠棟整理抄錄的寫本。

　　"紅豆書屋"爲惠氏藏書印，以"紅豆"名其宅與讀書、藏書之處，始自惠周惕。惠士奇《先府君行狀》曰：

> 　　丁卯春，公歸自東，結廬于葑溪南，清溪北，名其居曰"紅豆齋"，坐臥其中，囂然而樂。以爲達則見之功業，窮則託之文章，於是畢力著書，爲千古事。①

東吳惠氏原本世居於吳縣之龍山東渚村，惠周惕少而貧、壯而遊，科舉失

---

① 惠士奇《先府君行狀》，漆永祥編校《東吳三惠詩文集》，第378頁。

利,困於場屋逾二十年,一度以博學宏詞徵,又因丁憂不赴①。康熙二十六年丁卯(1687),倦遊歸來,頗有意畢其力於著書,自東渚舊宅遷居葑門,並由隣近的東禪寺分植一株紅豆樹於庭前,遂名其宅爲"紅豆齋"②,自稱紅豆主人。惠周惕之後,惠士奇、惠棟繼起傳其家學,惠氏三代的著作無論稿本、抄本或刊本,大多出自"紅豆齋",而其家之藏書則往往有"紅豆書屋"藏書印。

《詩説》和《易説》都有刊本傳世,京都大學藏《研溪先生詩説·半農先生易説》寫本,其分卷和條目内容,與通行本相參照都頗有差異,如上所述,寫本的筆跡前後一致,但並非作者親筆手稿,也非惠棟筆跡,初步研判殆惠氏後人整理先人遺稿,依據《詩説》、《易説》兩書之初稿重新謄抄,作爲惠氏"紅豆書屋"家藏之用③。

惠氏"紅豆書屋"家藏之本如何轉輾傳入日本,最後成爲京都大學圖書館藏書,其過程尚不明確。唯紅豆書莊和紅豆樹大約在咸豐十年(1860),毁於太平軍戰火之中,而丁日昌(字禹生,一字雨生,1823—1882)任職江蘇時,正值太平軍起事,時局動盪,江浙一帶之名家舊藏因而散出,丁氏大力收購郁松年、陸心源、汪士鐘以及黄丕烈諸家之藏書,其中包括一册"紅豆書屋"寫本,《持静齋書目》著録云:

> [《易説》六卷]坊本。又《半農先生易説》一卷與《研溪先生詩説》一卷,兩稿本同册,首有"紅豆書屋"印。蓋當時手稿。④

著録坊間流傳的六卷本《易説》,其下附注另有一部《半農先生易説》,與《研溪先生詩説》合爲一册,俱未分卷故稱一卷,有"紅豆書屋"藏書印,其文

---

① 惠士奇《先府君行狀》,漆永祥編校《東吴三惠詩文集》,第378頁。
② "紅豆齋"或"紅豆書屋"之名,皆始自惠周惕,有詩自題曰"余卜居城東,以東隣紅豆名齋,目存上人爲余作圖,且屬詩人石年題其上,得五絶句五首",見惠棟編《硯谿先生遺稿》卷上,漆永祥編校《東吴三惠詩文集》,第182頁;又,《歷科文録序》篇末自題"硯谿惠某書於紅豆書屋",見漆永祥編《東吴三惠詩文集》,第208頁。
③ 以上,並參拙著《京都大學藏惠士奇〈易説〉抄本初探》,"第十屆中國經學國際學術研討會"宣讀論文。
④ 丁日昌《持静齋書目》,北平:來薰閣1934年版,卷一,第八頁下。《持静齋書目》實由丁氏後人編纂而成,因係丁日昌之藏書,故題爲作者,今仍依舊題。案:《研溪先生詩説》與《半農先生易説》書題俱採用尊稱,則著録者推測此兩書同册之寫本"蓋當時手稿",實有待商榷。據京都大學藏寫本考察,此非手稿,而係依兩書初稿重新抄録之謄清稿本。

獻特徵與京都大學藏寫本相脗合。據此推斷，當年"紅豆書屋"家藏的《研溪先生詩說》、《半農先生易說》合抄寫本，一度爲丁日昌"持靜齋"所收購珍藏，丁氏歿後約三十年，乃又流入日本，於大正三年六月十五日成爲京都大學圖書館藏書。

三、《詩說》分卷及條目之變化

京都大學藏《詩說》寫本尚未分卷，而傳世的通行本定爲上、中、下三卷，實則此書一度僅分上、下兩卷。惠周惕曾致書顔光敏（字遜甫，號修來，別號樂圃，1640—1686），一方面索求顔氏詩稿，一方面録呈近作《詩說》討教，曰：

> 比日多病畏熱，有失侍教，馳企不可言。新製已付刻未？急欲諷詠，不能待刻工之竣，得以付寫後稿見賜，所至禱也。連日擬録客中文字，先呈一二義，幸即改抹付下。《詩說》上卷亦求擲還，下卷録未竟也。　晚惕再頓首。①

上海圖書館主編的《顔氏家藏尺牘》收録了惠氏十四篇書信手稿，均係未經收録之遺文，其中計有四篇提及《詩說》，這是其中之一，《詩說》上卷先已呈請顔光敏指正，請求擲還，並表明下卷尚未録竟。據此可知，當時《詩說》分爲上、下卷。康熙十六年（1677）丁巳，惠周惕初次赴京應試②，王士禎正

---

① 惠周惕《與顔光敏書》之一，上海圖書館主編《顔氏家藏尺牘》，上海：上海科學技術文獻出版社2006年版，第241頁。此書收録惠周惕《與顔光敏書》十四篇，第一篇之外，第三篇曰"刻工令其詣府自言……《詩說》及制義，幸即付彼帶來"（第243頁）；第十一篇有"望日即旋里矣"之語，並云"《詩說》及雜文望即賜下"（第251頁）。此外，第十四篇亦述及《詩說》，詳下文引述。
② 據惠周惕《寄顧孝廉雨若四十韻》自述："與君初入京，記是丁巳歲。治行春夏交，指道齊魯界。……予時遭父喪，指日即南邁。……"見漆永祥編《東吳三惠詩文集》，臺北："中研院"中國文哲研究所2006年版，第16—17頁。康熙十六年丁巳，惠周惕初至北京應試，因父喪，隨即南返。《顔氏家藏尺牘》中收録惠周惕曾致顔光敏之書信計十四首，當時惠氏在北京，且有倉促南返之行，其中並談及顔光敏因應王士禎選刻《十子詩略》，因而積極編纂詩稿，刊刻《樂圃集》之事。

以詩壇領袖之姿，選刻《十子詩略》，顔光敏也應邀編纂《樂圃集》①，準備付梓，惠氏多次致書顔光敏，以晚輩身分求教，索求付寫中的"新製"，即指此而言。除制藝時文外，惠周惕曾録呈《詩説》請益，由"《詩説》上卷亦求擲還，下卷録未竟也"一語推之，當時《詩説》僅分上、下兩卷。至田雯爲《詩説》撰《序》時，已明言"《詩説》三卷"，田氏云：

> 嗚呼！《詩》學之廢久矣。惠子元龍，嘗讀《詩》而病之，因著《詩説》三卷……②

田雯之《序》題於康熙二十二年癸亥（1683）秋七月，當年所見《詩説》已是三卷本，與傳世的通行本同。然則，《詩説》不分卷的初稿始撰於早年，由上下兩卷進一步析分爲三卷，則大約在康熙十六年至二十二年間，這是《詩説》一書定稿成書的關鍵期③。

除田雯外，汪琬也曾爲《詩説》撰《序》，通行本《詩説》書首並録兩家《序》。汪氏卒於康熙二十九年庚午冬十二月，卒前數月將《鈍翁類稿》、《續稿》手自删定爲《堯峰文鈔》五十卷，《詩説序》收入《堯峰文鈔》卷二十六④。而且，惠周惕曾與徐枋（1622—1694）之甥吴權（字超士，號習隱）以及薛孝穆有書信往返，針對《詩説》彼此商榷⑤。或録呈著作以求序，或與朋儕切磋，此外，尤其值得注意的是朱彝尊（字錫鬯，號竹垞，1629—1709）《經義考》已著録《詩説》三卷，並轉録田、汪二《序》。惠周惕卒於康熙三十六

---

① 康熙十六，王士禛正積極籌畫選刻《十子詩略》，《漁洋山人自撰年譜》曰："康熙十六年丁巳，四十四歲，在户部。"惠棟《注補》云："是年宋牧仲（犖）、王幼華（又旦）、曹升六（貞吉）、顔修來（光敏）、葉井叔（封）、田子綸（雯）、謝千仞（重輝）、丁鴈水（煒。作林蕙伯堯英）、曹頌嘉（禾）、汪季甪（懋麟）皆來談藝，先生爲定《十子詩略》，刻之。"詳參惠棟《漁洋山人精華録訓纂》，臺南：莊嚴文化出版公司1997年版，《四庫全書存目叢書》第225—226册，影清乾隆間紅豆齋刻本，《年譜》卷上，第三十七頁下。
② 田雯《詩説序》，見惠周惕《硯谿先生集》，第121頁。
③ 近年因研究惠氏家學，反覆查檢各圖書館藏書，注意到湖南省社會科學院圖書館收藏一部《惠氏詩説》一卷，著録爲"稿本"；另外，北京大學圖書館古籍部另有一部《詩説》抄本，二卷、一函二册。湖南省社會科學院所藏《惠氏詩説》與京都大學藏本異同如何？北京大學所藏二卷抄本與一卷本、三卷本又有何差異？2020年暑期原擬赴兩地訪書，深入瞭解，因疫情影響，迄今未能成行。姑識於此，以待來者。
④ 汪琬《詩説序》，《堯峰文鈔》，清康熙年間刊本，卷二十六，第一頁上一下。
⑤ 《硯谿先生集》收録《答薛孝穆書》、《答吴超士書》、《再與吴超士書》三封書信，璜川吴氏刊本正式收入《詩説》作爲附録。

年,而《經義考》大約成書於康熙三十四年至三十八年間,由上所述,可見《詩説》三卷在此期間已逐漸流傳於師友學人之間。①

如上所述,《詩説》由初稿不分卷(或一卷),一度分爲兩卷,最後定爲三卷。上、下兩卷本内容如何尚不可知,兹就京都大學藏寫本《詩説》與紅豆齋刊本《詩説》,列表對照如下:

	京都大學藏《研溪先生詩説》寫本(不分卷)	康熙年間紅豆齋《詩説》刊本(三卷)
第1條	風、雅、頌,以音别也。雅有小大,義不存乎小大也……	卷上,第1條
第2條	胡氏《春秋傳》曰:"《春秋》作于隱公,適當雅亡之後,《詩》亡者,雅詩亡也。"……	卷上,第4條
第3條	二《南》二十二篇,一太姒也,何以謂后妃? 何以謂夫人也?……	卷上,第6條
第4條	余聞之師曰:十五國之中有二《南》,是天子之詩也……	卷上,第8條
第5條	《葛覃》之詩曰:"曷澣曷否,歸寧父母"……	卷中,第2條
第6條	人臣之於公也勞,則於私也必逸……	卷中,第4條
第7條	《詩疑問》曰:"《儀禮》鄉飲酒、射、燕禮皆合樂二《南》六詩,而《召南》不及《草蟲》,何歟?"請臆對之。……	卷中,第6條
第8條	《何彼穠矣》明言平王,而舊説以爲武王之女,以平王爲文王,誤也。周室既微,而王姬下嫁……	卷中,第8條
第9條	燕生子則委巢,爲戴嬀比也(《燕燕》)……	卷中,第11條
第10條	儉非惡德而魏以之亡國,何哉?……	卷中,第28條
第11條	"敬爾威儀",所以昭其文也……	卷中,第30條
第12條	風之言王者五,衛之詩曰"王事敦我",又曰"爲王前驅";晉曰"王事靡盬";秦曰"王于興師";而終以曹之"四國有王":此編詩之微旨也。……	卷中,第32條

---

① 《詩説》著録於《經義考》,藉此略窺其流傳,説參費嘉懿《惠周惕詩説整理及研究》,上海:華東師範大學碩士論文,2020年,第14—15頁。費嘉懿的碩士論文有一節"《詩説》成書經過",僅僅兩頁,未免太過簡略。如上文所述,黄忠慎《惠周惕詩説析評》考論《詩説》相當深入,唯亦未詳考其成書歷程,這篇論文特由京都大學所藏寫本談起,就此議題略事補苴。

續　表

京都大學藏《研溪先生詩説》寫本（不分卷）		康熙年間紅豆齋《詩説》刊本（三卷）
第 13 條	衞懿公之滅也，王室不能救，而齊救之，禮樂征伐自此不在天子，故《衞風》以《木瓜》終（《衞·木瓜》接《王·黍離》，是世道升降之會）。……	卷中，第 35 條
第 14 條	比《常棣》於兄弟，一本之榮，無偏萎也。……	卷下，第 1 條
第 15 條	"維熊維羆"，兆犬戎之亂；"維虺維蛇"，兆褒姒之亂。……	卷下，第 5 條
第 16 條	君子屢盟，諸侯盟之漸也。……	卷下，第 12 條
第 17 條	"舟人之子"，《傳》曰："舟楫之人。"鄭曰："舟當作周。"朱子仍從毛説。……	卷下，第 15 條
第 18 條	爲賓爲客，賓自君命者也，客自外至者也。《詩》"我有嘉賓"，《易》"利用賓于王"，《國語》"承王命以爲過"，此賓之義也。……	卷下，第 18 條
第 19 條	"畀我尸賓"，尸者主也，尸必筮於廟，求神意之所屬也。……	卷下，第 19 條
第 20 條	"南東其畝"，南者縱，東者橫也，兩從兩橫而井成，一從一橫而畝分也。……	卷下，第 20 條
第 21 條	司徒、司空，天子、諸侯皆有之，《左氏傳》曰……	卷下，第 22 條
第 22 條	鳶能飛而上飛於天，風益之翼也。……	卷下，第 23 條
第 23 條	鎬京之有戎，猶東都之有荆也。宣王封韓侯於方城，欲以制北狄；封申伯於南陽，欲以制荆蠻。……	卷下，第 30 條
第 24 條	禘祀之説，先儒紛紛未有定論。以禘祫爲一，祖宗並陳、昭穆皆列者，王肅之説也；以后稷配嚳，不兼羣廟之主者，趙匡之説也。朱子及楊信齋皆是趙而非王，然細求之，二者皆不能無疑。……	卷下，第 32 條
第 25 條	《我將》"惟天其右之，既右享之"	卷下，第 33 條
第 26 條	《泮水》采芹、采藻、采茆……	卷下，第 35 條
第 27 條	《記》曰：成王以周公有勳勞於天下，命魯公世世祀周公以天子之禮樂……	卷下，第 37 條

《詩説》三卷,其體例採條列形式,依黄忠慎統計,計一萬八千餘言,卷上八條,卷中、卷下各三十七條,共八十二條①。京都大學藏寫本《詩説》二十七條,僅約通行本的三分之一。如上表所示,這二十七條對應於通行本的條目,分屬於上、中、下各卷,其中,屬於卷上者四條、卷中九條、卷下十四條,每卷條目增加一倍以上。各卷之内容而言,卷上屬綜論,卷中論《國風》,卷下論大小《雅》與三《頌》,相較之下,《國風》部分增加之條目最多。

　　康熙二十二年田雯撰《序》已明言"《詩説》三卷",且惠氏《答薛孝穆書》亦有"前致《詩説》三卷求正"②之語,可見《詩説》於惠周惕生前已定稿爲三卷,並在師友間流傳,故惠士奇《先府君行狀》列舉其父之著作,謂"《詩説》先行於世",而未及《硯谿先生集》,王大隆(字欣夫,1901—1966)據此推測:"此必研谿殁後,半農掇拾遺稿,交門人王薛岐書以付梓,則當在康熙後期。"③則《硯谿先生集》刊行於康熙三十六年惠周惕病殁之後。值得進一步推敲的是,惠士奇《先府君行狀》表彰其父"素好經濟學,明於天下利病",並列舉吏治主張十二條,謂:"其文在《硯谿集》中,故不著,獨著其目云。"④然則,惠周惕生前已親自纂輯《硯谿集》,後經惠士奇整理遺稿,始以《硯谿先生集》的面貌流傳於世。相對於未刊之遺稿,惠士奇强調"《詩説》先行於世",不知第指《詩説》之流傳,抑或此書在惠周惕生前曾付梓刊行? 康熙年間另有紅豆齋刊本《詩説》,這是傳世《詩説》最早的單行刊本⑤,其結構形制與版式爲:書首有田雯、汪琬兩家《序》;正文分爲上、中、下三卷,各卷之末有"小門生王薛岐謹録"一行;各葉版式,每半葉十一行,每行二十

---

① 參考黄忠慎之統計,見《惠周惕詩説析評》,第16頁。費嘉懿的統計謂:《詩説》卷上八條卷中三十五條、卷下三十七條,合計八十條,查核其論文之"附録:《詩説》整理本全文",卷中第11條"燕生子則委巢"與第12條、"風作而兩隨之"誤併爲一條,同卷第36條《詩》始周、召"與第37條"'同我婦子',勤稼穡也"亦誤併爲一條。以上,詳參費嘉懿《惠周惕詩説整理及研究》,第27及86、92頁。
② 惠周惕《答薛孝穆書》,《硯谿先生集》,第162頁。
③ 王欣夫《蛾術軒篋存善本書録》,上海:上海古籍出版社2002年版,第1375頁。
④ 惠士奇《先府君行狀》,漆永祥編校《東吴三惠詩文集》,第381頁。
⑤ 紅豆齋刊單行本《詩説》,上海圖書館等往往著録爲康熙二十二年刊本,殆依書首田雯《序》所題年月,實有則待商榷。一則,田雯《序》題於康熙二十二年,篇末有"余愛其書,爲録一通,序而藏之以俟焉"之語,既説"藏之以俟焉",並非付梓有日,不能據以判斷刊行時間。二則,康熙二十六年惠周惕移居城東葑門,始名其居爲"紅豆齋",則惠氏紅豆齋家刻本絶不可能早於康熙二十六年。

二字,版心爲單黑魚尾、白口,左右雙邊①。至惠士奇整理其父遺稿,紅豆齋本《硯谿先生集》書首有"總目",全書包括《詩集》七卷、《詩説》三卷及《文集》一卷,其中,《詩説》三卷亦附田氏、汪氏兩家《序》,而且各卷之末也都題有"小門生王薛岐謹録",其結構形制以及版式,大抵與紅豆齋刊單行本《詩説》近似,後者之扉頁書題作"硯溪先生詩説",採用尊稱,與《硯谿先生集》同,殆亦惠士奇"掇拾遺稿,交門人王薛岐書以付梓"者歟?無論單行刊本《硯溪先生詩説》,或收入《硯谿先生集》之《詩説》刊本,皆爲康熙年間惠氏紅豆齋家刊本,這是康熙至乾隆年間主要的《詩説》板本系統,四庫全書收録《詩説》同屬此一板本系統。

康熙年間紅豆齋刊本　　　　康熙年間紅豆齋刊本
《硯谿先生集》扉頁　　　　《硯溪先生詩説》扉頁

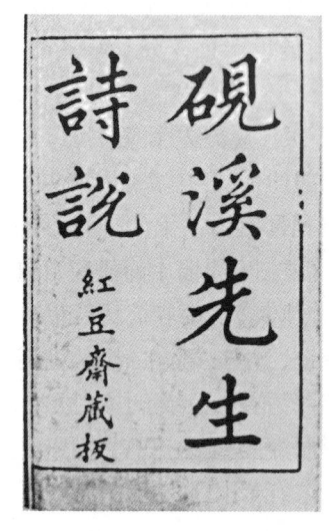

《硯谿先生集》書首"硯谿先生集總目"之"《詩説》卷下"條,有小字注曰"附録文三篇",並參《文集》之目録,"與薛孝穆書"篇目下有小字注曰

---

① 説參王欣夫《蛾術軒篋存善本書録》,第1116—1117頁;及費嘉懿《惠周惕詩説整理及研究》,第15—16頁。南京圖書館藏王薛岐抄本《詩説》三卷,有丁丙《跋》,據費嘉懿比對,"比對此本與紅豆齋本發現,此二者不論是字體、行格、排版還是内容皆無甚差別"。費君之碩士論文第二章第三節《詩説》板本源流",對康熙年間紅豆齋刊《詩説》及其後之各種板本考述甚詳,可以參看,詳參《惠周惕詩説整理及研究》,頁14—26。唯康熙年間紅豆齋本《詩説》實爲刊本,而費君附在"一、抄本",未免混淆。

"以上三首附見《詩説》後"①。王大隆注意到《文集》中《答薛孝穆書》、《答吴超士書》、《再與吴超士書》三篇,其版心夾縫有"詩説附録"四字②。惠周惕生前已著手纂輯《硯谿集》初稿,當時或有意將三篇書信附録於《詩説》之後,故《硯谿先生集》遵照其意夾注説明,唯其《詩説》先已傳世,故兩種紅豆齋《詩説》刊本均無附録。直至嘉慶十七年真意堂重刊《詩説》,遂正式將三篇討論《詩説》的書信附録於三卷之後,别爲一卷。吴英(字簡舟)《序》曰:

> 鄉余未見此書,徧囑坊間構[購]覓,數載不得,乃於從姪步周家借而得見之。兒因請鈔付刻,使此書得行於世。此意亦頗善,故許之。並先生與友人論《詩》義之書三篇附之,而爲之序其重梓之意。③

璜川吴氏"璜川書屋"藏書豐富,吴泰來(字企晉,1730—1788)與惠棟遊,刊刻惠士奇之《禮説》、《春秋説》與《易説》,嘉慶年間,吴英(字簡舟)之子吴志忠(字有堂)輯刻"經學叢書"甲、乙集,不僅重刊惠士奇之書,並將《詩説》收入乙集而重刊之。吴氏重刊《詩説》,遵循依惠氏之意,"並先生與友人論《詩》義之書三篇附之",而别增"附録"一卷,遂形成另一種通行本《詩説》系統,皇清經解本《詩説》等因之。

綜合而言,惠周惕《詩説》由未分卷的初稿,累積既多,一度分爲上、下兩卷,定稿三卷於康熙二十二年已大抵成書;康熙年二十二至三十六年間,曾傳抄於田雯、汪琬、吴權與薛孝穆等師友之間,漸行於世。收入《硯谿先生集》,或單行本《硯溪先生詩説》,兩種紅豆齋刊本殆皆惠氏病殁之後,惠士奇將其遺稿"交門人王薛岐書以付梓",均無附録。這兩種康熙年間的紅豆齋刊本《詩説》,其內容以及結構形制與版式十分雷同,而且同爲王薛岐寫刊本,可以説是《詩説》通行本的祖本。嘉慶年間璜川吴氏重刊《詩説》,始將《答薛孝穆書》、《答吴超士書》、《再與吴超士書》三篇附於書後,別爲"附録"一卷。《詩説》由不分卷的初稿增廣爲三卷定本,在成書過程中,大

---

① 惠周惕:《硯谿先生集》,書首"硯谿先生集總目",第 75、76 頁。案:"詩説附録"三篇當爲《答薛孝穆書》、《答吴超士書》、《再與吴超士書》三篇,參惠周惕:《硯谿先生集·文集》,第 162—165 頁。上述三篇之後,另有《與薛孝穆書》一文,內容並非討論《詩説》,在"與薛孝穆書"篇目下附記"以上三首"云云,殆《硯谿先生集總目》整理者之失誤。
② 王欣夫:《蛾術軒篋存善本書録》,第 1375 頁。
③ 吴英《序》,見惠周惕:《詩説》,嘉慶十七年刊本,書後,第二頁下。

幅擴充許多條目，而《國風》增加的條目尤多。參照初稿與定稿相應的條目，或潤飾文字，或增補文獻，或加強議論，而撰述旨意在初稿時已大致確定，這一點，詳參下節討論。

四、《詩說》之解經觀念

如上文所述，惠周惕曾先後師從徐枋、王士禛、汪琬諸家，早年"以詩、古文鳴於時"，康熙十六年三十七歲時初次赴北京，正值王士禛號召輯刻《十子詩略》，這是王氏展示其領袖地位的重要標誌，也是康熙年間的詩壇盛事①，十七年朝廷徵博學宏儒，更促使天下賢士雲會京師。當其時，惠周惕因赴會試，初抵京師，中間因父喪短暫南返，隨即爲餬口再次北上，至十九年夏又離京南遊②。寓居北京經年，得以躬逢其盛，由詩文轉而注重經學，治學傾向也在此期間產生變化。

旅居北京時，惠周惕因家貧，寄居蕭寺，把握機會向前輩請益，曾多次致書顔光敏，抄錄所撰時文與《詩說》，呈正請教。惠氏在書信中，表述己見，強調古文、時文皆當本於六經，甚至爲六經作箋解以此傳世，流露出治學重心由創作詩文轉向說解經傳的變化。顔光敏是復聖顔回之後，康熙六年以二甲第十三名成進士，康熙八年皇帝駕臨太學，加恩於四配之後裔以示榮寵，破格提升顔光敏爲禮部儀制司主事，次年任命爲會試同考官，後又加恩封賞，授奉直大夫，調吏部稽勳清吏司主事。屢受皇恩的顔光敏，也是王士禛主盟號召之下，詩壇十子之一。甫至京師應試的惠周惕，經由王士禛、田雯等詩壇領袖有緣結識顔氏，以後學晚輩身份多次致書求教。惠周惕在書信中自述：

> 大著領到，容屏除塵俗，悉心細讀也。賤子持論，常謂：古文、時文不從六經而出，總無是處。漢唐人作注疏，即作一字一句必考證出處，

---

① 《十子詩略》與王士禛建立其詩壇領袖地位的關係，詳參楊玉成《建構經典：王漁洋與文學評點》，林玫儀主編《王士禛及其文學群體》，臺北：“中研院”中國文哲研究所2017年版，第154—177頁。
② 詳參惠士奇《先府君行狀》，見漆永祥編校《東吴三惠詩文集》，第378頁。

貫穿諸經。柳子厚所謂"溲釋融洽,與大道適"者,今人未曾夢見。①

又説:

> 制義若得盡讀,豈非快事?入京來未有所獲,但得侍教先生爲平生一樂。以賤子鄙見,時文終非傳世之業,以此種心思手筆爲六經作箋解,不更快乎?歸熙甫先生言語妙天下,輒自鄙其時文不足爲。此非無見也。愚人狂論,未知有當高明萬一否?《詩説》乃是常語,何以得蒙欣賞?愧愧愧愧。刻下幸暫付還,另日再録詩攷及其經解,一併呈正也。②

依惠氏自述,當時持論已謂"古文、時文不從六經而出,總無是處",不僅主張文章當本於經義,而且推崇漢唐注疏"即作一字一句必考證出處,貫穿諸經",以考證爲基礎,貫通諸經之義,大道乃明。《詩説》受到顔光敏賞識,惠周惕自然引以爲榮,甚至有意"再録詩攷及其經解,一併呈正",直言"時文終非傳世之業,以此種心思手筆爲六經作箋解,不更快乎?"上承柳宗元、歸有光以來之古文觀念,講求根柢,讀經以明道,著作重心乃由詩文轉向經解,以此爲傳世之業,並關注漢唐注疏,而標榜其考證有本,以會通群經爲高。時文、古文非分二途,而皆當本諸六經,乃能"與大道適",這是惠周惕中年以後的一大領悟。他説:

> 中年以還,困於衣食,奔走四方,渡江絶淮,泝河入濟,歷魯、衛、齊、趙以抵京師。覽其山川,友其人物,間從薦紳先生、魁人傑士,上下議論,而始悚然以驚,猥然以疑,以爲向之所自以爲古文者,非也。退而讀書,上自六經,下及秦漢,因以沈潛乎唐宋大家,熟復乎元明諸子,探其源流,極其變化,乃始怳然以爲文章在是。③

惠氏旅居京師,時與王士禛、顔光敏等魁人碩士往來切磋,既受刺激,也

---

① 惠周惕《與顔光敏書》之十三,上海圖書館編《顔氏家藏尺牘》,第253—255頁。
② 惠周惕《與顔光敏書》之十四,上海圖書館編《顔氏家藏尺牘》,第256—257頁。
③ 惠周惕《歷科文録序》,漆永祥編校《東吳三惠詩文集》,第207頁。

獲得啓發指點，由"始悚然以驚，猥然以疑"一語略窺，其内心衝擊之大可以想見一斑。當其時，惠氏"退而讀書"，重温六經與秦漢典籍，"乃始恍然以爲文章在是"，明憭唐宋大家、元明諸子之文章皆根源於此。《與顔光敏書》屢屢從科舉考試的制義、時文，談及《詩説》等經説箋解，表露出輕彼而重此的傾向，固因《詩説》獲得顔氏賞識而順勢回應，也未嘗不是惠氏學術省思的具體反映。

文章源本乎經而根柢於道的文學觀念①，惠周惕遠宗柳宗元、歸有光等古文大家，而近師汪琬。康熙十八年（1679）汪琬舉博學宏詞，授翰林院編修，而參與修《明史》，然而入史館僅六十餘日，因與同館者議論不合，旋即乞病歸里。當時，惠周惕師從汪琬，批閲《漢書評林》，鑽研文章法度。康熙二十四年乙丑（1685）惠氏《漢書評林跋》追述説：

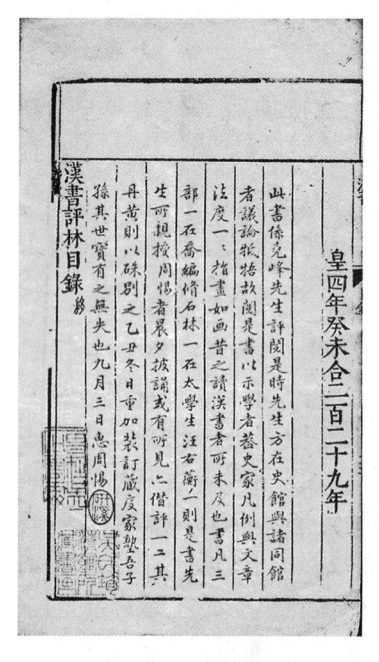

惠周惕《漢書評林跋》書影

此書係堯峰先生評閲。是時先生方在史館，與諸同館者議論牴牾，閲是書以示學者。蓋史家凡例與文章法度，一一指畫如畫，昔之讀《漢書》者所未及也。書凡三部，一在喬編脩石林，一在太學生汪右藋，一則是書，先生所親授周惕者。晨夕披誦，或有所見，亦僭評一二，其丹黄則硃别之。乙丑冬日，重加裝訂，藏庋家塾，吾子孫其世寶有之無失也。九月三日惠周惕。②

---

① 王祥辰分析惠周惕《歷科文録序》及其詩文創作，指出惠氏不僅"引經入詩，引經入文"，並標榜一字一句皆有來歷，有法度，並以"文本於經"概括惠氏"文學創作需要以經典爲基礎培根固柢"的觀念。詳參王祥辰《文本於經：清人惠周惕經解的文學在場》，《蘇州大學學報》2022 年第 2 期，第 145—148 頁。
② 惠周惕：《跋》，見汪琬批點：《漢書評林》，明萬曆九年（1581）刊本，北京師範大學圖書館藏書（善 922.2101/123－765－03）。並參所附書影。

汪琬與魏禧（1624—1680）、侯方域（1618—1654）並稱，爲清初古文三大家，有意振興文運，取法乎六經之文、孔孟之道，主張文、經與道合一①。惠周惕入汪琬之門十餘年，研經讀史，由源及流，以明文章之學的變化，他推崇汪氏於學"無所不通，而其指以六經爲歸"，而且強調其文章"立言命意皆有所本，即一字一句，其根柢亦有所自來"②。受汪琬、顏光敏等前輩影響，惠氏之治學重心逐漸轉移，由早期以詩文自鳴，轉而以經解爲高，《詩説》就是此時的代表作。

京都大學藏寫本《詩説》應屬初稿，與定稿的三卷通行本作比較，相應的條目中，有僅略作文字修訂者，如第6條：

> 人臣之<u>于</u>公也勞，則<u>于</u>私也必逸，蓋心思智力<u>盡之君国</u>，而家無事焉。故曰："退食自公，委蛇委蛇。"言無私營，無私交也。不然，張湯之造請諸公，無問寒暑，<u>有終日不得閒者矣</u>，何委蛇之有？

參照康熙年間紅豆齋刊本《詩説》，作：

> 人臣之<u>於</u>公也勞，則<u>於</u>私也必逸，蓋心思智力<u>盡之乎君</u>，而家無事焉。故曰："退食自公，委蛇委蛇。"言無私營，無私交也。不然，張湯之造請諸公，無問寒暑，<u>有終日矻矻而不暇者矣</u>，何委蛇之有？③

除"于"作"於"之異文，以及"盡之君国"、"有終日不閒者矣"二句文字稍作修改，寫本與通行本大體相同。又如寫本第22條：

---

① 説參李聖華《汪琬的古文理論及其價值芻議》，《文藝研究》2008年第12期，第96—102頁。李聖華由考察汪琬之古文理論，進而關注其與惠氏經學的淵源，另參李氏《汪琬的經學思想及吳派經學近源論》，《甘肅社會科學》2013年第2期，第71—75頁。惠周惕認爲"時文終非傳世之業"，轉而"爲六經作箋解"，由詩文漸溯源於經以明道，汪琬的影響不可忽略；然而，汪琬猶尊朱熹，惠周惕解《詩》則不滿朱熹，開始注重毛、鄭，唯尚未有專宗"漢學"之主張。清初儒者省思空談性理之弊，轉而求道於經，源本乎經而根柢於道的文學觀念也順勢興起，惠周惕受此影響，中年以後重心轉向經學，關注漢唐注疏；其後，惠棟乃標榜專宗"漢學"以治經，由檢討漢唐注疏之得失，進而發展出依"古義"撰"新疏"的脈絡。清初到乾隆年間的學術變遷，具體而微地反映在惠周惕至惠棟的家學脈絡之中，其間有延續，亦有關鍵性的轉折，是一段曲折的發展歷程。
② 惠周惕《書堯峰文鈔後》，見漆永祥編校《東吳三惠詩文集》，第209頁。
③ 惠周惕《詩説》卷中，見《硯谿先生集》，第127頁。引文中畫線對照，係筆者所加，以利參照，下同。

　　　　鳶能飛而上飛於天，風益之翼也；魚能躍而下躍於淵，水充其氣也。故曰："豈弟君子，遐不作人。"

紅豆齋刊本作：

　　　　鳶能飛而上戾於天，風益之翼也；魚能躍而下躍於淵，水充其氣也。故曰："豈弟君子，遐不作人。"①

兩者相較，僅改動一字，寫本作"鳶能飛而上飛於天"，與"魚能躍而下躍於淵"相對成文，刊本則改"飛於天"爲"戾於天"，固取義於"鳶飛戾天"，僅改動一字，而由鳶能飛、魚能躍，相對强調風益翼、水充氣的助緣，呼應君子作育人才之成效②。這樣詮釋《旱麓》第三章，既不同於毛《傳》、鄭《箋》，也迥異於朱熹，《詩集傳》以鳶飛、魚躍全不費力，注重怡然自得而不知其所以然的理趣，惠氏的詮釋自成一義。

　　初稿寫本與定稿之通行本文字相近者，僅修改數字，其旨趣固然無殊，至於部分條目經大幅增删修訂者，由簡趨繁的過程中，大抵爲博考文獻以加强説明或補充論據。如寫本第1條論"風、雅、頌以音别也"，第2條批評胡安國"詩亡者，謂雅詩亡也"之説，第3條檢討歐陽修、朱熹之説，認爲二《南》二十二篇"蓋欲爲后妃夫人者如詩言云爾，不必言后妃夫人何也"，第5條由《葛覃》論及古無夫人歸寧之禮等等，立説之旨意要點大抵初稿已具，後經文字修訂或增引文獻而後成爲定稿。兹以寫本《詩説》第7條爲例：

　　　　《詩疑問》曰："《儀禮》鄉飲酒、射、燕禮皆合樂二《南》六詩，而《召南》不及《草蟲》，何歟？"請臆對之。《鵲巢》言夫人有③均一之德，以佐君造邦；《采蘩》言奉祀不失職也；《采蘋》言循法度以承先供祭也。婦德莫大於是三者，故婦順備而後内和理，内和理而後家可長久也。鄉

---

① 惠周惕《詩説》卷下，見《硯谿先生集》，第139頁。
② 依黄忠慎所言："惠氏係以作育人才解'作人'二字，則本條是説鳶發魚躍，乃得力於風、水之助"，"詩人以水風之翼助魚鳶，興起君子亦應造就人才之意"。詳參黄忠慎《惠周惕詩説析評》，第271頁。
③ 京都大學藏寫本《詩説》此處重複抄"夫人有"三字，字上加點，删之。

飲、射、燕取三詩歌之，宜也。若《草蟲》則言始見君子之事，《昏禮》所謂主人揖婦以入御衽席於奧之時也，始曰"我心降"，再曰"我心說"，又曰"我心夷"，其言近於褻矣，牀笫之言不踰閾，況可歌之君臣賓客之前乎？（舊説《草蟲》當在《采蘋》後。）

紅豆齋刊本作：

　　《詩疑問》曰："《儀禮》鄉飲酒、射、燕禮皆合樂二《南》六詩，《召南》曰《鵲巢》、《采蘩》、《采蘋》，不及《草蟲》，何歟？"朱氏發其端而未有解，請得臆對之。《鵲巢》言夫人有均一之德，佐君以造邦也。《采蘩》言奉祀不失職也，《采蘋》言循法度以承先供祭也。婦德之大，莫大於事宗廟、循法度、佐君子，故婦順備而內和理，內和理而後家可長久也。鄉射、燕飲取三詩歌之，宜也。若《草蟲》則言始見君子之事，《昏禮》所謂主人揖婦以入御席於奧之時也，始曰"我心降"，再曰"我心說"，又曰"我心夷"，其言近於褻矣，牀笫之言不踰閾，況可歌之君臣賓客之前乎？《坊記》曰："子云：禮非祭，男女不交爵，以此坊民，陽侯猶殺繆侯而竊其夫人。故大享廢夫人之禮。"《詩》之不歌《草蟲》，蓋坊民之微旨也。問者曰：然則《召南》有淫詩歟？曰：不然。《序》言"能以禮自防"，則"樂而不淫"者也。

　　舊謂《草蟲》在《采蘋》後，此徒以篇什先後言，且未可考也。①

《詩疑問》爲元儒朱倬（字孟章，號仰源，1310—1352）之作②，書中針對《儀禮》鄉飲酒禮、鄉射禮、燕禮所述合樂之詩，其中《召南》舉《鵲巢》、《采蘩》、《采蘋》，而今本《召南》第三首爲《草蟲》，《采蘋》篇次在《草蟲》之後，那麽，合樂爲什麽不取《草蟲》呢？針對此一疑問，《毛詩正義》曾提出兩種解說，曰：

---

① 惠周惕《詩說》卷中，見《硯谿先生集》，第127—128頁。
② 朱倬《詩經疑問·總論》，杭州：杭州出版社2015年版，文瀾閣欽定《四庫全書》影印本經部第71冊，卷七，第三十七頁上。案：朱倬此書遵朱熹《詩集傳》，舉出疑問，反映元代科舉以"經義"、"經疑"試士之法，全書大多有問無答，僅少數綴以解說，並參惠周惕《詩經疑問序》，見漆永祥編校《東吳三惠詩文集》，第174—175頁；及紀昀等撰《四庫全書總目》，臺北：臺灣商務印書館1983年版，影武英殿刻本，卷十六，第341頁。

《儀禮》歌《召南》三篇，越《草蟲》而取《采蘋》，蓋《采蘋》舊在《草蟲》之前，孔子以後，簡札始倒。或者，《草蟲》有憂心之言，故不用爲常樂耳。①

或由孔子前後篇什次第不同作解，或由"《草蟲》有憂心之言，故不用爲常樂"說明。惠周惕質疑篇什先後之說無可考，主要從内容立論，接近"或者"之説，但又不同，《正義》所引"或者"之説以詩"有憂心之言"，惠氏則指出《草蟲》以女子口脗自言"見君子之事"，始曰"我心則降"，再曰"我心則説"，又曰"我心則夷"，在古人眼中"其言近於褻矣"，因而不適宜在君臣賓客之前歌詠合樂。依據詩文立論，當可備一説②。值得注意的是，惠氏述《鵲巢》、《采蘩》、《采蘋》及《草蟲》之旨，依據《詩序》，並參鄭《箋》，寫本初稿謂"《鵲巢》言夫人有均一之德，以佐君造邦；《采蘩》言奉祀不失職也；《采蘋》言循法度以承先供祭也"，刊本大抵因之，而"婦德莫大於是三者"一語，刊本增補爲"婦德之大，莫大於事宗廟、循法度、佐君子"，不僅對婦德之陳述更爲具體，"佐君子"一語既指《鵲巢》"佐君造邦"之"夫人之德"，殆亦兼含《卷耳》"輔佐君子，求賢審官"之"后妃之志"，縮合《周南》、《召南》以言婦德，擴大其内涵③。又，《序》謂"《草蟲》，大夫妻能以禮自防"，由寫本初稿至定稿，特增補《坊記》一段，從而引申合樂不及《草蟲》蓋取"坊民"之意；又藉由問答，進一步追問：《草蟲》之言"近於褻"，是否爲"淫詩"？在此，惠周惕没有正面論述"淫詩"的議題④，唯以《草蟲》吟詠的女子"能以禮自防"，發乎情而止乎禮，是所謂"樂而不淫"，則《召南》之《草蟲》並非"淫詩"，明矣。《詩説》之議論大多由《小序》出發，往往如此，故田雯評述其特點曰：

……《詩説》三卷，其旨本于《小序》，其論采於六經，旁搜博取，疏通證據，雖一字一句必求所自，而攷其義類，晰其是非。蓋有漢儒之博

---

① 鄭玄箋、孔穎達疏《毛詩注疏》，臺北：藝文印書館1982年版，影嘉慶二十年南昌府學刊十三經注疏本，《詩譜序》，第5頁。
② 説參黃忠慎《惠周惕詩説析評》，第113—114頁。
③ 此説承蒙匿名審查人提示，謹此説明，以申謝忱。
④ 針對"淫詩"之説，"朱子釋詩據夾漈之説"條及"衛俗之淫也，鄭聲之淫也"條，對朱熹、王柏有所批評，詳參《詩説》卷中，見《硯谿先生集》，第131頁。惠氏的批評並不中肯，説參黃忠慎《惠周惕詩説析評》，第76—80頁。

而非附會,有宋儒之醇而非膠執,庶幾得詩人之意,而爲孔子所深許者與?①

議論依經,立説必有證據,頗遵循汪琬之學,而解《詩》"其旨本于《小序》",則有惠周惕自具特色之發展②。

《詩説》解《詩》注重《小序》,但未必完全依循;尤其主張"風、雅、頌,以音別也,雅有小大,義不存乎小大也",或謂:"正變猶美刺也,詩有美,不能無刺,故有正,不能無變"而"正變俱録之,編《詩》先後因乎時代,故正變錯陳之"③,對《詩大序》的説法加以辨正,提出一己之見。以褒貶、美刺論"正變",而不拘於世次時代,暗襲汪琬,至於"不得以風詩專屬之諸侯,雅、頌專屬之天子"之説,更明引師説,推爲定論④。寫本《詩説》第4條:

> 余聞之師曰:"十五國之中有二《南》,是天子之詩也;雅、頌之中,《小雅》有《賓之初筵》,《大雅》有《抑》,《頌》有《魯》,是皆諸侯之詩也。不得以風詩專屬之諸侯,雅、頌專屬之天子。"

此條實摘録汪琬之説。寫本初稿先只引述師説,通行定稿則不僅明言此説出自《鈍翁類稿·詩問》,而且大幅增補。紅豆齋刊本作:

> 魯之無風也,鄭曰:"周尊魯,故巡狩述職,不陳其詩。"其果然者耶?幽、厲以後,王者之不巡狩久矣,十三《國風》誰采而誰録之耶?天子賞罰視其詩之貞淫,天子尊魯,何妨采其詩之貞者以示異於天下?乃併其美而掩蔽之,安在其尊魯耶?縱天子不采,魯亦不當自廢,何季札觀樂,偏[卿案:當作徧]及諸國而魯乃寂無歌詩,又何耶?魯之有頌也,鄭曰:孔子録之,同於王者之後。蓋言褒也。朱子曰:"著之於

---

① 田雯《詩説序》,見《硯谿先生集》,第121頁。
② 惠周惕解《詩》本于《小序》,此一觀念影響了惠士奇,惠棟《九曜齋筆記》録其父論學遺語,有"舍《詩小序》無以言《詩》也"之語,見漆永祥編校《東吳三惠詩文集》,第368頁。
③ 惠周惕《詩説》卷上,見《硯谿先生集》,第123—124頁。
④ 汪琬《詩問》第二則"詩無天子諸侯之別",《鈍翁類稿》,臺南:莊嚴文化出版公司1997年版,《四庫全書存目叢書》第228册,影康熙年間刻本,卷十四,第一頁上—第二頁上。針對汪琬此説,蔣秋華有專文討論,詳參氏著:《汪琬詩無天子諸侯説試探》,載於《詩經研究叢刊》第十四輯,石家庄:學苑出版社2008年版,第134—143頁。

篇,所以見其僭。"蓋言貶也。是皆泥風爲諸侯之詩,雅、頌爲天子之詩,故致論説之紛紛也。余聞之師曰(《頮稿·詩問》):"十五國之中有二《南》,是天子之詩也;雅、頌之中,《小雅》有《賓之初筵》,《大雅》有《抑》,《頌》有《魯》,是皆諸侯之詩也,不得以風詩專屬之諸侯,雅、頌專屬之天子也。"足以破衆説之紛紛矣。①

《國風》之中無魯國,相對的,《魯頌》與《周頌》、《商頌》並列,或以諸侯之詩、天子之詩區分風與雅、頌,因而針對魯無風而有頌,衍生出種種説法。鄭玄《詩譜·魯頌譜》曰:"周尊魯,巡守述職,不陳其詩。"又曰:"初,成王以周公有太平制典法之勛,命魯郊祭天,三望,如天子之禮,故孔子録其詩之頌,同於王者之後。"②依鄭玄,成王褒獎周公之功,賜魯以天子之禮,故孔子録《魯頌》,然則魯有《頌》是褒魯。相對於舊説,朱熹認爲録《魯頌》"著之於篇,所以見其僭"③,實有貶意。魯有頌詩,或以爲褒或以爲貶,持義相反,惠周惕既不依鄭玄,也不取朱熹,直指漢、宋《詩》學的兩大解經權威皆拘泥於"風爲諸侯之詩,雅、頌爲天子之詩"此一成見,後儒因循强解,遂致議論紛紛。惠周惕引述師説爲斷,認爲汪琬"不得以風詩專屬之諸侯,雅、頌專屬之天子"之説,誠能跳脱成見,破除窠臼,"足以破衆説之紛紛矣"④。寫本初稿只引録汪琬之説,修改爲定稿時,乃明引鄭玄、朱熹爲或褒或貶兩説之代表,大幅增補,而要以所述師説爲依歸,由初稿至定稿,主旨一致無二,而立場更爲鮮明。

---

① 惠周惕《詩説》卷上,見《硯谿先生集》,第 125—126 頁。
② 鄭玄箋、孔穎達疏《毛詩注疏》,卷二十之一,第 762 頁。
③ 朱子曰:"著之於篇,所以見其僭也。"此語見胡廣《詩傳大全》,杭州:杭州出版社 2015 年版,文瀾閣欽定《四庫全書》影印本經部第 71 册引,卷二十,第 1007 頁。案:朱子曾就《閟宫》直指"其詩之僭如此",謂成王賜魯以天子禮樂,故魯有頌,"其後又自作詩以美其君,亦謂之頌",舊説以爲僖公時詩而實無可考,"獨《閟宫》一篇,爲僖公之詩無疑耳。夫以其詩之僭如此,然夫子猶録之者,蓋其體固列國之風,而所歌者乃當時之事,則猶未純乎天子之頌。"詳參朱熹《詩集傳》,臺北:藝文印書館 1974 年版,影静嘉堂文庫藏宋本,卷二十,第 965—966 頁。
④ 趙四方以爲惠周惕"無所專主"的治經特點承自汪琬,並指出不拘泥國次、世次之序,以褒貶論"正變",以及風、雅、頌"無天子、諸侯之别",這兩大議題最能反映汪琬與惠周惕之間的學術傳承,説參趙四方:《從汪琬到惠棟:"師法"觀念與清初〈詩經〉學的轉折》,《中國經學》第 16 輯,頁 104—106。其實,惠棟治經同樣博取諸家、不墨守專門,甚至"不惟一師之信",他與祖父惠周惕的差異不在考證方法,而在於惠棟始揭櫫直承兩漢的"漢學"主張,毛、鄭之外,三家《詩》也斟酌之證,由漢儒之古義,上溯七十子之大義與孔子微言,説參拙著《惠棟的三家詩研究》,《正學》第 2 輯,北京:中國社會科學出版社 2014 年版,第 98—115 頁。

在汪琬之學的影響下，惠周惕《詩說》之議論根柢於經，疏通證明必有據依，博採諸家而不墨守，此亦有乃師之風。《鈍翁類稿》所收《詩問》僅十四則，其中有"風雅之別"條，汪琬基本上同意"國風者，民庶所作；雅，朝廷之詩，士大夫所作"，既然風、雅有別，針對《豳風》兼雅、頌之説，他舉《七月》、《東山》爲例，認爲："其詞則雅矣頌矣，而其音與旨則猶近於塗歌巷謡"，聖人錄之，"若曰風雅頌三者之體，其悉備於此矣"。立論之後，汪氏轉而質疑鄭玄《七月》之《箋》，曰："夫一篇之詩，以前二章爲風，後六章爲雅、頌，其可乎？""一章之詩，以前半章爲雅，後半章爲頌，其又可乎？"由此，汪琬自設問答進而提出解釋《詩》的主張，曰：

> 問者曰：然則自漢以來《詩》之説多矣，吾子將奚從？曰：惟其義，不惟其人。其義非也，雖專門名家，號爲經師者，弗敢信也；其義誠是矣，雖諸家之緒論，其能無擇而采之與？采之諸家而不惟一師之信，此吾學《詩》之指也。①

博取諸家而非墨守專門，甚至"不惟一師之信"，惠周惕之治經矩矱頗承襲汪琬，而讀《詩》解《詩》實亦不乏超越師説之特點與創見。《詩説》三卷甫成書時，惠周惕與同門之友薛熙（字孝穆，號半園）切磋商榷，薛氏摘瑕辨正，以爲"豔妻"、"鳶飛"二條可刪，《桃夭》、《摽梅》二章可商；惠氏於《生民》力闢鄭玄之妄，於《葛覃》暢論夫人無"歸寧"之禮，兩者薛熙皆不以爲然。"豔妻"、"鳶飛"二條，惠氏以爲無大關係，謂"從足下刪之可也"，實則"鳶飛"條已見於初稿，修訂時略改一字而已，刊行時與"豔妻"條同樣保留未刪；《生民》、《葛覃》二條，惠氏尤其堅持己見，以"歸寧非禮"一説爲自己的創見，並强調：《詩説》之要歸"必折衷於六藝"，而立論必有"證據"②。《詩説》附錄三篇書信，除《答薛孝穆書》外，另兩篇與吳權（字超士）的書信，討論"太原"等地名，也執意甚堅③。依準《詩序》而不墨守，縱使專門名家如鄭玄、朱熹也不憚批評，田雯稱許惠氏兼有"漢儒之博"與"宋儒之醇"，汪琬則以"毛、鄭之功臣，紫陽氏之諍子"許之，汪氏曰：

---

① 汪琬《詩問》第十則"風雅之別"，《鈍翁類稿》，卷十四，第六頁下—第七頁上。
② 惠周惕《答薛孝穆書》，見漆永祥編校《東吳三惠詩文集》，第165—167頁。
③ 惠周惕《答吳超士書》、《再與吳超士》，見漆永祥編校《東吳三惠詩文集》，第167—171頁。

吾門惠子元龍，好爲淹博之學，其於諸經也，潛思遠引，左右采獲，久之，怳若有悟，閒出己意，爲之疏通證明，無不悉有依據，非如專門之家，守其師説而不變者也。其《詩説》先成，寤疑辨惑，多所發明，雖未知於孔子删《詩》之意果合與否，然博而不蕪，達而不詭，亦可謂毛、鄭之功臣，紫陽氏之諍子矣。①

《詩説》固然對朱熹及其後學之説多所辨正，重新推闡毛、鄭舊説之餘，如四庫館臣所言：

是書於毛《傳》、鄭《箋》、朱《傳》無所專主，多自以己意考證。②

無論毛、鄭或朱熹，實"無所專主"，漢儒、宋儒率皆博徵而考證之，多以己意發明經義。惠士奇綜述其父之學，曰：

凡河、洛之學，關、閩之傳，陰陽消長之度，躔次疆理之説，禮樂律曆之數，無不寤疑辨惑，道益明而文章益有根柢，充然成德爲通儒矣。③

強調文有根柢，推爲"通儒"，涉獵所及則包括"河、洛之學，關、閩之傳"，以及"陰陽消長之度，躔次疆理之説，禮樂律曆之數"，兼習宋儒之學，而未嘗專宗漢儒。惠周惕詮解《詩》義，淵源乎經而根柢於道，以博通爲特色，往往"潛思遠引，左右采獲"，"閒出己意，爲之疏通證明，無不悉有依據"，汪琬稱其"好爲淹博之學"，其子惠士奇則以"通儒"名之。綜而言之，惠周惕《詩説》雖然對朱熹及其後學的説法多所不滿，頗推闡毛、鄭舊説，卻"無所專主"，具有樸學考證之長，卻未嘗專宗"漢學"。

五、結　語

惠氏"紅豆書屋"家藏一册《研溪先生詩説・半農先生易説》兩書合抄

---

① 汪琬《詩説序》，見《硯谿先生集》，第122頁。
② 紀昀等撰《四庫全書總目》，卷十六，第354頁。
③ 惠士奇《先府君行狀》，見漆永祥編校《東吳三惠詩文集》，第381頁。

之寫本，而今成爲日本京都大學圖書館藏書。這部《研溪先生詩説》寫本爲尚未分卷之初稿，計二十七條；此書一度分爲上、下二卷，最後增補爲三卷定稿，倍增爲八十二條。惠周惕《詩説》之定稿三卷，初刊於康熙年間，收入《硯谿先生集》，或亦單行，皆爲惠氏紅豆齋家刻本，每卷之末有"小門生王薛岐謹録"字樣，殆惠士奇交付門生王薛岐抄録並付梓。康熙至乾隆年間通行流傳之《詩説》板本，大抵出自紅豆齋初刊本，前有田雯、汪琬二《序》，而無附録。直至嘉慶十七年瑱川吳氏真意堂重刊《詩説》，始依惠氏之意，將三篇與友人商榷《詩説》的書信附録於書後，别爲一卷。阮元輯刻"皇清經解"，依真意堂重刊本《詩説》收録，三卷之後另附録一卷的板本乃流傳漸廣。

　　惠周惕早先以詩文揚名，康熙十六年三十七歲時初抵北京，正值詩壇、文士與博學宏儒雲集京師，於是向天下名士請益、議論，治學重心逐漸轉向經學。他師從汪琬，受其文、道與經合一的文論主張影響，標榜文章應"根柢"於六經之文、孔孟之道，且立説必有證據。《詩説》大抵在康熙十六年至二十二年間編撰定稿書，是惠周惕晚期實踐其學術理念的代表作。此書多辨正朱熹及其後學之説，間或推闡毛、鄭，實則"無所專主"；尚樸學、重考證，卻未嘗標榜"漢學"，既不墨守鄭《箋》毛《傳》，也尚未關注三家《詩》或漢儒之古義，未嘗標榜"漢學"。

　　雖然"漢學"觀念未興，而思想、文學等學術流派已紛紛標榜以經學爲"根柢"，在清初學術醖釀轉向的浪潮中，《詩説》應運而出。而且，在重新注重《詩序》等治經觀念上對惠士奇、惠棟產生影響。那麽，《詩説》在經學史上自有其反映時代的代表性。

（作者單位：臺灣大學中國文學系）

The writing process of Hui Zhouti's *Shi Shuo*
Chang Suching

   Hui Dong was the key figure in the Qing Dynasty study of the Classics. And the writings of Hui's family began with Hui Zhouti's *Shi Shuo*(詩説). This paper examines the manuscript of *Yanjixiansheng Shi Shuo*(研溪先生詩説) in the Kyoto University Library book collection, starting with the circulation of the manuscript, and then comparing the differences between this manuscript and the popular version. The single volume of Hui Zhouti's *Shi Shuo* was first divided into two volumes, and finally three volumes. The key period for finalizing the book was about the sixteenth to twenty-second years of the Kangxi reign. From the first draft to the three-volume edition, many articles were added, and the "Guofeng(國風)" added a particularly large number of articles, either to embellish the text, or to supplement the literature, or to strengthen the argument, and the purpose of the writing was roughly determined at the time of the first draft. Hui Zhouti's literature and scholarship were influenced by Wang Wan(汪琬), emphasizing that the text should be based on Confucian classics. He studied and examined the Han Confucian Zheng Xuan(鄭玄) and the Song Confucian Zhu Xi(朱熹). In the "Shishuo" he interpreted the classics without following any special master, and most of the interpretations were his own opinion, in fact, he viewed himself as an Erudite Confucian, but did not yet view himself as the specialist in "Han Learning".

   Keywords: Study of Confucian classics, paradigm, Han Learning, manuscript, Erudite Confucian

徵引書目

1. 丁日昌：《持静齋書目》，北平：來薰閣，1934 年版。Ding Richang: *Chijin zhai Shu Mu* (*Catalogue of books of Chijingzhai Collection*), Beiping: Laixuege, 1934.
2. 上海圖書館編：《顏氏家藏尺牘》，上海：上海科學技術文獻出版社，2006 年版。Shanghai Library, ed., *Yanshi Jiacang Chidu*, Shanghai: Shanghai Science and Technology Literature Publishing House, 2006.
3. 王欣夫：《蛾術軒篋存善本書録》，上海：上海古籍出版社，2002 年版。Wang Xinfu: *Eshuxuan Gie Cun Shanben Shulu* (*Catalogue of rare books of Eshuxuan Collection*), Shanghai: Shanghai Ancient Books Publishing House, 2002.
4. 王祥辰，《文本於經：清人惠周惕經解的文學在場》，《蘇州大學學報》2022 年第 2 期（2022 年 3 月），第 144—153 頁。WANG Xiang-chen, "Text in the Classics: The Literary Presence of the Interpretation of the classics by Hui Zhouti in the Qing Dynasty", *Journal of Soochow University*, 2022.2: pp.144–153。
5. 江藩：《國朝漢學師承記》，北京：中華書局，1983 年版。Jiang Fan: Records of the Sinologists of the National Dynasty, Beijing: Zhonghua Bookstore, 1983.
6. 朱熹：《詩集傳》，臺北：藝文印書館，1974 年版。Zhu Xi: *Shi Jichuan*, Taipei: Yee Wen Publishing Co., 1974.
7. 朱倬：《詩經疑問》，杭州：杭州出版社，2015 年版。Zhu Zhuo: *Shijing Yi Wen*, Hangzhou: Hangzhou Publishing House, 2015.
8. 汪琬批點：《漢書評林》，明萬曆九年刊本，北京師範大學圖書館藏書。Wang Wan's criticism: *Hanshu Pinglin*, published in the 9th year of the Ming Wanli, Beijing Normal University Library Collection.
9. 汪琬：《堯峰文鈔》，清康熙年間刊本。Wang Wan: *Yaofeng Wenchao*, published during the Years of Kangxi in the Qing Dynasty.
10. 汪琬：《鈍翁類稿》，臺南：莊嚴文化出版公司，1997 年版。Wang Wan: *Dunweng Leigao*, Tainan County: Solemn Culture Publishing Company, 1997.
11. 李開：《惠棟評傳》，南京：南京大學，1997 年版。Li Kai: *A Biography of Hui Dong*, Nanjing: Nanjing University, 1997.
12. 李聖華：《汪琬的古文理論及其價值芻議》，《文藝研究》2008 年第 12 期（2008 年 12 月），第 96—102 頁。Li Shenghua, "A Discussion on Wang Wan's Theory of Ancient Literature and Its Value", *Literary and Art Studies*, 2008. 12: pp.96–102.
13. 李聖華：《汪琬的經學思想及吳派經學近源論》，《甘肅社會科學》2013 年第 2 期，第 71—75 頁。Li Shenghua, "Wang Wan's Thought on Classics and the Near Source Theory of Wu Pai Classics", *Gansu Social Sciences* 2013. 2: pp.71–75.
14. 胡廣：《詩傳大全》，杭州：杭州出版社，2015 年版。Hu Guang: *Shichuan Daquan*, Hangzhou: Hangzhou Publishing House, 2015.
15. 紀昀等撰：《四庫全書總目》，臺北：臺灣商務印書館，1983 年版。Ji Yun et al., *Sikuquanshu Zongmu*, Taipei: Taiwan Commercial Press, 1983.

16. 陳居淵:《乾嘉"吳派"新論》,《社會科學戰線》1995 年第 5 期,第 165—171 頁。Chen Juyuan, "A New Theory of The Qianjia 'Wu Faction'," *Social Science Front* 1995.5: pp.165–171.

17. 張素卿:《惠棟的三家詩研究》,《正學》第 2 輯(2014 年 9 月),第 98—115 頁。Chang Su-Ching, "Hui Dong's Research About Three Schools of Shijing", *Zhengxue* 2 (September 2014): pp.98–115.

18. 張素卿:《博綜以通經——略論惠士奇〈易說〉》,《吉林師範大學報》2017 年第 6 期(2017 年 11 月)頁 1—7。Chang, Su-Ching, "Extensive and Synthetical Strategy For Interpretation Of The Classics: A discussion On Hui Shiqi's *Yi Shuo*", *Journal of Jilin Normal University* 2017.6: pp.1–7.

19. 張素卿:《京都大學藏惠士奇〈易說〉抄本初探》,"第十屆中國經學國際學術研討會"宣讀論文,臺北:東吳大學,2017 年 10 月 10—11 日。Chang, Su-Ching, "A Study on the Manuscript Kyoto University's Collection of Hui Shiqi's *Yi Shuo*" Presented Papers at the 10th International Symposium on Chinese Classics, Taipei: Soochow University, October 10–11, 2017.

20. 黃忠慎:《惠周惕詩說析評》,臺北:文史哲出版社,1994 年版。Huang Zhongshen: *An Analysis of Hui Zhouti's Shi Shuo*, Taipei: Wenshizhe Publishing House, 1994.

21. 費嘉懿:《惠周惕詩說整理及研究》,上海:華東師範大學碩士論文,2020 年 5 月。Fei Jiayi, *Study and Collation of Hui Zhouti's Shi Shuo*, Shanghai: Master's Thesis of East China Normal University, May 2020.

22. 惠周惕:《硯谿先生集》,上海:上海古籍出版社,2002 年版。Hui Zhouti: *Yanjixiansheng Ji*, Shanghai: Shanghai Ancient Books Publishing House, 2002.

23. 惠周惕:《硯溪先生詩說》,清康熙年間紅豆齋刊本。Hui Zhouti: *Yanjixiansheng Shi Shuo*, published in Hongdouzhai during the Years of Kangxi in the Qing Dynasty.

24. 惠周惕:《研溪先生詩說》(與《半農先生易說》合抄),京都大學圖書館藏書。Hui Zhouti: *Yanjixiansheng Shi Shuo* (a copy co-edited with *Bannongxian-sheng Yi Shuo*), Kyoto University Library Collection.

25. 惠周惕:《詩說》,清嘉慶十七年刊本。Hui Zhouti: *Shi Shuo*, published in the seventeenth year of Jiaqing in the Qing Dynasty.

26. 惠棟:《惠氏宗譜》稿本,上海圖書館藏書。Hui Dong: *Manuscript of the Hui's Genealogy*, Shanghai Library Collection.

27. 惠棟:《漁洋山人精華録訓纂》,臺南縣:莊嚴文化出版公司,1997 年版。Hui Dong: *Yuyangshanren Jinghualu Xunzuan*, Tainan County: Solemn Culture Publishing Company, October 1997.

28. 楊玉成:《建構經典:王漁洋與文學評點》,林玫儀主編:《王士禎及其文學群體》(臺北:"中研院"中國文哲研究所,2017 年版),第 119—249 頁。Yang Yucheng, "Constructing Classics: Wang Yuyang and Literary Criticism", edited by Lin Meiyi: *Wang Shizhen and His Literary Community* (Taipei: Institute of Chinese Literature and Philosophy, Academia Sinica, 2017), pp.119–249.

29. 趙四方:《從汪琬到惠棟:"師法"觀念與清初〈詩經〉學的轉折》,《中國經學》,第 16 輯(2015 年 8 月),第 103—116 頁。Zhao Sifang:"From Wang Wan to Hui Dong:The Concept of 'Master's Law' and the Turning Point in the Study of the Poetry in the Early Qing Dynasty," *China Classics*16(August 2015):pp.103 – 116.

30. 漆永祥編校:《東吳三惠詩文集》,臺北:"中研院"中國文哲研究所,2006 年版。Qi Yongxiang, ed., *Dongwu San Hui Shi Wen Ji* (A Collection of Poems and Proses of The Three Huis of Eastern Wu), Taipei:Institute of Chinese Literature and Philosophy, Academia Sinica, 2006.

31. 鄭玄注、孔穎達疏:《毛詩注疏》,臺北:藝文印書館,1982 年版。Annotations shi wu tian zi zhu hou shuo and Explanations of Zheng Xuan and Kong Yingda:*Maoshi Zhuoshu*, Taipei:Yee Wen Publishing Co., 1982.

32. 蔣秋華:《汪琬"詩無天子諸侯說"試探》,收入《詩經研究叢刊》第 14 輯(石家莊:學苑出版社,2008 年),第 134—143 頁。Chiang, Chiu-Hua, "Wang Wan's 'Shi Wu Tianzi Zhuhou Shuo'", in *Poetry Study Series*, 14 (Shijiazhuang:Xueyuan Publishing House, 2008):pp.134 – 143.

33. 魯夢蕾、宮辰,《論惠周惕〈詩說〉在詩經研究史上的地位》,《黃山學院學報》第 8 卷第 2 期(2006 年 4 月),第 104—108 頁。Lu Menglei, Gong Chen, "Hui Zhouti's Shi Shuo:Its Importance on the Research History of Shi Jing", *Journal of Huangshan University*, 8.2 (April 2006):pp.104 – 108.

《嶺南學報》徵稿啓事

　　本刊是人文學科綜合類學術刊物，由香港嶺南大學中文系主辦，上海古籍出版社出版，每年出版兩期。徵稿不拘一格，國學文史哲諸科不限。學報嚴格遵循雙向匿名審稿的制度，以確保刊物的質量水準。學報的英文名爲 Lingnan Journal of Chinese Studies。

　　《嶺南學報》曾是中外聞名的雜誌，於1929年創辦，1952年因嶺南大學解散而閉刊。在這二十多年間，學報刊載了陳寅恪、吴宓、楊樹達、王力、容庚等20世紀最著名學者的許多重要文章，成爲他們叱咤風雲、引領學術潮流的論壇。

　　嶺南大學中文系復辦《嶺南學報》，旨在繼承發揚先輩嶺南學者的優秀學術傳統，爲21世紀中國學的發展作出貢獻。本刊不僅秉承原《嶺南學報》"賞奇析疑"、追求學問的辦刊宗旨，而且充分利用香港中西文化交流的地緣優勢，努力把先輩"賞奇析疑"的論壇拓展爲中外學者切磋學問的平臺。爲此，本刊與杜克大學出版社出版、由北京大學袁行霈教授和本系蔡宗齊教授共同創辦的英文期刊《中國文學與文化》(Journal of Chinese Literature and Culture，簡稱JCLC) 結爲姐妹雜誌。本刊不僅刊載來自漢語世界的學術論文，還發表JCLC所接受英文論文的中文版，力争做到同步或接近同步刊行。經過這些努力，本刊冀求不久能成爲展現全球主流中國學研究成果的知名期刊。

　　徵稿具體事項如下：

　　一、懇切歡迎學界同道來稿。本刊發表中文稿件，通常一萬五千字左右。較長篇幅的稿件亦會考慮發表。

　　二、本刊將開闢"青年學者研究成果"專欄，歡迎青年學者踴躍投稿。

　　三、本刊不接受已經發表的稿件，本刊所發論文，重視原創，若涉及知識產權諸問題,應由作者本人負責。

四、來稿請使用繁體字,並提供 Word 和 PDF 兩種文檔。

五、本刊採用規範的匿名評審制度,聘請相關領域之資深專家進行評審。來稿是否採用,會在兩個月之內作出答覆。

六、來稿請注明作者中英文姓名、工作單位,並附通信和電郵地址。來稿刊出之後,即付予稿酬及樣刊。

七、來稿請用電郵附件形式發送至:Ljcs@ ln.edu.hk。

編輯部地址:香港新界屯門　嶺南大學中文系（電話:[852]2616-7881）

撰 稿 格 式

一、文稿包括：中英文標題、本文、中文提要、英文提要（限350個單詞之內）及中英文關鍵詞各5個。

二、請提供繁體字文本，自左至右橫排。正文、注釋使用宋體字，獨立引文使用仿宋體字，全文1.5倍行距。

三、獨立引文每行向右移入二格，上下各空一行。

四、請用新式標點。引號用" "，書名、報刊名用《》，論文名及篇名亦用《》。書名與篇（章、卷）名連用時，用間隔號表示分界，例如：《史記·孔子世家》。

五、注釋請一律用脚注，每面重新編號。注號使用帶圈字符格式，如①、②、③等。

六、如引用非排印本古籍，須注明朝代、版本。

七、各章節使用序號，依一、（一）、1.、（1）等順序表示，文中舉例的數字標號統一用（1）、（2）、（3）等。

八、引用專書或論文，請依下列格式：

（一）專書和專書章節

甲、一般圖書

1. 楊伯峻《春秋左傳注》，北京：中華書局1990年修訂版，第60頁。
2. 蔣寅《王夫之詩學的學理依據》，《清代詩學史》第一卷，北京：中國社會科學出版社2012年版，第416—419頁。

乙、非排印本古籍

1.《韓詩外傳》，清乾隆五十六年（1791）金谿王氏刊《增訂漢魏叢書》本,卷八,第四頁下。

2.《玉臺新詠》,明崇禎三年(1630)寒山趙均小宛堂覆宋陳玉父刻本,卷第六,第四頁(總頁12)。

(二) 文集論文

1. 裘錫圭《以郭店〈老子〉爲例談談古文字》,載於《中國哲學》(郭店簡與儒學研究專輯)第二十一輯,瀋陽:遼寧教育出版社2000年版,第180—188頁。

2. 余嘉錫《宋江三十六人考實》,載於《余嘉錫論學雜著》,北京:中華書局1963年版,第386—388頁。

3. Ray Jackendoff, "A Comparison of Rhythmic Structures in Music and Language", in *Rhythm and Meter*, eds. Paul Kiparsky and Gilbert Youmans (San Diego, California: Academic Press, 1998), pp.15–44.

(三) 期刊論文

1. 李方桂《上古音研究》,載於《清華學報》新九卷一、二合刊(1971),第43—48頁。

2. 陳寅恪《梁譯大乘起信論僞智愷序中之真史料》,載於《燕京學報》第三十五期(1948年12月),第95—99頁。

3. Patrick Hanan, "The Chinese Vernacular Story", *The Journal of Asian Studies* 40.4 (Aug. 1981): pp.764–765.

(四) 學位論文

1. 呂亭淵《魏晉南北朝文論之物感説》,北京:北京大學學位論文,2013年,第65頁。

2. Hwang Ming-chorng, "Ming-tang: Cosmology, Political Order and Monument in Early China" (Ph.D. diss., Harvard University, 1996), p. 20.

(五) 再次徵引

再次徵引時可僅列出文獻名稱及相關頁碼信息,如:

  注① 楊伯峻譯注《論語譯注》,第13頁。

九、注解名詞,注脚號請置於名詞之後;注解整句,則應置於句末標點符號之前;若獨立引文,則應置於標點符號之後。

十、徵引書目，請依以下中英對照格式附於文末：

(一) 中文書目，按姓氏筆劃順序排列，中英對照

1. 王力：《漢語詩律學》，增訂本，上海：上海教育出版社，1979 年版。Wang Li. Hanyu shilü xue (A Study of the Metrical Rules of Chinese Poetry). Revised edition. Shanghai：Shanghai jiaoyu chubanshe, 1979.

2. 胡幼峰：《沈德潛對歷代詩體的批評》，《幼獅學誌》第 18 卷第 4 期(1985 年 10 月)，頁 110—540。Hu Youfeng. "Shen Deqian dui lidai shiti de piping" (Shen Deqian's Criticism of Poetic Forms of Past Dynasties). Youshi xuekan (The Youth Quarterly) 18.4 (Oct. 1985)：pp.110－540.

3. 顧炎武著，黃汝成集釋，秦克誠點校：《日知錄集釋》，長沙：岳麓書社，1994 年版。Gu Yanwu. Rizhilu jishi (Collected Commentaries on the Records of Knowledge Accrued Daily). Edited by Huang Rucheng and punctuated and collated by Qin Kecheng. Changsha：Yuelu chubanshe, 1994.

(二) 英文書目，按英文順序排列

1. Chao, Yuen Ren. A Grammar of Spoken Chinese. Berkeley：University of California Press, 1968.

2. Hanan, Patrick. "The Chinese Vernacular Story." The Journal of Asian Studies 40.4 (Aug. 1981)：pp.764－765.

3. Showalter, Elaine, ed. The New Feminist Criticism Essays on Women Literature and Theory. New York：Pantheon Books, 1985.

十一、請提供署名及作者單位(包括服務機構及子機構)。

(2022 年 11 月更新)